AF893403

Studien zum Wirtschaftsstrafrecht

herausgegeben von
Klaus Tiedemann / Bernd Schünemann

Band 13

Jürgen Martens

Subventionskriminalität zum Nachteil der Europäischen Gemeinschaften

Eine Untersuchung zu Straftaten nach § 264 StGB als einer Form von Unregelmäßigkeiten bei Ausgaben als Gemeinschaftsmittel

Centaurus Verlag & Media UG 2001

Der Autor, geb. 1959, absolvierte ein Studium der Rechtswissenschaften in Freiburg/Brsg., Promotion im Jahr 2000. Seit 1990 ist er als Rechtsanwalt tätig.

Die Deutsche Bibliothek – CIP-Einheitsaufnahme

Martens, Jürgen:
Subventionskriminalität zum Nachteil der Europäischen Gemeinschaften : Eine Untersuchung zu Straftaten nach § 264 StGB als einer Form von Unregelmäßigkeiten bei Ausgaben als Gemeinschaftsmittel / Jürgen Martens. –
Herbolzheim : Centaurus-Verl., 2001
(Studien zum Wirtschaftsstrafrecht ; Bd. 13)
Zugl.: Freiburg (Brsg.), Univ., Diss., 2000
ISBN 978-3-8255-0319-2 ISBN 978-3-86226-476-6 (eBook)
DOI 10.1007/978-3-86226-476-6

ISSN 0938-9512

Alle Rechte, insbesondere das Recht der Vervielfältigung und Verbreitung sowie der Übersetzung, vorbehalten. Kein Teil des Werkes darf in irgendeiner Form (durch Fotokopie, Mikrofilm oder ein anderes Verfahren) ohne schriftliche Genehmigung des Verlages reproduziert oder unter Verwendung elektronischer Systeme verarbeitet, vervielfältigt oder verbreitet werden.

© CENTAURUS Verlags-GmbH. & Co. KG, Herbolzheim 2001

Satz: Vorlage des Autors
Umschlaggestaltung: DTP-Studio, A. Walter, Lenzkirch

Vorwort

Diese Arbeit lag der Rechtswissenschaftlichen Fakultät der Albert-Ludwigs-Universität in Freiburg / Br. im Sommer 1999 als Dissertation vor und berücksichtigt die Rechtsentwicklung bis Mai 1999. Für die Drucklegung habe ich noch die weitere Diskussion um die Vorschläge eines Corpus Juris strafrechtlicher Regelungen bis August 2000 dargestellt.

Die vorliegende Untersuchung hätte ich ohne die Unterstützung und Mithilfe Anderer nicht durchführen können. Mein Dank gilt Herrn Prof. Dr. Dr. h.c. mult. Klaus Tiedemann für seine Anregungen zum Arbeitsthema und seine Geduld angesichts der Bearbeitungsdauer. Herrn Prof. Dr. Joachim Vogel bin ich für seine zahlreichen Hinweise und wichtigen Ratschläge bei der Erstellung des theoretischen Arbeitsteils dankbar. Herr Prof. Dr. Hans-Jörg Albrecht hat dankenswerter weise die Zweitkorrektur übernommen. Mein Dank gilt Herrn Siegfried Reinke, Europäische Kommission, für seine Unterstützung bei der Auswertung der Datensammlungen der Kommission. Bei Herrn Dr. Jürgen Rump, Zollkriminalamt, der mir die Auswertung der Fallakten bei der Zollverwaltung ermöglichte, möchte ich mich besonders bedanken. Herrn Rechtsanwalt Sven Weißflog danke ich für seine große Hilfe bei der Erstellung der Grafiken.

Für den Rückhalt bei der Fertigung der Arbeit möchte ich mich bei meiner Familie, zuallererst bei meiner Frau Sabina bedanken.

Meerane im Oktober 2000

Jürgen Martens

Inhaltsverzeichnis

Einführung

Obwohl das Problem der Subventionskriminalität zum Nachteil der Europäischen Gemeinschaften seit vielen Jahren immer wieder Gegenstand der öffentlichen Diskussion ist, wird im Schrifttum, wie auch von Praktikern im Hinblick auf diesen Themenkomplex auf das Fehlen von ausreichend systematisierten und spezialisierten Untersuchungen hingewiesen[1]. Eingehende Untersuchungen von Einzelfällen wurden in der ersten Hälfte der siebziger Jahre veröffentlicht und trugen erheblich zur Einführung des Tatbestandes des Subventionsbetruges bei, der allgemein als typische Wirtschaftsstraftat betrachtet wird. Die vorhandenen, veröffentlichten Statistiken in Deutschland, die polizeiliche Kriminalstatistik, wie auch die Justizstatistik weisen zwar den Tatbestand des § 264 StGB aus, eine Trennung von Verfahren mit Bezug auf die Mittel der EU oder Vorschriften des Gemeinschaftsrechts von anderen Verfahren findet nicht statt, so daß diese Statistiken für eine kriminologisch-statistische Betrachtung des Themas unzureichend sind. Eine nähere Auseinandersetzung mit Straftaten nach § 264 StGB zum Nachteil der Europäischen Gemeinschaften anhand von Fallakten und der Vergleich dieser Taten mit den als Unregelmäßigkeiten bezeichneten Handlungen bzw. Sachverhalten liegt bislang noch nicht vor. Ziel der Arbeit ist es hier einen vergleichenden Überblick zu gewinnen und die vorhandenen Daten mit einer Stichprobe aus einschlägigen Verfahren zu vergleichen.

Von der EU-Kommission veröffentlichte Zahlen trennen bisweilen nicht nach den betroffenen Mitgliedstaaten und insbesondere nicht nach den verletzten Vorschriften, so daß auch diese Zahlen nicht ohne nähere Bearbeitung und weitergehende Analyse für die hier interessierende Fragestellung aussagekräftig sind.

In einem ersten Teil soll zunächst die Haushaltsstruktur der Gemeinschaften in ihrer Entwicklung insgesamt und in den verschiedenen Ausgabenbereichen dargestellt werden, um zu ermitteln in welchem Umfang die Europäischen Gemeinschaften Fördermittel im Rahmen der unterschiedlichen Haushaltsposten zur Verfügung stellen. Auch soll dieser Teil der Arbeit darstellen ob und in welchen Maßnahmenbereichen wesentliche Veränderungen hinsichtlich der Fördermittelausgaben aufgetreten sind und welche Änderungen sich gegebenenfalls hieraus bei der Entwicklung von Subventionsbetrügereien erwarten lassen.

In einem anschließenden Teil soll auf die rechtlichen Fragen in Bezug auf die Europäischen Gemeinschaften und die nach ihren Rechtsvorschriften bzw. die aus ihren Haushalten vergebenen Subventionen in § 264 StGB eingegangen werden. Dies betrifft zum einen die Frage, ob der materielle Subventionsbegriff in § 264 StGB Besonderheiten bezüglich Subventionen nach Gemeinschaftsrecht aufweist.

---

[1] Tiedemann FS-Pfeiffer, S. 105; Sieber SchwZStr. Bd. 114 (1996) 359; Dieblich S. 22; Pache S. 63

Daneben soll auch auf die Subsumtion von verschiedenen Ausgaben aus Gemeinschaftsmitteln unter den Subventionsbegriff, insbesondere auf das Merkmal der nicht marktmäßigen Gegenleistung i.S. § 264 Abs. 7 StGB und die Möglichkeiten seiner Bestimmung eingegangen werden, da dieses Merkmal aufgrund der Erweiterung des Subventionsbegriffes für Leistungen aus Mitteln der Europäischen Gemeinschaften noch größere Bedeutung erlangt hat. In diesem Zusammenhang wird auch auf das Übereinkommen zum Schutz der finanziellen Interessen der Europäischen Gemeinschaft und das EG-Finanzschutzgesetz eingegangen, mit dem der bisher einheitliche strafrechtliche Subventionsbegriff wesentlich verändert wurde. Zudem sollen die Vorschläge zur Schaffung europäischer Strafechtsnormen zum Schutz der Gemeinschaftsfinanzen dargestellt werden.

In einem weiteren Schritt soll der Frage nachgegangen werden, welche Kenntnisse der Europäischen Kommission über Subventionsbetrügereien im EG Bereich zur Verfügung stehen und nach welchen Regelungen im Gemeinschaftsrecht die Europäische Kommission über Betrügereien oder Unregelmäßigkeiten zu unterrichten ist. Dies bedingt zunächst die Auseinandersetzung mit dem Inhalt der im Gemeinschaftsrecht in diesem Zusammenhang verwendeten Begriffe „Betrügerei“ und „Unregelmäßigkeit“. Nachfolgend soll dargestellt werden, welches Bild der Unregelmäßigkeiten sich aus den Mitteilungen der Mitgliedstaaten über einen Zeitraum von 1977 bis 1996 bezüglich der Haushaltsbereiche direkte Ausgaben, Strukturfonds und Landwirtschaftsfonds Bereich Garantie ergibt. In diesem Zusammenhang erscheint es erforderlich, der Frage nachzugehen, welche Veränderungen der Auskunftsrechte der Kommission gegenüber den Mitgliedstaaten im Hinblick auf Straftaten oder Unregelmäßigkeiten in den vergangenen Jahren, insbesondere durch die Konvention zum Schutz der finanziellen Interessen der Europäischen Gemeinschaften, eingetreten sind.

Aufgabe des kriminologischen Teils der Arbeit ist es, einen zusammenfassenden Überblick über die vorhandenen Statistiken und empirischen Untersuchungen, die Polizeiliche Kriminalstatistik, die Strafverfolgungsstatistik und die Vertiefungsuntersuchung zur Bundesweiten Erfassung von Wirtschaftsstraftaten zu geben und deren Verwendbarkeit für die Betrachtung des Arbeitsgegenstandes, den Subventionsbetrug i.S. § 264 StGB zum Nachteil der EG, zu überprüfen.

Im weiteren erfolgt eine Aktenauswertung von Ermittlungsakten aus zwei Stichproben von Ermittlungsverfahren, die sich auf Straftaten gemäß § 264 StGB zum Nachteil der EU beziehen. Die im Rahmen der Aktenauswertung gefundenen Ergebnisse sollen nochmals mit den bereits vorliegenden Befunden verglichen werden, um gegebenenfalls Besonderheiten solcher Subventionsbetrügereien zu ermitteln, die gegenüber der sonstigen Subventionskriminalität wie auch allgemeinem Wirtschaftsbetrug diejenigen Taten betreffen, die sich auf Subventionen aus Gemeinschaftsmitteln beziehen.

I. Ausgaben der Europäischen Gemeinschaften

1. Haushaltsstruktur und -entwicklung der Europäischen Gemeinschaften

Eine Untersuchung über Unregelmäßigkeiten und Subventionsbetrug zum Nachteil der aus Gemeinschaftsmitteln stammenden Subventionen läßt es zunächst sinnvoll erscheinen, diejenigen Ausgabenbereiche des Gemeinschaftshaushalts darzustellen, aus denen die unterschiedlichen Subventionen geleistet werden. Seit 1965 verfügen die Gemeinschaften über einen eigenen Haushaltsplan, der jährlich erstellt wird. Das zunächst geltende Beitragssystem der Gemeinschaften wurde 1971 durch das sogenannte System der Eigenmittelfinanzierung abgelöst[2]. Die nach der Haushaltsordnung[3] jährlich im Voraus zu erstellenden Haushaltspläne weisen die Einnahmen nach vier Haupteinnahmearten Agrarabschöpfungen (2,6 %), Zölle (16,9 %), Mehrwertsteueranteil (51,5 %) und Zuschußmittel der Mitgliedstaaten (28,3 %) aus.

Die Ausgaben der Gemeinschaften haben sich seit 1970 von rund 3,6 Mrd Ecu um das mehr als 25-fache auf über 91 Mrd Ecu erhöht.

Im Diagramm stellt sich die Entwicklung Gesamtausgaben der Europäischen Gemeinschaft wie folgt dar:

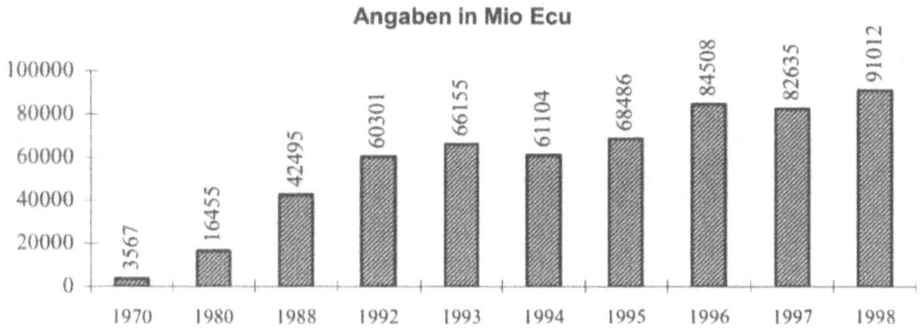

---

[2] Für den EAGFL VO/EWG 729/70 des Rates vom 21.04.1971, ABl. L94/71 v. 28.04.1970; s.a. Art. 190 bis 209 a EGV

[3] ABl. C 80/1991 S. 1 ff.

Die ständig steigenden Ausgaben der Europäischen Gemeinschaften gliedern sich in fünf große Haushaltskapitel, die Verwaltungsausgaben der Gemeinschaften (ca. 5 %)[4], die gemeinsame Agrarpolitik im Bereich der Garantieausgaben des EAGFL (1996: 47,8%)[5], die Strukturpolitiken (1996: 34 %)[6], die internen Politiken (1996: 6 %)[7] und die externen Politiken der EU (1996: 6,1 %)[8].

Unter den verschiedenen Haushaltstiteln ist der des Europäische Ausrichtungs- und Garantiefonds für die Landwirtschaft (Art. 38-47 EGV) und hier dessen Abteilung Garantie bereits seit den sechziger Jahren der Ausgabensektor, der mit Abstand die meisten Mittel erhält, wobei dieser Anteil seit 1988 allerdings zurückgegangen ist, 1998 aber immer noch ca. 44 % der Gemeinschaftsausgaben beträgt[9]. Von der Höhe der Ausgaben bedeutend sind die im Rahmen Strukturmaßnahmen getätigten Ausgaben, sowie nachfolgend diejenigen für interne Politiken und Forschung, Ausgaben für gemeinschaftsexterne Politiken, Verwaltungsausgaben und Ausgaben der EGKS und des EEF. Die beiden nachstehenden Diagramme zeigen die jeweiligen Anteile an den Haushaltsausgaben, um die relative Bedeutung des Teileinzelplans Garantieausgaben im Rahmen des EAGFL für den Gemeinschaftshaushalt zu verdeutlichen.

Einen Vergleich der Ausgabenverteilung 1996 mit 1988 zeigt nachfolgende graphische Darstellung (in %):

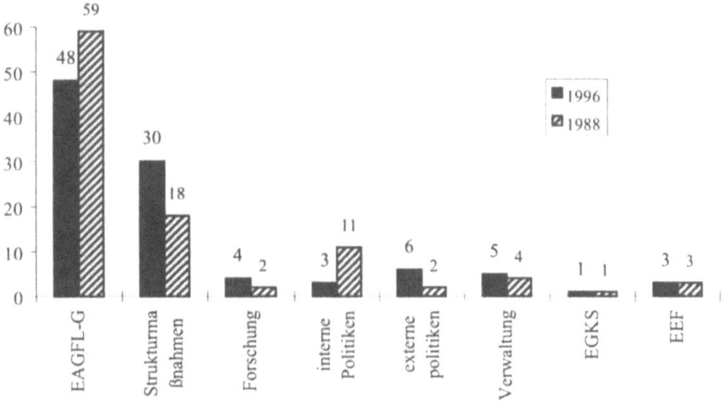

[4] Haushaltsplan Teil A
[5] Haushaltsplan Teil B, Teileinzelplan/Titel B 1
[6] Haushaltsplan Teil B / Teileinzelpläne B2
[7] Haushaltsplan Teil B / Teileinzelpläne B3, B 4, B5 und B 6
[8] Haushaltsplan Teil B / Teileinzelpläne B 7 und B 8
[9] Haushaltsplan 1998, zit. n. Gesamtbericht EU 1997, 407; Streinz, Europarecht 3. Aufl. 1996, S.197

2. Ausgaben für Interne Politikbereiche

2.0.1. Ausgabenbegriff

Unter Ausgaben für interne Politiken sind im folgenden diejenigen Mittel zusammengefaßt, welche für Maßnahmen im Hoheitsgebiet der Mitgliedstaaten der Gemeinschaft bestimmt sind und daher an Empfänger innerhalb des Gemeinschaftsgebietes geleistet werden. Dieser Ausgabenbereich dient der Verwirklichung verschiedener Gemeinschaftsziele i.S. Art. 3 EGV, wie z.B. der Vereinheitlichung und Verbesserung des Verbraucherschutzes in den Mitgliedstaaten als einem Mittel zur Schaffung eines Gemeinsamen Marktes i.S. Art. 7 Abs. 1 EGV - früher Art. 8 Abs. 1 EWGV (Vertrag zur Gründung der europäischen Wirtschaftsgemeinschaft vom 25.03.1957) oder die Ausgaben für die Forschungsförderung (Art. 130 f-130 p EGV), die Förderung des Baus transeuropäischer Netze (Art. 129 b-129 d EGV), die Kulturförderung (Art. 126-128 EGV) oder die Umweltpolitik (Art. 130 r-130 t EGV).

Im Gegensatz dazu erfolgen Ausgaben für externe Politiken an Drittländer, deren Einrichtungen oder andere nicht im Gemeinschaftsgebiet ansässige Empfänger, wofür beispielhaft hier die Ausgaben im Rahmen der Nahrungsmittelhilfe, der Gemeinsamen Außen- und Sicherheitspolitik (GASP) und der Entwicklungspolitik genannt sein sollen. Mit insgesamt 31 Mrd. Ecu Ausgaben[10] im Zeitraum von 1993 bis 1998 nimmt der Sektor Interne Politiken den drittgrößten Anteil am Gemeinschaftshaushalt ein.

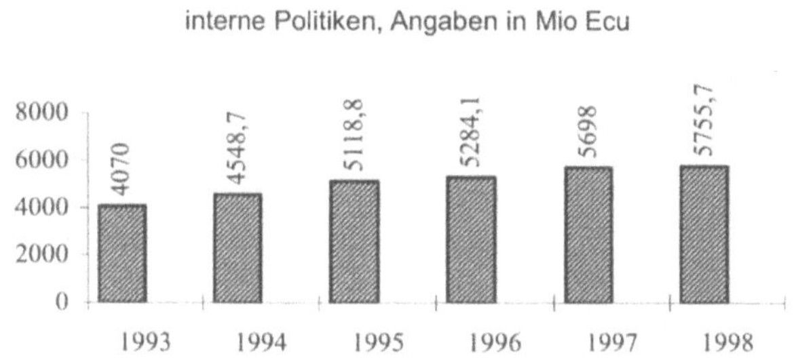

Unter den Haushaltstitel der internen Politiken fallen auch betragsmäßig geringe Ausgaben wie z.B. die Überwachung der Sicherheit kerntechnischer Anlagen im

[10] 1998: Mittel laut Haushaltsplanansatz , andere nach erfaßten Verpflichtungen / Haushaltsjahr gem. Kommission: Gesamtbericht über die Tätigkeit d. Europäischen Gemeinschaften / Union / Jahrgang

Rahmen der EURATOM[11] in Höhe von 52 Mio. Ecu von 1991 bis 1995 oder von 53 Mio. Ecu für Verkehr (B2-7)[12] bzw. 75 Mio. Ecu für Wiederaufbau (B5-2) oder 49 Mio. Ecu zur Förderung des Informationsmarktes. Auf diese Ausgabenpositionen mit einem verhältnismäßig geringen Anteil an den Gesamtausgaben soll hier nicht näher eingegangen werden, ebenso auf die nachfolgend genannten Ausgaben, die aus den Gemeinschaftsmitteln ausschließlich an staatliche Stellen der Mitgliedstaaten oder Gemeinschaftseinrichtungen in den Mitgliedstaaten vergeben werden. Dies sind Ausgaben betreffend die Zusammenarbeit der Sicherheitsbehörden und der Justiz der Mitgliedstaaten (Haushaltsansatz 1996: 2,6 Mio. Ecu), die Förderung des Verbraucherschutzes (Haushaltsansatz 1996: 74 Mio. Ecu) oder der Vereinheitlichung bzw. der Ermittlung statistischer Angaben (Haushaltsansatz 1996: 189 Mio. Ecu).

2.1. Forschungsausgaben

2.1.1. Überblick

Der inzwischen größte Ausgabensektor im Bereich der internen Politiken sind die Forschungsausgaben der Gemeinschaft. Seit Beginn der achtziger Jahre wurden von den Gemeinschaften ständig wachsende Haushaltsmittel für die Forschungsförderung bereit gestellt. Die Grundzüge der Forschungspolitik der Gemeinschaft werden in Art. 130 f-130 p EGV festgeschrieben und jeweils in Rahmenprogrammen gem. Art. 103 i EGV mit einer mehrjährigen Laufzeit definiert. Hieraus lassen sich die bei der vorherigen Begutachtung von Projektvorschlägen anzuwendenden Kriterien der Mittelvergabe, insbesondere das Forschungsziel und die erwartete Verwendungsmöglichkeit der Ergebnisse ersehen. Die Rahmenprogramme werden im Mitentscheidungsverfahren gem. Art. 189 b EGV vom Rat und dem Europäischen Parlament, nach Anhörung der Ausschüsse für Wirtschaft, Soziales und der Regionen aufgrund eines Kommissionsvorschlages verabschiedet. Es handelt sich bei diesen Beschlüssen jeweils um ungekennzeichnete Rechtshandlungen des Gemeinschaftssekundärrechts, die die Gemeinschaftsorgane binden und materielle Rechtsnormen darstellen[13].

Von 1983 bis 1987 wurde das erste Rahmenprogramm für Forschung und technologische Entwicklung durchgeführt. Nach dem vierten Programm (1994-1998), das mit 12,3 Mrd. ECU[14] ausgestattet war, werden ab 1998 mit dem fünften Rahmenpro-

---

[11] z.B. Haushaltsplan 1998, nach Gesamtbericht EU 1997

[12] z.B. Projekte zur Förderung der Effizienz der verschiedenen Verkehrsmittel sowie zur Integration in die europäischen Netze, vgl. Ausschreibungen in ABl. C 12 v. 17.01.1995, ABl. C 337 v. 15.12.1995 und ABl. C 381 v. 17.12.1996

[13] Fischer Europarecht, Rn. 34 u. Rn. 72 ff.; Europäische Kommission, Noel, Émile, Die Organe der Europäischen Gemeinschaft S. 39 f

[14] Beschluß Nr. 1110/94/EG des Europäischen Parlaments und des Rates i.d.F. d. Beschl. 616/96/EG, ABl. L 86 v. 4.4.1996 S.96; Europäische Kommission, Beihilfen und Darlehen der EU 1996 S. 55

gramm bis 2002 14,83 Mrd. Ecu für die Forschungsförderung bereitgestellt[15]. Im Zeitraum von 1991 bis 1998 entfielen mehr als die Hälfte der Ausgaben für die internen Politikbereiche, nämlich über 23 Mrd. Ecu, auf die Forschungsförderung, 1988 hatten die Forschungsausgaben dagegen nur weniger als ein Fünftel dieses Betrages ausgemacht[16].

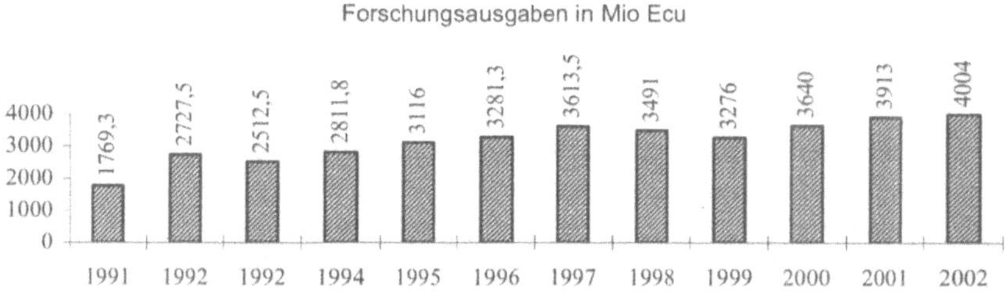

Das vierte Rahmenprogramm gliederte sich in 20 unterschiedliche Programme mit den Schwerpunkten Informations- und Kommunikationstechnologien (28 % der Programm-Mittel), Energie (18 %), Werkstofftechnologien (16 %), Umwelt (9 %) sowie ferner Ausbildung von Wissenschaftlern (6 %), Internationale Forschungszusammenarbeit (4 %), Verbreitung von Forschungsergebnissen (3 %), Verkehrsforschung (2 %) und Sozioökonomische Forschung (1 %)[17].

Mit Mitteln des fünften Rahmenprogramms sollen Vorhaben u.a. in den Bereichen Lebensmittelforschung, Impfstoffentwicklung gegen Viruserkrankungen, Anwendungen biotechnologischer Erkenntnisse, Betriebsstrukturen und -techniken für umweltschonende Landwirtschaft, gerontologische Projekte, die Entwicklung benutzerfreundlicher EDV-Systeme und der Weiterentwicklung von Grundtechnologien in der Mikroelektronik gefördert werden. Neben der Förderung der Zusammenarbeit wissenschaftlicher Einrichtungen sollen auch Einzelvorhaben zu Verkehrsträgersystemen in den Bereichen Landverkehr, Schiffahrt und Flugverkehr förderfähig sein.

---

[15] Kommissionsvorschlag ABl. C Nr. 173 v. 07.06.1997, S.10 u. ABl. C Nr. 291 v. 25.09.1997, S. 15 Zu den Forschungsausgaben gehört auch die Forschungsförderung im Rahmen der EURATOM gem. Art. 7 EAV i. Höhe v. 1,46 Mrd. Ecu von 1998-2002, vornehmlich in den Bereichen Kernfusion und Kernspaltung

[16] Europäische Kommission, Die Europäische Union in Zahlen, Brüssel, 1997, S. 37

[17] Einzelprogramme sind z.B.: SESAME „Second European Stratopheric Arctic and Mid- Latitude Experiment", ACID „Acousting Imaging Development", weitere: SPRINT, GOLDRUSH, BCR, FLAIR, DRIVE, ECLAIR, JOULE, WEGA, TELEMAN, CORDIS

2.1.2. Förderungsarten

Für die Durchführung der Programme kommen folgende unterschiedliche finanzielle Beteiligungsformen der Gemeinschaften in Frage:

Maßnahmen auf Kostenteilungsbasis (Budgetanteil: ca. 70 % der Gesamtmittel der Gemeinschaften für Forschungsausgaben). Hierbei übernimmt die Kommission bis zu 50 % der Kosten gemeinsamer Forschungsprojekte von Hochschulen, privaten Laboratorien, Unternehmen und staatlichen Forschungszentren, die jeweils aus mindestens zwei EU - Mitgliedstaaten stammen müssen. Die Projekte werden in Ausschreibungsverfahren ausgewählt und müssen bestimmten, in Leitlinien der Kommission geregelten, Anforderungen entsprechen. Im Rahmen sog. Konzentrierter Maßnahmen, bei denen verschiedene von den Mitgliedstaaten geförderte Forschungsvorhaben auf einander abgestimmt werden, übernimmt die Kommission bis zu 100 % der Koordinierungskosten, dies gilt auch für Austauschprogramme von Wissenschaftlern.

Weitere Forschungsprojekte werden von der Gemeinsamen Forschungsstelle der Union (GFS) mit ihren acht Instituten in fünf Mitgliedstaaten durchgeführt, wofür im fünften Rahmenplan von 1998 bis 2002 Ausgaben von 815 Mio. Ecu aus Mitteln der EWG/EG und 326 Mio. Ecu aus EURATOM-Mitteln vorgesehen sind. Die GFS forscht u.a. auf Gebieten wie der atomaren Sicherheit, der Werkstofftechnik und der Satellitenüberwachung. Dabei werden auch Auftragsforschungen für Wirtschaftsunternehmen auf kommerzieller Basis in Zusammenarbeit mit staatlichen Forschungsstellen durchgeführt. Weitere Ausgaben entfallen auf die Koordinierung industrieller Forschung und Entwicklung in den Mitgliedstaaten durch Aktionsgruppen ("task forces"), die sich mit Einzelprojekten in einigen Schlüsselbereichen industrienaher Forschung beschäftigen.[18]

Sondermaßnahmen für kleine und mittlere Unternehmen (KMU): Da die meisten kleinen und mittleren Unternehmen über keine Mittel für eigene Forschungen verfügen, stellen ihnen die Gemeinschaften im Rahmen dieser Wirtschaftsförderung finanzielle Mittel zur Verfügung, damit sie Vorschläge für Forschungsprojekte ausarbeiten können, die dann von Forschungsorganisationen durchgeführt werden, wobei die Forschungsergebnisse den Auftraggebern zustehen.

---

[18] z. B. die Entwicklung von emissionsarmen PKW's, multimedialen Lernprogrammen, neuen Verkehrsflugzeugen, Hochgeschwindigkeitszügen oder die Kompatibilität verschiedener Verkehrsträger z.B. DRIVE-Dedicated Road Infrastructure for Vehicle safety in Europe- ABl. L 206/1 1988; Raw Materials and Recycling Programme gem. ABl. C 52/89 und C 164/89.

Sowohl die an Unternehmen zur unmittelbaren Wirtschaftsförderung gewährten Forschungssubventionen, wie die in den Leitlinien präzisierten Forschungsprogramme dienen dabei ausdrücklich auch der Wirtschaftsförderung, wie z.B. der Stärkung der Wettbewerbsfähigkeit europäischer Unternehmen in den Bereichen der Computerherstellung, der Biotechnologien oder der Telekommunikationstechnik[19].

2.2. Andere direkte Ausgaben

2.2.1. Bildungsausgaben / Förderprogramme für Jugendliche (B3-1)

Die Bildungsförderung Jugendlicher erfolgt über Jugendaustausch- und Bildungsprogramme[20], deren Inhalte beispielsweise die Entwicklung multimedialer Lernprogramme, Lehrerfortbildung, Jugendaustauschprogramme für Schüler und Studenten zwischen den Mitgliedstaaten, wie auch die Ausbildungsförderung von Migrantenkindern oder bestimmter benachteiligter Bevölkerungsgruppen[21] sind.

Der genannte Haushaltposten umfaßt ferner Programme zur Verbesserung beruflicher Bildung, oder zur Vereinfachung des Zugangs zu beruflicher Bildung oder des Austausches zwischen den Mitgliedstaaten für Auszubildende und junge Arbeitskräfte[22] (z.B.: Leonardo da Vinci, IRIS; IRIS II; Cedefop - Europäisches Zentrum für die Förderung der Berufsbildung[23]), zur Analyse und Angleichung von Berufszugangsvoraussetzungen[24].

Dieser Bereich stellt mit 2,7 Mrd. Ecu im Zeitraum von 1991 bis 1998 den zweitgrößten Anteil innerhalb der Ausgaben für interne Politiken[25].

---

[19] Europäische Kommission, Forschung und Technologie, das vierte Rahmenprogramm 1994-1999, S. 11

[20] zum Beispiel: SOCRATES- 850 Mio Ecu; LEONARDO - 620 Mio Ecu; Jugend für Europa III 157 Mio Ecu; ERASMUS (European Action Scheme for the Mobility of University Students) TEMPUS; TEMPUS II -Finanzbericht der EG 1994, S. 28

[21] z.B. die Förderung schulischer Betreuung der Kinder von Sinti, Roma und Fahrenden, von Kindern von Binnenschiffern, Zirkusangehörigen und Schaustellern.

[22] z.B. Comett I; Comett II; Force; Eurotecnet; Lingua - Finanzbericht der EG 1994, herausgegeben vom Amt für amtliche Veröffentlichungen Luxemburg, S. 28

[23] vgl VO/EWG Nr. 337/75, VO/EWG Nr. 1416/76

[24] z.B. LEONARDO DA VINCI; PETRA; PETRA II - Finanzbericht der EG 1994 S. 28

[25] Europäische Kommission, Die Europäische Union in Zahlen, 1997 S. 37

Ausgaben für Berufsbildungsmaßnahmen von 1991 bis 1998

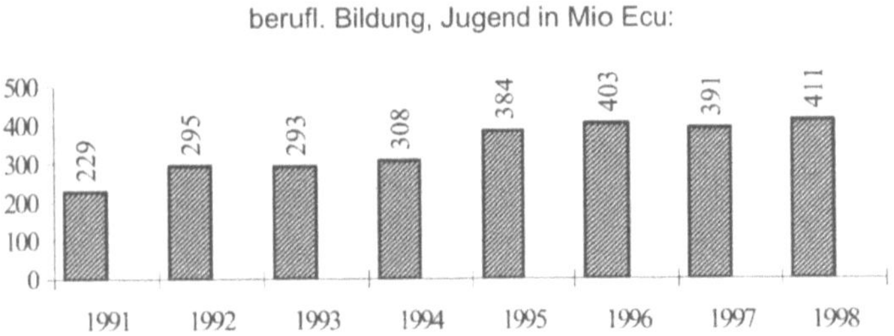

2.2.2. Sonstige Agrarausgaben (B2-5)

Hierunter fallen vor allem Maßnahmen auf den Gebieten der Tiergesundheit und Hygiene, insbesondere Beihilfen zur Bekämpfung bestimmter Tierkrankheiten wie Schweinepest oder BSE, ferner Kosten für Aus- und Fortbildung von Fachpersonal zur Überwachung der einschlägigen Vorschriften, oder die Kosten des Europäischen Amtes für tierärztliche und pflanzengesundheitliche Überwachung[26]. Diese Ausgaben zeigen eine seit 1994 leicht fallende Tendenz, umfaßten im Zeitraum 1991 bis 1998 insgesamt 1,4 Mrd. Ecu[27].

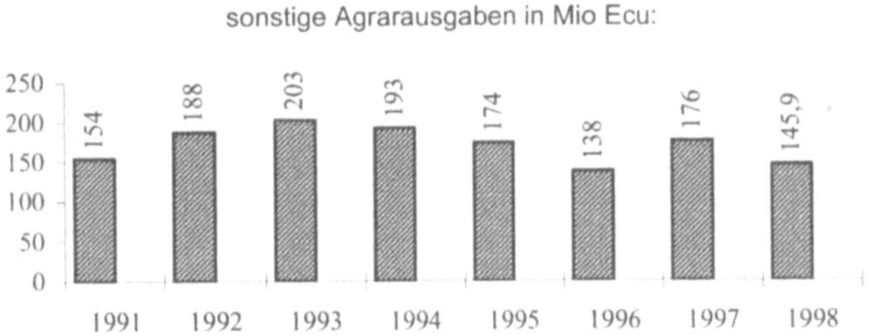

2.2.3. Sonstige Regionalmaßnahmen

Mit jährlichen Ausgaben zwischen 17 Mio. Ecu 1998 und 70 Mio. Ecu 1992 entfielen auf diesen Sektor 1991 bis 1998 insgesamt 335 Mio. Ecu. Hierunter fallen regionalbezogene Ausgaben, die nicht im Rahmen der Strukturfonds verwaltet werden, wie Sonderprogramme zur Förderung des Friedensprozesses in Nordirland oder zur Trinkwasserversorgung kleinerer Inseln in der Ägäis[28].

---

[26] vgl auch die detaillierte Aufstellung auf der WEBSITE der EU vom 16.11.1997

[27] Europäische Kommission , Die Europäische Union in Zahlen, 1997 aaO

[28] Gesamtbericht der EU 1996, S. 135

2.2.4. Ausgaben für Fischerei und Seeschiffahrt (B2-9)

Diese Ausgabenart umfaßt im Zeitraum 1991 bis 1998 1,645 Mrd. Ecu. Bis 1992 erfolgten hier jährliche Ausgaben in der Größenordnung um 500 Mio. Ecu, mit der Einrichtung des FIAF wurde dann ein Großteil der Ausgaben für Fischerei und Seeschiffahrt diesem zugeordnet, es verblieben lediglich jährliche Ausgaben in Höhe von 25 Mio. Ecu 1993 und 48 Mio. Ecu 1998, die z.B. Überwachungskosten bezüglich der Einhaltung internationaler Fischfangabkommen, oder Beihilfen für Modellprojekte im kombinierten Güterverkehr[29], wie die Kosten der Harmonisierung von Regelungen über Befähigungszeugnisse, Sicherheitsanforderungen an Fischereifahrzeuge und Seeschiffhäfen[30].

2.2.5. Kulturausgaben und audiovisueller Bereich (B3-2)

Hier verfolgt die Gemeinschaft im Rahmen ihrer Kulturpolitik das aus Art. 126 - 128 EGV herrührende Ziel, eine weitere Entfaltung des Kulturlebens in den Mitgliedstaaten zu fördern und des weiteren über die Unterstützung in der Gemeinschaft ansässiger Produzenten verschiedener Medien kultur- und medienpolitisch Einfluß zu gewinnen[31]. Die Ausgaben hierfür sind von 1991 bis 1995 von 10,3 Mio. Ecu auf 142 Mio. Ecu stetig angestiegen, im Zeitraum 1991 bis 1998 betrugen sie insgesamt 618 Mio. Ecu. Allein auf die Media II - Programme entfallen Ausgaben von 310 Mio. Ecu für einen Zeitraum von fünf Jahren[32]. Diese Ausgaben werden nachfolgend dargestellt :

Kultur, audiovisuelle Medien in Mio Ecu:

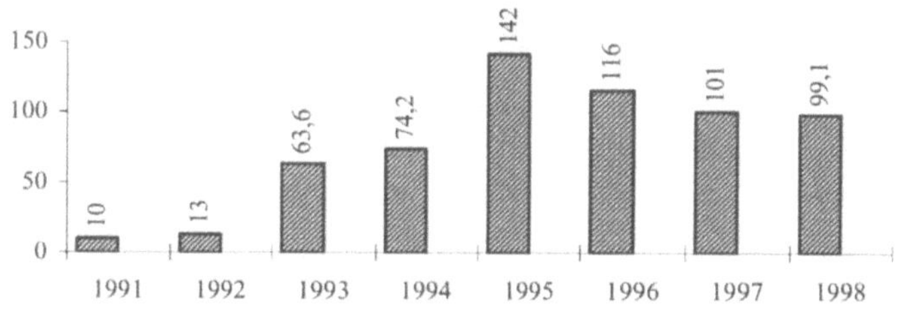

[29] PACT Aktionsprogramm Entsch. Komm. KOM (96) 335, Bull. 7/8 96 Ziff.1.3.143
[30] Gesamtbericht der EU 1996, S. 167
[31] Dies umfaßt die Förderung von Filmfestivals, wie auch die Ausbildungsförderung für Mitarbeiter in der Unterhaltungsindustrie, die Vertriebsförderung für Fernsehproduktionen aus den EU - Mitgliedstaaten, z.B. durch die Aktionsprogramme zur Förderung der Entwicklung der audiovisuellen Industrie MEDIA II - Projektentwicklung/Vertrieb bzw. Fortbildung; ABl. L 321 v. 30.12.1995; ferner die Förderung sogenannter fortgeschrittener Fernsehdienste, insbesondere die finanzielle Förderung von Fernsehproduktionen im 16 : 9 Großbildformat; ABl. C 288 v. 1.10.1996
[32] Europäische Kommission, Die Europäische Union in Zahlen 1997 S.36

2.2.6. Informationstechnologie und Kommunikation (B3-3)

Schwerpunkt der Ausgaben des Haushaltstitels B 3-3, der 1995 67,3 Mio. Ecu und 1996 119 Mio. Ecu umfaßte, ist die Förderung der Anwendung von neuen Informations- und Kommunikationstechnologien, wie z.B. die Entwicklung von Übertragungsnetzen (Telefon- und Kabelnetze, Satellitenkommunikationsnetze) und Grunddiensten (elektronische Post, interaktive Videokommunikation u. a.)[33].
Zum Arbeitsprogramm gehört auch die Förderung der für Multimediaanwendungen[34] notwendigen Breitband-Kommunikationstechnik. Die Fördermittel werden von der Kommission nach Übereinkunft mit den Mitgliedstaaten staatlichen Stellen, bzw. den -oft halbstaatlichen- Telekommunikationsgesellschaften im Rahmen vorher definierter Programme unter Beteiligung der Mitgliedstaaten zur Verfügung gestellt. Die Ausgaben hierfür betrugen von 1991 bis 1998 638 Mio. Ecu[35]

Information/ Kommunikation in Mio Ecu:

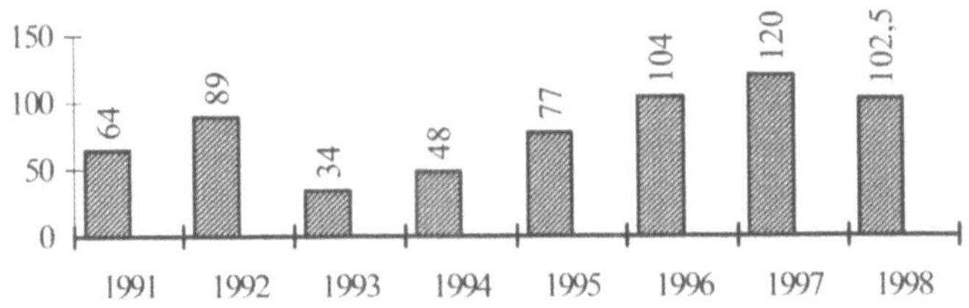

2.2.7. Sonstige Sozialmaßnahmen (B3-4)

Mit Schwankungen zwischen 102 Mio. Ecu bis 169 Mio. Ecu wurden hierfür zwischen 1991 und 1998 insgesamt 1,27 Mrd. Ecu ausgegeben[36]. Hierunter fallen die Aufwendungen für Gemeinschaftsmaßnahmen auf dem Gebiet des Gesundheitsschutzes und der Sicherheit am Arbeitsplatz, wie die Finanzierung von Gutachten und Studien, die Finanzierung von Tagungen und die Kosten verschiedener beratender Ausschüsse für Arbeitssicherheit. Die wesentlichen Ausgabenpositionen sind die nach Art. 56 des EGKS Vertrages gewährten Anpassungsbeihilfen für Arbeitnehmer in der Stahl- und Bergbauindustrie, die 1997 ca. 95 Mio. Ecu umfassten[37].

[33] z.B: Aktionsplan „Lernen in der Informationsgesellschaft" zur Vernetzung von EDV - Schulnetzwerken KOM (96) 471 Bulletin 10-1996, Ziff. 1.3.79
[34] s. Programm INFO 2000, ABl. L Nr. 129 v. 30.5.1996; ABl. C Nr. 178 v. 21.06.1996
[35] Europäische Kommission, Die Europäische Union in Zahlen 1997 S.38
[36] Europäische Kommission, Die Europäische Union in Zahlen 1997 S. 37
[37] Gesamtbericht EU 1997, Ziff. 175

2.2.8. Umweltpolitik (B4-3)

Art. 130 r - 130 t EUV begründen Gemeinschaftzuständigkeiten auch auf dem Gebiet der Umweltpolitik, auf dem seit 1972 von den Gemeinschaften über 200 Rechtsvorschriften erlassen wurden. Die Ausgaben der EG im Umweltbereich werden seit 1973 in Rahmenprogrammen zusammengefaßt, die folgenden Zielen dienen: Der Erhaltung und dem Schutz der Umwelt; Schutz der menschlichen Gesundheit; umsichtige und rationelle Verwendung der natürlichen Ressourcen; Förderung von Maßnahmen auf internationaler Ebene zur Bewältigung regionaler oder globaler Umweltprobleme. Im Zeitraum 1991 bis 1998 wurden rund eine Milliarde Ecu für umweltpolitische Maßnahmen ausgegeben. Wobei diese im wesentlichen in der Erstellung wissenschaftlicher Studien oder der Bezuschussung der Europäischen Umweltagentur sowie von Einzelprojekten, Konferenzen und Veröffentlichungen bestehen. Im Rahmen des Förderprogramm LIFE[38] werden Fördermittel in Höhe von rund 18 Mio Ecu jährlich für die Erforschung, Ausweisung und Erhaltung von Naturschutzgebieten vergeben.

Umwelt, Angaben in Mio Ecu:

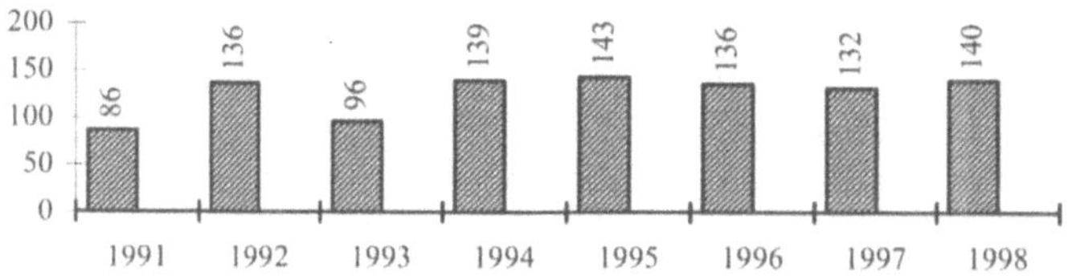

2.2.9. Binnenmarkt (B5-3)

In diesem Bereich werden solche Ausgaben getätigt, die der Schaffung des Binnenmarktes i.S. Art. 7 Abs.2 EGV[39] dienen[40]. Dies umfaßt u.a. die Ausarbeitung von rechtsangleichenden oder technischen Normen zur Harmonisierung der Marktzugangsbedingungen[41] in den Mitgliedstaaten, wie die Förderung der Zusammenarbeit der Verwaltungen in den Mitgliedstaaten und der Kommission bzw. der Mitgliedstaaten untereinander, wie die Finanzierung von Prüfungsverfahren für die Vergabe der „CE"-Kennzeichnung verschiedener Produkte.

---

[38] VO/EWG 1404/96 des Rates v. 15.07.1996; ABl. C 21h v. 22.07.1996

[39] Art. 7 Abs. 2 EGV definiert : „Der Binnenmarkt umfaßt einen Raum ohne Binnengrenzen, in dem der freie Verkehr von Waren, Personen, Dienstleistungen und Kapital gemäß den Bestimmungen dieses Vertrages gewährleistet ist" Zur früheren Definition des Gemeinsamen Marktes s. EuGH Urteil v. 5.5.1982 - Rs. 15/81 - NJW 1983 S. 1252, 1254

[40] Fischer § 11 S. 221 ff

[41] z. B. VO/EWG 566/86 , VO/EWG 122/92 zur Liberalisierung des Kapitalverkehrs

Ein weiteres Beispiel ist die Förderung eines Datenaustauschnetzes zwischen den Mitgliedstaaten [42]. Die Ausgaben hierfür betragen von 1991 bis 1998 jährlich zwischen 100 Mio. Ecu und 200 Mio. Ecu, in diesem Zeitraum insgesamt 1,33 Mrd. Ecu.[43]

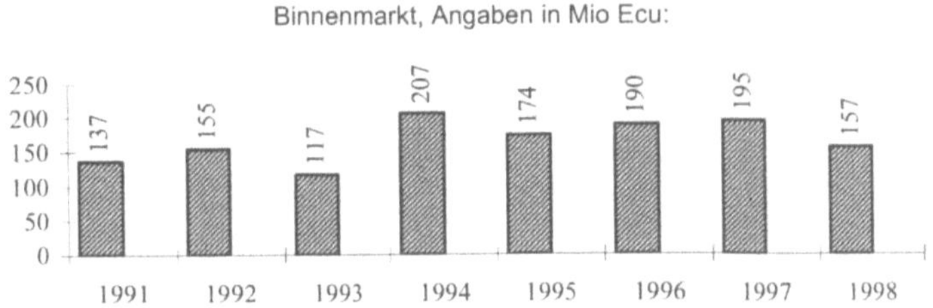

2.2.10. Industrie (B5-4)

Grundlage für Ausgaben in diesem Bereich ist Art.235 EGV. Im Zeitraum 1993-1996 war hier ein Budget von 112,2 Mio. ECU bewilligt, wobei die Ausgaben zwischen 34 Mio. Ecu im Jahre 1993 und 120 Mio. Ecu 1996, liegen. Die Mittel werden hauptsächlich für Auftragsstudien und die Förderung der gemeinschaftsweiten Zusammenarbeit in den unterschiedlichsten Industriezweigen verwendet.

Ausgaben für Industriepolitik :

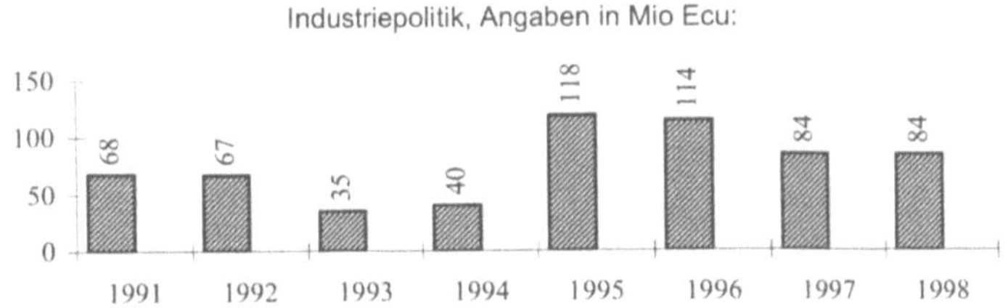

[42] Gemeinschaftsbeitrag für den Informationsverbund für den Datenaustausch zwischen Verwaltungen in der Gemeinschaft „IDA", ABl. L 269, 1995 S.23 oder das Austauschprogramm für Beamte „Karolus", Entscheidung 92/481 EWG d. Rates v. 22.9.1992; ABl. L 286, 1992 S.65

[43] Europäische Kommission, Die Europäische Union in Zahlen 1997, S. 37

2.2.11. Transeuropäische Netze (B5-7)

1993 hat der Europäische Rat der Staats- und Regierungschefs beschlossen, den Ausbau der Transeuropäischen Netze (TEN) zu beschleunigen, worunter die engere Verflechtung der bestehenden nationalen Verkehrs-, Energie- und Kommunikationsnetze zu verstehen ist. Hierfür wurden ab 1993 bis einschließlich 1998 insgesamt 2,3 Mrd. Ecu Verpflichtungsermächtigungen in den Haushalt eingestellt[44]. Die Mittel werden im wesentlichen für Subventionen zum Ausbau grenzüberschreitender Verkehrsprojekte insbesondere Autobahnen und Hochgeschwindigkeitszüge eingesetzt[45].

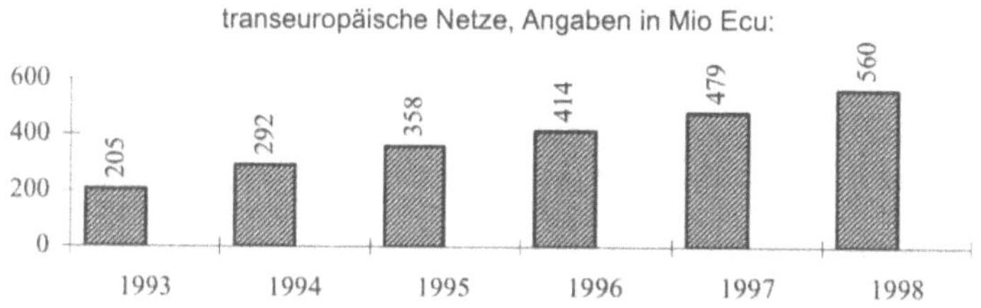

2.3. Die Verwaltung direkter Fördermittelausgaben

Die Ausgaben der Gemeinschaften für Forschung, Kultur und audiovisuelle Medien, Energie, Umwelt, Binnenmarkt und Industrie werden als sogenannte direkte Ausgaben getätigt, was bedeutet, daß die Kommission die Mittel unmittelbar bewirtschaftet[46]. Eine pauschale Einstufung von Ausgaben in den genannten Haushaltsbereichen als Subvention ist angesichts der Vielzahl von Ausgabenbereichen, -zwecken und möglichen Gegenleistungen der Mittelempfänger nicht möglich. So werden die für die Kommission von Dritten erstellten Auftragsstudien, insbesondere in den Haushaltsbereichen Binnenmarkt, Industriepolitik und Umweltschutz, die Vorbereitung und Durchführung von Seminaren und Konferenzen oder das Verfassen von Publikationen der unmittelbaren Kommissionstätigkeit als Gegenleistung dem jeweiligen Finanzaufwand zuzuordnen sein. Schwieriger wird dies bei der Beurteilung von Zahlungen für Modellprojekte etwa im Bereich des Umweltschutzes oder der Verkehrstechnik, wo nicht klar zu erkennen ist, welche Gegenleistung des Empfängers dem Erhalt der Fördermittel gegenübersteht. Ohne Gegenleistung vergeben werden die meisten Mittel der Forschungsförderung, der Bildungs- und Studienförderpro-

---

[44] Die Europäische Kommission hat einen Entwurf für TEN vorgelegt, für den bis zu seiner vorgesehenen Fertigstellung im Jahr 2010 etwa 400 Mrd. ECU veranschlagt werden, Internetseite der EU v. 16.11.1997 www.eu/html_eu/finan.htm

[45] Gesamtbericht der EU 1996 S. 146

[46] Jahresbericht Betrugsbekämpfung 1996 S.25

gramme, der Ausgaben für transeuropäische Netze oder die Förderung von Film- und Fernsehproduktionen. Es erfolgt dennoch häufig eine Zwischenschaltung lokaler bzw. regionaler Behörden, die den Projektträger zum Beispiel bei der Antragstellung unterstützen, ohne daß ihnen Kontroll- oder Entscheidungsbefugnisse für die Fördermittel zukommen.

Während der Haushaltsanteil für Ausgaben in den Aufgabenbereichen interner Politik mit 276 Mio Ecu im Jahre 1977 rund 2,7 % der Gesamtausgaben entsprach, beläuft sich der Ausgabenanteil in diesem Haushaltsbereich 1998 mit 5,7 Mrd Ecu auf über 6,3 % des Haushalts. Von 1987 (1,2 Mrd Ecu / 3,35 %) stiegen die Ausgaben für interne Politiken auf 4,3 Mrd Ecu im Haushaltsjahr 1991 und nachfolgend bis auf 5,7 Mrd Ecu im Haushaltsjahr 1998, was einem relativen Ausgabenanteil von 6,3 % entspricht. Die Ausgabensteigerung in diesem Bereich bleibt mit ihrer Steigerungsrate jedoch zwischen 1991 und 1998 hinter der allgemeinen Ausgabensteigerung zurück. Die weitaus größten Ausgabenzuwächse sind bei den Fördermitteln für audiovisuelle Medien zu verzeichnen, wo sich die Ausgaben im Jahr 1998 gegenüber denen des Jahres 1991 nahezu verzehnfacht haben. Überproportional gewachsen sind zudem die Ausgaben für Forschungsprogramme der Gemeinschaften, der Forschungsförderung sowie die Ausgaben für den Bau transeuropäischer Netze. Den allgemeinen Haushaltssteigerungen im wesentlichen angenähert sind die Ausgaben für Information, Umweltschutz und Bildungsmaßnahmen. Die Ausgaben für Industriepolitik, den Binnenmarkt und sonstiger Agrarausgaben sind in ihrem relativen Ausgabenanteil bezogen auf den Gesamthaushalt der Gemeinschaften demgegenüber zurückgegangen.

Fördermittelausgaben an Dritte sind vor allem in den Ausgabenbereichen für Forschung und Entwicklung, audiovisuelle Medien und bei den Zuschüssen für den Bau transeuropäischer Netze festzustellen, weniger jedoch in den Bereichen Industriepolitik und Binnenmarkt. Das überdurchschnittliche Anwachsen der Haushaltsbereiche mit einem höheren Fördermittelanteil an den Ausgaben könnte auch eine höhere Belastung dieses Haushaltsbereichs mit Subventionsbetrügereien zur Folge haben.

Die Gesamtausgaben der Gemeinschaften für Maßnahmen im Rahmen der internen Politiken in der Bundesrepublik (614 Mio Ecu 1998) entsprechen einem Anteil von 14,8 % der Gesamtzahlungen in diesem Haushaltsbereich. Diese Ausgabenquote stimmt mit dem durchschnittlichen Anteil der in Deutschland getätigten Ausgaben an sämtlichen Ausgaben aus Gemeinschaftshaushalten (14,76 % im Haushaltsjahr 1996) im wesentlichen überein. Geringere Ausgaben, als der durchschnittliche Ausgabenanteil entfallen in der Bundesrepublik auf die Ausgabenbereiche für Bildung, transeuropäische Netze und Industriepolitik (11,3; 9 und 11,6 %), während der Anteil der in der Bundesrepublik ausgegebenen Mittel für Forschung und Entwicklung mit 17 % über dem Durchschnittsanteil der Ausgaben liegt.

Die Mittelvergabe erfolgt bei direkten Maßnahmen allein im Verhältnis Projektträger/EG. Hierbei bedient sich jedoch die Gemeinschaft teilweise wiederum staatlicher Stellen oder Verwaltungseinrichtungen der Mitgliedstaaten, welche dann auf der Grundlage nationaler bzw. regionaler Förderrichtlinien bei der Mittelvergabe mitwirken, ohne jedoch eigene Kontroll- oder Entscheidungsbefugnisse zu besitzen. Die Mittelbereitstellung erfolgt auf der Grundlage der Haushaltsansätze[47], die nach den von der Kommission verabschiedeten Rahmenplänen[48] beschlossen werden und nach denen die Mittel anhand der Programmkriterien der Einzelprogramme[49] bewilligt werden. Für die Abwicklung (dies betrifft bei Forschungsvorhaben z.B. Zeitpläne, Zahlungstermine, Ergebnisübermittlung, Verwertungsrechte) der Förderungen werden zwischen der Kommission und dem Vorhabenträger Durchführungsverträge abgeschlossen, deren Überwachung der Kommission obliegt.

Die Kontrolle der Ausgaben erfolgt durch Kommissionsdienststellen oder von ihnen beauftragte Prüfungsgesellschaften, wobei sich der Mittelempfänger im Durchführungsvertrag zur Zulassung dieser Prüfungen verpflichtet[50].

2.4. Zwischenergebnis

In den neunziger Jahren wurden jährlich rund 6 % der Haushaltsmittel der Gemeinschaft für die als interne Politiken bezeichneten Maßnahmen bereit gestellt. Rund zwei Drittel dieser Ausgaben entfallen auf die Forschungsförderung. Erhebliche Ausgabensteigerungen sind bei der Förderung von Film- und Fernsehproduktionen und den Zuschüssen für grenzüberschreitende Verkehrsverbindungen und Energienetze festzustellen. Diese Ausgaben werden fast ausschließlich im Rahmen von vertraglichen Vereinbarungen mit dem Empfänger als verlorene Zuschüsse der Gemeinschaft getätigt. Das Anwachsen dieser Ausgaben kann wegen ihres Zuschußcharakters zu einem Anstieg unrechtmäßig erlangter Subventionen aus den Mitteln für interne Politiken führen.

Die direkte Verwaltung von Gemeinschaftsmitteln durch die Kommission ist, abgesehen von den Ausgaben für externe Politiken, auf diese internen Politiken beschränkt, wobei auch hier bisweilen Verwaltungsstellen der Mitgliedstaaten von der Gemeinschaft in das Vergabeverfahren eingeschaltet werden.

---

[47] Für Förderungen von Forschungsprogrammen z. B. Teil B Einzelplan B Kapitel 6 - 7

[48] z. B. Europäische Kommission, Forschung und Technologie, das vierte Rahmenprogramm 1994-1999, Brüssel, 1995

[49] Diese Einzelprogramme werden i.d.R. über Ausschreibungen vergeben, z.B. DRIVE-Dedicated Road Infrastructure for Vehicle safety in Europe- gem. VO/EWG ABl. L 206/1 1988; Raw Materials and Recycling Programme gem. ABl. C 52/89 und C 164/89

[50] Jahresbericht Betrugsbekämpfung 1990 S. 49

Die Aufdeckung von Unregelmäßigkeiten bei diesen Gemeinschaftsausgaben erfordert Kontrollen durch Kommissionsdienststellen oder von ihnen beauftragter Prüfer, sofern nicht Unregelmäßigkeiten bei Ermittlungen nationaler Behörden aus anderem Anlaß festgestellt und der Kommission mitgeteilt werden.

3. Ausgaben im Rahmen der EU-Strukturpolitik

3.0.1. Einrichtung und Organisation

Eines der Hauptziele der Gemeinschaftspolitik ist die Angleichung der unterschiedlichen Strukturverhältnisse innerhalb der Gemeinschaft gem. Art 130 a bis e EGV. Um dieses Ziel zu erreichen, fördern die Gemeinschaften die Entwicklung bestimmter Regionen im Rahmen ihrer Strukturpolitik[51]. Die Maßnahmenbereiche werden dabei nach definierten Zielen geordnet, die für bestimmte Regionen bzw. strukturpolitische Aufgaben der Gemeinschaften gelten.

Die Ausgaben für Strukturpolitik werden über drei Fonds getätigt, den Europäischen Ausrichtungs- und Garantie- Fonds für Landwirtschaft Abteilung Ausrichtung *(EAGFL-A)*, den Europäischen Fonds für Regionale Entwicklung *(EFRE)* und den Europäischen Sozialfonds *(ESF)*.

Während die Ausgaben der Europäischen Gemeinschaften zur Strukturföderung 1973 nur 409 Mio. Ecu betrugen, stiegen diese Ausgaben bis 1983 auf 5,9 Mrd. Ecu[52]. 1987 waren für die zu diesem Zeitpunkt getrennt geführten Fonds insgesamt 7,944 Mrd. Ecu im Gemeinschaftshaushalt ausgewiesen, von denen auf den Regionalfonds 3,53 Mrd. Ecu, den Sozialfonds 3,47 und den EAGFL Abt. Ausrichtung 938 Mio. Ecu entfielen[53]. Im Vergleich hierzu übersteigen die Finanzmittel der Strukturfonds im Haushaltsjahr 1997 diejenigen des Jahres 1987 um über 20 Mrd. Ecu.

---

[51] Nicolaysen, Europarecht,1.Aufl. 1996 S. 348 f.; Bleckmann, Europarecht 6.Aufl. 1997 Rn. 2272 ff.
[52] Europäische Gemeinschaften, Beihilfen und Darlehen der Europäischen Gemeinschaft, 1985 S.56
[53] Finanzbericht EAGFL - Ausrichtung 1988, S. 4

In den Jahren 1994 bis 1999 werden im Rahmen der Strukturfonds etwa 156 Mrd. Ecu (zu Preisen von 1995) bereitgestellt. Diese Ausgaben verteilen sich wie folgt auf die einzelnen Fonds[54]:

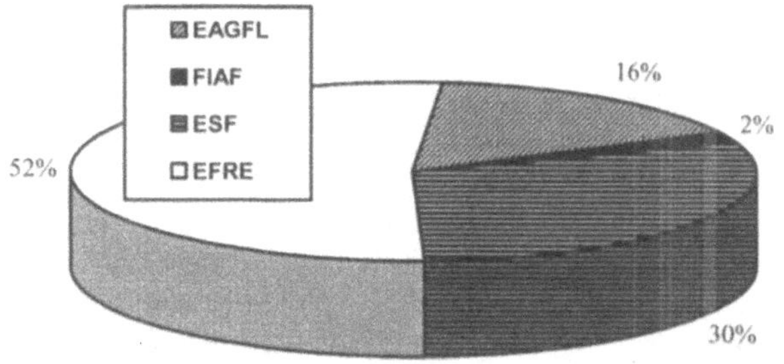

Die Gemeinschaftsausgaben für Strukturpolitik betrugen 1991 bis 1995 insgesamt ca. 86.704[55] Mrd. Ecu (13,4 Mrd. Ecu 1991, 17,7 Mrd. Ecu 1992, 20,5 Mrd. Ecu 1993, 16,1 Mrd. Ecu 1994)[56]. Für 1994-99 umfassen die Strukturfonds ECU 156 Mrd. Ecu[57] zu Kursen von 1995. Im Zeitraum ab 1995 wurden 19,04 Mrd. Ecu im Jahr 1995, 1996 24,3 Mrd. Ecu, 1997 28,6 Mrd. Ecu und 1998 30,4 Mrd. Ecu ausgezahlt.

Diese Ausgaben stellen nach dem EAGFL-Garantie im Gesamthaushalt den größten Anteil der Gemeinschaftausgaben dar, der 1988 rund 18 %, 1996 bereits 31%[58] und 1998 33,4 %[59] erfaßte.

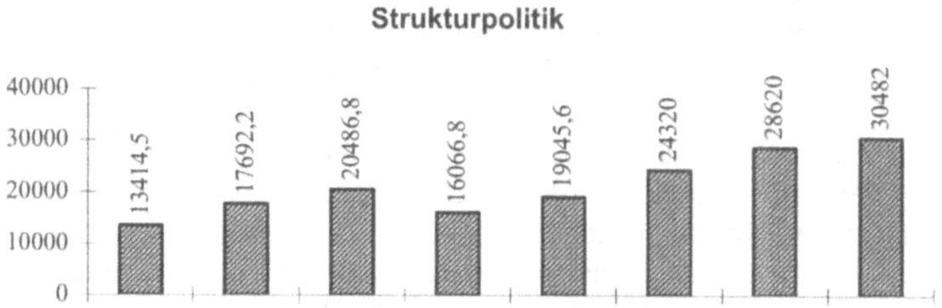

in Mio Ecu einschl. Kohäsionsfonds

[54] aaO
[55] Finanzbericht EAGFL-Garantie 1995, S.64 Tabelle 5
[56] Jahresbericht Betrugsbekämpfung 1996 S. 64
[57] Europäische Kommission DG XVI Webseite v. 19.11.1997
[58] Europäische Kommission, Die Europäische Union in Zahlen 1997 S. 37
[59] Gesamtbericht der EU 1997 S. 408

Ebenfalls im Rahmen strukturpolitischer Maßnahmen wurden jeweils in den Jahren 1991 bis 1995 insgesamt 3,9 Mrd Ecu für verschiedene weitere Struktumaßnahmen, wie beitrittsbedingte Sonderausgaben, und 3,3 Mrd Ecu für den Kohäsionsfonds ausgegeben.

Die Vergabe der Fördermittel, in der Regel verlorene Zuschüsse, wird über die Verwaltungsstellen der Mitgliedstaaten zumeist im Rahmen von Förderprogrammen, „operationellen Programmen", vorgenommen, die von der Kommission geprüft und einzeln beschlossen werden[60]. Diese Förderprogramme wiederum werden aus den Vorgaben der zuvor verabschiedeten Gemeinschaftlichen Förderkonzepte (GFK) für die verschiedenen Regionen entwickelt. So wurden beispielsweise im Förderkonzept 1991 bis 1993 für die neuen Bundesländer und Berlin (Ost) 3 Milliarden ECU öffentlicher Förderausgaben aus Gemeinschaftsmitteln bezuschußt, wobei der EFRE 1,5 Milliarden, der ESF 0,9 Milliarden und der EAGFL/Ausrichtung 0,6 Milliarden ECU beitrugen[61]. Jedoch sind bei der Bezuschussung von Beihilfen aus Gemeinschaftsmitteln Anteilsbegrenzungen vorgesehen im Bereich des EFRE von 75 % maximal der Gesamtkosten (mindestens aber 50 %) in Fördergebieten für Ziel 1 - Maßnahmen gemäß Art. 13 Abs. 3 - VO/EWG 2052/88. Diese Mittel werden u.a. im Rahmen der Förderung von Bund und Ländern nach dem Gesetz der Gemeinschaftsaufgabe Verbesserung der regionalen Wirtschaftsstruktur oder im Rahmen von Landesförderprogrammen vergeben. Bis zum Anteil von 50 % der öffentlichen Ausgaben können in den neuen Bundesländern nach VO/EWG 3575/90 im Rahmen der Förderung durch den ESF bzw. den EAGFL-Ausrichtung (VO/EWG Nr. 797/85 und 866/90) bereit gestellt werden.

Die Bereitstellung der EU-Haushaltsmittel erfolgt in diesen Fällen nach Bewertung des Förderantrages im Rahmen der jeweiligen Förderrichtlinien, wobei hierzu auch externe Prüfungsgesellschaften eingeschaltet werden. Die Bewilligung erfolgt mit Bescheid durch die zuständige nationale Verwaltungsdienststelle z. B. die Landesregierung oder die Regierungspräsidien. Die Mittelanforderung wird von dort für Gemeinschaftsmittel über die Bundeshauptkasse zur Weiterleitung an die Landeshauptkasse vorgenommen. Durch die Anweisungsstelle, die Bewilligungsbehörde, gelangen diese Mittel dann zur Auszahlung an den Endbegünstigten.

---

[60] Der ESF im Freistaat Sachsen, S. 24 u. z. B. Operationelles Programm Sachsen

[61] Europäische Kommission, Gemeinschaftliches Förderkonzept 1991/93 S. 39 und VO/EWG Nr. 3575/90 des Rates vom 04.12.1990

3.1. Ausgabenbereiche und Ziele der Strukturpolitik

Die mit der Strukturpolitik verfolgten Ziele werden in Art. 1 der Verordnung (EWG) 2052/88 des Rates, der Rahmenverordnung, (i. d. F. der VO/EWG 2081/93) festgelegt. Danach werden sich die Mittel aus Strukturfonds (inkl. Gemeinschaftsinitiativen) in etwa wie folgt auf die einzelnen Ziele verteilen:

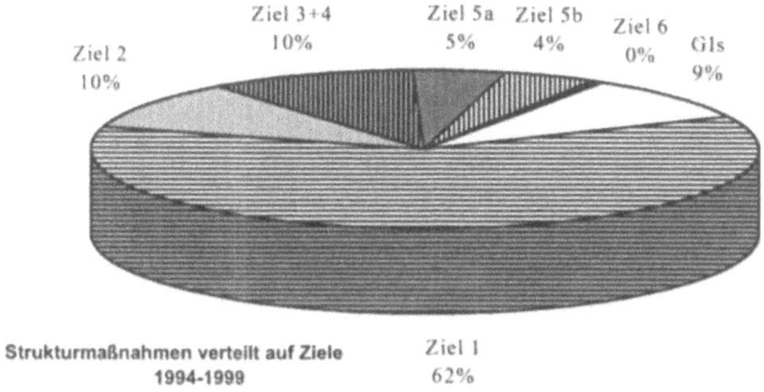

3.1.1. Regionalentwicklung

Als „Ziel 1" bezeichnet wird die Regionalförderung strukturschwacher Regionen. Dies beinhaltet die Förderung der Entwicklung und strukturellen Anpassung von strukturschwachen Regionen mit Entwicklungsrückstand[62].
Als förderungsbedürftig definiert sind gem. Art. 8 der Rahmenverordnung (VO/EWG 2052/88 i.d.F. VO/EWG 2081/93) alle Regionen der Ebene II nach NUTS[63], deren Pro-Kopf-Bruttoinlandsprodukt nach den Daten der letzten drei Jahre weniger als 75 % des Gemeinschaftsdurchschnitts betrug. Ferner sind einige Regionen explizit aufgezählt, deren Pro-Kopf-Bruttoinlandsprodukt nahe der 75 % - Grenze liegt[64]. In der Bundesrepublik waren vor 1990 keine Fördergebiete im Rahmen der allgemeinen

---

[62] Fördergebiete vor 1990 waren u.a. Griechenland, Portugal, Irland, drei Viertel Spaniens, der Süden Italiens, gesamt 39 % der damaligen Fläche der Gemeinschaft

[63] NUTS: *Nomenclature of Territorial Units for Statistics*, (Nomenklatur der territorialen Unterteilungen für statistische Zwecke) wurde von Eurostat als eine einheitliche Übersicht über die territorialen Unterteilungen der Mitgliedstaaten eingeführt. NUTS unterteilt jeden Staat in eine Hierarchie immer kleinerer Verwaltungseinheiten: NUTS I - Regionen: z. B. Bundesländer der BRD, ZEAT in Frankreich, régions in Belgien; NUTS II - Regionen: z. Bsp: régions in Frankreich, Comunidades autónomas in Spanien, regioni in Italien, provincies in den Niederlanden.
NUTS III-Regionen: z. B. Kreise in Deutschland, Départements in Frankreich, Nomoi in Griechenland, Maakunnat in Finnland, Län in Schweden.

[64] z. B. Nordirland, Ost-Berlin und die fünf neuen Bundesländer, die französischen überseeischen Departements gem. Anhang I zu VO/EWG 2081/93, ABl. Nr. L 193/19

Regionalförderung ausgewiesen. Soweit Mittel der Strukturfonds in der Bundesrepublik Verwendung fanden, wurden sie für andere Förderziele eingesetzt. Eine wesentliche Änderung bewirkte die Einstufung der fünf neuen Bundesländer und Ost-Berlin ab 1994 als entwicklungsschwache Regionen, nachdem schon aufgrund Kommissionsbeschluss ab 1991 dort Fördermittel der Regionalförderung eingesetzt wurden[65]. Unter Ziel 1 fällt im gesamten Gebiet der ehemaligen DDR ein Anteil von 20% der Gesamtbevölkerung in Deutschland.

Die Verteilung der Mittel für Ziel 1 Gebiete (Regionalförderung) von 1994 bis 1999 auf die Mitgliedstaaten[66] wird nachfolgend graphisch dargestellt:

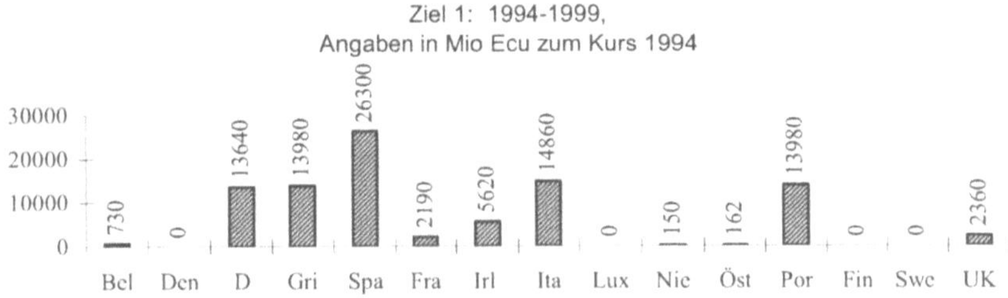

3.1.2. Strukturhilfen Industrieregionen

Mit den Beihilfen für das so bezeichnete „Ziel 2" wird die Umstellung von Regionen, (Grenzregionen oder Teilregionen einschließlich Arbeitsmarktregionen und Verdichtungsräumen), die von einer rückläufigen industriellen Entwicklung betroffen sind, angestrebt.[67] Nach Art. 9 der Rahmenverordnung werden die unterschiedlichen Fördergebiete auf Antrag der jeweiligen Mitgliedstaaten durch Kommissionsbeschluß bestimmt.

---

[65] VO/EWG Nr. 3537/90 des Rates v. 04.12.1990 über die Intervention der Strukturfonds im Gebiet der ehemaligen Deutschen Demokratischen Republik, ABl. L 353 v. 17.12.1990 S. 1; s. auch Anh. I zu VO/EWG Nr. 2081/93 des Rates v. 20.07.1993 ABl. Nr. L 193 v. 31.07.1993 S. 5 ff

[66] Europäische Kommission DG XVI Webseite v. 19.11.1997

[67] Die Definition in Artikel 9 der Rahmenverordnung nennt als hauptsächliche Förderkriterien neben einer überdurchschnittlichen Arbeitslosenquote in den letzten drei Jahren vor Verordnungserlaß, einen Rückgang gerade der Beschäftigung in der Industrie, was nach Artikel 9 Abs. II lit b, c weiter dann angenommen wird, wenn der Anteil der dort in der Industrie Beschäftigten in einem beliebigen Bezugsjahr nach 1975 dem Gemeinschaftsdurchschnitt entsprach und seitdem überdurchschnittlich zurückgegangen ist.

Im Zeitraum 1.1.1989 bis 31.12.1991 wurden als Fördergebiete nach Ziel Nr. 2 in der Bundesrepublik mit Kommissionsbeschlüssen[68] vom 20.12.1989 Westberlin, Bremen und Teile des Saarlandes, sowie Gebiete in Niedersachen[69], Rheinland-Pfalz[70] und Nordrhein-Westfalen[71] anerkannt. Das Gesamtvolumen der Gemeinschaftsausgaben für diese regional begrenzten Fördermittel war auf 335 Mio. Ecu festgesetzt.

Die Ausgaben der Gemeinschaften für die Strukturfonds von 1994 bis 1999 für Förderungen in Ziel 2-Regionen beliefen sich auf rund 15,3 Mrd. Ecu, wobei die für die Bundesrepublik vorgesehenen Mittel von 1994 bis 1999 rund 1,5 Mrd. Ecu betragen. In den Ziel-2-Regionen in der Bundesrepublik leben 8,8 % der Gesamtbevölkerung. Demgegenüber sind größere Strukturausgaben für Industrieregionen vor allem für Regionen in Großbritannien, Frankreich und Spanien vorgesehen.

Die Verteilung der Mittel für Ziel 2 auf die Mitgliedstaaten ist nachfolgender Grafik dargestellt:

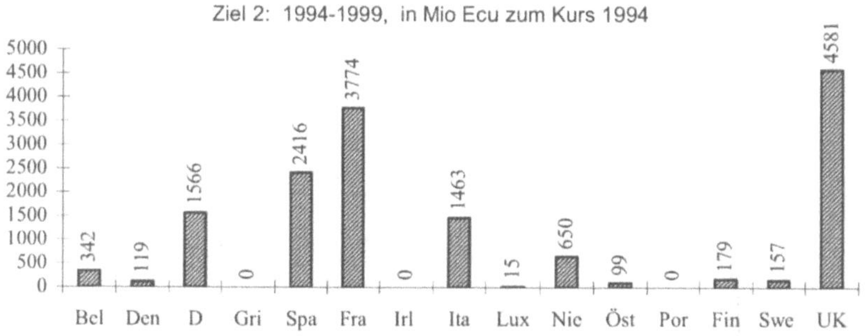

3.1.3. Bekämpfung Langzeitarbeitslosigkeit

Dieses „Ziel 3" umfaßt die Bekämpfung von Langzeitarbeitslosigkeit[72], die Erleichterung der Eingliederung von Jugendlichen und der vom Ausschluß vom Arbeitsmarkt bedrohten Personen in das Erwerbsleben. Die Förderung erfolgt aus Mitteln des ESF auf der Grundlage von Plänen, die von den jeweiligen Mitgliedstaaten vorzulegen und von ihnen nach Bestätigung der Kommission durchzuführen sind.

---

[68] Siehe i. Einzelnen: Commission, Community Support Frameworks 1989-1991 for Converting the regions affected by industrial decline - Federal republic of Germany, Brüssel 1990 S. 5 ff.

[69] Stadt Salzgitter, Peine, Emden

[70] Landkreis Pirmasens, Zweibrücken

[71] u.a. Duisburg, Aachen, Essen, Oberhausen, Wesel, Heinsberg, Bottrop, Gelsenkirchen, Borken, Recklinghausen, Dortmund, Hamm, Herne

[72] Bis 1993 war die Bekämpfung der Langzeitarbeitslosigkeit als eigenes Ziel 4 definiert. Dieser Aufgabenbereich wurde ab 1994 mit Art. 10 Abs. 1 VO/EWG 2081/93 in Ziel 3 eingegliedert.

3.1.4. Prävention Arbeitslosigkeit

Parallel zu Ziel 3 soll mit weiteren Maßnahmen Arbeitslosigkeit durch vorbeugende Maßnahmen verhindert werden, so durch die Erleichterung der Anpassung von Arbeitnehmern an den Wandel von Industrie und Produktionssystemen, dies ermöglicht die Verwendung der Mittel insbesondere für projekt- oder betriebsbezogene Aus- und Fortbildungsmaßnahmen. Die Förderung erfolgt wie bei Ziel 3 im Rahmen von Maßnahmeplänen, die von den Mitgliedstaaten vorgelegt und von der Kommission befürwortet werden. Die Bewilligung der Einzelausgaben wird bei diesen Fördermitteln ebenso wie bei Ausgaben nach Ziel 3 durch Verwaltungsstellen der Mitgliedstaaten vorgenommen, denen auch die Kontrolle der ordnungsgemäßen Mittelverwendung obliegt.

Die Verteilung der Mittel für Ziel 3 und 4 auf die Mitgliedstaaten ergibt sich wie folgt:

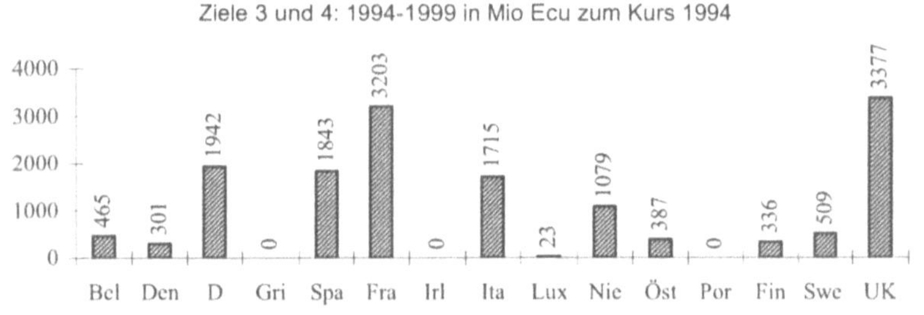

3.1.5. Entwicklung des ländlichen Raumes

Die Förderungen ländlicher Gebiete wird im Rahmen von Förderprogrammen zur Erreichung der „Ziele 5a und b“ angestrebt. Unter Ziel 5 a wird dies vor allem betriebsbezogen durch die Anpassung der Verarbeitungs- und Vermarktungsstrukturen für landwirtschaftliche Erzeugnisse, unter Ziel 5 b durch die wirtschaftliche Diversifizierung der ländlichen Gebiete angestrebt.

Ziel 5a:
Hierunter fallen Maßnahmen zur Förderung der Entwicklung ländlicher Gebiete und insbesondere landwirtschaftlicher Betriebe[73], so z.B. Beihilfen für die Vermarktung und Verarbeitung landwirtschaftlicher Erzeugnisse[74]. Zur Durchführung dieser Maß-

[73] zunächst VO/EWG 17/64 des Rates v. 05.02.1964, ABl. Nr. 34 v. 27.02.1964
[74] VO/EWG 355/77; VO/EWG 866/90

nahmen dienen allein die Mittel des EAGFL-Ausrichtung. Als Fördergebiete gelten zum einen die bereits nach Ziel 1 als förderfähig ausgewiesenen Regionen, daneben werden einzelne Maßnahmen jeweils auf Vorschlag der Mitgliedstaaten von der Kommission beschlossen[75]. Unter die Förderung nach Ziel 5b fallen gemäß Artikel 11 lit a[76] der Rahmenverordnung ländliche Gebiete mit geringem wirtschaftlichen und sozialem Entwicklungsstand und überdurchschnittlichem Anteil in der Landwirtschaft Beschäftigter mit niedrigem Durchschnittseinkommen in der Landwirtschaft[77], sowie geringer Bevölkerungsdichte bzw. starker Abwanderung.

Auch zur Durchführung dieser Maßnahmen dienen allein die Mittel des EAGFL-Ausrichtung. Die Fördergebiete für Maßnahmen nach Ziel 5b werden mit Kommissionsentscheidung für Fünfjahreszeiträume bestimmt[78] und gegenwärtig die Bestimmung der Fördergebiete von 1994 bis 1999 gilt, für die Beitrittsstaaten Finnland, Österreich[79] und Schweden[80] im Zeitraum 1995 bis 1999. In den Ziel-5b-Regionen in der Bundesrepublik[81], hauptsächlich Gebiete in Ostbayern (Oberpfalz, Unterfranken, Niederbayern, Bayr. Wald) Niedersachsen (Emsland, Ostfriesland) und Schleswig-Holstein, leben 9,6 % der Einwohner der Bundesrepublik. Gefördert werden Investitionen z.B. in den Fremdenverkehr, den Umweltschutz, die Sanierung bzw. den Umbau landwirtschaftlicher Anwesen oder Ausbildungsmaßnahmen für Landwirte. Die Durchführung dieser Förderung, insbesondere die Mittelauszahlung und Überwachung obliegt ebenfalls den Mitgliedstaaten.

---

[75] Europäische Kommission, Strukturfonds und Kohäsionsfonds 1994 - 1999 S. 23

[76] Art. 11 a VO/EWG Nr. 2052/88 v. 15.7.1988 ABl. L 185 i.d.F. VO/EWG Nr. 2081/93 v. 20.07.1993 ABl. L 193 v. 31.07.1993 S. 5 (14)

[77] Gem. Art. 11 a Abs. 1 lit. B als niedriges Agrareinkommen, ausgedrückt insbesondere als landwirtschaftliche Bruttowertschöpfung je landwirtschaftlicher Arbeitseinheit (LAE)

[78] Für 1994 - 1999 mit Entscheidung der Kommission vom 26.01.1994 ABl. L 96 v. 14.04.1994

[79] Kommissionsentscheidung v. 17.02.1995 ABl. L 49 v. 04.03.1995

[80] Kommissionsentscheidung v. 18.04.1995 ABl. L 92 v. 25.04.1995

[81] Kommissionsentscheidung v. 26.01.1994 ABl. L 96 v. 14.04.1994 S. 1 ff

Die Verteilung der Mittel für das Ziel Nr. 5a auf die Mitgliedstaaten im Zeitraum 1994 - 1999 ist aus nachfolgender Darstellung ersichtlich:

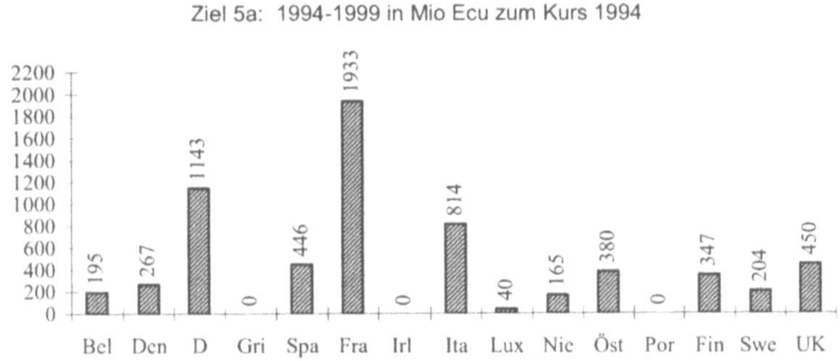

Die entsprechende Grafik für die Ausgaben Ziel 5 b :

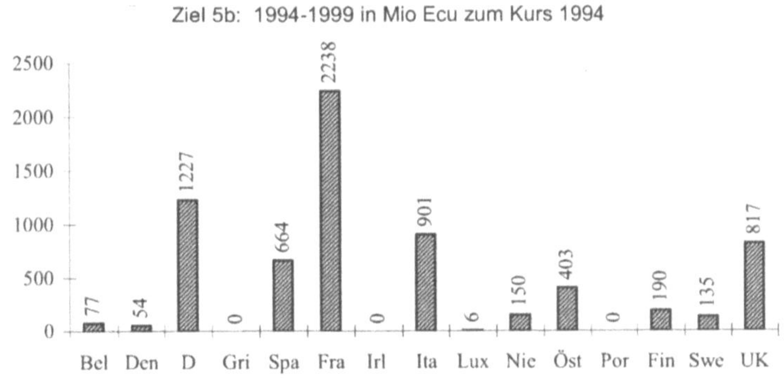

3.1.6. Förderung Nordeuropa

Mit Art. 52 des Beschlußes des Rates vom 01.01.1995 wurde wegen des Beitritts neuer Mitgliedstaaten zur Europäischen Union[82] ein „Ziel 6“ eingeführt, welches die Förderung der Entwicklung von Gebieten mit extrem niedriger Bevölkerungsdichte umfaßt und nur in Teilen Schwedens und Finnlands, (Nordskandinavien) gilt. Dieses Förderprogramm soll nur der Vollständigkeit halber erwähnt werden. Die Ausgaben sind graphisch auf der nächsten Seite dargestellt:

---

[82] Beschluß 95/1/EG, Euratom, EGKS, ABl. L Nr. 1 v. 1.1.95 S. 1 ff., 11

Ausgaben Förderung Nordeuropa „ Ziel 6“

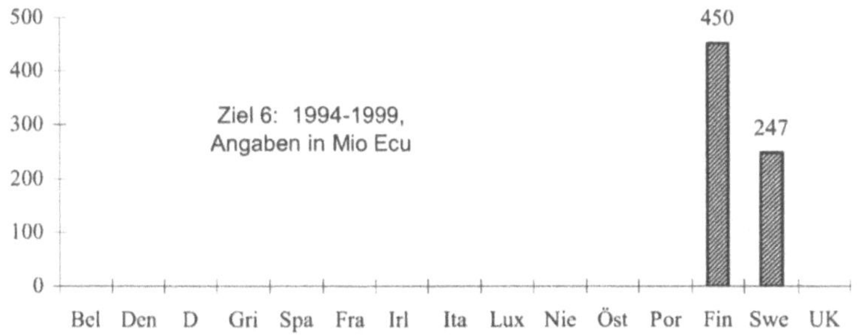

Im Überblick soll hier nochmals die Aufgabenverteilung der einzelnen Strukturfonds hinsichtlich der einzelnen Ziele zusammengefaßt werden[83]:

Ziel 1: EFRE, ESF, EAGFL-A
Ziel 2: EFRE, ESF
Ziel 3: ESF
Ziel 4: ESF
Ziel 5a: EAGFL-A, FIAF
Ziel 5b: EAGFL-A, ESF, EFRE
Ziel 6: EFRE, ESF, EAGFL-A

3.1.7. Ausgaben in Deutschland 1994-1999 nach Zielen :

Bei Betrachtung der verschiedenen Förderziele fällt auf, daß die Ausgaben je nach Mitgliedstaat in unterschiedlichem Maße auf die Förderziele verteilt werden. Im Zeitraum von 1994 bis 1999 wendet die Gemeinschaft folgende Mittel zur Förderung der einzelnen Ziele in der Bundesrepublik Deutschland auf[84]:

Ziel 1: 93,8 Mrd. Ecu, davon 14,07 Mrd. Ecu (= 15 %) in Deutschland
Ziel 2[85]: 7,0 Mrd. Ecu, davon 0,77 Mrd. Ecu (= 11 %) in Deutschland
Ziel 3+4: 13,9 Mrd. Ecu, davon 1,95 Mrd. Ecu (= 14 %) in Deutschland
Ziel 5a: 46,0 Mrd. Ecu, davon 1,01 Mrd. Ecu (= 22 %) in Deutschland
Ziel 5b: 61,0 Mrd. Ecu, davon 1,24 Mrd. Ecu (= 20 %) in Deutschland
Ziel 6: 4,7 Mrd. Ecu

Die weitaus größte Summe wird in Deutschland danach im Rahmen der Förderung entwicklungsschwacher Regionen, also Maßnahmen für Ziel 1, und hier wiederum

[83] Art. 2 VO/EWG 2081/93 zur Änderung der Verordnung VO/EWG 2052/88
[84] Finanzbericht der EG 1994, S. 24
[85] Zeitraum 1994 bis 1996

für die ostdeutschen Bundesländer und Berlin zur Verfügung gestellt. Die Anteile der Ausgaben nach Zielen in Deutschland wird auf der nachfolgenden Grafik dargestellt.

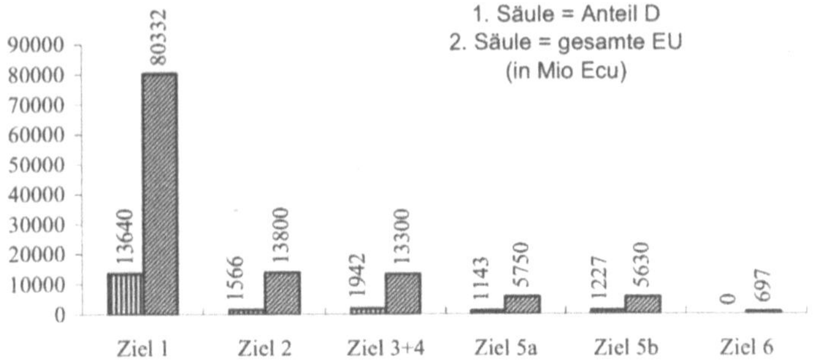

3.2. Ausgaben des EAGFL-Ausrichtung

3.2.1. Aufgaben und Organisation

Der "Europäische Ausrichtungs- und Garantiefonds für die Landwirtschaft, Abteilung Ausrichtung" entstand durch Aufteilung[86] des bereits 1962 mit der VO/EWG Nr. 25 (1)[87] eingerichteten "Europäischen Ausrichtungs- und Garantiefonds für die Landwirtschaft" in die Bereiche "Ausrichtung" und "Garantie" um mittels Gemeinschaftsmaßnahmen i. S. Art. 40 Abs. 1 EWGV zu der in Art. 39 Abs. 1 EWGV genannten Erhöhung der landwirtschaftlichen Erzeugung beizutragen, wobei Gegenstand des Ausrichtungsfonds im Gegensatz zur Garantie-Abteilung des EAGFL nicht die Marktbeeinflussung durch produktbezogene Maßnahmen, sondern die Einwirkung auf die Strukturen der Erzeugung, Verarbeitung und Vermarktung landwirtschaftlicher Produkte ist. Vor 1988 entfielen allerdings lediglich rund 4 % des Gemeinschaftshaushalts auf den Ausrichtungsfonds[88]. Mit der Neugestaltung der Strukturpolitik im Jahr 1988 wurde dieser Bereich des EAGFL zusammengefaßt mit den Fonds für Regionalentwicklung und dem Sozialfonds[89].

---

[86] Grundverordnung VO/EWG 17/64 v. 5.2.1964, ABl. Nr. 34 v. 27.02.1964

[87] ABl. Nr. 30 v. 20.04.1962

[88] 17. Finanzbericht EAGFL Ausrichtung 1987 S. 11

[89] VO/EWG 4256/88 zur Durchführung der Rahmenverordnung 2052/88 und mit der Verordnung VO/EWG 2085/93

Gefördert werden im Rahmen der Strukturpolitik der Gemeinschaften die Ziele Nr. 1, 5a, 5b und 6[90], also die regionale Entwicklung strukturschwacher Gebiete, die Förderung ländlicher Räume und der Landwirtschaft und Regionen in Skandinavien mit extrem dünner Besiedlung. Mittel aus diesem Fonds werden u.a. verwendet zur Förderung von Landwirtschaftsbetrieben z.B. in Bergregionen, die Sanierung landwirtschaftlicher Anwesen in strukturschwachen Gebieten, für die Neuerrichtung oder die Modernisierung von Verarbeitungsbetrieben landwirtschaftlicher Erzeugnisse, die Förderung von Genossenschaftseinrichtungen wie Maschinenringen u.ä.. Diese Maßnahmen umfassen eine Vielzahl von Subventionszwecken, wie[91]:

(a) Maßnahmen zur Stützung der landwirtschaftlichen Einkommen und zur Aufrechterhaltung einer lebensfähigen Agrarwirtschaft in benachteiligten Gebieten und Berggebieten.
(b) Förderung der Niederlassung von Junglandwirten
(c) Verbesserung der Effizienz von Betriebsstrukturen
(d) Maßnahmen zur Förderung der Gründung Erzeugervereinigungen
(e) Umstellung, Diversifizierung, Neuausrichtung und Verbesserung der landwirtschaftlichen Erzeugnisse
(f) Entwicklung der ländlichen Infrastruktur
(g) Förderung von Investitionen zur Entwicklung des Fremdenverkehrs
(h) sonstige Maßnahmen, diese umfassen z.B. die Vorbeugung gegen Naturkatastrophen, die Dorferneuerung, die Entwicklung und Aufwertung des Waldes, den Umweltschutz u.ä.

Die mit den Fondsmitteln verfolgten Förderziele beinhalten danach sowohl solche, die auf die Landwirtschaft als Wirtschaftssektor und deren Betriebe bezogen sind, als auch jene, die der Einkommenssicherung von Beschäftigten in der Landwirtschaft, der Entwicklung ländlicher Sozialstrukturen und der Erhaltung der natürlichen Ressourcen des ländlichen Raumes, also sozialen Zwecken und dem Umweltschutz dienen[92]. Eine Einordnung der Mittel des EAGFL als generell wirtschaftsfördernde, weil auf die Landwirtschaft bezogene, Ausgaben ist deshalb pauschal nicht möglich. Eine Vielzahl von Einzelprojekten wird nach den oben zitierten Förderzwecken sogar überwiegend für soziale Zwecke, etwa als Einkommensbeihilfe, Existenzgründungsbeihilfe, zur Stützung landwirtschaftlicher Altersversorgung oder für Umweltschutzvorhaben, wie z.B. dem Bau privater Klärgruben[93] Verwendung finden. Eine Unterscheidung von wirtschaftsfördernden und nicht wirtschaftsfördernden Maßnahmen kann hier oft deshalb nicht vorgenommen werden, da der Beihilfeempfänger sowohl

---

[90] vgl. Verordnungen VO/EWG 2081/93 und VO/EWG 2052/88
[91] vgl. VO/EWG 2085/93 L 193/45
[92] Art. 3 Abs. 3 VO/EWG 2081/93 v. 20.07.1993 ABl. L 193 vv. 31.07.1993 S.8
[93] Gemeinschaftliches Förderkonzept 1991-1993 für die Gebiete Ost-Berlin, Mecklenburg Vorpommern, Brandenburg, Sachsen-Anhalt, Thüringen und Sachsen, Bundesrepublik Deutschland 1991 S. 22

als Betrieb, wie als Privatperson gewertet werden könnte. So kann die Zahlung an Betriebe in Bergregionen der betriebsbezogenen Förderung, also wirtschaftsfördernden Zwecken zugeordnet werden, wie auch sozialen Zielsetzungen, etwa der Stützung von Einkommen oder der Verhinderung von Arbeitslosigkeit der Bergbauern.

Schwierig ist auch die Unterscheidung, welche Fördermittel an privatrechtlich organisierte Empfänger gelangen und welche Fördermittel den mit der Vergabe befaßten öffentlichen Verwaltungen zugute kommen, was insbesondere bei den ausschließlich von den Mitgliedstaaten im Rahmen von Gemeinschaftsfinanzierungen verwalteten Förderprogrammen erheblich sein kann. So fallen in den Aufgabenbereich des EAGFL-Ausrichtung bei den genannten Aufgaben auch die Interventionen zugunsten von Unternehmen, die im Rahmen der Regelung VO/EWG 866/90[94] zur Verbesserung der Verarbeitungs- und Vermarktungsbedingungen landwirtschaftlicher Erzeugnisse tätig sind. Grundsätzlich nicht förderfähig sind hierbei die Kosten der mit der Mittelverwaltung beschäftigten öffentlichen Verwaltung der jeweiligen Mitgliedstaaten, es sei denn es handelt sich um zusätzliche, durch die mit Mittelvergabe verbundene Ausgaben der Verwaltung und Kontrolle der jeweiligen Maßnahme oder die operativen Kosten einer als Endbegünstigter anzusehenden öffentlichen Einrichtung[95]. Eine klare Trennung zwischen wirtschaftsfördernden Ausgaben und Verwaltungskosten ist aus dem Haushaltsansatz und den Vergaberegelungen insofern kaum möglich.

3.2.2. Ausgabenentwicklung

Von 1964 bis 1971 wurden für Projekte im Rahmen direkter Finanzierungen 567 Mio. ERE in den sechs Mitgliedstaaten der Gemeinschaft, von 1971 bis 1979 1,59 Mrd. ERE/Ecu in neun Mitgliedstaaten bereitgestellt. Einschließlich der 1977 begonnenen indirekten Förderung wuchs der Haushalt des EAGFL-Ausrichtung auf 842,5 Mio Ecu im Jahr 1984 und nachfolgend bis auf 1,925 Mrd. Ecu im Jahr 1990[96].

Die in der Bundesrepublik vorgenommenen Ausgaben stiegen von 1984 mit 91 Mio Ecu (13,8 % der Ausgaben des EAGFL Ausrichtung) auf 181,2 Mio. Ecu im Jahr 1990 (9,9 % der Ausgaben des EAGFL Ausrichtung). Die größten Ausgabenbeträge entfielen in diesem Zeitraum auf Frankreich, Italien und Griechenland.[97]

---

[94] VO/EWG 866/90 v. 29.03.1990 i.d.F. VO/EWG 2843/94 v. 21.11.1994 ABl. L Nr. 302 v. 25.11.1994, S. 1

[95] Europäische Union, Förderfähige Ausgaben unter den Strukturfonds, Arbeitsblätter, Europäische Kommission 1997, Arbeitsblatt Nr. 22, S. 45

[96] Mittelbindung, gem. Finanzbericht EAGFL Ausrichtung 1990, v. 13.07.1992, SEK(92) 1336, Anhang 6 a

[97] Finanzbericht EAGFL Ausrichtung 1990 aaO Anhang 6 b

Bis 1988 entfielen die meisten direkten Ausgaben des EAGFL-Ausrichtung auf die Förderung von Einzelprojekten zur Verbesserung der Vermarktung und Verarbeitung landwirtschaftlicher Erzeugnisse gem. VO/EWG 17/64[98] mit Mittelbewilligungen über gesamt 2,1 Mrd. ERE/Ecu und der Nachfolgeregelung VO/EWG 355/77 mit 2,53 Mrd. Ecu[99]. Der insgesamt größere Betrag von 11,2 Mrd. ERE/Ecu wurde für indirekte Maßnahmen bewilligt, die insbesondere zur Regionalförderung und Verbesserung der Ertragssituation der Landwirtschaft verwendet wurden, wie gem. VO/EWG 159/72 zur Modernisierung landwirtschaftlicher Betriebe (1,07 Mrd. Ecu) und zur Förderung der Landwirtschaft in benachteiligten Gebieten gem. VO/EWG 268/75 (1,21 Mrd. Ecu)[100]. Die Ausgaben des EAGFL-Ausrichtung wurden dabei bis 1989 ausschließlich den strukturpolitischen Zielen Nr. 1 (Regionalentwicklung) und Nr. 5 a (Förderung des ländlichen Raumes / Landwirtschaftsbetriebe) zugeordnet, ab 1990 auch in geringem Umfang dem Ziel Nr. 5 b[101](Förderung des ländlichen Raumes / Strukturanpassung). Die Mittelverteilung ergab für 1990 eine Zuordnung von 853,5 Mio Ecu für Maßnahmen nach Ziel 1, 652 Mio Ecu für Ziel Nr. 5a und 27,7 Mio Ecu für Ziel 5 b.

Im Zeitraum von 1991 bis 1998 wurden für den EAGFL-Ausrichtung insgesamt ca. 26,3 Mrd. Ecu ausgegeben. Während die eingegangenen Verpflichtungen 1991 noch ca. 2,3 Mrd. Ecu ausmachten, hat sich dieser Wert bis 1997 fast verdoppelt.

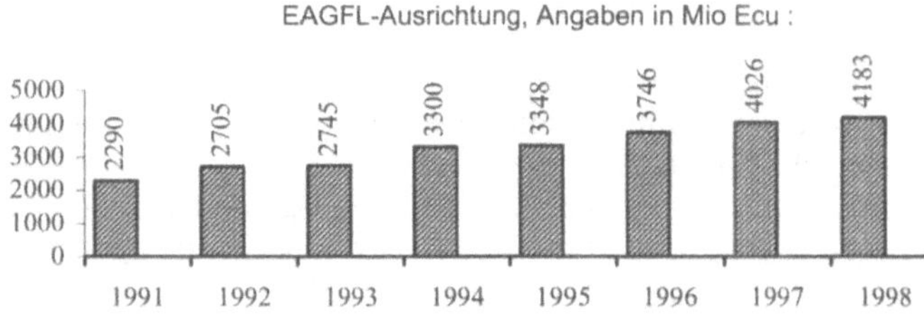

Die Ausgaben des EAGFL Abteilung Ausrichtung werden zu einem geringen Teil im Rahmen direkter Maßnahmen getätigt, bei denen die Mittel direkt von der Gemeinschaft an die Begünstigten gezahlt werden, die als Endbegünstigte gelten. Diese direkten Ausgaben in der Bundesrepublik betrugen 1990 bis 1996 im Mittel 15 % der EAGFL Ausgaben im Ausrichtungsbereich. Diese Ausgaben werden unterschieden in regional gebundene Ausgaben, die in gesondert definierten Förderregionen verwendet werden und allgemeine Ausgaben, die zur Förderung von Einzelprojekten außerhalb der Fördergebiete bestimmt sind. Als Beispiele regionaler direkter Ausgaben

98 Grundverordnung v. 5.2.1964, ABl. Nr. 34 v. 27.02.1964
99 Finanzbericht EAGFL-Ausrichtung 1988, Anhang 1
100 Financial Report EAGGF Guidance Section 1987, S. 73; 18 Finanzbericht EAGFL-Ausrichtung 1988 Anhang 35, 40
101 Finanzbericht EAGFL Ausrichtung 1990 Anhang 5 b

seien Aufforstungsprogramme im Süden Frankreichs und Italien[102] genannt oder die Infrastrukturförderung für bestimmte Gebiete in der Bundesrepublik[103], deren Anteil an den Gesamtausgaben des EAGFL-Ausrichtung allerdings gering ist. Der größte Anteil direkter Ausgaben des EAGFL-Ausrichtung wird in allgemeinen Fördermaßnahmen, die nicht an einzelne Fördergebiete gebunden sind, verwendet. Beihilfen sind danach vorgesehen z.B. für die Modernisierung von Verarbeitungs-, Verpac??kungs- und Lagereinrichtungen etwa in der Molkereiwirtschaft der Fleischerzeugung oder dem Obst- und Gemüseanbau[104]. Die Antragsübermittlung und -überprüfung erfolgt dabei jedoch auch bei direkten Förderungen über Verwaltungsstellen der Mitgliedsstaaten. Die andere Ausgabeform, indirekte Maßnahmen sind Kofinanzierungen zu nationalen Beihilferegelungen, Zahlungen erfolgen hier an die Mitgliedstaaten, die die Mittel verwalten und dann als Endbegünstigte i. S. der Gemeinschaftsregelungen gelten, wenn kleinere Finanzierungsbeiträge der Gemeinschaften an eine Vielzahl private Empfänger weitergeleitet werden, wie bei Zuschüssen zur Wiedereinrichtung bäuerlicher Familienbetriebe in der ehemaligen DDR[105]. Die Fördermittel aus dem Gemeinschaftshaushalt werden hier nur zusätzlich zu den von Bund und Ländern im Rahmen der einzelbetrieblichen Förderung bzw. dem Agrarinvestitionsförderprogramm aufgebrachten Mitteln gewährt. Die von Bund und Ländern hier z.B. eingesetzten Mittel betrugen 1995 552 Mio DM, 1996 509 Mio DM und 1997 487 Mio DM[106].

Weitere regional begrenzte Maßnahmen sind z.B. Ausgleichsleistungen für von Frostschäden betroffene Olivenbauern in Italien und Griechenland[107]. Daneben werden auch im Rahmen indirekter Finanzierungen des EAGFL-Ausrichtung nicht regional begrenzte, allgemeine Förderprogramme durchgeführt, wie die Modernisierung landwirtschaftlicher Betriebe, Ausgleichszulagen oder Berufsbildungsmaßnahmen von Beschäftigten in der Landwirtschaft[108], Flächenstillegungsprämien im Akkerbau[109] oder im Weinbau[110].

---

[102] VO/EWG 269/79

[103] VO/EWG Nr. 1938/81 des Rates v. 30.06.1981 über eine gemeinsame Maßnahme zur beschleunigten Verbesserung der Infrastruktur in einigen benachteiligten ländlichen Gebieten der Bundesrepublik Deutschland

[104] VO/EWG 355/77

[105] Art. 38 VO/EWG 2328/91; Gemeinschaftliches Förderkonzept Bundesrepublik Deutschland 1991-1993 S. 23, Für die neuen Länder standen danach im Zeitraum 1991-1993 600 Mio. Ecu aus Mitteln des EAGFL-Ausrichtung zur Verfügung.

[106] Gem. 16. Subventionsbericht Anlage 1 Ziff. 19, S. 68 f.

[107] VO/EWG 1654/86 bzw. VO/EWG 3222/88

[108] VO/EWG 159/72; VO/EWG 797/85 i.d.F. VO/EWG 3808/90

[109] VO/EWG 1765/92 des Rates v. 30.06.1992, ABl. L 181, S. 12, i.V.m. VO/EWG 3508/92 v. 27.11.1992 ABl. Nr. L 355, S. 1 u. VO/EWG 3887/92 der Kommission v. 23.12.1992 ABl. L 391 S. 36 i.V.m. § 6 der Verordnung über eine Stützungsregelung für Erzeuger bestimmter landwirtschaftlicher Kulturpflanzen - Kulturpflanzen-Ausgleichszahlungsverordnung (KAVO)- i.d.F. d. Bek. V. 27.11.1995, BGBl. I S.1561

[110] VO/EWG 1442/88 seit 01.01.1990 Verwaltung im Rahmen des EAGFL-Garantie

Diese über die Mitgliedstaaten gemeinsam mit nationalen Förderprogrammen ausgezahlten Mittel nehmen den größten Teil des Haushalts des EAGFL-Ausrichtung in Anspruch.

3.2.3. Ausgaben für Fischerei - FIAF

Das Finanzinstrument für die Ausrichtung der Fischerei wurde mit der Verordnung VO/EWG 2080/93[111], die als Organisations- bzw. Ausführungsregelung zu Art. 3a VO/ EWG 2052/88[112] erlassen wurde, eingerichtet. Rechtsgrundlage hierfür bilden Art 38 Abs. 1 S. 2, 39, 43, 130a EGV. Es handelt sich hierbei um einen gesondert im Haushalt ausgewiesenen Bereich der Förderung innerhalb der Strukturfonds.

Ab 1971 waren zunächst im Rahmen des EAGFL Mittel zur Förderung der Fischerei bereitgestellt. Seit 1983 werden die Fördermaßnahmen in mehrjährigen Rahmenplänen zusammengefaßt, wobei hierfür ab 1986 die, bis dahin in verschiedenen Verordnungen verstreuten, Regelungen über die Fischereipolitik der Gemeinschaft in einer Rahmenverordnung zusammengefaßt wurden. Mit der Zusammenfassung der Strukturfonds wurden die im Bereich der Fischereipolitik der Gemeinschaften vorhandenen Strukturmittel in diese Fonds ausgegliedert. Fördermittel für die Fischereiwirtschaft werden außerhalb des FIAF noch in den Fonds für Regionalentwicklung, EFRE und dem ESF verwaltet[113], besondere Projekte im Rahmen der Gemeinschaftsinitiative PESCA.[114] direkt von den Gemeinschaften gefördert, wobei z.B. für Ausgaben in Deutschland im Haushaltsjahr 1997 660.000 Ecu bereit gestellt wurden[115].

Die Förderziele des FIAF sind die Beeinflussung der Marktstrukturen für Fischereierzeugnisse in der Gemeinschaft im Hinblick auf einen gemeinsamen Markt und die Förderung der Entwicklung ländlicher Räume, Ziel 5 a (Strukturanpassung durch Verarbeitungs- und Vermarktungsbeihilfen)[116]. Hierunter fallen z. B. auch Zuschüsse zur Modernisierung oder dem Kauf neuer Hochseefischereiboote oder Zinszuschüsse

---

[111] VO/EWG 2080/93 v. 20.07.1993, ABl Nr. L 193/1

[112] VO/EWG 2052/88 v. 15.7.1988; ABl. Nr.L 185/9 i.d.F. VO/EWG 2081/93 v. 20.07.1993 ABl. Nr. L 193/5 s. hierzu VO/EWG 3699/93 d. Rates v. 21.12.1993 i.d.F. VO/EWG 965/96 v. 28.05.1996

[113] diese Mittel werden in den Ziel 1, 2 und 5b Regionen eingesetzt

[114] vgl. Leitlinien der Kommission für die Gemeinschaftsinitiativen vom 15.06.1994, ABl. C 180 v. 01.07.1994, Maßnahmen zur Diversifizierung der wirtschaftlichen Tätigkeiten in den vom Fischereisektor stark abhängigen Gebieten

[115] Gesamtbericht der EU 1997, S. 155

[116] Insbesondere gefördert werden soll mit Mitteln des FIAF: (a) die Anpassung des Fischereiaufwandes, (b) die Modernisierung der Fischereiflotte, (c) der Ausbau der Aquakultur, (d) die Ausrüstung der Fischereihäfen, (f) die Verarbeitung und Vermarktung von Fischereierzeugnissen, (g) die Erhöhung des Produktabsatzes, vgl. Art 3 VO/EWG 2080/93 ABL Nr. L 193/1

oder Darlehen für die Kutterfischerei[117]. Die Vergabe von Fördermitteln erfolgt nach den Vergabekriterien des jeweiligen Gemeinschaftsprogramms durch Verwaltungsstellen der Mitgliedstaaten, wobei der Anteil der Gemeinschaftsmittel an den gesamten Fördermitteln bis zu 50%, bei Investitionen in die Produktion bis zu 30% betragen kann. Einzelne Maßnahmen wie Demonstrationsvorhaben können bis zu 100% durch die Gemeinschaft finanziert werden[118]. Die Ausgaben für Fischereiförderung der Gemeinschaften stellen sich wie folgt dar:

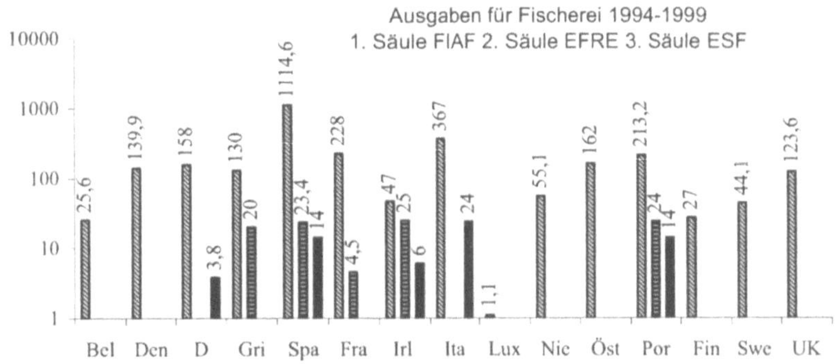

Vorstehende Angaben in Mio. Ecu (Kurs 1994); Österreich, Finnland und Schweden: Ausgaben 1995 bis 1999, Kurs 1995

Insgesamt betrugen die Ausgaben der Fischereiförderung im Zeitraum 1994 bis 1998 insgesamt ca. 2 Mrd. Ecu, wobei der Haushaltsansatz (einschließlich Verpflichtungsermächtigungen) des FIAF im Zeitraum 1994-99 insgesamt 2,9 Mrd. Ecu. beträgt[119].

[117] VO/EWG Nr. 3699/93 d. Rates v. 21.12.1993 ABl. Nr. L 346 v. 31.12.1993 S. 1; Zur Kofinanzierung durch den Bund in Deutschland 1995-1998: s. 16. Subventionsbericht Anlage 1 Nr. 9, S. 58
[118] vgl. Art 4 VO/EWG 2080/93
[119] Gesamtbericht der EU 1997 S. 408 ff.

Ausgaben der Gemeinschaften für die Fischereiförderung - FIAF:

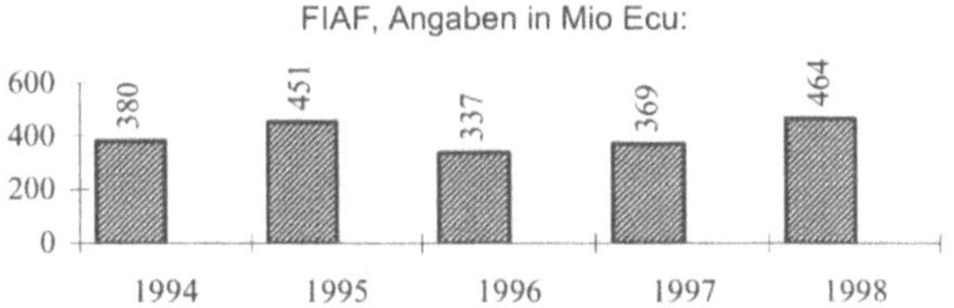

3.3. Ausgaben im Rahmen des EFRE

3.3.1. Gesamtausgaben

Auf Grundlage von Art. 130 c EGV besteht der „**E**uropäische **F**onds für **R**egionale **E**ntwicklung" der 1975 eingerichtet und durch die Verordnung (EWG) 2083/93 neu organisiert wurde. Mit den Mitteln des EFRE können Vorhaben in den Bereichen Arbeitsmarktpolitik, Infrastruktur, Gesundheits- und Bildungswesen, Förderung kleiner und mittlerer Unternehmen, Forschung und Entwicklung, sowie Umweltschutz gefördert werden [120].

Von 1975 bis 1977 leistete der EFRE insgesamt Zahlungen in Höhe von 740 Mio ERE, wovon auf das Haushaltsjahr 1977 318 Mio Ecu entfielen[121]. Die verfügbaren Mittel des Regionalfonds wurden nachfolgend 1980 auf 1,16 Mrd. Ecu und 1981 auf 1,54 Mrd. Ecu erhöht[122] und stiegen bis 1986 auf 2,53 Mrd. Ecu[123].

Der EFRE verfügte 1991 bis 1995 innerhalb des Rahmens der Strukturmaßnahmen der Gemeinschaft über das größte Budget mit insgesamt 35,608 Mrd. Ecu. Dies entspricht jährlichen Ausgaben zwischen ca. 5,2 Mrd. Ecu 1991 und ca. 10,5 Mrd. Ecu 1995. Die Verpflichtungsermächtigungen im Rahmen dieses Fonds belaufen sich 1996 auf über 11,8 Mrd. ECU, 1997 auf 12,98 Mrd Ecu[124] und 1998 auf 14 Mrd. Ecu[125].

---

[120] Art 1 VO/EWG Nr. 4254/88 ABl. Nr. L 374, i. d.F. VO/EWG 2083/93
[121] 11. Gesamtbericht der EG 1977 S. 160
[122] 15. Gesamtbericht der EG 1981 S. 154
[123] 20. Gesamtbericht der EG 1986 S. 60
[124] Gesamtbericht der EU 1996 S. 425
[125] Gesamtbericht der EU 1997 S. 408 f

Die Anteile der einzelnen Fonds zeigt die nachfolgende Graphik[126] nochmals im Überblick:

Gefördert werden können die Ziele 1 Regionalentwicklung strukturschwache Gebiete, 2 Umstrukturierung industrieller Krisenregionen und 5b Strukturbeihilfen im Agrarbereich und 6. Den größten Teil seiner Mittel (rund 70 %) verwendet der EFRE für die Regionalentwicklung (Ziel 1).

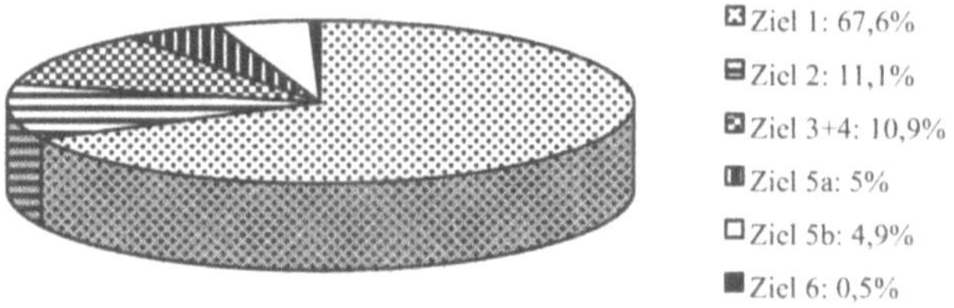

3.3.2. Ausgaben der Strukturfonds in Deutschland

Zwischen 1975 und 1977 wurden für Projekte in der Bundesrepublik Deutschland Fördermittel in Höhe von 72 Mio ERE bewilligt und 38 Mio ERE ausgezahlt. Im Jahr 1981 wurden in der Bundesrepublik EFRE Zuschüsse in Höhe von 56 Mio. Ecu ausgereicht. Dieser Betrag stieg auf 92,5 Mio Ecu im Jahr 1986. Die Förderung betraf vor allem strukturschwache Gebiete insbesondere die seinerzeitigen Zonenrandgebiete.

Zu den strukturschwachen Regionen i.S. der Fördermaßnahme für das Ziel 1 zählen nunmehr die Bundesländer Brandenburg, Mecklenburg-Vorpommern, Sachsen, Sachsen -Anhalt, Thüringen und Ost-Berlin. Der Westteil von Berlin war bis 1997 Fördergebiet nach Ziel 2[127]. Hier wurden zu den vom Bund und den Ländern bereit-

[126] Druck zit. Nach http://europa.eu.int; WEBSITE der EU v. 20.11.1997
[127] Art. 5 VO/EWG 2081/93

gestellten Zuschußmitteln im Rahmen des Gesetzes über die Gemeinschaftsaufgabe Förderung der regionalen Wirtschaftsstruktur (GRW)[128] und den operationellen Programmen, betreffend die einzelnen Länder, im Zeitraum von 1991 bis 1993 aus Mitteln des Regionalfonds insgesamt 1,5 Mrd Ecu bereit gestellt[129]. In der Zeit von 1994 bis 1999 sind aus den Strukturfonds insgesamt etwa 18,6 Mrd. Ecu Fördermittel in Deutschland bereit gestellt worden, der Großteil davon (ca 13,6 Mrd. Ecu) allein in den Ziel 1-Regionen, also den neuen Bundesländern und Ost-Berlin.

Die Verwendung der Mittel kann sowohl betriebsbezogen für Wirtschaftsunternehmen, wie etwa die Sanierung von Industriegrundstücken, als auch für Maßnahmen der öffentlichen Hand zur Erstellung wirtschaftsnaher Infrastruktureinrichtungen, etwa den Bau von Ausbildungseinrichtungen, Abwasseranlagen oder die Erschließung von Gewerbegebieten erfolgen. Baden-Württemberg, Niedersachsen, Rheinland-Pfalz, Saarland, Schleswig-Holstein und Bayern sind im Zeitraum 1994 -1999 teilweise im Rahmen der Programme nach Ziel 5b förderfähige Gebiete. Von 1994 bis 1996 förderfähig nach Ziel 5b waren Teile von Hessen und Nordrhein-Westfalen. Nach Ziel 2 können Fördermittel in den Ländern Bayern, Rheinland-Pfalz, Schleswig-Holstein und Saarland zwischen 1994 und 1999 , sowie in den Ländern Bremen, Hessen, Niedersachsen und Nordrhein-Westfalen von 1994 bis 1996 vergeben werden.

Daneben stehen dem EFRE gemäß Art. 10 VO/EWG 2083/93[130] im Zeitraum 1995-1999 weiter 400 Mio Ecu (max. 1 % des EFRE Hauhalts) für zusätzliche Programme im Zusammenhang mit Raum- und Städteplanung oder Regionalentwicklung zur Verfügung, die unmittelbar von der Kommission vergeben werden, etwa um wissenschaftliche Studien in diesem Bereich zu finanzieren..

3.4. Ausgaben im Rahmen des Europäischen Sozialfonds ESF

3.4.1. Gesamtausgaben des ESF

Der ESF wurde als Instrument zum Ausgleich sozialer Defizite in einzelnen Wirtschaftssektoren 1957 durch den EWG Vertrag eingerichtet, nachdem bereits im Rahmen der 1951 gegründeten EGKS Beihilfen für Sozialmaßnahmen[131] zugunsten

---

[128] Gesetz über die Gemeinschaftsaufgabe Verbesserung der regionalen Wirtschaftsstruktur v. 6.10.1969, BGBl. I S. 1861

[129] Bundesministerium für Wirtschaft, Wirtschaftliche Förderung in den neuen Bundesländern S. 24

[130] ABL Nr. L. 193/34

[131] Art. 56 EGKS Vertrag; Die Aufgaben der EGKS, die inzwischen insbesondere in der Gewährung von Anpassungsbeihilfen bestehen, werden mit Auslaufen des EGKS Vertrages ab 2003 voraussichtlich fast vollständig in die Verwaltung des ESF integriert werden. (Die Zukunft der finanziellen Tätigkeiten des EGKS Vertrages, Beschluß der Kommission v. 18.11.1992, SEK (92) 1889)

von Arbeitnehmern in der Montanindustrie vorgesehen und als Anpassungsbeihilfen ab 1954 gewährt worden waren[132]. Nachfolgend waren die Aufgaben des ESF auch auf die Gewährung von Anpassungsbeihilfen für Arbeitnehmer in der Textilindustrie und der Landwirtschaft, die soziale und berufliche Integration von Wanderarbeitnehmern, die berufliche Qualifikation arbeitsloser Jugendlicher oder von Behinderten, sowie Zuschüsse an Förderprogramme der Mitgliedstaaten in strukturschwachen Regionen erweitert worden. Grundlage der Tätigkeit des ESF bilden Art. 123 - 128 EGV[133].

Die Aufgaben des mit der Verordnung (EWG) 2052/88[134] ebenfalls in den Rahmen der Strukturfonds eingeordneten Europäischen Sozialfonds wurden mit Verordnung (EWG) 2084/93 vom 20.07.1993[135] neu geregelt. Damit sollen die Fondsmittel vor allem zur Anpassung und Eingliederung verschiedener Personengruppen an bzw. in den Arbeitsmarkt zur Verfügung stehen. Als Maßnahmen des ESF kommen vor allem Maßnahmen zur Verringerung der Langzeitarbeitslosigkeit, so zum Beispiel Beihilfen für Existenzgründungen durch Arbeitslose oder von Arbeitslosigkeit bedrohten Personen in Betracht. Endbegünstigter i. S. gemeinschaftsrechtlicher Regelungen ist bei Ausgaben des ESF diejenige öffentliche oder private Stelle, die mit der Organisation und der Durchführung der jeweiligen Maßnahmen betraut ist.

Die im Rahmen des Haushalts eingeräumten Verpflichtungsermächtigungen des ESF betrugen 1977 noch 617 Mio. ERE[136], die für Programme zur Förderung von arbeitslosen Jugendlichen, ausgeschiedenen Arbeitnehmern von Textilindustrie und Landwirtschaft, sowie Wanderarbeitern verwendet[137] oder als Zuschüsse an Unternehmen in strukturschwachen Regionen gewährt wurden. Die Höhe der Verpflichtungsermächtigungen des ESF betrug 1981 963 Mio. Ecu[138] und im Haushaltsjahr 1986 2,578 Mrd. Ecu[139].

---

[132] Soziales Europa, Die Europäische Gemeinschaft für Kohle und Stahl, Beiheft 2/94, 1994 S. 3
[133] Nicolaysen, Europarecht, 1. Aufl. 1996, S. 467 f.
[134] sowie der Durchführungsverordnung VO/EWG 4255/88 ABl. Nr. L 374/21
[135] ABl. Nr. L 193/39
[136] 11. Gesamtbericht der EG 1997 S. 141
[137] Art. 4 Beschluß Nr. 66/71 ABl. Nr. L 28 v. 4.2.1971
[138] 15. Gesamtbericht der EG 1981 S. 137
[139] 20. Gesamtbericht der EG 1986 S. 207

Der ESF verfügte zwischen 1991 und 1995 mit insgesamt 21.814 Mio. Ecu über den zweitgrößten Etat innerhalb der Strukturfonds. Für den Zeitraum von 1994 bis 1999 werden für Maßnahmen im Rahmen des ESF insgesamt 47 Mrd. Ecu zur Verfügung stehen.

Diese Mittel sollen wie folgt, auf die einzelnen Ziele verteilt, eingesetzt werden[140]:

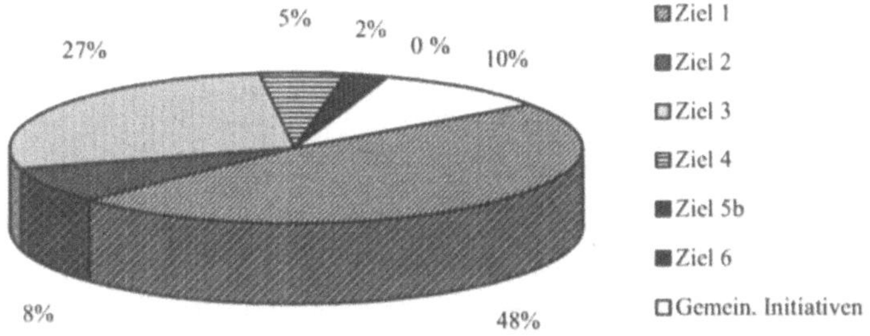

Die Finanzierung von Maßnahmen aus dem ESF erfolgt ausschließlich auf dem Weg über die Mitgliedstaaten, die die Förderung im Rahmen von Plänen, gemeinschaftlichen Förderkonzepten oder operationellen Programmen beantragen müssen. Die Verwaltung der Mittel erfolgt dann durch nationale Behörden, unterstützt von Begleitausschüssen auf nationaler oder regionaler Ebene, in denen auch die Kommission vertreten ist[141].

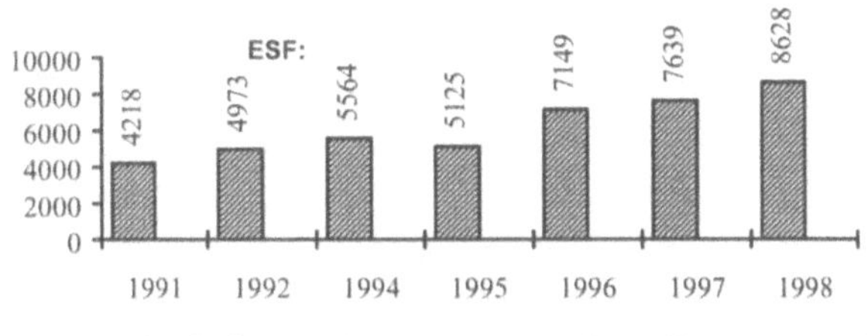

Im europaweiten Durchschnitt werden 7,34 % der Bevölkerung unmittelbar mit Mitteln aus dem ESF begünstigt, diese Quote liegt mit 28 % in Irland am höchsten, der Anteil der Begünstigten in Deutschland von 1,8 % wird nur von Dänemark (1,1%) unterboten[142].

[140] Europäische Kommission, Der Europäische Sozialfonds, 1995 S. 4
[141] aaO S.13
[142] Europäische Kommission, Siebter Jahresbericht über die Strukturfonds (1995), 1996, S. 343

3.4.2. Förderziele in der Bundesrepublik Deutschland

Fördermittel des ESF werden in der Bundesrepublik Deutschland, insbesondere in Ostdeutschland, in folgenden Maßnahmenbereichen[143] eingesetzt: Ausbildung, Beschäftigungsförderung, technische Hilfe und sonstige Förderungen. Die nachfolgenden Diagramme geben eine Übersicht über die einzelnen Förderzwecke und den auf sie entfallenden prozentualen Anteil an den ESF Fördermitteln insgesamt und in Deutschland.

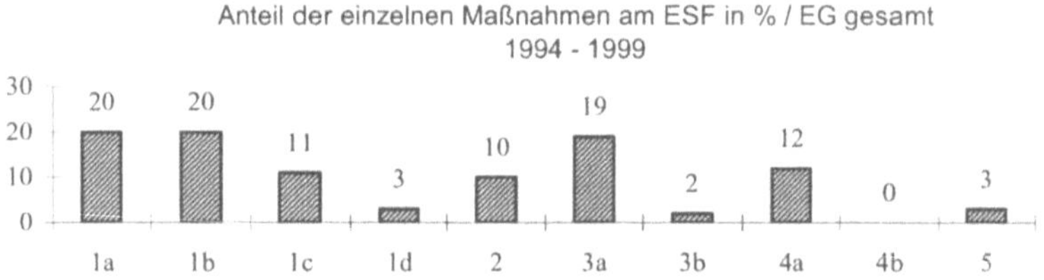

1.a. Eingliederung von Langzeitarbeitslosen in den Arbeitsmarkt, 1.b. Eingliederung arbeitsloser Jugendlicher in den Arbeitsmarkt, 1.c. Eingliederung von vom Arbeitsmarkt ausgegrenzten Personen, 1.d. Förderung der Chancengleichheit von Männern und Frauen, 2. Anpassung der Arbeitnehmer an den industriellen Wandel, 3.a. Förderung der Schaffung stabiler Arbeitsplätze, 3.b. Erschließung des Humankapitals in Forschung, Wissenschaft u. Technologie, 4.a. Verbesserung der Schul- und Berufsbildung, 4.b. Beamtenfortbildung, 5. technische Hilfe, Verschiedenes

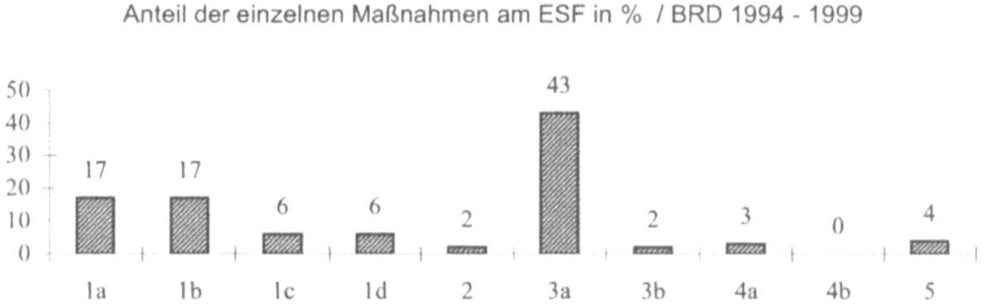

Die Grafik zeigt, daß die ESF-Mittel in Deutschland vor allem im Rahmen von Existenzgründungsprogrammen bzw. beruflichen Aus- und Fortbildungsmaßnahmen eingesetzt werden, die für Arbeitslose konzipiert sind. Ein Beispiel ist die Förderung von Existenzgründungen durch Arbeitslose: Die Antragstellung erfolgt bei der regionalen Behörde (zum Beispiel den Regierungspräsidien in Sachsen nach Bewertung des Vorhabens durch eine Prüfungsgesellschaft) entsprechend den vom Mitgliedstaat

[143] aaO S. 344 Europäische Kommission, Siebter Jahresbericht über die Strukturfonds (1995) Brüssel 1996

im Rahmen der Programme formulierten Förderrichtlinien[144], die nachfolgende Bearbeitung erfolgt nach den Verfahrensregelungen des jeweiligen Mitgliedstaates. Die Förderung erfolgt in der Regel durch Gewährung "verlorener Zuschüsse", z.B. bei Existenzgründungsförderungen in Höhe von ca. 13.000 DM über einen bestimmten Zeitraum unter Anrechnung nationaler Sozialleistungen und Förderungen (z. B. Arbeitslosenunterstützung, Überbrückungsgeld).

3.5. Gemeinschaftsinitiativen

Neben den Förderprogrammen im Rahmen der GFK sind 9 % der Finanzmittel der Strukturfonds für Förderprogramme vorgesehen, deren Förderziele und Fördermaßnahmen nicht von den Mitgliedstaaten, sondern von der Kommission definiert werden[145], wobei auch diese Maßnahmen nach den allgemein geltenden Förderhöchstsätzen bezuschußt und im übrigen von den Mitgliedstaaten zu finanzieren sind. Im Förderungsprogramm 1994 bis 1999 vorgesehen sind Förderprogramme mit sehr unterschiedlichen Zielen. So wird im Rahmen des Programms Interreg II grenzüberschreitende Zusammenarbeit in Grenzgebieten entlang der Innengrenzen, wie auch der Außengrenzen der Gemeinschaften gefördert. Als förderungsfähig kommen dabei sowohl Entwicklungsstudien über Grenzregionen, Anlagen für grenzüberschreitende Abfallentsorgung oder die Zusammenarbeit in den Fördergebieten in den Bereichen Bildung und Kultur, Hochschulen, wie auch dem Gesundheitswesen oder der Gründung von Handelsorganisationen und Berufsverbänden in Betracht[146]. Im Rahmen des Programms LEADER II sollen Modellprojekte im Bereich ländlicher Entwicklung gefördert werden, wobei dies auf Fördergebiete nach Ziel 1 und Ziel 5 b beschränkt ist[147]. Förderfähig sind Maßnahmen mit Modellcharakter, wie besondere Berufsbildungsmaßnahmen, Fremdenverkehrsförderungen oder Erschließungsmaßnahmen, wobei als Endbegünstigte in der Regel Gemeinschaftsunternehmen bzw. Aktionsgruppen öffentlicher und privater Träger gefördert werden.

Im Rahmen des ADAPT-Programmes sollen Berufsbildungsmaßnahmen finanziert werden, um berufliche Weiter- und Fortbildung zu fördern, oder um neue Arbeitsplätze zu schaffen[148]. Förderungsfähig sind hier Ausbildungsmaßnahmen, wie auch die Erstellung von Modernisierungsplänen für kleine und mittelständische Unter-

---

[144] z.B. in Sachsen s. Richtlinien des Sächsischen Staatsministeriums für Wirtschaft und Arbeit für die Förderung von Maßnahmen, die aus dem Europäischen Sozialfonds mitfinanziert werden v. 22.03.1999, SächsABl. 310-313

[145] Art. 11 VO/EWG Nr. 2082/93 und VO/EWG Nr. 4253/88

[146] Art. 11 VO/EWG Nr. 2082/93 und VO/EWG Nr. 4253/88 s. INTERREG II Leitlinien v. 15.06.1994 ABl. C, 180, Seite 13 ff

[147] Leitlinien v. 15.06.1994 ABl. C 180, S. 12

[148] Leitlinien der Kommission v. 15.06.1994 „Anpassung der Arbeitnehmer an den industriellen Wandel (ADAPT)“ ABl.C Nr. 180, S. 9 ff

nehmen, Beschäftigungsuntersuchungen und die Förderung von Ausbildungsmaßnahmen. Im Rahmen des Programms RECHAR II werden in Kohlebergbaugebieten Sanierungsmaßnahmen im Umweltschutz, aber auch private Existenzgründungen oder Ausbildungs- und Arbeitsbeschaffungsmaßnahmen finanziert[149]. Vergleichbare Förderziele und Maßnahmen werden im Rahmen des Programms RESIDER II finanziert, das für Regionen mit Strukturproblemen aufgrund des Niedergangs der dortigen Stahlindustrie konzipiert wurde. Ein Parallelprogramm für Problemregionen mit Textilindustrie ist das Programm RETEX.[150]. Für Gebiete mit Umstrukturierungsproblemen aufgrund von Arbeitsplatzverlusten durch den Stellenabbau im militärischen Sektor, wie auch die Sanierung von ehemaligen sowjetischen Militärstandorten in der ehemaligen DDR werden mit dem Programm KONVER Mittel zur Verfügung gestellt.

Sämtliche Programme sind nicht allein auf die Förderung von Wirtschaftsunternehmen ausgelegt, sondern erstrecken sich auf eine Vielzahl unterschiedlicher Förderungszwecke und mögliche Förderungsempfänger, an denen auch Stellen der öffentlichen Verwaltung beteiligt sein können.

Die Ausgaben für Gemeinschaftsinitiativen in den Jahren 1991 bis 1995 schwankten zwischen 1,9 Mrd. Ecu 1991 und 957 Mio. Ecu 1994, betrugen in dieser Zeit insgesamt 6.977 Mrd. Ecu.

Gemeinschaftsinitiativen, Angaben in Mio Ecu:

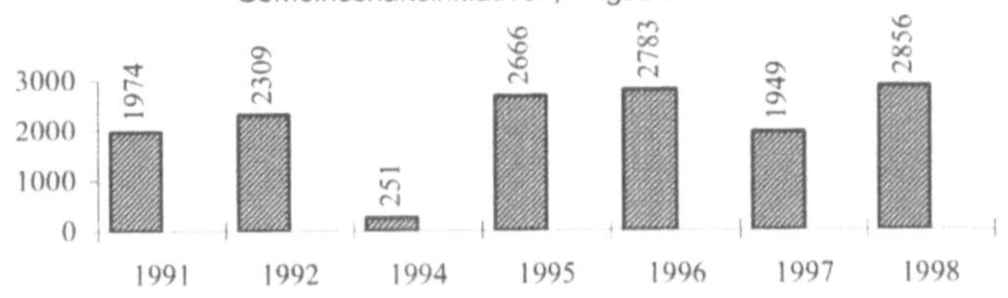

Die für Ausgaben in Deutschland vorgesehen Mittel betrugen 1997 in den jeweiligen Gemeinschaftsinitiativen[151]: ADAPT 16,6 Mio Ecu; Beschäftigung 77,9 Mio Ecu; Konver 63,2 Mio Ecu; Leader II 3,2 Mio Ecu; Rechar II 30,4 Mio Ecu; Resider II 38,6 Mio Ecu; RETEX 4 Mio Ecu.

---

[149] Leitlinie der Kommission vom 15.06.1994 ABl. 1994 C Nr. 180, S. 8 ff
[150] Leitlinien aaO- S. 7
[151] Gesamtbericht der EU 1997, S. 155

3.6. Zwischenergebnis

Die Ausgaben der Strukturfonds beliefen sich 1998 auf ca. 30,5 Mrd. Ecu. Ihr Ausgabenanteil an den Gemeinschaftsausgaben ist von unter 20 % vor der Zusammenfassung der Strukturfonds 1988 auf 33 % im Jahr 1998 gestiegen und stellt nach den Gemeinschaftsausgaben für den Garantiebereich des EAGFL den zweitgrößten Ausgabensektor dar. Die Ausgaben der einzelnen Strukturfonds entwickelten sich dabei unterschiedlich. Gesunken ist der relative Ausgabenanteil des EAGFL-Ausrichtung[152], während die Ausgabenanteile des ESF Schwankungen[153] unterlagen. Deutlich gestiegen sind die Anteile der Ausgaben des Regionalfonds[154] an den Strukturausgaben, was auch für die Ausgaben des EFRE in absoluten Zahlen gilt (1990 5,3 Mrd. Ecu / 14,0 Mrd. Ecu 1998). Die Vergabe und Verwaltung der Fördermittel wird zum größten Teil den Mitgliedstaaten übertragen, wobei auch bei den direkten Mittelvergaben der Gemeinschaften zumeist die Beantragung der Mittel und Begutachtung der Vorhaben von Verwaltungsstellen der Mitgliedstaaten vorgenommen wird.

Die in der Bundesrepublik eingesetzten Mittel der Strukturfonds beschränkten sich vor 1991 im wesentlichen auf Strukturbeihilfen in Industriegebieten sowie Zuschüsse an Landwirtschaftsbetriebe in strukturschwachen Gebieten vor allem in Bayern, Niedersachsen und Rheinland-Pfalz. Nach 1991 wurden erhebliche Förderbeträge zugunsten der neuen Bundesländer bereitgestellt, die seit 1994 insgesamt als strukturschwache Fördergebiete nach Ziel 1 eingeordnet wurden. Hierdurch sind im Zeitraum von 1991 bis 1993 über 3 Mrd DM und von 1994 bis 1999 ca. 14 Mrd. DM Fördermittel aus dem Gemeinschaftshaushalt, zumeist als Zuschußfinanzierungen zu Bundes- oder Landesförderprogrammen, geleistet worden. Die meisten Ausgaben wurden dabei über den Regionalfonds getätigt und i.d.R. als verlorene Zuschüsse vergeben. Die Förderungen betreffen dabei eine kaum überschaubare Vielfalt von Förderzielen, wie die Durchführung von Existenzgründungsberatungen oder die Bezuschussung des Baus von Verbandskläranlagen in bestimmten Regionen der Neuen Länder. Als Fördermittelempfänger kommen Landwirtschaftsbetriebe, Gewerbeunternehmen, aber auch Gemeinden und Zweckverbände, wie auch Private in Betracht. Mit dem erheblichen Anwachsen der Subventionen aus den Strukturfonds in der Bundesrepublik seit 1991 sind zahlreiche zusätzliche Förderprogramme entstanden, die nun ebenfalls Angriffsobjekte von Straftaten sein können, deren Kontrolle jedoch angesichts der verschiedenartigen Förderziele und unterschiedlichen Empfänger bisher nicht vorhandene Schwierigkeiten bereiten kann.

---

[152] von 17,9 % (1991) auf 13,6 % (1998)

[153] 1991 rund 31 %, 1994 rund 26 %, 1998 28,5 %

[154] von 1991 39,5 % auf 46,5 % 1998

4. Ausgaben im Rahmen des EAGFL - Garantie

4.0.1. Ausgabenentwicklung

Nach Art. 38 EWGV wurden die Landwirtschaft und der Handel mit landwirtschaftlichen Erzeugnissen Gegenstand der Gemeinschaftspolitik, deren Ziele in Art. 39 EWGV definiert werden. 1962 wurden zur Verwirklichung dieser Ziele der europäische Ausrichtungs- und Garantiefond für die Landwirtschaft, EAGFL geschaffen[155]. Die Abteilung Garantie des EAGFL wurde 1964[156] eingerichtet, um die Finanzierung der Markt- und Preispolitik der EWG-Landwirtschaftspolitik zu übernehmen. Während die Finanzierung des EAGFL bis 1970 über Rückerstattungen der Mitgliedsländer erfolgte, werden die Haushaltsmittel seit 01.01.1971[157] über Eigenmittel im Rahmen des Gemeinschaftshaushaltes bewirtschaftet. Die Verwaltung der Mittel wird von den Mitgliedstaaten im Wege des unmittelbaren Vollzuges erledigt, die Ausgaben von den Verwaltungen der Mitgliedstaaten auf Rechnung der Gemeinschaft getätigt[158]. Die Durchführung in Deutschland bestimmt sich nach dem Gesetz zur Durchführung der Gemeinsamen Marktorganisationen (MOG)[159].

Der EAGFL-Garantie ist seit über 25 Jahren der größte Haushaltsbereich der Gemeinschaften, dessen Ausgabenanteil bis Ende der achtziger Jahre auf über 70 % angestiegen ist und 1998 rund 45 % beträgt. Das Subventionssystem der gemeinsamen Agrarpolitik, die in einigen Produktbereichen zu einem innergemeinschaftlichen Selbstversorgungsgrad von 220 % führte[160], dort insbesondere der Garantieausgaben, wird seit langem als besonders anfällig und zugleich kriminogen für Betrügereien bezeichnet[161].

Die Gesamtausgaben des EAGFL - Garantie sind, wie nachfolgend dargestellt, von 6,8 Mrd. ECU im Jahr 1977 auf über 40 Mrd. ECU im Jahr 1998 anwachsen, wobei zugleich darauf hinzuweisen ist, daß im genannten Zeitraum mit Griechenland (ab 1981), Portugal und Spanien (jeweils ab 1986) Länder mit relativ umfangreicher

---

[155] VO/EWG Nr. 25 (1) d. Rates v. 4.4.1962, ABl. Nr. 30 v. 20.04.1962; Bleckmann, Europarecht, 6. Aufl. 1997, RN 2227 ff.
[156] VO/EWG Nr. 17/64 v. 05.02.1964 ABl. 34 v. 27.02.1964
[157] VO-EWG Nr. 729/70 vom 21.04.1970, ABl. Nr. L 94 vom 28.04.1970
[158] Zur unmittelbaren Vollziehung Streinz, Europarecht, 3. Aufl. 1996, S.167; EuGH RS 205-215 /82, Slg. 1983, 2633
[159] Gesetz zur Durchführung der Gemeinsamen Marktorganisationen (MOG) vom 31.08.1972 BGBl. I S. 1617 v. 2.9.1972 i.d.F. v. 20.09.1995 BGBl. I S. 1147, geänd. d. Art. 5 d.G. v. 2.5.1996 BGBl. I S. 656
[160] Blumann S. 251
[161] Tiedemann, NJW 1972, S. 659; ders. Wirtschaftsbetrug Einl. S. 4; Sieber SchwZStrR 114, 358; Lettieri, in Sieber, Internationale Organisierte Kriminalität, S. 90; Martyn, S.41

landwirtschaftlicher Produktion den Gemeinschaften beigetreten sind, deren Marktgebiet sich zudem um Österreich, die neuen Bundesländer, Schweden und Finnland vergrößert hat. Die Haushaltsentwicklung und der relative Haushaltsanteil der in der Bundesrepublik erfolgten Zahlungen des EAGFL-G kann der nachfolgenden Grafik entnommen werden:

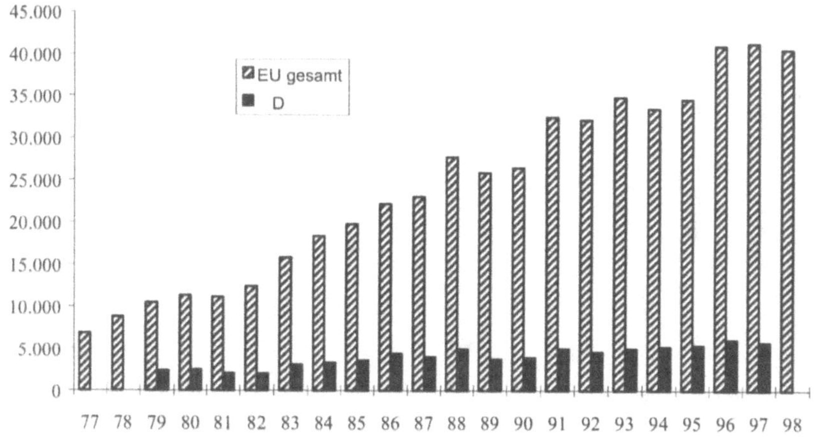

Angaben in Mio Ecu je Haushaltsjahr[162]
1977: 6830; 1978: 8773; 1979: 10448; 1980: 11315; 1981: 11141; 1982: 12406; 1983: 15812; 1984: 18346; 1985: 19744; 1986: 22137; 1987: 22968; 1988: 27687; 1989: 25873; 1990: 26453; 1991: 32386; 1992: 32095; 1993: 34748; 1994: 33412; 1995: 34503; 1996: 40828; 1997: 41121; 1998: 40437

Der Haushaltsanteil der Zahlungen in Deutschland beträgt durchschnittlich ca. 12 % und liegt damit unter dem Anteil der insgesamt in Deutschland getätigten Gemeinschaftsausgaben, der 1996 mit 14,8 % beziffert wurde.

4.1. Ausgabenarten

Die Ausgaben des EAGFL-Garantie lassen sich in zwei Hauptgruppen unterscheiden. Zum einen sind dies Ausfuhrerstattungen für den Export landwirtschaftlicher Erzeugnisse in Drittländer außerhalb der Gemeinschaften[163]. Die andere Hauptgruppe der Ausgaben sind die innerhalb des Gemeinschaftsgebietes getätigten Ausgaben zur Stützung der auf den innergemeinschaftlichen Märkten erzielten Preise landwirtschaftlicher Erzeugnisse, die eine Vielzahl von Förderausgaben umfassen, die zu

[162] bis 1986 vom 1.1. - 31.12., ab 1987 vom 16.10. - 15.10
[163] § 6 Abs. 1 Nr. 1 MOG

sammengefaßt als Interventionsausgaben im weiteren Sinne bezeichnet werden[164]. Daneben werden aus den Mitteln des EAGFL-G Beihilfen für Nahrungsmittellieferungen der Gemeinschaften, vornehmlich an Länder der Dritten Welt im Rahmen der Nahrungsmittelhilfe geleistet.

Die Verteilung der Gesamtausgaben zwischen den Hauptausgabenarten Erstattungen und Interventionen ergibt sich aus der nachfolgenden Grafik.

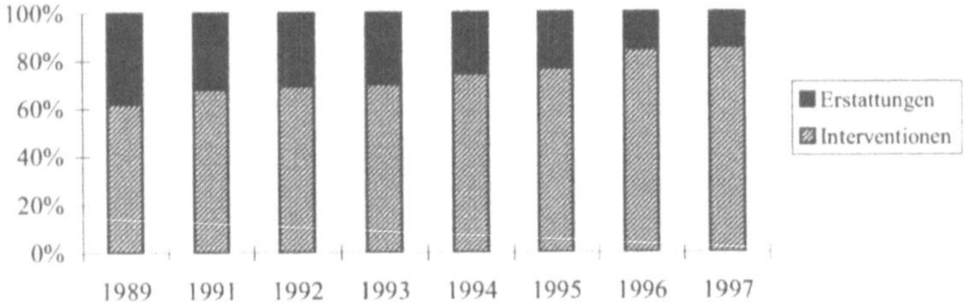

4.1.1. Erstattungsausgaben

Bei Ausfuhrerstattungen handelt es sich um Zuschüsse, die für den Export von Marktordnungswaren in Drittländer außerhalb der Gemeinschaft gewährt werden. Innerhalb der Marktorganisationen bestehen für die unterschiedlichen Erzeugnisse feste Erstattungssätze, nach denen Zahlungen erfolgen, wenn durch Vorlage bestimmter Zollpapiere die endgültige Ausfuhr der Ware aus der Gemeinschaft und die Abfertigung im Empfängerland zum freien Verkehr nachgewiesen wird. Der Ausdruck Erstattung ist insofern unzutreffend, als dem Exporteur nicht angefallene Aufwendungen ersetzt werden, sondern dieser einen verlorenen Zuschuß für die Ausfuhr der Ware aus der Gemeinschaft erhält, also eine Subvention. Diese Leistungen werden für zahlreiche Waren in nahezu sämtlichen Marktordnungen gewährt[165].

[164] § 6 Abs. 1 Nr. 2 - 18 MOG nennt siebzehn Arten weiterer Vergünstigungen

[165] Als Beispiele seien hier genannt: Im Gemeinschaftsrecht Ausfuhrerstattungsverordnung VO/EWG 3665/87 v. 27.11.1987, ABl. L Nr. 351 v. 14.12.1987 S. 1 ff.; nach Art. 18 der VO/EWG 805/68 und Art 2 und 3 VO/EWG 729/70 (ABl. L 94 v. 28.4.1970): Ausfuhrerstattungen für Magermilchpulver aus Interventionsbeständen gem. VO/EWG 727/87 v. 13.3.1987 (ABl. L 71/11); Ausfuhrerstattungen für Käse gem. Art. 7 VO/EWG 876/68 ABl. L 155/1; desgl. für Mehl gem. VO/EWG 2730/79 (ABl. L 317/1); für lebende Hausrinder gem Art. 6 VO/EWG 885/68 oder für reinrassige Zuchtrinder gem VO/EWG 2342/92 (ABl. L 227); für die Ausfuhr von aus Interventionsbeständen stammendem Rindfleisch nach Rußland gem.VO/EWG 2911/11 (ABl. L. 276) für Verarbeitungserzeugnisse aus Obst und Gemüse gem. VO/EWG 1120/96 (ABl. L 149/8); Zur Durchführung s. Ausfuhrerstattungsverordnung v. 24.5.1996 (BGBl. I S. 766)

Die verschiedenen Waren sind zur Festsetzung des jeweiligen Erstattungssatzes in eine kaum überschaubare Anzahl von über 10.000 verschiedene einzelne Warenpositionen[166] aufgeteilt, bei denen bereits geringe Änderungen bestimmter Wareneigenschaften erhebliche Änderungen bei der Warenzuordnung und folglich auch der Erstattungstarifierung mit sich bringen. Hieraus erwachsen bei der Kontrolle der Warenanmeldungen seit Beginn des Ausfuhrerstattungssystems ständig erhebliche Probleme[167]. Natürlich treten diese Tarifierungs- und Kontrollprobleme umgekehrt auch dann auf, wenn für Marktordnungswaren aus Drittländern bei Einfuhr in die Gemeinschaft Eingangsabgaben zu erheben sind[168].

Erstattungen werden jedoch nicht allein für unverarbeitete Erzeugnisse, sondern auch für die Ausfuhr von Verarbeitungsprodukten, in denen Marktordnungswaren enthalten sind, gewährt. Diese Produkte werden wegen ihrer möglichen unbegrenzten Vielzahl nicht gesondert in Anhängen zur Nomenklatur erfaßt und tarifiert. Die Tarifierung und damit die Höhe der Ausfuhrerstattung richten sich bei diesen „Nicht-Anhang-II-Waren“ nach der bei ihrer Herstellung verwendeten Marktordnungsware und ihrem Anteil (z.B. Butter oder Zucker bei der Herstellung von Backwaren). Die Zahlungen der Gemeinschaften für Ausfuhrerstattungen und die in der Bundesrepublik geleisteten Zahlungen ergeben sich aus den nachfolgenden Grafiken:

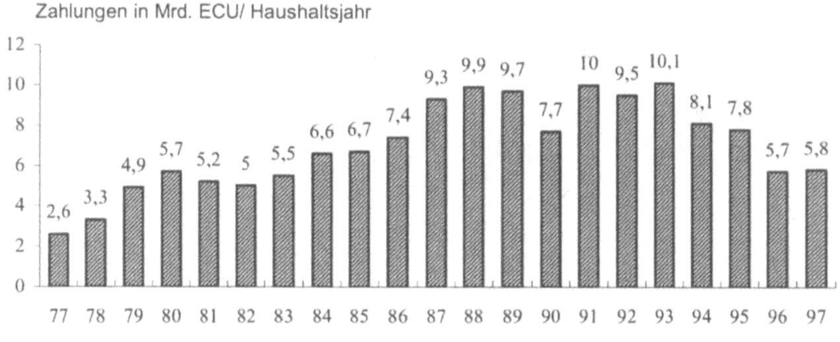

---

166 s. Kombinierte Nomenklatur Anhang I zu VO/EWG 2658/87 d. Rates v. 23.07.87 ABl. L Nr. 256 v. 07.09.1987 S. 1

167 s. mit Beispielen: Rechnungshof, Sonderbericht Nr. 2/92 über die Prüfung von Ausfuhr-erstattungen im Sektor Milcherzeugnisse an Großhändler, ABl. Nr. C 101 v. 22.04.1992, S. 4 f und Rechnungshof Sonderbericht Nr. 1/94 über die Weiterverfolgung des Sonderberichts Nr. 2/92, ABl. Nr. C 75 v. 12.03.1994, S: 4 ff.; Sieber, SchwZStr Bd. 114 Jg. 1996 S. 357, 363

168 zum Gemeinsamen Zolltarif (GZT) und die zolltarifliche und statistische Nomenklatur, Streinz, Europarecht, 3. Aufl. 1996 S. 225 f.; zu den aus der Komplexität der Tarifierung im Bereich der Einfuhrabgaben erwachsenden Problemen mit Beispielen s. Sieber, SchwZStr Bd. 114 Jg. 1996, S. 357, 362 ff.

Die Zahlenwerte der Grafik vorhergehende Seite (Mrd. Ecu):
1977: 2,6; 1978: 3,3; 1979: 4,9; 1980: 5,7; 1981: 5,2; 1982: 5,0; 1983: 5,5; 1984: 6,6; 1985: 6,7; 1986: 7,4; 1987: 9,3; 1988: 9,9; 1989: 9,7; 1990: 7,7; 1991: 10,0; 1992: 9,5; 1993: 10,1; 1994: 8,1; 1995: 7,8; 1996: 5,7; 1997: 5,8

Die nachfolgende Grafik zeigt die Zahlungen in der Bundesrepublik für Erstattungen 1987 bis 1997:

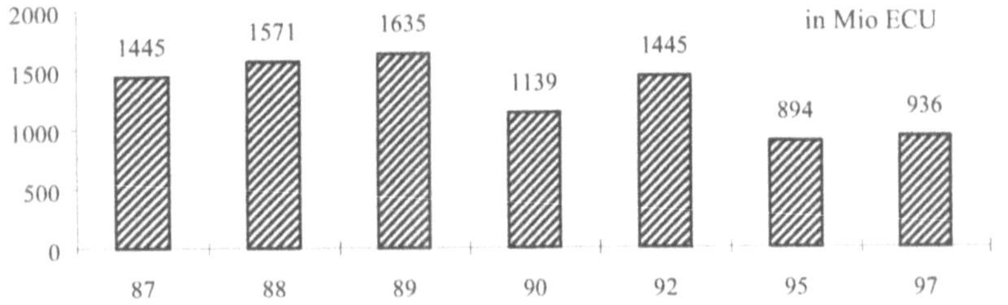

in Mio. ECU 1987: 1445; 1988: 1571; 1989: 1635; 1990: 1139; 1992: 1445; 1995: 894; 1997: 936

Die Aufteilung der Erstattungsleistungen auf die verschiedenen Produktgruppen und die Veränderung der Ausgabenanteile zwischen 1989 und 1997 ergibt sich aus den nachfolgenden Darstellungen :

1989

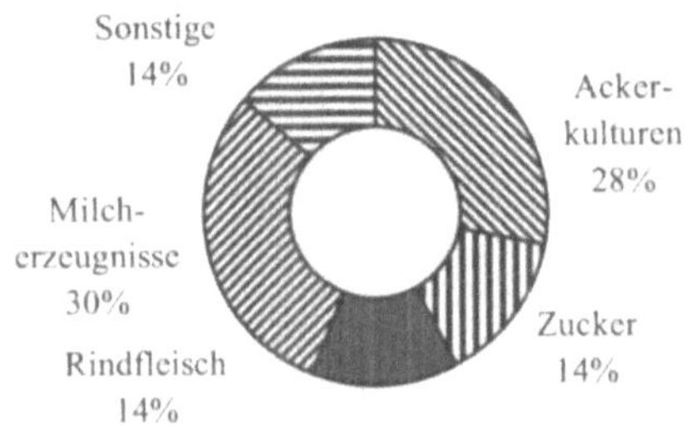

1992

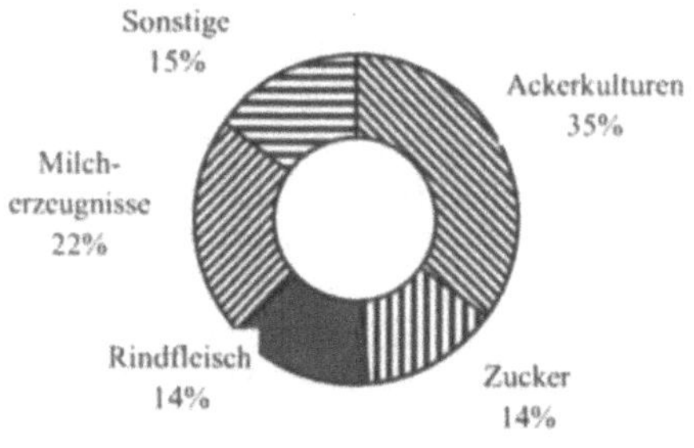

1995

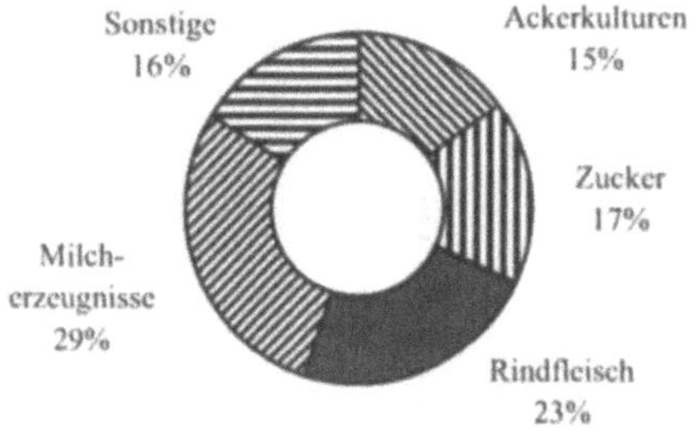

1997

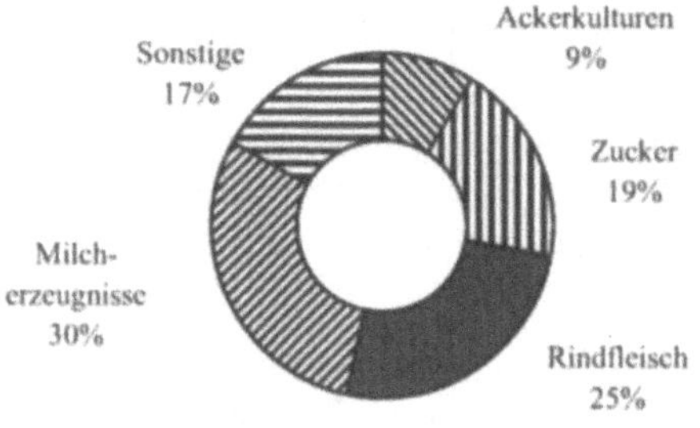

Die in den Haushaltsjahren bezahlten Ausfuhrerstattungen sind erheblichen Schwankungen zwischen den verschiedenen Marktorganisationen, wie auch innerhalb dieser, zwischen verschiedenen Waren unterworfen, die nicht allein vom innergemeinschaftlichen Handel und dem Angebot einer Ware, sondern ebenso von der Nachfragesituation auf dem Weltmarkt abhängen.

Bei der Auswahl der zum Export bestimmten Waren und der Exportländer wird zudem oft von den Handelsbetrieben nach den jeweils günstigsten, weil höchsten Erstattungssätzen der jeweiligen Marktordnung vorgegangen[169]. Die Erstattungsleistungen sollen am Warenpreis des jeweiligen Erzeugnisses ausgerichtet sein, um die Differenz zwischen Weltmarktpreis und dem in der Gemeinschaft bezahlten Preis auszugleichen, weshalb ihre Höhe oft mit dem Warenpreis steigt. Dies bedeutet, daß z.B. der Export hochwertigen Rindfleischs in bestimmte Länder mit sehr hohen Erstattungen von über 200 Ecu je 100 kg subventioniert wird[170]. Für die Ladung eines Kühlcontainers mit 20 t Rindfleisch, von ihnen verlassen täglich Hunderte die Gemeinschaft, kann der Exporteur daher u.U. über 50.000,00 DM Erstattungsansprüche geltend machen[171]. Hier die Ausgaben für Ausfuhrerstattungen bei Rindfleisch 1987 - 1997:

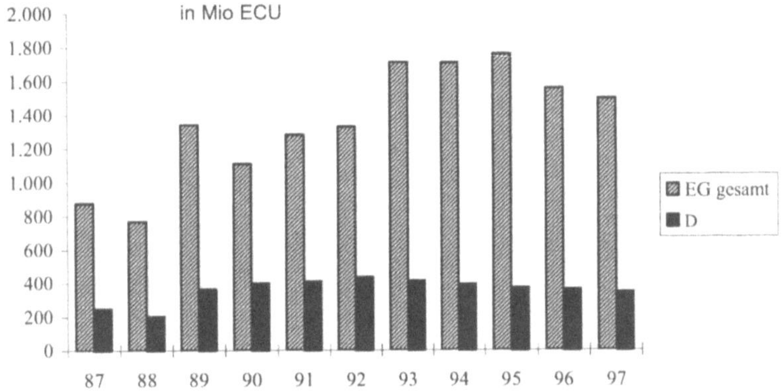

Ausgaben Ausfuhrerstattungen Rindfleisch EG insgesamt (in Mio. ECU) 1987: 877; 1988: 768; 1989: 1.343; 1990: 1.110; 1991: 1.282; 1992: 1.332;1993: 1.711; 1994: 1.708; 1995: 1.761; 1996: 1.559; 1997: 1.498
Erstattungsausgaben Rindfleisch Bundesrepublik Deutschland (in Mio Ecu):-1987: 249; 1988: 203; 1989: 366; 1990: 400; 1992: 437; 1995: 372; 1996: 363; 1997: 348

[169] Rump, Jürgen, Vortrag 25./26.11.1993 Seminar der Europäischen Gemeinschaften über den rechtlichen Schutz der Finanzinteressen der Gemeinschaft, S. 8; Zu den Betrugsrisiken im Zusammenhang mit Ausfuhrerstattungen: Rechnungshof, Sonderbericht über das System zur Zahlung der Ausfuhrerstattungen für landwirtschaftliche Erzeugnisse, ABl. C Nr. 215, v. 26.08.1985

[170] Die Erstattungssätze betrugen für Rindfleisch in Hintervierteln, gefroren, einzeln verpackt beim Export in die GUS Staaten Anfang 1999 33 Ecu je 100 kg, beim Export von entbeinten, gefrorenen Hintervierteln frisch geschlachteter männlicher Rinder in die GUS Staaten 78 Ecu und beim Export dieser Ware (Tarif-Nr. 02013091) bei Schlachtung unter Überwachung durch die BLE als Sondererstattung 227 Ecu je 100 kg, während die Erstattungssätze dieser Ware bei der Ausfuhr nach Rumänien, Bulgarien oder Bosnien-Herzegowina oder Polen 156 Ecu je 100 kg betrugen

[171] Im Extremfall, bei der Ausfuhr von gefrorenem, entbeintem Rindfleisch der oben genannten Qualität nach Rußland kann der Erstattungsbetrag für 20 Tonnen Ware in einem Container über 88.000,00 DM betragen.

4.1.2. Ausgaben für Beihilfen, Interventionen und andere

Unter die Gemeinschaftsausgaben der Garantieabteilung des EAGFL fallen auch innerhalb der Gemeinschaft vorgenommene Zahlungen, die zur Beeinflussung der Marktpreise und damit mittelbar zur Beibehaltung eines bestimmten Preisniveaus für landwirtschaftliche Erzeugnisse innerhalb der Gemeinschaften dienen sollen[172]. Die wesentlichen Ausgaben erfolgen dabei für Preisausgleichsbeihilfen, für die Kosten des Ankaufs und der Lagerhaltung von Marktordnungswaren in Interventionslagern, für Marktrücknahmen sowie für Ausrichtungsprämien an landwirtschaftliche Betriebe.

Diese Ausgaben stellen sich wie folgt dar

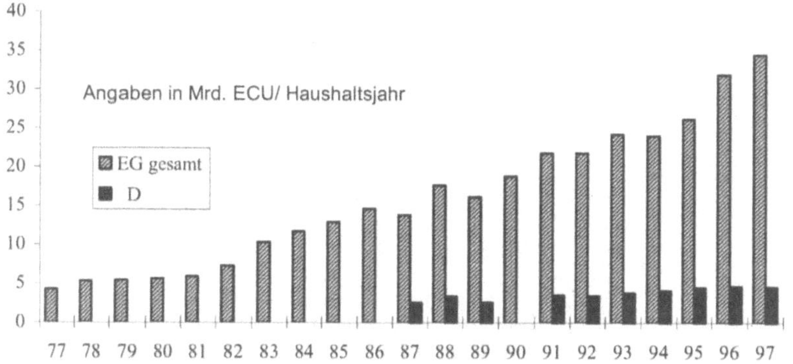

Angaben je Haushaltsjahr in Mrd. ECU:
1977: 4,2; 1978: 5,3; 1979: 5,4; 1980: 5,6; 1981: 5,9; 1982: 7,3; 1983: 10,3, 1984: 11,7; 1985: 12,9; 1986: 14,6; 1987: 13,8; 1988: 17,6; 1989: 16,1; 1990: 18,8; 1991: 21,8; 1992: 21,8; 1993: 24,2; 1994: 24,0; 1995: 26,2; 1996: 31,9; 1997: 34,5
hiervon entfielen auf Ausgaben in der Bundesrepublik (in Mio. ECU):
1987: 2.550; 1988: 3.334; 1989: 2.581;1990: 3.426; 1992: 3.427; 1995: 4.485; 1996: 4.647; 1997: 4.550;

4.1.2.1. Preisausgleichsbeihilfen

Als Preisausgleichsbeihilfen werden produktbezogene Ausgaben zu bestimmten Beihilfesätzen verstanden, auf die insgesamt der größte Teil (1997 32 Mrd. Ecu, 78 %) der Interventionsausgaben[173] fallen. Preisausgleichsbeihilfen werden hauptsächlich gewährt für Rindfleisch, Getreide, Milcherzeugnisse, Schaf- und Ziegenfleisch, Oli-

[172] Diese werden insgesamt bisweilen auch als Interventionsausgaben i.w.S. bezeichnet, z.B. Finanzbericht EAGFL Garantie 1997 S. 10
[173] Finanzbericht EAGFL Garantie 1997 S. 10

venöl, Eiweißpflanzen und Obst und Gemüse. Hierunter fallen auch Produktionsbeihilfen, wie Beihilfen für Leinsamen oder für Verarbeitungserzeugnisse aus Obst und Gemüse, für Traubensaft, für Olivenöl, für Trockenfutter und Hülsenfrüchte oder Rindfleisch sowie Schaf- und Ziegenfleisch[174].

Verarbeitungsbeihilfen werden gewährt für die Verwendung bestimmter landwirtschaftlicher Erzeugnisse bei der Herstellung von Lebens- oder Futtermitteln, etwa für die Verwendung von Butterfett bei der Herstellung von Backwaren oder die Verarbeitung von Magermilchpulver zu Tierfutter[175] oder zur Verarbeitung von Obst und Gemüse[176]. Die Ausgaben für diese Beihilfen sind unterschiedlich auf die verschiedenen Produktgruppen verteilt. Die Aufteilung auf die verschiedenen Produktgruppen und die Anteilsveränderungen zwischen 1989, 1992 und 1995 ergibt sich aus folgender Grafik:

1989

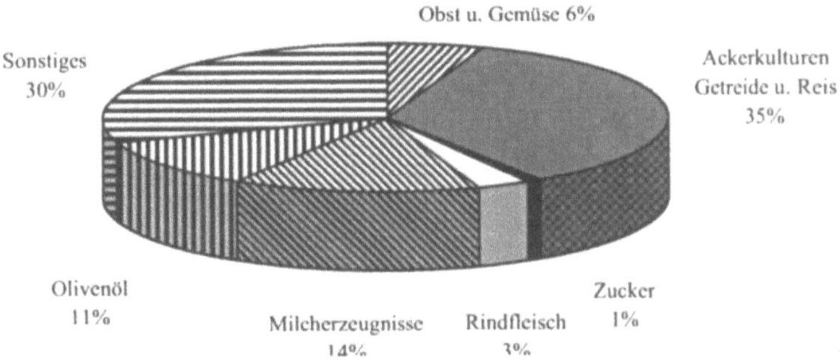

[174] Finanzbericht EAGFL Garantie 1995 S. 53

[175] VO/EWG 1725/79 bzw. VO/EWG 1105/68 - Magermilch - Von der BLE wurden 1996 DM 171.082.000,00 an Beihilfen für die Verwendung von Magermilchpulver zu Futterzwecken ausgezahlt / Geschäftsbericht BLE 1996 S. 61

[176] Beihilfe zur Verarbeitung von Obst und Gemüse VO/EWG 426/86

1992

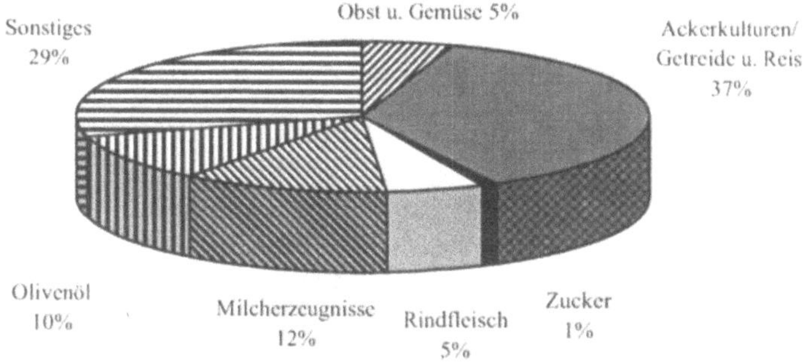

1995

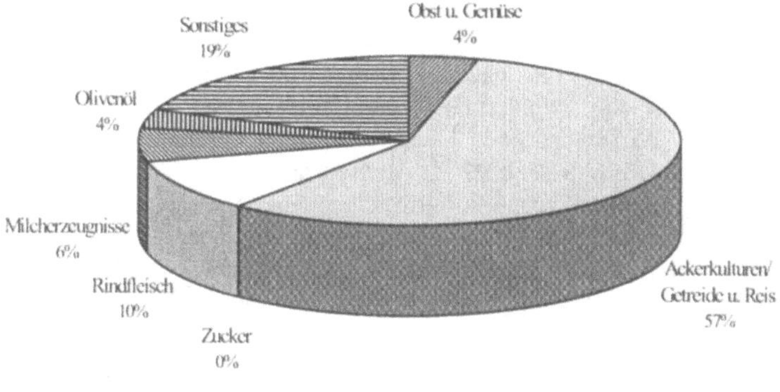

Nachfolgend sollen die Zahlungen für Preisausgleichsbeihilfen in ihrer Entwicklung dargestellt werden:

Preisausgleichsbeihilfen Ausgaben EG / gesamt in Mrd. ECU
1987: 9,97; 1990: 12,95; 1992: 15,64; 1995: 25,75
Davon Ausgaben in Deutschland in Mio. ECU
1987: 1987; 1990: 2490; 1992: 3015; 1995: 3486[177]

[177] Angaben gemäß Finanzbericht Interventionsausgaben abzüglich Ausgaben für Ausrichtungsprämien, Ankäufe, Lagerkosten und Marktrücknahme

Preisausgleichsbeihilfen / Zahlungen EG gesamt / Bundesrepublik Deutschland

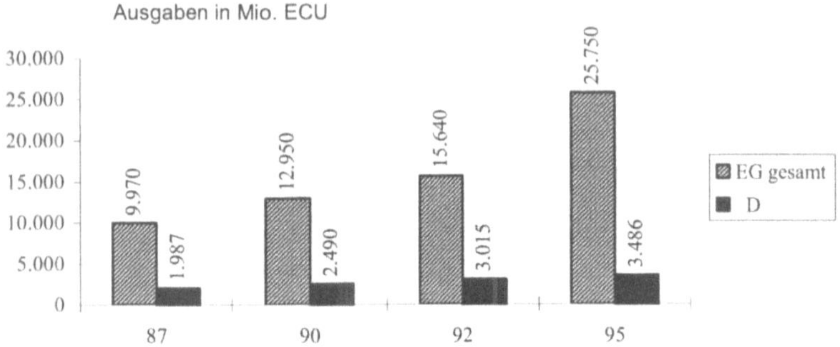

Als Preisausgleichsbeihilfen werden auch die Erzeuger- und bestimmte Ausrichtungsprämien gewertet, die für landwirtschaftliche Produkte oder Flächen z.B. in Form von Flächenstillegungsprämien geleistet werden. Es handelt sich hierbei zum einen um Prämien für die Aufgabe z. B. von Anbauflächen zur Weinerzeugung oder andere Flächenstillegungen[178]. Andere Prämien werden für den Bestand, die Aufzucht oder aber auch die Schlachtung von Tieren gewährt, wie die Sonderprämie für Rindfleischerzeuger[179], die Erzeugerprämie für Erzeuger von Rind- oder Schaffleisch[180] oder die Prämie zur Erhaltung eines bestimmten Mutterkuhbestandes gem. Art. 4 d VO/EWG 805/68[181] oder die Prämie für die Frühvermarktung von Kälbern gemäß VO/EWG 3886/92[182]. Auch in anderen Marktbereichen werden Erzeugerprämien, wie die Erzeugerbeihilfe für gewerbliche Getreideerzeuger als Hektarbeihilfe über die Landwirtschaftsverwaltungen vergeben; die zwischenzeitlich ein erhebliches Finanzvolumen erreicht haben, wie die vorgenannte Beihilfe, deren Gesamtsumme in Deutschland 1997 über 1,7 Mrd. Ecu betrug[183]. Im Bereich der Erzeu-

[178] Hierunter fielen auch die vor 1981 gewährte Nichtvermarktungsprämie für Milch und Milcherzeugnisse, VO/EWG 1078/77 und die Prämie zur Umstellung von Milchkuhbeständen auf Fleischerzeugung, VO/EWG 1391/78

[179] Art. 2 VO/EWG 468/87 i.V. m. Art. 4 VO/EWG 805/68 v. 27.06.1968 und § 5 Rind- und Schaffleischerzeuger Prämien Verordnung v. 7.10.1987; Jahresbericht Rechnungshof ABl. C 330 vom 15.12.1992, Ziffer 3.36 bis 3.98; die Prämiensätze betrugen z.B. 1998 einmalig 263,00 DM je Bullen / DM 212,00 je Ochsen, wobei sich diese Grundprämie für Betriebe bis zu 1,4 GV/ha (Großvieheinheiten / Hektar) um DM 70,00 und für Betriebe bis 1,0 GV/ha um DM 101,00 je Tier erhöhte, um so extensivere Haltungsweisen zu fördern

[180] Art. 3 VO/EWG 468/87 i.V.m. Art. 4 a VO/EWG 805/68 i.V.m. VO/EWG 714/89 für die Mästung mindestens neun Monate alter Rinder im Erzeugerbetrieb

[181] Art. 4 d VO/EWG 805/68 s. hierzu Jahresbericht des Rechnungshofes ABl. C 313 vom 12.12.1990; Die Prämie betrug 1991 DM 176,50, 1998 DM 283,00 je Tier, zzgl. der og. Zuschläge, und war wie die anderen Prämien in Deutschland über die Landwirtschaftsämter zu beantragen.

[182] Diese Prämie wird für die vorzeitige Schlachtung von Kälbern bis zu einem Alter von nicht mehr als 90 Tagen gewährt (weshalb sie in Fachkreisen als „Herodes-Prämie“ bezeichnet wird) und betrug z.B. 1998 DM 118,00 - 148,00 je Tier

[183] Finanzbericht EAGFL Garantie 1997, Anhang 2 Blatt 2 Pos.B 01-1051

gerprämien für Rindfleisch, die je Tier an die Erzeuger geleistet wurden, sind folgende Zahlungen erfolgt:

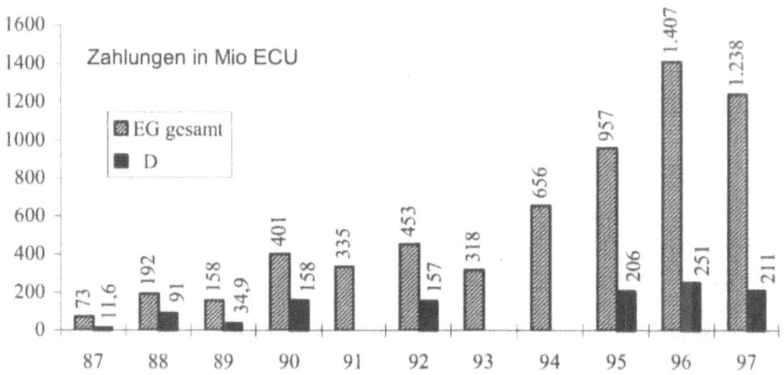

Die Zahlungen für Erzeugerprämien Rindfleisch nachfolgend jeweils in Mio. ECU :

EG gesamt :1987: 73; 1988: 192; 1989: 158; 1990: 401; 1991: 335; 1992: 453; 1993: 318; 1994: 656; 1995: 957; 1996: 1.407; 1997: 1.238
Davon Zahlungen in Deutschland: 1987: 11,6 („einheitliche Prämie"); 1988: 91 Mio. ECU („Sonderprämie"); 1989: 34,9; 1990: 158; 1992: 157; 1995: 206; 1996: 251; 1997: 211

Die unmittelbare Förderung durch derartige Erzeugerprämien ist augenscheinlich in den neunziger Jahren, insbesondere aufgrund der Strukturreform der Agrarpolitik 1992, stark ausgeweitet worden und soll auch zukünftig noch größere Teile des Agrarhaushalts in Anspruch nehmen[184].

---

[184] Finanzbericht EAGFL Garantie 1996 Einl. S. 7; Gesamtbericht der EU 1997 S. 216; Finanzbericht EAGFL Garantie 1995 S. 8

4.1.2.2. Interventionsankäufe

Die nach den Preisausgleichsbeihilfen höchsten Ausgaben im Bereich der Nichterstattungsausgaben werden für die Interventionsausgaben i.e.S.[185], also den Ankauf und die Lagerhaltung von Marktordnungswaren durch die nationalen Interventionsstellen ausgegeben. Diese Ausgaben werden als Erstattungen von den Gemeinschaften den jeweiligen Interventionsstellen der Mitgliedstaaten überwiesen[186].

Die Interventionsstellen der Mitgliedstaaten erwerben dabei auf den jeweiligen Inlandsmärkten zur Verringerung von Überangeboten Marktordnungswaren, z. B. Rindfleisch in bestimmten Handelsformen[187], z. B. Schlachtkörper ausgewachsener Rinder mit einem Lebendgewicht von über 300 kg in Form von z. B. Vordervierteln nach Einstufung in ein bestimmtes Handelsklassenschema. Der Ankauf erfolgt in aller Regel im Rahmen von Ausschreibungsverfahren der einzelnen Interventionsstellen[188]. Ein Ausschreibungsankauf findet dann zu den von der Kommission ermittelten Preisen und bestimmten Mengen statt, wenn der in der Gemeinschaft ermittelte durchschnittliche Marktpreis über einen Zeitraum von zwei Wochen einen bestimmten Prozentsatz des festgelegten Interventionspreises[189] unterschreitet. Damit soll sichergestellt werden, daß der Ankaufpreis der Interventionsstellen in der Regel über dem so ermittelten innergemeinschaftlichen Marktpreis liegt. Die Kosten der öffentlichen Lagerhaltung umfassen die Kosten der Einlagerung und der Lagerung, der Auslagerung und der Bearbeitung der Ware sowie etwaige Verluste aus der Finanzierung und dem Verkauf der Waren bzw. den vorgeschriebenen Bestandsabwertungen.

Während die Ausgaben für die Interventionslagerhaltung seit Ende der achtziger Jahre (5,8 Mrd. Ecu 1988; 1997 1,6 Mrd. Ecu) deutlich zurückgegangen sind, können trotzdem auch zukünftig in einzelnen Marktbereichen unvorhergesehen erhebliche Interventionsausgaben nötig werden. So brachen 1996 die Rindfleischpreise wegen fehlender Rindfleischnachfrage infolge der bekannt gewordenen Fälle von boviner

---

185 Im wesentlichen handelt es sich um Ausgaben für Interventionen i.S. gem. § 5 MOG, die Übernahme, Abgabe und Verwertung von Marktordnungswaren

186 in Deutschland die Bundesanstalt für Landwirtschaft und Ernährung (BLE), die zum 01.01.1995 durch Zusammenlegung der früheren Bundesanstalt für landwirtschaftliche Marktordnung (BALM) und des Bundesamtes für Ernährung und Forstwirtschaft (BEF) entstand - Errichtungsgesetz, BLEG v. 02.08.1994; in Italien die EIMA, Ente di Stato per gli interventi sul mercato agricolo, bzw. vormals AIMA, Azienda di Stato...; in Großbritannien der Intervention Board IB; Frankreich: OFIVAL.

187 Gemeinsame Marktorganisation für Rindfleisch GMO - VO/EWG Nr. 805/68 des Rates vom 27.06.1968, ABl. L 148 vom 28.06.1968, S. 24; s. a. ausführlich hierzu Rechnungshof, Sonderbericht Nr. 3/94 über die Interventionsmaßnahmen im Rahmen der GMO für Rindfleisch, ABl. C Nr. 356 v. 14.12.1994 S. 1-32

188 VO/EWG Nr. 859/89 der Kommission vom 29.03.1989 mit Durchführungsbestimmungen Intervention Rindfleisch ABl. L 91 vom 04.04.1989 S. 5.

189 1992 beispielsweise 84 % - VO/EWG Nr. 2066/92 des Rates vom 30.06.1992, ABl. L 215 vom 30.07.1992 S. 49

spongiformer Enzephalopathie (BSE) und der Befürchtung eines Verursachungszusammenhangs mit der Creutzfeldt-Jakob-Krankheit fast in der gesamten Gemeinschaft zusammen, mit der Folge entsprechend verstärkter Interventionskäufe der Gemeinschaft[190], die BLE nahm deshalb im Jahr 1996 über 117.000 t Rindfleisch in die Intervention[191].

Aus Gemeinschaftsmitteln werden auf Nachweis der Interventionsstellen auch die mit der Lagerhaltung verbundenen Kosten der privaten Lagerhaltung erstattet. Hierbei handelt es sich um Aufwendungen für Verträge zwischen den Interventionsstellen und privaten Lagerhaltern über Marktordnungswaren. Gegen die Zahlung eines bestimmten Beihilfebetrages verpflichtet sich der Lagerhalter gegenüber der Interventionsstelle die vertragsgegenständlichen Waren über einen bestimmten Zeitraum nicht zu veräußern, bzw. in Verkehr zu bringen. Die Lagerhaltung wird dabei jeweils mit Tagesmeldungen gegenüber der Interventionsstelle nachgewiesen, die die eingelagerte Ware, wie auch die Lagerdauer durch eigene Prüfungsbeamte überprüft. Der Lagerhalter hat bei Vertragsabschluß eine Kaution in Höhe eines Teils der zu erwartenden Beihilfe zu stellen, die nach vollständiger Abrechnung und gegebenenfalls vorheriger Kontrolle der Lagerware freigegeben wird[192].

Die Zahlungen für Beihilfen zur privaten Lagerhaltung haben sich seit Ende der 80-iger Jahre ganz erheblich verringert. Während 1989 noch über 35 Mio. DM an Beihilfen zur privaten Lagerhaltung von Magermilch sowie über 46 Mio. DM zur privaten Lagerhaltung von Rindfleisch ausgegeben wurden, sind diese Beträge Ende der 90-iger Jahre in den meisten Marktordnungen praktisch unbedeutend geworden, lediglich für die private Lagerhaltung von Zucker erfolgten noch erhebliche Beihilfezahlungen. Die Ausgaben des EAGFL-Garantie für Beihilfen zur privaten Lagerhaltung von Rindfleisch betrugen im Jahr 1996 noch ca. 100.000,00 ECU, während keine neuen Zahlungen bei der privaten Lagerhaltung von Milchprodukten bewilligt wurden[193].

Interventionskäufe erfolgen, wenn der als Schwellenwert festgesetzte Interventionspreis für eine bestimmte Marktordnungsware auf den innergemeinschaftlichen Märkten deutlich unterschritten wird. Die von den Interventionsstellen erworbenen Waren sind dann nach festen Bewertungsregeln zu erfassen, zu buchen und ihre Be-

---

[190] Finanzbericht EAGFL Garantie 1997 S. 10; Finanzbericht EAGFL Garantie 1996 S. 5; s.a. Gesamtbericht der EU 1996 S. 210 ff., Rz. 506 ff

[191] Geschäftsbericht BLE 1996 S.15; Bleckmann, Europarecht, 6.Aufl. Rn. 2245

[192] zur Beihilfenregelung z. B. private Lagerhaltung von Butter und Rahm Art. 6 Abs. 2 VO/EWG Nr. 804/68; private Lagerhaltung von Käse Art. 9 VO/EWG Nr. 804/68; für Rindfleisch Art. 5 Abs. 1 VO/EWG Nr. 805/68; bezüglich Schweinefleisch VO/EWG Nr. 2759/75; Heitzer S. 52

[193] aus Abwicklungen früherer Bewilligungen leistete die BLE 1996 noch ca. 2 Mio. DM Beihilfen für die private Lagerhaltung von Rindfleisch sowie eine Beihilfe in Höhe von 77.000,00 DM für die private Lagerhaltung von Milch, siehe Geschäftsbericht BLE 1996

wertung jeweils der Kommission mitzuteilen[194]. Für die Wertfeststellung der Bestände ist darauf hinzuweisen, daß die Interventionsstellen verpflichtet sind, bereits bei Ankauf landwirtschaftlicher Erzeugnisse bestimmte Abschläge als Wertberichtigung gegenüber dem Ankaufspreis vorzunehmen, wobei die jeweiligen pauschalen Berichtigungskoeffizienten jeweils für ein Haushaltsjahr festgesetzt werden[195]. Bereits hierdurch wird eine Minderung der Buchwerte von Interventionsware gegenüber dem tatsächlichen Einkaufspreis bewirkt. Auch die bereits gelagerten Waren werden in ihrem Buchwert weiteren Wertberichtigungen unterworfen, wie z. B. außergewöhnlichen Wertberichtigungen zu Beginn des Haushaltsjahres. Je nach dem Bestandsumfang der gelagerten Interventionsware folgen daraus ganz erhebliche, als Ausgaben zu buchende Haushaltspositionen[196].

In der Regel erfolgen die Veräußerungen von Interventionsware zu einem Verkaufspreis, der unter dem festgestellten Buchwert liegt[197]. Gesondert erfaßt und ausgewiesen werden die Kosten der Lagerhaltung, insbesondere die technischen Kosten der Lagerhaltung, wie auch die Finanzierungskosten der Interventionsstellen. Bei Berücksichtigung dieser Aufwendungen und der vorzunehmenden Wertberichtigungen ist die Veräußerung von Interventionswaren mit Gewinn auf Einzelfälle beschränkt, die Veräußerung mit Verlust der Regelfall.

Neben den vorgenannten Preisausgleichsbeihilfen und den Lagerhaltungskosten der Intervention werden vom EAGFL-Garantie auch Kosten der Marktrücknahme vom Marktordnungswaren, insbesondere von Frischobst und Gemüse, erstattet. Diese Kosten sind jedoch im Verhältnis zu den gezahlten Erstattungen und Preisausgleichsbeihilfen insgesamt gering und betrugen für die gesamte EG z. B. 1987 586 Mio. ECU, 1990 473, 1992 287, 1995 524, 1996 294, 1997 589 Mio. ECU. Im Vergleich zu den dargestellten Ausgaben z.B. der Ausfuhrerstattung für Rindfleisch, sind dies geringe Ausgabenpositionen.

---

[194] VO/EG Nr. 2148/96 der Kommission v. 08.11.1996, ABl. L Nr. 288, S. 6

[195] z. B. für das Haushaltsjahr 1988, siehe VO/EG Nr. 1281/97 d. Kommission v. 02.07.1997 zur Festsetzung der Prozentsätze für die Wertberichtigung beim Ankauf landwirtschaftlicher Erzeugnisse zur Intervention für das Haushaltsjahr 1998, ABl. L Nr. 175, S. 10. Eine weitere Berichtigungsmöglichkeit bei erheblichen Differenzen zwischen Markt- und Interventionspreis sieht VO/EG Nr. 1392/97 vom 18.07.1997, ABl. L Nr. 190, S. 22 vor.

[196] laut Finanzberichten EAGFL-Garantie wurden folgende Wertberichtigungen jeweils ausgewiesen für die Interventionsbestände (in Mio. Ecu): 1988 1.240, 1989 1.442, 1990 1.360, 1992 799, 1995 296, 1996 986, 1997 101

[197] Noch Im Haushaltsjahr 1992 wurden in einzelnen Marktordnungen für die in Deutschland in Interventionslagern befindlichen Waren die nachfolgenden Wertberichtigungen vorgenommen: Getreide 806 Mio. ECU; Magermilch 11,2 Mio ECU; Rindfleisch 379,8 Mio ECU; Der Minderertrag der BLE im Geschäftsjahr 1996 aus Warengeschäften mit Interventionsware betrug noch DM 279.506.849,12

4.2. Ausgabenentwicklung nach Marktbereichen

Die Verteilung der Garantieausgaben auf die verschiedenen Marktorganisationen wurde ebenfalls wiederholt verändert. Über die jeweiligen Ausgaben in ausgewählten Marktordnungsbereichen geben die nachfolgenden Grafiken Aufschluß:

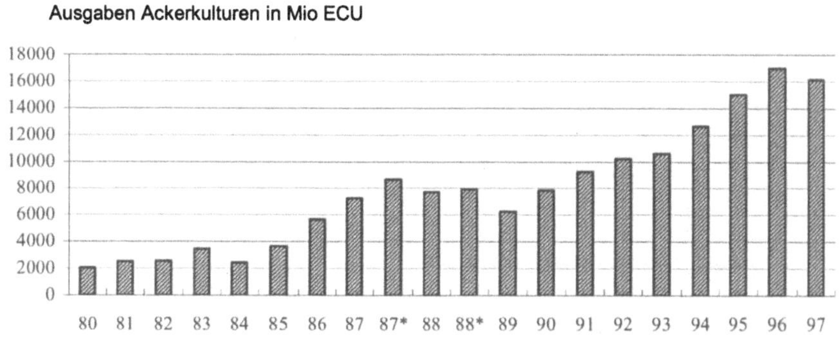

Anm.: Der Wert (*) ergibt sich bei der Umrechnung des kürzeren Haushaltsjahres auf 12 Monate

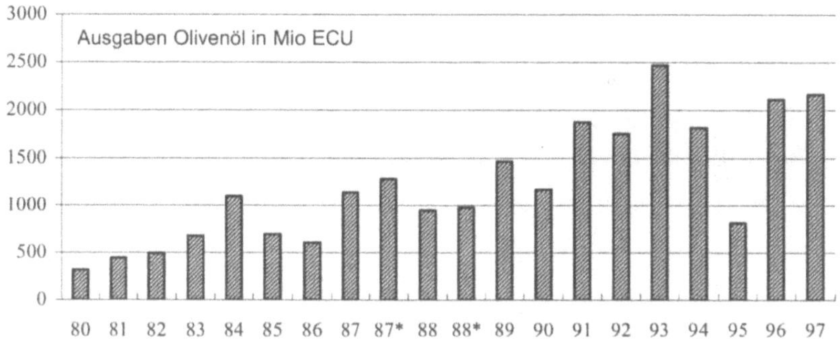

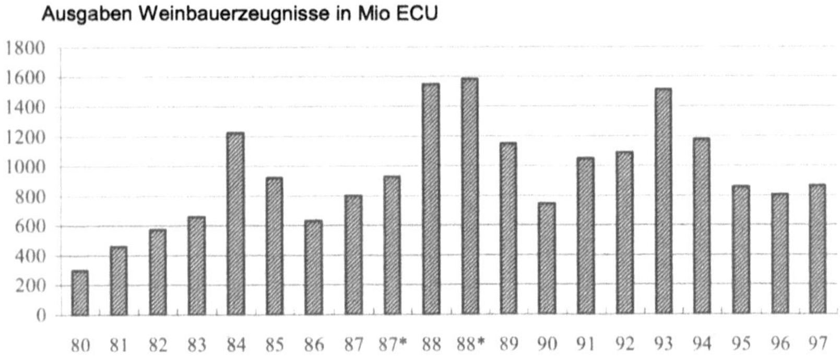
Ausgaben Weinbauerzeugnisse in Mio ECU
1800
1600
1400
1200
1000
800
600
400
200
0
80 81 82 83 84 85 86 87 87* 88 88* 89 90 91 92 93 94 95 96 97

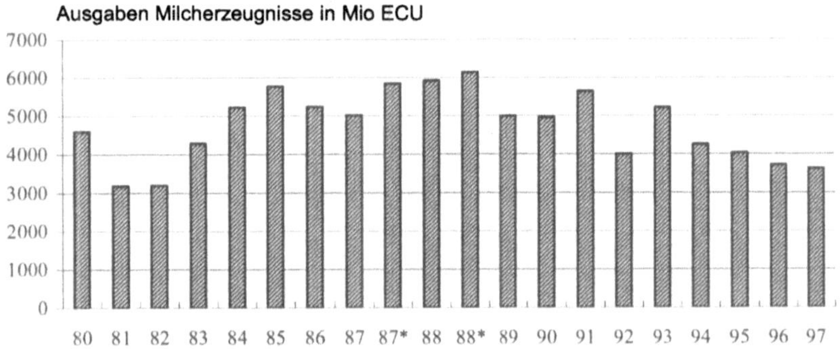
Ausgaben Milcherzeugnisse in Mio ECU
7000
6000
5000
4000
3000
2000
1000
0
80 81 82 83 84 85 86 87 87* 88 88* 89 90 91 92 93 94 95 96 97

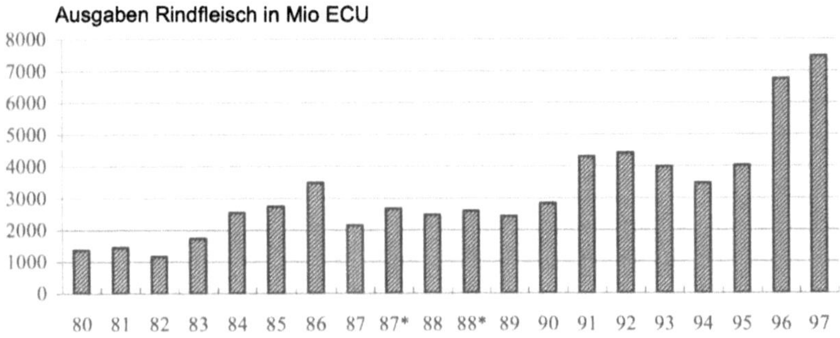
Ausgaben Rindfleisch in Mio ECU
8000
7000
6000
5000
4000
3000
2000
1000
0
80 81 82 83 84 85 86 87 87* 88 88* 89 90 91 92 93 94 95 96 97

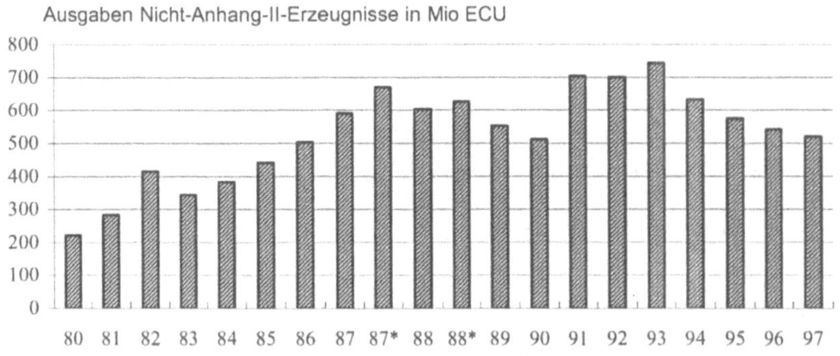

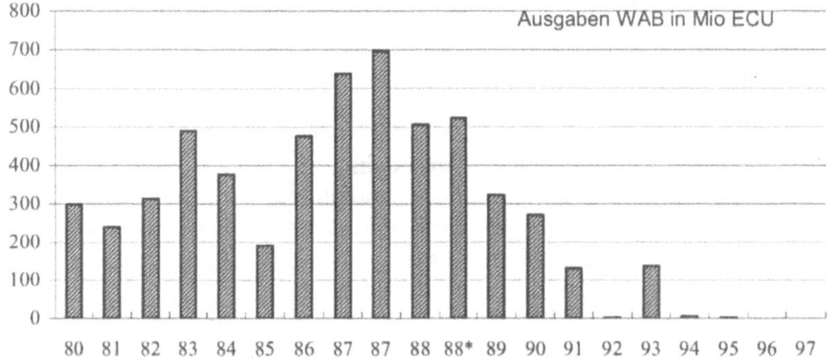

(Anmerkung: Der Wert (*) ergibt sich bei der Umrechnung des kürzeren Haushaltsjahres auf 12 Monate)

4.2.1. Empfängerstruktur

Die dargestellten Garantieausgaben werden an sehr verschiedene Empfänger geleistet, wobei auch der Umfang der erfolgten Zahlungen große Unterschiede aufweist. Die Prämienzahlungen an landwirtschaftliche Betriebe, die flächeneinheits- oder produktbezogen zu berechnen sind, werden an eine Vielzahl, oft mehrere 10.000 Empfänger vergeben. Demgegenüber sind die Empfänger von Interventionsleistungen im Bereich der privaten Lagerhaltung oder von Verarbeitungsbeihilfen in aller Regel Lagerbetriebe oder lebensmittelverarbeitende Unternehmen. Hier werden oft erhebliche Zahlungen an wenige große Empfänger geleistet. So wurden von der BLE für die Herstellung von Kasein 1996 in der Bundesrepublik Deutschland 49 Mio. DM Beihilfen zur Verarbeitung von rund 409.000 Tonnen Magermilch geleistet, wobei sämtliche Beihilfen von nur 3 Beihilfenempfängern (durchschnittlich 15,6 Mio. DM) beansprucht wurden. Für die Verarbeitung von Magermilchpulver zu Futtermitteln (VO/EWG Nr. 1725/79) sind im gleichen Zeitraum von der BLE 162 Mio. DM an 37 Empfängerbetriebe für 118.000 Tonnen Magermilchpulver ausgegeben worden, demzufolge erhielt jeder Empfängerbetrieb durchschnittliche Beihilfen in Höhe von 4,3 Mio. DM. Die Ausgaben des EAGFL-Garantie werden je nach Subventionsart an sehr unterschiedliche Empfänger getätigt. Hieraus folgt die Annahme, daß daß die von Unregelmäßigkeiten betroffenen Ausgaben je nach betroffener Maßnahme erhebliche Größenunterschiede aufweisen.

4.3. Zwischenergebnis

Die Garantieausgaben der gemeinsamen Agrarpolitik stellen den seit langem größten Teil der Gemeinschaftsausgaben dar, selbst wenn deren relativer Anteil hieran von über 70 % Ende der achtziger Jahre auf rund 45 % gegen Ende der neunziger Jahre gesunken ist. Dies beinhaltet jedoch immer noch absolute Ausgaben von insgesamt über 40 Mrd. Ecu im Jahr 1997, hiervon 5,7 Mrd. Ecu in Deutschland.

Die Verteilung der Garantieausgaben auf die verschiedenen Marktbereiche veränderte sich zunächst in den achtziger Jahren dahin, daß nunmehr erhebliche Gemeinschaftsausgaben für Ölivenöl anfielen. Bezüglich der in Deutschland relevanten Marktbereiche ist ein erheblicher Zuwachs der Ausgaben für Ackerkulturen, Getreide und Ölsaaten, und für Rindfleisch zu verzeichnen, während die Ausgaben für Milch und Milcherzeugnisse wesentlich zurückgegangen sind.

Bei Betrachtung der unterschiedlichen Ausgabenarten ist seit Beginn der neunziger Jahre ein Rückgang der Erstattungsausgaben für die Ausfuhr von Marktordnungswaren aus der EG zu beobachten. Der relative Anteil der Erstattungen für Rindfleisch, die im Verhältnis zum Warengewicht besonders hohe Erstattungssätze aufweisen, ist allerdings seit Ende der achtziger Jahre auf rund ein Viertel aller Erstattungszahlungen angewachsen. Gerade die Zahlungsvoraussetzungen dieser Subventionen werfen wegen der stark divergierenden Erstattungssätze bei verschiedenen Ausfuhrländern und nur geringfügig unterschiedlichen und bisweilen nur schwer unterscheidbaren Wareneigenschaften erhebliche Probleme für Kontrollen auf. Die Ausgaben für die Interventionskäufe und Interventionslagerhaltung von Marktordnungswaren haben seit Beginn der neunziger Jahre deutlich abgenommen, die Beihilfen für private Lagerhaltung haben, abgesehen von Zucker, nur noch einen geringen Zahlungsumfang. Gleichwohl können kurzfristige Marktschwankungen weiterhin sektoral zu einem Anwachsen von Marktstützungskäufen führen. Ebenfalls rückläufig sind die Zahlungen für Beihilfen zur Verwendung bestimmter Marktordnungswaren, wobei diese Subventionen häufig wenigen Empfängern in jeweils bedeutender Höhe gewährt werden. Demgegenüber sind seit Beginn der neunziger Jahre die Zahlungen für Erzeugerbeihilfen und hier für die Getreide- und Rindfleischerzeugung, worunter auch

Prämienzahlungen fallen, um ein Mehrfaches gewachsen. Die Empfängerstruktur bezüglich dieser Beihilfen ist durch eine sehr große Zahl von Empfängern bei geringer durchschnittlicher Zahlungshöhe geprägt. Die Überprüfung dieser Ausgaben bereitet weniger wegen der Kompliziertheit der in Rede stehenden Sachverhalte, als wegen ihrer Vielzahl Probleme.

Während Mittel aus dem EAGFL-Garantie ebenso wie solche aus dem Forschungsetat weitgehend an Betriebe ausgereicht werden, sind zu einem beträchtlichen Anteil die Empfänger der Mittel aus den Strukturfonds nicht Betriebe, sondern auch Privatpersonen im Bereich des ESF, und öffentliche Körperschaften im Bereich des Regionalfonds. Eine Zuordnung der Ausgaben insbesondere des Sozialfonds und des Regionalfonds, wie auch bei den direkten Ausgaben zu unmittelbar wirtschaftsfördernden Zwecksetzungen ist für stetig wachsende Teile der Gemeinschaftsausgaben nicht mehr möglich. Ein Subventionsbegriff, der die Vergabe von Fördergeldern an Wirtschaftsunternehmen und eine wirtschaftsfördernde Zielsetzung voraussetzt, würde zahlreiche, in den letzten Jahren im Umfang erheblich gewachsene Förderprogramme aus Gemeinschaftsmitteln nicht mehr erfassen und einem strafrechtlichen Schutz gemäß § 264 StGB unterstellen können. Die durch das EG Finanzschutzgesetz vorgenommene Änderung des Subventionsbegriffs bezüglich Subventionen aus Gemeinschaftsmitteln war daher kriminalpolitisch sinnvoll. Um bei den oft nur teilweise mit Gemeinschaftsmitteln finanzierten Förderprogrammen der Strukturfonds die für den Strafschutz nach § 264 erforderliche Kenntnis der Subventionsempfänger bezüglich der Mittelherkunft zu begründen, sollte stets ausdrücklich auf die finanzielle Beteiligung der Europäischen Gemeinschaften gegenüber dem Empfänger hingewiesen werden.

II. Der Subventionsbegriff des § 264 StGB bezüglich Leistungen aus Mitteln der EG

In diesem Teil der Arbeit soll auf den Subventionsbegriff des § 264 Abs. 7[198] StGB, insbesondere im Hinblick auf Leistungen aus Mitteln der Europäischen Gemeinschaften eingegangen werden.

Seit der Erweiterung des Subventionsbegriffes in § 264 Abs. 7 Nr. 2[199] auch auf nicht wirtschaftsfördernde Subventionen, soweit diese aus Gemeinschaftsmitteln stammen, gelten hierfür nur noch einige Definitionsmerkmale des bisherigen strafrechtlichen Subventionsbegriffs. Zunächst sollen daher diese, seit Einführung der strafrechtlichen Subventionsdefinition in § 264 Abs. 6 a. F. unveränderten Merkmale[200] betrachtet und daraufhin überprüft werden, ob hieraus Besonderheiten bei der Definition von Subventionen aus Gemeinschaftsmitteln folgen. Anschließend ist zu überlegen, was aus der Anwendung der dargestellten Subventionsmerkmale für die Subventionseigenschaft verschiedener Ausgaben aus Gemeinschaftsmitteln folgt. Anschließend wird auf den nunmehr eigenständigen Subventionsbegriff für Subventionen aus Gemeinschaftsmitteln und seine Entstehung aufgrund des Übereinkommens zum Schutz der finanziellen Interessen der Europäischen Gemeinschaften und des EG Finanzschutzgesetzes eingegangen.

Nachfolgend werden die weiteren Überlegungen zur Schaffung eines einheitlichen Strafschutzes der Ausgaben der Gemeinschaft und dabei der Vorschlag eines eigenen Corpus Juris materieller und prozessualer Regelungen und die weitere Entwicklung auf diesem Gebiet dargestellt.

Der abschließende Abschnitt dieses Teils der Arbeit behandelt die strafrechtliche Ahndung von Schein- und Umgehungshandlungen zum Nachteil der Gemeinschaft und die Auswirkungen der Verordnung über den Schutz der finanziellen Interessen der Europäischen Gemeinschaften hierauf.

---

[198] § 264 Abs. 6 a.F., geänd. durch d. 6. StrRG vom 26.01.98 BGBl I S. 164

[199] Art. 2 EG-Finanzschutzgesetz vom 10.09.1998, BGBl. II S. 2322

[200] SK Samson § 264 Rz. 21; Dieblich S. 100 bezeichnen dies zu Recht als einen der zentralen Begriffe der Vorschrift.

1. Die Einführung des § 264 StGB

Die Anfang der siebziger Jahre vorgenommenen kriminologischen und strafrechtlichen Untersuchungen, hierbei insbesondere Tiedemanns[201], hatten wesentlichen Anteil daran, die Fehlleitung staatlicher Fördermittel und den daraus folgenden volkswirtschaftlichen Schaden als gesellschaftliches und strafrechtliches Problem in das Blickfeld der Verantwortlichen zu rücken[202]. Insbesondere im Bereich der EG-Marktordnungen für Rindfleisch und Milch waren Betrügereien mit erheblichen Umfängen sowie zahlreiche Schein- und Umgehungsgeschäfte festgestellt worden, deren strafrechtliche Ahndung mit Hilfe des Betrugstatbestandes gemäß § 263 kaum möglich schien[203]. Die oftmals für den Betroffenen unklaren Vergabevoraussetzungen von Subventionen und die Schwierigkeiten bei der erforderlichen Nachweisführung im Hinblick auf den subjektiven Tatbestand des § 263 hinderten an einer strafrechtlichen Ahndung solcher Praktiken zur Erlangung von staatlichen Fördermitteln, die man als sozialschädlich und mit dem Strafrecht zu bekämpfen ansah[204]. Deshalb sollten nunmehr Tatbestände im Vorfeld eingesetzt werden, soweit einzelnen Erscheinungsformen der Subventionserschleichung mit den allgemeinen Straftatbeständen nicht begegnet werden könne[205]. Auf den Empfehlungen der vom Bundesjustizministerium im Jahre 1972 eingesetzten Kommission zur Bekämpfung der Wirtschaftskriminalität beruhte das Erste Gesetz zur Bekämpfung der Wirtschaftskriminalität, innerhalb dessen die Bekämpfung des Subventionsbetruges als eines seiner vordringlichen Ziele angesehen wurde[206].

Die Redlichkeit des Subventionsempfängers und klare Vergabevoraussetzungen sollten Grundlagen eines funktionierenden Vergabesystems werden, weshalb der Subventionsempfänger erfahren mußte, welche Tatsachen bei der Vergabeentscheidung wesentlich sind, um subventionsunehrliches Verhalten pönalisieren zu können[207]. Als regelungsbedürftig erschien auch, wie dem Subventionsempfänger das Vorliegen einer strafrechtlich besonders geschützten Leistung, einer "Subvention" zur Kenntnis zu bringen sei, da es eine hinreichend deutliche und bestimmte Definition des Subventionsbegriffes nicht gibt[208].

---

[201] Tiedemann, Die Verbrechen in der Wirtschaft; ders. ZStW 87 (1975), 253 ff.; ders. ZStW 86 (1974), S. 897 ff..; ders. Subventionskriminalität in der Bundesrepublik, Berlin, 1974; Götz V. Die Bekämpfung der Subventionserschleichung, ZStW 86 (1976), S. 232 ff. und 294 ff.

[202] Schmidt - Hieber, NJW 1980, 322

[203] Müller - Emmert, Maier , NJW 1976, 1657 ; Baumann, JZ 1972, 2 ff.; Fuhr S. 306

[204] Sonderausschuß Bericht BT- Drucks. 7/5291

[205] RegE S. 15

[206] 1. WiKG ; BGBl I v. 29.07.1976, S. 2034 ff; Göhler / Wilts, DB 1976 S. 1609

[207] RegE S.17; BT Drs. 7/5291 S. 4

[208] RegE S. 22 m.w.N.; Göhler / Wilts , DB 1976, 1609 (1610) ; Heinz, GA 1977, 193 (210)

1.1. Formeller Subventionsbegriff

Mangels einer bestehenden Definition war zunächst eine strafrechtliche Bestimmung des Subventionsbegriffs vorzunehmen. § 1 Abs. 6 RegE beinhaltete hierzu eine formelle Subventionsdefinition: "Subvention im Sinne dieser Vorschrift ist eine aus öffentlichen Mitteln erbrachte und durch Gesetz als Subvention im Sinne dieser Vorschrift bezeichnete Leistung an Empfänger außerhalb der öffentlichen Verwaltung."[209].

Aus Gründen der Tatbestandsbestimmtheit sollte der Kreis der subventionserheblichen Tatsachen möglichst eindeutig festgelegt und eine jeweils gesetzliche Bezeichnung der geschützten Leistung als "Subvention" vorgesehen werden.[210], was auch eine klare Abgrenzung zwischen Subventionen und Entschädigungen bewirken sollte[211]. Zudem sollten Leistungen unter den Strafschutz der neuen Strafvorschrift fallen, die nur mittelbar aus dem öffentlichen Haushalt stammen, was mit einer Einschränkung des Subventionsbegriffs auf Subventionen aus "Mitteln aus öffentlichen Haushalten", so der Regierungsentwurf, nicht zu erreichen wäre.[212]. Die Regelung, wonach als Subvention i. S. der Vorschrift nur eine Leistung an Empfänger außerhalb der öffentlichen Verwaltung anzusehen sein sollte, wurde als lediglich deklaratorisch gewertet[213], während Leistungen aus Sondervermögen aufgrund öffentlich-rechtlicher Normen ausdrücklich in den Schutz einbezogen werden sollten.

Die Anwendbarkeit des Tatbestandsmerkmals "Subvention" sollte nach dem Regierungsentwurf zur Voraussetzung haben, daß die Leistung aus öffentlichen Mitteln durch Gesetz im materiellen Sinn als Subvention bezeichnet ist, so daß die durch Rechtsverordnung auf Grund eines Gesetzes erfolgte Bezeichnung einer Leistung als "Subvention" ausreichend sei.[214] Der Strafschutz der aus den Mitteln der Europäischen Gemeinschaften gewährten Leistungen, so der Regierungsentwurf, folge daraus, daß unter den Begriff des "Gesetzes" auch rechtsverbindliche Regelungen der Europäischen Gemeinschaft fielen, die aus diesem Grund nicht besonders aufgeführt zu werden bräuchten.[215] Bei Einführung eines formellen Subventionsbegriffs wäre hinsichtlich der hier interessierenden Leistungen aus Mitteln der EG im Einzelnen abzuklären gewesen, welche Regelungen der EU als rechtsverbindliche Regelungen i.S.d. § 264 Abs. 7 StGB anzusehen wären und in wieweit diese Subventionsdefinition dem verfassungsrechtlichen Bestimmtheitsgebot Rechnung getragen hätte. Zu-

---

209 RegE S. 4

210 RegE S. 22, 23

211 RegE S. 22 unter Hinweis auf "Grenz- und Gemengelagen"; Hack S. 149, der diese Frage als entscheidend für die Wahl des formellen Subventionsbegriffs bezeichnet

212 RegE S. 27

213 RegE S. 28

214 RegE S. 27

215 RegE S. 29

dem hätte sich in diesem Fall die Frage gestellt, ob dies nicht eine primärrechtlich verankerte Kompetenz der Europäischen Gemeinschaften bedurft hätte, mit Vorschriften des sekundären Gemeinschaftsrechts den Anwendungsbereich von strafrechtlichen Regelungen eines Mitgliedstaates einzugrenzen oder zu erweitern.

Nähere Ausführungen zur Subventionsbezeichnung bei Leistungen aus EG-Mitteln, so der Regierungsentwurf, seien aber entbehrlich, da die Regelungen des Europäischen Gemeinschaftsrechts durch Abs. 7 Nr. 3 RegE, der die materiell subventionserheblichen Tatsachen anführte, in den Strafschutz einbezogen würden.[216]

1.2. Materieller Subventionsbegriff

Der vorgeschlagene formelle Subventionsbegriff wurde in den Beratungen und den Sachverständigenanhörungen des Sonderausschusses für die Strafrechtsreform kritisiert. Als bedenklich wurde zum einen die möglicherweise mangelnde Tatbestandsbestimmtheit der Vorschrift angesehen[217]. So hätte nach der vorgeschlagenen Vorschrift vom jeweils zuständigen Gesetzgeber der erforderliche Hinweis gesondert erteilt werden müssen. Angesichts der nicht überschaubaren Vielzahl von Förderzwecken, -mitteln und Vergabestellen wäre eine gleichartige Entscheidungspraxis der Gesetzgeber nach Ansicht der Kritiker nicht zu erreichen gewesen. So wären als zuständige Stellen, die über Fördermittel und deren Subventionseigenschaft zu befinden hätten, sowohl der Bundes-, wie auch die Landesgesetzgeber, bzw. aufgrund von Delegationsentscheidungen auch der Bundesverordnungsgeber oder ein Landesverordnungsgeber in Frage gekommen. Der Straftatbestand sei ferner an sich schwer durchschaubar, da ein strafbares Verhalten nur bei einer Gesamtschau des § 264, des Subventionsgesetzes und der jeweiligen Entscheidung des Subventionsgesetzgebers zu erkennen sei. Würden diese Definitionsentscheidungen noch dazu unterschiedlich ausfallen können, so würden hierdurch an den Rechtsunterworfenen kaum zu bewältigende Anforderungen gestellt.[218] Auch wurde eingewandt, daß mögliche Subventionsdestinatäre und deren Interessenvertreter die Nichtvornahme einer erforderlichen gesetzlichen Subventionsdefinition anstreben könnten, oder daß der Gesetzgeber diese Bezeichnung aufgrund jeweils unterschiedlicher wirtschafts- oder allgemeinpolitischer Erwägungen unterlassen hätte[219]. Dies aber, so die Kritik am Regierungsentwurf, könnte dem verfassungsrechtlichen Gleichbehandlungsgebot zuwiderlaufen[220].

[216] RegE aaO
[217] BT - Drucks. 7 / 5291 S. 10, Blei JA 76, 193 (194)
[218] BT - Drucks. 7 / 5291 aaO
[219] BT - Drucks. 7/ 5291 S. 10
[220] BT - Drucks. 7 / 5291, aaO

Eine besondere Erwähnung fand das Problem der Einbeziehung von Subventionen aus Mitteln der EG in der Kritik des Sonderausschusses am Regierungsentwurf nicht. Insbesondere die in der Stellungnahme des Sonderausschusses erwähnten Bedenken hinsichtlich des Gleichbehandlungsgebotes folgten aus der Betrachtung der nationalen Gesetzgebungs- und Verordnungsverfahren.[221] Als Folge der mit der Kritik im Sonderausschuß vorgebrachten und nicht im Rahmen eines formellen Subventionsbegriffs zu beseitigenden Schwächen des Regierungsentwurfes, entschied sich der Gesetzgeber dann für die Aufnahme eines materiellen Subventionsbegriffs in die Strafvorschrift[222].

1.3. Die Eigenständigkeit des strafrechtlichen Subventionsbegriffs

Mit der vorgeschlagenen materiellen Subventionsdefinition des § 264 Abs. 6 a. F. StGB sollte der Subventionsempfänger in die Lage versetzt werden, bereits aus dem Tatbestand zu ersehen, bei welcher Leistung damit zu rechnen sei, "daß schon allein eine Täuschungshandlung Strafbarkeit begründen kann"[223]. Gegen den materiell definierten Subventionsbegriff wurde vereinzelt eingewandt, er werfe in seiner Ausfüllungsbedürftigkeit kaum überwindbare Abgrenzungsschwierigkeiten auf, die zu verfassungsrechtlichen Bedenken bezüglich des Bestimmtheitsgrundsatzes führen würden[224]. Dem wurde zu Recht entgegengehalten, daß auf die Verwendung normativer Begriffe, sofern dies erforderlich sei, nicht verzichtet werden könne [225]. Die Unschärfe der Definition des Tatbestandsmerkmales sei nicht größer als bei zahlreichen anderen Tatbestandsmerkmalen, der Tatbestand also noch hinreichend bestimmt[226]. Einigkeit herrscht über die Frage der Reichweite des materiellen Subventionsbegriffs in § 264 StGB als einer rein strafrechtlichen Begriffsdefinition[227], die von außerstrafrechtlichen, insbesondere wirtschafts- oder verwaltungsrechtlichen Definitionsansätzen unabhängig sei[228].

---

[221] BT - Drucks. 7 / 5291 S. 9 f

[222] BT - Drucks. 7 / 5291, S. 9 f.; Prot. Sonderausschuß 7/ 2472, 2480, 2622

[223] BT - Drucks. 7 / 5291 aaO

[224] Lackner StGB, 11. Aufl. 1977 § 264 Anm. 2c) aa) ; Heinz, GA 1977, S. 193 ff, 210 ; Löwer JZ 79, S. 621;

[225] Hack S. 150 m.w.N.

[226] LK-Tiedemann § 264 Rz 25; Schö.-Schr.-Lenckner § 264 Rz 2

[227] LK-Tiedemann § 264 Rz 26; Lackner StGB § 264 Ziff. 2 a. Weitergehend Tröndle StGB, § 264 Rn 6, der den Subventionsbegriff des Abs. 6 als für das gesamte öffentliche Recht maßgeblich ansieht.

[228] Schmidt, GA 79 S. 122 f.; Bleckmann Subventionsrecht 1978, S. 7; Gündisch NVwZ 1984, S. 489

Die Prüfung, ob eine Leistung unter den Subventionsbegriff des § 264 Abs. 7 fällt, obliegt deshalb jeweils dem Strafrichter anhand materieller Kriterien[229] und entzieht sich den Wertungen oder den Wortbezeichnungen des jeweiligen Gesetz- oder Verordnungsgebers[230].

Weder in den Gesetzesmaterialien, noch im Schrifttum zu § 264 findet sich ein Hinweis darauf, die strafrechtliche Selbständigkeit des materiellen Subventionsbegriffs in § 264 Abs. 6 a.F., bezogen auf Leistungen nach dem Recht der Europäischen Gemeinschaften, sei anders zu bewerten oder habe einen anderen materiellen Gehalt als bei Leistungen nach nationalem Recht. Nach einhelliger Meinung ist die Subsumtion von Leistungen nach dem Recht der EU unter den materiellen Subventionsbegriff des § 264 Abs. 7 StGB nach den gleichen Kriterien vorzunehmen, wie bei Leistungen etwa des Bundes. Eine Bezeichnung von Leistungen durch Organe der Europäischen Gemeinschaft als Subvention hätte insofern keine für das Tatbestandsmerkmal bestimmende Wirkung.

2. Subventionsmerkmale

2.1. Leistung aus öffentlichen Mitteln

Der Regierungsentwurf hob in den allgemeinen Erwägungen der Vorschriften zur Bekämpfung des Subventionsbetruges ausdrücklich hervor, daß hiermit die in der Vergangenheit sichtbar gewordene Lücke im Strafschutz der direkten Subventionen beseitigt werden sollte[231]. Aus dem genannten Schutzzweck, der Verhinderung von Fehlleitungen staatlicher Mittel folgte die Beschränkung des Subventionsbegriffs auf Leistungen, die aus öffentlichen Mitteln erbracht werden, wobei diese Formulierung auch erlauben sollte, Leistungen zu erfassen, die nur mittelbar aus öffentlichen Haushalten gewährt werden[232]. Dies sollte zum einen die Abgabe von verbilligten Waren betreffen und auch die Subventionierung aus Sondervermögen schützen, die aufgrund öffentlich-rechtlicher Vorschriften zur Verwirklichung wirtschaftspolitischer Ziele errichtet werden[233].

---

[229] Schmidt GA 79 S. 121, 124 leitet die strafrechtliche Eigenständigkeit des Subventionsbegriffs aus der Unterscheidung zwischen dem Begriff der Subvention in Abs. 6 und dem der subventionserheblichen Tatsachen in Abs. 7 her

[230] Schmidt, GA 79 S. 125; LK-Tiedemann § 264 Rz 26

[231] RegE S. 15 f.

[232] RegE S. 27

[233] RegE aaO.; Lackner § 264 2 a; Göhler / Wilts 1612; Tröndle § 264 Rz 7 ;

Ob die Einbeziehung solcher Sondervermögen, wie privatwirtschaftlich finanzierter Ausgleichseinrichtungen, in den Strafschutz des § 264 StGB mit der Formulierung "aus öffentlichen Mitteln" vereinbar ist wurde angezweifelt[234]. Im Hinblick auf die Intention des Gesetzgebers und die auch bei Subventionen aus Sondervermögen gegebenen Mißbrauchsmöglichkeiten erscheint jedoch auch die Einbeziehung solcher Fonds in den Subventionsbegriff als sachgerecht. Eine eindeutige Zuordnung von Sondervermögen als öffentliche Mittel ist zudem in den Fällen möglich, in denen diese Sondervermögen mit eigener Rechtspersönlichkeit, etwa als Anstalt des öffentlichen Rechts, ausgestattet sind[235]. Darüber hinaus läßt sich die im Gesetzgebungsverfahren vorgenommene Auslegung auch durch die funktionale Bedeutung öffentlicher Mittel rechtfertigen[236], da sowohl die öffentlichen Haushalte, wie auch öffentlich-rechtliche Sondervermögen oder öffentlich-rechtlich begründete Sondervermögen Träger öffentlicher Wirtschaftspolitik sind.

Die Europäische Union bedient sich zur Verwirklichung förderungsspolitischer Zielsetzungen solcher Leistungen die auf Ansätzen im Gemeinschaftshaushalt beruhen, wie auch Leistungen aus Vermögen, an denen die Gemeinschaften selbst beteiligt sind, worunter auch die Leistungen der EIB, der EBWE oder des EIF fallen. Die geänderte Subventionsdefinition in § 264 Abs. 7 Nr. 2 StGB erfaßt diese Ausgaben weiterhin. Sollten aufgrund gemeinschaftsrechtlicher Vorschriften Sondervermögen ohne finanzielle Beteiligung der Gemeinschaft gebildet werden, würden deren Ausgaben nun nicht mehr unter den Strafschutz des § 264 StGB fallen[237].

2.1.1. Der Leistungsbegriff

Was den Begriff der Leistung anbelangt, so läßt sich dieser nicht auf die Zahlung von Geldern an den Subventionsempfänger reduzieren, auch wenn der verlorene Zuschuß als Hauptfall der Subvention gewertet wird[238]. Auch die Stellung staatlicher Bürgschaften[239], die Zuwendung von Sachen oder Erbringung von Arbeitsleistungen erfüllen das Tatbestandsmerkmal der Leistung. Als weitere Voraussetzung für die Anwendbarkeit der Vorschrift wird zusätzlich verlangt, daß die gewährte Leistung einen Geldwert[240] haben solle, weshalb die Vergabe öffentlicher Auszeichnungen nicht unter den Leistungsbegriff falle[241]. Dieser Leistungsbegriff erscheint jedoch verkürzt, da in ihm die erforderliche Trennung zwischen dem Tatbestandsmerkmal der "Lei-

---

234 Schö-Schr.-Lenckner § 264 Rz 8; Eberle S. 51 f.; krit.: Heinz GA 1977, S.193, 211;
235 Sannwald S. 89
236 LK Tiedemann § 264 Rz 29
237 Die Einrichtung solcher Sondervermögen bedürfte allerdings einer vorherigen primärrechtlichen Kompetenzzuweisung an die Gemeinschaft; Pache S. 74; Carlsen S. 267, 268
238 LK-Tiedemann § 264 Rz 32
239 Müller-Emmert, Maier NJW 76, 1659
240 LK-Tiedemann 10. Aufl. § 264 Rz. 23; Tröndle § 264 Rz 7
241 SK Samson/Günther § 264 Rn 28; Sannwald S. 91

stung" und dem weiteren Definitionsmerkmal der marktmäßigen Gegenleistung und insbesondere ihrer Bewertung nicht konsequent verfolgt wird, da auch Leistungen staatlicher Stellen, wie z.B. die Vergabe von Auszeichnungen[242] die nicht mit finanziellen Leistungen verbunden sind, Vermögensmehrungen beim Empfänger der Auszeichnung bewirken können und sollen, mögen diese auch nur mittelbare Folge der Auszeichnung sein. Insofern dürften zahlreiche Auszeichnungen und staatlich vergebene Prädikate einen Geldwert haben. Die Frage des Geldwertes stellt sich daher nicht primär im Zusammenhang mit der gewährten Leistung, sondern eher bei der Bewertung einer etwaigen Gegenleistung des Leistungsempfängers. Aus dieser Überlegung erscheint die weite Definition der Leistung als einer vermögenswerten Leistung sachgerecht[243].

2.1.2. Direkte Subventionierung

Weiteres Merkmal des Subventionsbegriffs in § 264 Abs.7 ist, daß hierunter nur direkte Subventionen fallen[244]. Abzugrenzen ist dieser Begriff durch die Gegenüberstellung sogenannter indirekter Subventionen, wie sie im wesentlichen in Form von Abgabennachlässen, z.B. durch Verzicht der Erhebung von Steuern, gewährt werden[245]. Dabei wird im Hinblick auf die oftmals vergleichbaren wirtschaftlichen Wirkungen und der hinter ihnen stehenden wirtschaftspolitischen Zielsetzungen die Abgrenzung indirekter von direkten Subventionen als problematisch angesehen[246]. Als primäres Unterscheidungsmerkmal wird auf die Vergabeform der jeweiligen Leistung abgestellt. Die Unterscheidung zwischen direkten und indirekten Subventionen kann sodann anhand der Rechtsvorschriften vorgenommen werden, nach denen die Leistung erfolgt. Entscheidend hierbei ist, daß die Leistung nicht aufgrund steuerrechtlicher Vorschriften, etwa in Form einer dem Steuerpflichtigen eingeräumten Abzugsmöglichkeit, der Verschonungssubvention, im Rahmen eines Steuerschuldverhältnisses gewährt, sondern vom Subventionsgeber auch vergeben wird[247]. Bei Subventionen aus Gemeinschaftsmitteln ist das Merkmal der direkten Subventionierung ebenfalls erforderlich, so daß die Befreiung von Abgabepflichten oder die Möglichkeit Abzüge, etwa von Eingangsabgaben oder Abschöpfungen die dem Gemeinschaftshaushalt zustehen, nicht unter den Subventionsbegriff subsumiert werden könnte.

---

242 als Beispiele seien die Prädikate Erholungsort, Kurort, Heilklimatischer Kurort, Heilbad etc. genannt

243 Schö.-Schr. Lenckner § 264 Rz 10

244 LK-Tiedemann §264 Rz 27; Müller-Emmert, Maier NJW 1976, 1658; Heinz, GA 1977, 213;

245 BT Drs. 7 / 5291 S.11; Tröndle § 264 Rz 7; Volk, Wirtschaftskriminalität S. 83;

246 Volk S. 83, Eberle S. 25 f.

247 LK Tiedemann § 264 Rz 27; Schö.-Schr. Lenckner § 264 Rz 10; Fuhrhop NJW 1980, S. 1261, 1264; SK Samson § 264 Rz 30; Volk aaO; Sannwald S. 93; Tröndle § 264 Rz 10

2.2. Gegenleistung

Sowohl in § 264 Abs. 7 Nr. 1, als auch in Nr. 2 ist der Subventionsbegriff auf Leistungen beschränkt, die wenigstens zum Teil ohne marktmäßige Gegenleistung gewährt werden, wobei dieser Begriff den Kern des materiellen Subventionsbegriffs darstellt[248]. Bezüglich dieser beiden Begriffe soll nachfolgend getrennt ermittelt werden, welche Voraussetzungen erfüllt sein müssen um jeweils feststellen zu können, ob zum einen eine Gegenleistung vorhanden ist und ob im weiteren davon ausgegangen werden kann, daß diese Gegenleistung wenigstens zum Teil als nicht marktmäßig anzusehen ist. Eine solche Trennung zwischen den beiden Begriffen erscheint insofern notwendig, als das Merkmal "wenigstens zum Teil ohne" sich auch jeweils gesondert auf die anderen Merkmale "marktmäßig" und "Gegenleistung" beziehen kann[249]. Hierbei soll der Begriff der Gegenleistung zuerst untersucht werden. Diese Prüfungsreihenfolge erscheint wegen der vorgenannten Beziehungssystematik geboten, da sich bei Feststellung des Fehlens einer Gegenleistung die weitere Prüfung erübrigt, ob diese als marktmäßig anzusehen ist[250].

Der Begriff der Gegenleistung wurde erst mit der Neufassung der §§ 331 - 334 StGB 1974 eingeführt[251]. Neben § 264 beinhaltet auch der ebenfalls mit dem 1. WiKG geschaffene Wuchertatbestand § 302 a StGB das Tatbestandsmerkmal der Gegenleistung. Im Hinblick auf den zivilrechtlichen Tatbestand des Wuchers sollen auch dem strafrechtlichen Tatbestand nur zweiseitige Rechtsgeschäfte unterfallen[252], während einseitige Rechtsgeschäfte ausscheiden. Dies gilt sowohl für die erwähnten Bestechungsdelikte, wie auch den Subventionsbetrug[253]. Erforderlich ist daher ein Austauschverhältnis zwischen Leistung und Gegenleistung.

2.2.1. Das Erreichen des Subventionszwecks als Gegenleistung

Fraglich ist, ob sich bei der Ermittlung einer Gegenleistung auch Faktoren heranziehen lassen, die nicht unmittelbar im Austauschverhältnis zur gewährten Leistung des Subventionsgebers stehen. Dies gilt insbesondere für die mit der Subvention verfolgten wirtschaftspolitischen Ziele, oder die Erreichung des Subventionszweckes.

---

[248] Schmidt, GA 1979, 121 (126); Eberle S. 75

[249] BT-Drs. 7/5291 S. 10 Auch im Bericht des Sonderausschusses wurde zunächst mit dem Beispiel des verlorenen Zuschusses eine Leistung ohne Gegenleistung erwähnt und der Subventionsbegriff nachfolgend auch auf Fälle mit einer Gegenleistung ausgedehnt in denen diese Gegenleistung unter dem marktmäßigen Preis liegt.

[250] Schmidt GA 79, 126; Sannwald S. 108; LK-Tiedemann § 264 Rz 32, 34

[251] Art. 19 Ziff. 187 EGStGB v. 2.3.1974 (BGBl. 1974 I, S. 469 ff)

[252] Sannwald S. 112; Zu § 138 Abs. 2 BGB Palandt-Heinrichs 58. Aufl., § 138 Nr 4 (Rz 66); MüKo, 3. Aufl., Mayer-Maly § 138 Rz. 115; LK-Schäfer § 302a Rz. 13

[253] Schmidt GA 79, S. 127; Eberle S. 76; Schö.-Schr. Lenckner, Rn. 11; Nach Sannwald, S. 109, ist eine synallagmatische Austauschbeziehung nicht notwendig

Ob die Zweckverfolgung oder -erreichung durch den Subventionsempfänger ausreicht, um als Gegenleistung gewertet werden zu können ist deshalb bedeutsam, als ein wesentliches Merkmal öffentlicher Subventionierung die mit ihr verbundenen Zweckbestimmungen sind, die häufig nur auf die mittelbare Subventionswirkung abstellen[254]. Dies betrifft Exportsubventionen zur Entlastung des innergemeinschaftlichen Marktes ebenso, wie Subventionen für naturwissenschaftliche Grundlagenforschungen, wobei das gewünschte Tun des Leistungsempfängers zunächst nicht als Gegenleistung aufgefaßt werden könnte[255]. Die Tätigkeit des Empfängers kommt hier nicht unmittelbar dem Subventionsgeber zu Gute, sondern möglicherweise nur indirekt, über von der Subvention möglicherweise bewirkte Effekte. Eine solche Zweckverfolgung oder -erreichung wird nicht als ausreichende Gegenleistung an den Subventionsgeber gewertet[256]. Als Gegenleistung wird deshalb nur das in einem zweiseitigen Rechtsverhältnis erbrachte Äquivalent, nicht aber die mit der Leistungsgewährung beabsichtigte Verwirklichung des Förderungszweckes bezeichnet[257] werden können. Zur Begründung werden die fehlende Bewertbarkeit des geförderten Verhaltens und die nicht bestimmbare Vielzahl von Empfängern genannt[258] und daß die Zweckverfolgung jeder öffentlichen Leistung eigen ist, weshalb das Kriterium der Zweckverfolgung zu einer Eingrenzung des Subventionsbegriffs untauglich wäre. Auch ist die Zweckverfolgung bzw. -erreichung für die Strafbarkeit der Subventionserschleichung unbeachtlich, da dies nichts an der bereits vorher eingetretenen Rechtsgutverletzung der geschützten staatlichen Dispositionsfreiheit ändert[259]. Der Einbeziehung einer Zweckerreichung in den Gegenleistungsbegriff steht insofern die Tatbestandskonstruktion des § 264 entgegen[260].

Dem Ausschluß der Zweckerreichung als Gegenleistung ist zuzustimmen. Neben dem Gedanken, daß die Zweckerreichung für die Rechtsgutverletzung unerheblich ist, ist dies Ergebnis auch im Hinblick auf das erforderliche gegenseitige Austauschverhältnis und die in seinem Rahmen von den Beteiligten einbezogenen Merkmale der jeweils zu erbringenden Leistung erforderlich. Der Subventionsempfänger muß im Rahmen dieses Austauschverhältnisses in der Lage sein, zu erkennen ob seine Gegenleistung erbracht, also seine Verpflichtung erfüllt ist, was insbesondere für das Einhalten einer u.U. strafbewehrten Mitteilungspflicht über den Wegfall subventionserheblicher Tatsachen unabdingbar ist.

---

[254] Eberle S. 77 m.w.N.

[255] wie oben unter Ziff. I 2.1.1. dargestellt betrifft dies auch einen beachtlichen Teil der Subventionen aus Gemeinschaftsmitteln, wie z. B. die Forschungsförderprogramme SPES (Stimulation Plan for Economic Science), DOSES (Developing of Statistical Expert Systems), TEDIS (Trade Electronic Data Interchange System), s.a. Bobe.B. / Viala H. S.12

[256] Schmidt GA 79, S. 130; für Exporterstattungen BGH U.v. 5.9.89 NStZ 90,35, S. 91

[257] Schö.-Schr. Lenckner § 264 Rz 11; Lackner § 264 , 2 c aa; Schmidt GA 79, S. 129; Eberle S. 77; Dieblich S. 119

[258] Schmidt GA 79, S. 130

[259] Eberle S. 78

[260] LK-Tiedemann § 264 Rz 17,18

2.3. Der Begriff "marktmäßig"

Kann eine Gegenleistung festgestellt werden, die im Austauschverhältnis zu der gewährten Leistung aus Gemeinschaftsmitteln steht, bedarf es anschließend jeweils der Prüfung ob diese Gegenleistung auch als marktmäßig gewährt anzusehen ist. Die Eingrenzung dieses Merkmals bereitet erhebliche Definitionsprobleme, wie das umfangreiche Schrifttum beweist.[261]

Das Merkmal "marktmäßig" soll die Feststellung ermöglichen ob die Gegenleistung zu Bedingungen erbracht wird, die, an einem Markt verglichen, als üblich angesehen werden können. Es soll hierdurch der Vergleichsmaßstab geschaffen werden, anhand dessen - das Vorhandensein der übrigen Subventionsmerkmale bejaht - die Unterscheidung zwischen einer Subvention im strafrechtlichen Sinn und einer anderen Leistung erfolgen kann. Hierbei bezieht sich der Begriff "marktmäßig" zunächst auf die Gegenleistung. Das Erarbeiten eines geeigneten Vergleichsmaßstabes erfordert zum einen die Klärung der Frage, welcher Markt herangezogen werden kann und unter welchen Bedingungen die Ausgestaltung des Güteraustausches als "Markt" angesehen werden kann. Zum anderen beinhaltet "marktmäßig" auch ein komparatives Element, für das zu definieren ist, anhand welcher Vergleichswerte der anzustellende Vergleich durchgeführt werden soll. Die so vorgenommene Bewertung soll die Beurteilung ermöglichen, ob der jeweiligen Leistung ein vollwertiges Äquivalent gegenübersteht[262]. Bereits hier muß gefragt werden, welche Maßeinheit benutzt werden kann, um etwaige Differenzen zwischen Leistung und Gegenleistung in einem möglichst objektiven Wert auch ausdrücken zu können. Der ohne Geldzahlung, entweder der öffentlichen Hand oder des Leistungsempfängers, erfolgende Austausch von Waren und/oder Dienstleistungen im Rahmen eines Subventionsverhältnisses dürfte als Ausnahmefall anzusehen sein, weshalb im Regelfall sich eine in Geld bezifferbare Wertrelation von Leistung und Gegenleistung finden lassen wird. Aus diesem Grund bietet sich auch als Maßeinheit ein jeweils in Geld bezifferter Wert an[263].

---

[261] u.a. Göhler/Wilts DB 1976, S. 1609(1610); Müller-Emmert, Maier NJW 1976, 1657(1658); LK-Tiedemann § 264 Rz 31 ff; Tröndle § 264 Rz 9 ; Schö.-Schr. Lenckner § 264 Rz 9; Lackner § 264 Nr.2 c aa; Sannwald, S. 116 ff; Volk S. 84 f.; Eberle S. 78 ff.; G. Schmidt GA 79, 137 f.

[262] Eberle S. 75

[263] Lackner § 264 Nr. 2. c aa) bezeichnet als marktmäßig die Gegenleistung, die nach ihrem objektiven Wert dem entspricht, was auch sonst unter den konkreten Verhältnissen des Marktes für die Leistung normalerweise aufgewendet werden muß.

2.3.1. Definition des Marktes

Eine allgemein verwendbare Definition des Begriffs "Markt" gibt es nicht. Als Kern eines Marktgeschehens kann aber wohl das Austauschen von Gütern einer bestimmten Art und Gattung zwischen Anbietern und Nachfragern angesehen werden[264]. Unterschiedlich bewertet werden dagegen die Frage nach der räumlichen Eingrenzung eines Marktes und die Zahl der Marktbeteiligten.

2.3.1.1. Anzahl der Marktbeteiligten

Hinsichtlich der für einen Markt erforderlichen Anzahl von Marktbeteiligten wird die Auffassung vertreten, hierzu bedürfe es einer unbestimmten Vielzahl[265] von Austauschverhältnissen, ein Sondermarkt ohne Wettbewerbspreise stelle keinen Markt da, so daß § 264 hier ausscheide[266]. Diese Auffassung verkennt, daß der Begriff der Marktmäßigkeit keinen nach Wettbewerbskriterien definierten Markt verlangt und nach dem Willen des Gesetzgebers auch die auf Sondermärkten gewährten Leistungen aus öffentlichen Mitteln dem Strafschutz des § 264 StGB unterfallen sollten, wie dem Verweis auf die Zulässigkeit von versicherungsmathematischen Maßstäben bei der Berechnung im Bericht des Sonderausschusses zu entnehmen ist[267]. Nach anderer Ansicht kann auch beim Auftreten eines Monopolisten bzw. Monopsisten noch von einem Markt gesprochen werden[268], der zur Beurteilung der Marktmäßigkeit heranzuziehen sei, da zum Vergleich lediglich auf die tatsächlich bestehenden Marktverhältnisse abzustellen sein soll. Diese Ansicht führt bei Prüfung der Marktmäßigkeit einer Gegenleistung, also dem Vergleich mit der dafür gewährten Leistung, zu unzutreffenden Ergebnissen. Wird die Subventionierung von Wirtschaftsbeteiligten über einen monopolistisch organisierten Sondermarkt vorgenommen, sollen regelmäßig sämtliche Austauschverhältnisse auf diesem Markt gerade in den Merkmalen gleich sein, über deren Beeinflussung die jeweiligen wirtschaftspolitischen Ziele erreicht werden sollen. In der einheitlichen Gestaltung dieser Merkmale findet der subventive Charakter des Sondermarktes seinen Ausdruck, ein Vergleich dieser Geschäfte untereinander kann eine zutreffende Feststellung, ob und in wieweit sie auf einem unbeeinflussten Markt ähnlich abgeschlossen worden wären, nicht ermöglichen.

Ein Vergleichswert, der seine Funktion im oben beschriebenen Sinn zu erfüllen vermag, kann nur dann gefunden werden, wenn die zum Vergleich herangezogenen Austauschverhältnisse nicht durch diejenigen Austauschbedingungen gekennzeichnet werden, deren Unterschiedslosigkeit darauf beruht, daß auf der Nachfrage- oder An-

[264] Sannwald S. 116; Eberle S. 78
[265] G. Schmidt GA 79, 136
[266] so SK Samson Rz 31
[267] Bericht Sonderausschuß S. 10
[268] Eberle S. 78

bieterseite nur ein Marktbeteiligter auftritt, oder die Austauschbedingungen durch einen von ihm kontrollierten Sondermarkt erheblich beeinflusst sind.

Hieraus folgt vorliegend, daß ein zum Vergleich tauglicher Wert nur ermittelt werden kann, wenn bei den verschiedenen Austauschverhältnissen eine unterschiedliche Gestaltung der Austauschbedingungen überhaupt möglich ist. Der Vergleich mehrerer Austauschverhältnisse auf einem anders gestalteten Sondermarkt würde die Trennung von Vergleichsgegenstand und Vergleichsmaßstab aufheben und hier zu unzutreffenden Ergebnissen führen - im hier interessierenden Fall möglicherweise dazu, daß ein Subventionsverhältnis mit einem Zweiten verglichen wird. Ein solcher Ansatz kann nicht kritisiert werden, er gehe bei Beantwortung dieser strafrechtlichen Frage unzulässigerweise von einem wettbewerbsrechtlichen Vorverständnis des Marktbegriffes aus[269]. Gleichzeitig wird aber auch ersichtlich, daß als Markt i. S. des § 264 Abs. 7 nicht jede Gruppe von Austauschbeziehungen gleicher Güter ohne Berücksichtigung etwaiger Monopolsituationen angesehen werden kann. Markt erfordert demnach insbesondere die Möglichkeit, daß die Marktbeteiligten die zwischen ihnen bestehenden Austauschbeziehungen unterschiedlich gestalten und öffentliche Leistungen eines Sondermarktes keinen erheblichen Einfluß auf die Marktbedingungen haben.

2.3.1.2. Marktgebiet

Bei der Frage nach der räumlichen Eingrenzung des zum Vergleich heranzuziehenden Marktes ist über den nationalen Bereich hinaus auch der räumliche Bereich der EU als möglicherweise zu bewertendes Marktgebiet anerkannt[270]. Für die Ermittlung des in Frage kommenden räumlichen Marktgebietes dürfte es kaum möglich sein, abstrakte Definitionen zu erarbeiten, da sich diese Frage nach dem tatsächlichen Güteraustausch und seinen geographischen Grenzen beantwortet. Das Gebiet eines Marktes kann danach durch Eingrenzung derjenigen Gebiete vorgenommen werden, zwischen denen, gemessen am ermittelbaren Gesamtvolumen, die wesentlichen Teile des Güteraustauschs stattfinden. Eine von vornherein vorgenommene Beschränkung des Marktbegriffs auf den innergemeinschaftlichen Handel und das Gebiet der EU ist demnach nicht zulässig. Hinsichtlich der Ermittelbarkeit räumlich größerer Märkte und der auf ihnen anzutreffenden Marktbedingungen ist darauf hinzuweisen, daß auch die Ermittlung von Warenströmen vieler Produkte innerhalb der EU, wie auch zwischen EU und EU-Ausland anhand der einschlägigen Datensammlungen möglich ist[271]. Auch die in den Marktgebieten für die gleichen Güter üblicherweise verein-

---

[269] Sannwald S. 117

[270] G. Schmidt GA 79, 136 , krit. Eberle S. 79 der die räumliche Grenze des relevanten Marktes dort zieht, wo es den Marktbeteiligten nicht oder nur schwierig möglich ist Güter von außerhalb des Gebietes zu beziehen bzw. anzubieten.

[271] Beispielhaft genannt seien hier die monatlichen Statistiken "Außenhandel und Intrastat" der Kommission der EU (CA-AR-95-000-DE-C) oder zahlreiche Sammelwerke statistischer Einzelangaben

barten Preise lassen sich in der Regel ermitteln. Im Bereich der Agrarprodukte ist dabei nicht nur die Ermittlung von Preisen innerhalb der EU anhand der regelmäßigen Statistiken der EU Kommission möglich[272]. Marktpreise werden auch von Unternehmensverbänden gesammelt und an ihre Mitglieder weitergegeben. Werden Güter börsenmäßig gehandelt, ist die Feststellung des jeweiligen Börsenpreises ebenfalls unproblematisch möglich.

Die Warenpreise außerhalb der Europäischen Gemeinschaft lassen sich für einzelne Marktgebiete ebenfalls ermitteln, was anders als noch bei Einführung des Tatbestandes des Subventionsbetruges im Jahr 1976 ohne größere Schwierigkeiten möglich ist. So können beispielsweise die aktuellen Einzelpreise für nahezu sämtliche landwirtschaftliche Produkte in den USA und dort wiederum getrennt nach Bundesstaaten im Internet kostenlos jederzeit vom Informationsdienst des US Landwirtschaftsministeriums bezogen werden[273]. Die Ermittlung von Preisen landwirtschaftlicher Erzeugnisse zum Vergleich mit den Preisen in der Europäischen Gemeinschaft ist ohne weiteres möglich.

Hieraus folgt, daß in räumlicher Hinsicht die Ermittlung des Vergleichsmaßstabes der zur Beurteilung der Marktmäßigkeit einer Gegenleistung herangezogen werden kann, weder durch den Norminhalt, Normzweck oder durch technische Schwierigkeiten auf den räumlichen Bereich der Europäischen Gemeinschaften beschränkt zu sein braucht. Der jeweilige Marktpreis oder ein Vergleichsmarktpreis werden sich, wie dargestellt regelmäßig ermitteln lassen.

2.3.2. Das Fehlen eines Marktes

Bereits im Gesetzgebungsverfahren wurde der Frage Aufmerksamkeit geschenkt, wie eine Marktmäßigkeit der Gegenleistung festzustellen sei, wenn für die gewährte Leistung der öffentlichen Hand kein Markt feststellbar ist[274], wobei als Beispiele hierfür staatliche Bürgschaften oder Garantien angeführt wurden. Als Ermittlungsmethode eines Marktmaßstabes wurde für diese Fälle auf hypothetische Märkte[275], versicherungsmathematische Berechnungen[276] oder das Kostenprinzip[277] verwiesen.

über den Außenhandel der Abteilung Außenhandel und Zahlungsbilanz beim Statistischen Amt der EU.

[272] z.B "Agrarmärkte: Preise" oder "Agrarpreise: Preisindizes und absolute Preise: vierteljährliche Statistiken" - Zeitschriften des Statistischen Amtes der Europäischen Gemeinschaften / Europäische Kommission (CH-AZ-95-000-9A-C und CA-CI-95-000-3A-C)

[273] USDA (United States Department of Agriculture), Agricultural Prices / Today' s Prices: http://www.usda.gov/nass/ bzw. e-mail: usda.reports@usda.mannlib.cornell.edu.

[274] BT Drs. 7/5291 S. 10

[275] Göhler/Wilts DB 76, S. 1612; Dreiss/Eitel-Dreiss S. 53; krit. Volk S. 84

[276] BT Drs. 7/5291 S. 10; Müller-Emmert, Maier NJW 76, 1659; Sannwald S. 122;

[277] LK-Tiedemann § 264 Rz 34; Tröndle § 264 RNr. 9

Aus den Gesetzesmaterialien geht hervor, daß der Gesetzgeber auch solche Leistungen in den Strafschutz des § 264 einbeziehen wollte, die zwar im Austausch mit einer Gegenleistung stehen, für die ein Markt jedoch nicht vorhanden ist, wobei beispielhaft staatliche Bürgschaften oder Ausfuhrgarantien genannt wurden[278]. Die Benennung dieser staatlichen Leistungen als Beispiele für das Fehlen eines Marktes belegen, daß auch im Gesetzgebungsverfahren solche Märkte unter den Begriff des Fehlens eines Marktes subsumiert wurden, die zwar eine Vielzahl von Austauschverhältnissen aufweisen, die jedoch monopolistisch organisiert sind und ohne Wettbewerb arbeiten. Wie oben dargestellt, sind von den öffentlichen Leistungen erheblich beeinflusste Märkte oder Sondermärkte bei der Frage nach der Marktmäßigkeit von Gegenleistungen ebenso zu behandeln.

2.3.2.1. Preisbildung und Wettbewerb

Wenn zunächst auf die Frage nach der Möglichkeit einer unabhängigen Preisbildung eingegangen wurde, ist anschließend zu klären, ob und inwieweit hierzu Wettbewerb erforderlich ist. Eine freie Preisbildung erfolgt unter den volkswirtschaftlichen Bedingungen der "vollständigen Konkurrenz"[279] die freilich als wissenschaftlicher Idealzustand kaum tatsächlich eintreten wird und auch für die in strafrechtlicher Hinsicht vorzunehmende Beantwortung der gestellten Frage nicht erforderlich ist. Ein monopolistisch organisierter Markt wird, wie oben dargestellt wurde, keine in hinreichendem Maß von subventionsspezifischen Merkmalen unabhängige Gestaltung der Marktverhältnisse zulassen[280]. Wenn auf die Möglichkeit einer, von den Vorgaben des Subventionsgebers unabhängigen Preisgestaltung abzustellen ist, dann ist die Frage nach Wettbewerb in Abhängigkeit zur vorhergehenden Frage zu beantworten. Für eine ausreichend unabhängige Preisgestaltung ist demnach das Vorhandensein von Wettbewerb erforderlich, der wesentlichen Einfluß auf die Marktbedingungen haben muß.

---

[278] BT Drs. 7/5291 S.10

[279] v. Arnim, Volkswirtschaftspolitik S. 54; Carell, Allg. Volkswirtschaftslehre S. 196;

[280] Eberle S. 83; BT-Drs. 7/5291 S.10; Lackner § 264 2 c aa; Göhler/Wilts DB 1609, 1612

2.3.2.2. Vergleichsmaßstab bei Fehlen eines Marktes

In den Fällen, in denen kein Markt für das in Frage stehende Gut vorhanden ist oder ohne ausreichenden Wettbewerb und der Möglichkeit einer von den Vorgaben des Subventionsgebers unabhängigen Preisgestaltung besteht, ist statt dessen ein Preis zu ermitteln, der die Funktion des Marktpreises als Vergleichswert übernehmen kann. Im Schrifttum wird die Berechnung eines solchen Vergleichswertes nach unterschiedlichen Methoden, den Grundsätzen hypothetischer Märkte[281], nach versicherungsmathematischen Prinzipien[282] oder dem Kostenprinzip[283] vorgenommen. Bei Betrachtung dieser Ermittlungsansätze ist festzustellen, daß sie methodologisch unterschiedliche Wege aufzeigen, mit deren Hilfe als Ersatzwert ein hypothetischer Preis des in Frage stehenden Gutes ermittelt werden soll. Innerhalb der Berechnungsmethoden könnte wiederum ein Stufenverhältnis hinsichtlich der Anzahl einzubeziehender Berechnungsfaktoren zwischen dem Kostenansatz bzw. bei Finanzdienstleistungen der versicherungsmathematischen Vergleichsrechnung und dem hypothetischen Marktpreis angenommen werden. Bei diesen Ansätzen wird jedoch auch davon ausgegangen, daß sich ein als Vergleichsmaßstab tauglicher Marktpreis ohne das Vorhandensein von Wettbewerb nicht herausbilden kann, weshalb auch auf solche Ermittlungsansätze verwiesen wird, die zunächst im Wettbewerbsrecht entwickelt wurden[284]. In diesem Zusammenhang wird auch auf die im Bereich des Kartellrechts entwickelten Gedanken des Als-ob-Wettbewerbs hingewiesen[285], da die Preisermittlung sich in den hier interessierenden Fällen nach den Kriterien richtet, die bei Annahme eines - in diesem Fall hypothetischen - Wettbewerbs den Marktpreis ergeben.

2.3.2.3. Der hypothetische Wettbewerbspreis

Der vorhergehend beschriebene Ermittlungsansatz soll unter der Annahme eines hypothetischen Wettbewerbes einen Maßstab hervorbringen, anhand dessen im Einzelfall die Bewertung des Verhältnisses von Leistung und Gegenleistung als marktmäßig oder nicht marktmäßig vorgenommen werden kann. Es handelt sich hierbei um einen hypothetischen Wettbewerbspreis. Einschränkend ist zunächst darauf zu verweisen daß die Anwendung dieses Ermittlungsansatzes nur dann möglich ist, wenn die oben genannten Voraussetzungen eines fehlenden Marktes bzw. einer Marktsi-

---

[281] BT-Drs. 7/5291 S. 10; Göhler/Wilts DB 76, 1609, 1612; Fuhr, S. 309; krit. dagegen Volk S. 84
[282] Bericht BT aaO; Müller-Emmert, Maier NJW 76, 1659;
[283] LK-Tiedemann § 264 Rz 34
[284] LK-Tiedemann § 264 aaO; Eberle S. 86; ablehnend Sannwald S. 117;
[285] Eberle S. 85 f., der auf den kartellrechtlichen Prüfungsmaßstab des § 22 GWB zur Mißbrauchsaufsicht über marktbeherrschende Unternehmen verweist.

tuation ohne für eine unabhängige Preisgestaltung ausreichenden Wettbewerb vorliegen, was auf Einzelfälle beschränkt bleiben dürfte [286].

Zu prüfen ist ferner ob der Ermittlungsansatz des hypothetischen Wettbewerbspreises auch bei der hier anstehenden Fragestellung zulässig ist. In Bezug auf das Tatbestandsmerkmal des Vermögensschadens i. S. § 263 hat die Rechtsprechung die Heranziehung eines hypothetischen Wettbewerbspreises zur Schadenermittlung bei Submissionsabsprachen anerkannt[287]. Diese Entscheidungen sind im Schrifttum teils zustimmend[288] aufgenommen worden, wobei wiederholt auf die mehrfachen zuvor unternommenen Versuche verwiesen wurde den Submissionsbetrug, der erheblichen Schaden verursache, mit den Mitteln des Strafrechts zu bekämpfen[289]. Nachfolgend hat der Gesetzgeber diesen Forderungen nach Schaffung eines eigenen Tatbestandes zur Pönlisierung von Submissionsabsprachen durch Einführung von § 298 StGB[290] Rechnung getragen. Der genannten Entscheidung des BGH zur Strafbarkeit von Submissionsabsprachen gem. § 263 ist im Schrifttum mit dem Argument entgegengetreten worden, der Schaden sei ohne Vermögensbeeinträchtigung festgestellt worden, weshalb der Schutzbereich des § 263 unzulässigerweise auf eine bloße, unsichere Chance zum Abschluß eines anderen Vertrages ausgedehnt[291] und so die Grenze zwischen gegenwärtigem Vermögen und zukünftigem Vermögen verwischt worden sei[292]. Zudem sei ein Vermögensschaden beim Submissionsbetrug nicht nachweisbar, da der Wert der Leistung nicht feststellbar sei[293]. Insbesondere könne auch der hypothetische Wettbewerbspreis nicht einem Marktpreis gleichgesetzt werden[294], da die Bildung eines Marktpreises von den Zufälligkeiten des Einzelfalls abhänge und Wettbewerbsbeschränkungen aufgrund ihrer Wirkungen auf den Wettbewerb gerade die Bildung eines Marktpreises verhinderten. Die Kritik der Rechtsprechung, soweit sie sich gegen eine, ihrer Ansicht nach unzulässige Ausdehnung des in § 263 geschützten Rechtsgutes wendet, kann die zu beantwortende Frage nach dem Marktmaßstab in § 264 Abs. 7 insofern nicht berühren, als die Anerkennung eines hypothetischen Wettbewerbspreises zur Ermittlung eines Vergleichswertes zur Bestimmung eines Marktpreises keinen Einfluß auf das nach der überwiegenden Ansicht im Schrifttum geschützte Rechtsgut des § 264[295] hat. Die geschützte Planungs-

---

[286] Eberle S. 86

[287] OLG Frankfurt/M. NJW 90, 1057; BGH U. v. 8.1.1992 BGHSt 38, 186; zur früheren Rspr. BGHSt 8, 226 u. BGHSt 16, 361,367.

[288] Baumann J., NJW 92, 1661; zust. i. Ergebn. auch Satzger, Submissionsbetrug S. 252; Tröndle, 47. Aufl. 1995, § 263 Rd-Nr. 32 b

[289] Baumann NJW 92, 1661, 1662 f. m. z.w. Nachweisen insb. zu den verschieden Gesetzentwürfen

[290] 26. Abschnitt, Straftaten gegen den Wettbewerb, eingef. m. Gesetz v. 13.08.1997, BGBl. I S. 2038

[291] Geerds, Jura 1994, 309; Joecks, wistra 1992, 247; Cramer, S. 15

[292] Cramer S. 12

[293] Joecks wistra 1992, 251;

[294] Geerds Jura 1994, 309,312; Bruns NStZ 1983,387;

[295] Göhler-Wilts DB 1976, 1609,1610; Müller-Emmert-Maier NJW 1976, 1657,1658; Schmidt-Hieber NJW 1980, 324; Tröndle § 264 Rz 3; LK-Tiedemann § 264 Rz 11; Lackner § 264 Rz 1; abw.: Gössel,

und Dispositionsfreiheit des Subventionsgebers wird durch die dargestellte Ermittlungsmethode eines Vergleichswertes bei Prüfung ob eine Subvention vorliegt nicht berührt. Von Bedeutung sind aber die Einwände gegen den hypothetischen Wettbewerbspreis, die bezweifeln, daß sich ein solcher überhaupt feststellen läßt[296]. Zwar richten sich diese Bedenken gegen eine Feststellung eines Vermögensschadens i. S. von § 263[297] könnten aber auch gegen die Ermittlung eines Vergleichsmaßstabes zur Feststellung der Marktmäßigkeit i. S. von § 264 Abs. 7 vorgebracht werden[298]. Soweit der Ermittlungsansatz des hypothetischen Marktpreises im Zusammenhang mit § 264 als problematisch angesehen wird, geschieht dies jedoch im Wesentlichen unter Praktikabilitätserwägungen[299]. Sicherlich besteht bei diesem Vergleichsansatz bereits von vornherein ein erheblicher Bemessungsspielraum der sich durch die Vielzahl der zu berücksichtigenden Faktoren ergibt und der auch größer ist als bei Anwendung eines Kostenprinzips[300].

Die Zahl der zu berücksichtigenden Faktoren und ihre Feststellbarkeit sind jedoch jeweils im Einzelfall abzuklärende Fragen. Vorstellbar sind jedoch auch Fälle, in denen sich ein hypothetischer Wettbewerbspreis der erbrachten Gegenleistung bereits anhand von Preisen auf außerhalb des Marktgebietes liegenden Vergleichsmärkten finden lassen könnte. Denkbar wäre auch die Preisgestaltung der hier marktbeteiligten Subventionsempfänger bei Geschäften auf Märkten heranzuziehen, die außerhalb des Marktes liegen dessen Preisgefüge durch die in Frage stehenden Wirtschaftsförderungen wesentlich beeinflußt wird. Beide Fallgestaltungen verlangen jedoch, daß es sich jeweils um die gleiche Gegenleistung handelt, die zu bewerten ist. Hieran läßt sich erkennen, daß es im Einzelfall nicht von vornherein ausgeschlossen ist, einen hypothetischen Wettbewerbspreis für die vom Leistungsempfänger erbrachte Gegenleistung zu finden. Es ist daher auch möglich unter den genannten Voraussetzungen die Ermittlung eines Vergleichswertes für die Marktmäßigkeit des Austausches von Leistung und Gegenleistung mit Hilfe eines hypothetischen Wettbewerbspreises vorzunehmen.

---

wistra 85, 125,129; Schö.-Schr. Lenckner § 264 Rz 4; Nach Hack, S. 73; Sannwald, S. 59 ist staatliches Vermögen das geschütztes Rechtsgut

296 Satzger ZStW 109 (1997), S. 357-380

297 Volk, Wirtschaftskriminalität, 1983 S. 77, 84, bezieht den Ansatz des hypothetischen Wettbewerbspreises in die Möglichkeiten zur Ermittlung eines Marktmaßstabes in § 264 ein, hält ihn jedoch für unpraktikabel

298 Volk, aaO Fn. 99, S. 87, sieht die im Zusammenhang mit dem Betrugsschaden zu klärenden Zweifelsfragen lediglich u.a. in das Tatbestandsmerkmal der Subvention verlagert.

299 Satzger, Submissionsbetrug S. 134

300 LK Tiedemann §264 Rz 28; Eberle S. 86

3. Die Subventionseigenschaft von Leistungen aus Mitteln der EG

Die zuvor beschriebenen Subventionsmerkmale sind durch die Änderung des Subventionsbegriffs in Bezug auf Leistungen aus Mitteln der Europäischen Gemeinschaft unverändert geblieben. Während die Frage der Mittelherkunft bei Subventionen keine größeren rechtlichen Probleme aufzuwerfen scheint, ist die Feststellung, ob eine Leistung aus Gemeinschaftsmitteln als Subvention im strafrechtlichen Sinn anzusehen ist, weiterhin in einigen Fällen schwierig. Nachfolgend soll deshalb bezüglich einiger Ausgaben aus Mitteln der Europäischen Gemeinschaft auf deren Subventionseigenschaft gemäß § 264 Abs. 7 Nr. 2 StGB eingegangen werden.

3.1. Förderungen der Strukturfonds und direkte Ausgaben der Gemeinschaft

Die Leistungen der Strukturfonds an private und öffentliche Empfänger stehen in aller Regel nicht in einem Austauschverhältnis mit Gegenleistungen der Begünstigten. Dies betrifft insbesondere die an Unternehmen vergebenen Strukturbeihilfen[301] des Regionalfonds[302], des Sozialfonds[303] oder des Ausrichtungsfonds für Landwirtschaft[304], im weiteren auch die Leistungen des ESF an private Empfänger oder Leistungen des Regionalfonds aufgrund der gemeinschaftlichen Förderkonzepte oder den Gemeinschaftsinitiativen an Gebietskörperschaften der Mitgliedstaaten, so daß die Einordnung dieser Ausgaben als Subvention auch im strafrechtlichen Sinn unproblematisch ist.

Auch soweit von den Europäischen Gemeinschaften im Wege der direkten Vergabe verlorene Zuschüsse gewährt werden handelt es sich um Subventionen i. S. § 264, sofern ihnen keine Gegenleistung des Mittelempfängers gegenüber steht. Soweit die Gemeinschaft Fördermittel aufgrund von Förderverträgen, etwa im Bereich der Forschungsförderung, vergibt, ist das Fehlen einer Gegenleistung nicht mehr ohne Weiteres anzunehmen, da es den Vertragsparteien obliegt, die im Rahmen eines vertraglichen Austauschverhältnis zu erbringenden Leistungen und Gegenleistungen zu definieren. Die z.B. von Forschungsinstituten erbrachten Forschungstätigkeiten könnten insofern privatrechtlich als Gegenleistung aufgefaßt werden. Allerdings stellt sich hierbei die Frage, ob dies, jedenfalls im Bereich der Grundlagenforschung, im Hinblick auf den strafrechtlichen Subventionsbegriff zutrifft, da es für die Annahme ei-

---

[301] Rahmenverordnung VO/EWG 2052/88 v.26.4.1988 ABl. L 185 v. 15.7.1988 u. DurchführungsVO VO/EWG 4253/88 v. 19.12.1988 ABl. L 374 v. 31.12.1988; z.B. zur Umstellung von Kohlerevieren (Rechar II , ABl. 94/C 180/08); zur wirtschaftlichen Umstellung von Stahlrevieren (RESIDER II v. 15.6.94, ABl. 94/C 180/07); zur die Rüstungs- und Standortkonversion (KONVER, ABl. 94/C 180/06)

[302] EFRE gem VO/EWG 4254/88 v. 19.12.1988

[303] ESF gem. VO/EWG 4255/88 v. 19.12.1988 z. B. betriebliche Berufsbildungsfördermaßnahmen gem. Art. 1 VO/EWG 2950/83 ABl. L 289/1 v. 22.10.1983

[304] EAGFL-Ausrichtung gem. VO/EWG 4256/88 v. 19.12.1988 ABl. L 374/1 v. 31.12.1988

ner Gegenleistung hier nicht ausreicht, wenn die Tätigkeit des Leistungsempfängers lediglich mittelbar der öffentlichen Hand zugute kommt. Eine Gegenleistung des Fördermittelempfängers fehlt sicherlich dort, wo die vertraglichen Vereinbarungen mit der Gemeinschaft nur zur verwaltungstechnischen Abwicklung verlorener Zuschüsse dienen. Problematisch dürfte im Hinblick auf die im Rahmen von Verträgen erbrachten Gegenleistungen zudem oft ihre Einordnung als marktmäßig sein, da z.B. für die Durchführung von aufwendigen Grundlagenforschungsprogrammen oder der Ausweisung eines Naturschutzgebietes ein Markt nicht besteht. Die Feststellung, ob einer Leistung aus Gemeinschaftsmitteln die im Rahmen eines Vertrages vergeben wird, auch eine marktmäßige Gegenleistung gegenübersteht, wird daher jeweils im Einzelfall getroffen werden müssen.

Problematisch sind Vertragssubventionen allerdings im Hinblick auf die gesetzlichen Regelungen bzw. Grundlagen, die zur Bestimmung der subventionserheblichen Tatsachen gem. § 264 Abs. 8 StGB erforderlich sind. Die Vereinbarung von Förderzwecken oder den Voraussetzungen für die Gewährung der Fördermittel alleine in Verträgen ist hierfür nicht ausreichend, da die für den Strafschutz der Subvention nach § 264 StGB benötigte Bezeichnung subventionserheblicher Tatsachen nicht durch Gesetz oder aufgrund eines Gesetzes vorgenommen wird. Dies würde auch für diejenigen Tatsachen gelten, von denen etwa die Bewilligung oder das weitere Belassen der Fördermittel abhängt. Als Gesetze zur Bestimmung und gesetzliche Grundlage zur Ermittlung der subventionserheblichen Tatsachen kommen allein die Normen des Gemeinschaftsrechts in Frage, da dem nationalen Gesetzgeber die Regelungskompetenz fehlt, in die Bestimmung subventionserheblicher Tatsachen durch die Gemeinschaftsorgane einzugreifen[305]. Ausreichend zur Ermittlung der nach § 264 Abs. 8 Nr. 2 StGB subventionserheblichen Tatsachen sind insbesondere Verordnungen mit denen Bewilligungsvoraussetzungen normiert werden, wie auch die durch die Kommission beschlossenen Rahmenpläne für Förderprogramme, die auf entsprechende Haushaltsansätze im Haushaltsplan der Gemeinschaften gestützt werden[306]. In diesen Fällen können sich die subventionserheblichen Tatsachen aus der dem Haushaltsplan und seinen Teilplänen beigefügten Begründungen ersehen lassen.

---

[305] LK-Tiedemann § 264 Rn. 54; Tröndle, 48. Aufl. § 264 Rn. 18; BayObLG NJW 1982, 2202,2203

[306] LK-Tiedemann § 264 Rn. 56; Bericht Sonderausschuß BT-Drs. 7/5291 S. 13; Schö.-Schr. Lenckner § 264 Rn. 36, wonach allerdings der Haushaltsansatz allein unzureichend ist: SK Samson/Günther 5. ufl. § 264, Rn. 43 sieht auch den Haushaltsplan als ausreichende Norm gem. Abs. 8 Nr. 1

3.2. Leistungen des EAGFL Garantie

Der vom Anteil an den Haushaltsmitteln bedeutendste Bereich der Ausgaben sind die Garantieausgaben der Gemeinsamen Agrarpolitik. Sofern im bisherigen Schrifttum auf die Subventionseigenschaft von EG-Finanzhilfen eingegangen wurde, geschah dies überwiegend im Hinblick auf die im Bereich EAGFL-Garantie anzutreffenden Leistungen der Ausfuhrerstattungen, direkten Interventionszahlungen und Beihilfen zur privaten Lagerhaltung. Als verlorene Zuschüsse ohne Gegenleistung werden von den EAGFL Leistungen nach einhelliger Meinung die Ausfuhrerstattungen für Marktordnungswaren angesehen[307]. Die Bejahung der Subventionseigenschaft von Ausfuhrerstattungen ist deshalb unproblematisch. Dies gilt auch für die ebenfalls als verlorene Zuschüsse gewährten Leistungen im Marktordnungsbereich, unterschiedlich bezeichnet als Prämien[308], Verwendungsbeihilfen, Produktionsbeihilfen, oder Verarbeitungsbeihilfen.

3.2.1. Interventionskäufe

Die Funktionsweise, Abwicklung und finanzielle Bedeutung des Systems der direkten Marktinterventionszahlungen innerhalb der EU Landwirtschaftspolitik wurde oben bereits dargelegt. Im Folgenden soll sich die Betrachtung von Interventionszahlungen nur auf die von den Marktordnungsstellen getätigten Ankäufe von Marktordnungswaren beschränken[309]. Zum Ankauf von Marktordnungswaren werden die im Garantiepreissystem der verschiedenen Marktordnungen verankerten Interventionsmaßnahmen sehr unterschiedlich ausgestaltet, so daß je nach Interventionsware, -menge, und -zeitraum, sowie ihrer etwaigen Obergrenze verschiedene Regelungen anzutreffen sind.

3.2.1.1. Marktmäßige Gegenleistung

---

[307] Zu Einzelbeispielen oben Ziff. I 4.1.1.; Zur Durchführung s. Ausfuhrerstattungsverordnung v. 24.5.1996 (BGBl. I S. 766) s.a. Dieblich S. 104; LK-Tiedemann § 264 Rz 26; Bruns S. 43; Tröndle § 264 Rz 8; Sannwald S. 123; Müller / Wabnitz 3. Aufl. S. 20

[308] Beispielhaft hierzu, sämtl. den Garantiefonds des EAGFL betreffend: Mutterkuhprämien und Mutterschafprämien gem. §§ 17 und 18, sowie Schlachtprämie für männl. Rinder gem. § 12 der Verordnung über die Gewährung von Prämien für männliche Rinder, Mutterkühe und Mutterschafe (v. 5.2.1993 i.d.F. d. Bekanntmachung v. 25.3.1995 BGBl. I 1996, 537) i.V.m VO/EWG 805/68, 468/87, 714/89; Beihilfen für die Verwendung von Rapssaat für die Ölerzeugung (BGBl. I 1979.Nr. 32 v. 30.6.79 i. V. VO (EWG) 805/68, 2681/83); Produktionsbeihilfen für Erbsen, Puffbohnen, Ackerbohnen und Süßlupinen gem. Art. 3 VO/EWG 1431/82; Beihilfen für Magermilch und Magermilchpulver gem BeihilfenVO Magermilch v. 31.5.1977 (BGBl. I S. 792) i.d.F. d. Gesetzes v. 2.8.1994 (BGBl. 2018) z.B. zur Verarbeitung zu Futtermitteln gem. VO/EWG 990/72 v. 15.5.1972 (ABl. L 115/1) und 986/68 v.15.7.1968 (Abl. L 169/4) Beihilfen für Schulmilch gem VO v. 8.11.1985 (BGBl. I S. 2099) i.d.F. d. VO v. 20.7.1995 (BGBl. I S. 953)

[309] Unter Interventionszahlungen werden noch andere Leistungen des Garantiefonds verstanden, wie Beihilfen für die öffentliche und die private Lagerhaltung, Rücknahmen oder preisausgleichende Beihilfen, diese gliedern sich wiederum in Produktionsbeihilfen, Verbrauchsbeihilfen und Verarbeitungsbeihilfen

Anders als bei den in Form verlorener Zuschüsse geleisteten Ausfuhrerstattungen und Beihilfen, werden bei Interventionskäufen Marktordnungswaren an die Interventionsstellen übereignet, also Gegenleistungen erbracht. Unterschiedliche Auffassungen bestehen darüber, ob die erbrachte Gegenleistung in diesen Fällen als marktmäßig erbracht anzusehen ist[310]. Sofern eine Subventionseigenschaft von Interventionskäufen verneint wird, geschieht dies unter Hinweis darauf, daß die Interventionsausgaben den von der Europäischen Gemeinschaft als Zweck beabsichtigten Effekt haben, die innerhalb der Gemeinschaft erzielten Marktpreise nachhaltig auf einem Niveau zu halten[311], das ganz erheblich über den Weltmarktpreisen liegt. Die Folge sei, daß der Marktpreis innerhalb der Europäischen Gemeinschaft und der Interventionspreis nahezu identisch seien, so daß Interventionskäufe als zu marktmäßigen Bedingungen abgeschlossen gelten sollen. Differenzierend stellt Dieblich[312] auf eine vorzunehmende Bewertung und ein eindeutig feststellbares Zurückbleiben der Gegenleistung hinter der Leistung ab. Andere bejahen die Subventionseigenschaft von Interventionskaufzahlungen[313], wobei dies unter Verweis auf §§ 6 und 7 MOG geschieht, da die pauschale Einbeziehung von Vergünstigungen und Leistungen im Rahmen von Interventionen (§§ 6 und 7 MOG) in den Strafschutz des § 264 laut Regierungsentwurf zum 1. WiKG durch die Einführung einer entsprechenden Definition in § 30 des MOG bewirkt werden sollte[314].

Die pauschale Bejahung der Subventionseigenschaft von Interventionskäufen unter Hinweis auf den Regierungsentwurf zum 1. WiKG erscheint problematisch, da die dort vorgesehene pauschale Einbeziehung aller Leistungen und Vergünstigungen nach §§ 6 und 7 MOG Teil des im späteren Gesetzgebungsverfahren aufgegebenen formellen Subventionsbegriffs war. Die pauschale Verneinung der Subventionseigenschaft von Interventionskäufen erscheint ebenfalls nicht befriedigend, da zur Begründung darauf verwiesen wird, der Interventionspreis würde dem EG-Marktpreis entsprechen[315], ohne auf etwaige wettbewerbsverzerrende Auswirkungen der Interventionskäufe oder räumlich über den EU-Bereich hinausgehende Marktgebiete einzugehen.

[310] Zu den unterschiedlichen Bewertungen zwischen ZKA und den Schwerpunktstaatsanwaltschaften einerseits und der BALM s. Müller/ Wabnitz, 3. Aufl. S. 20

[311] Art. 3, 39 und 40 EGV und Begründung VO/EWG 805/68, 729/70; Schmidt, GA 79, S. 121,138; Sannwald, S. 121

[312] Dieblich S. 114,115

[313] Tröndle § 264 Rz 8; Lackner § 264 Rz 2 e unter Hinweis auf §§ 6,7 MOG; Göhler/Wilts DB 76, S. 1609, 1612

[314] RegE S.12

[315] Schmidt GA 79, 121, 138

3.2.1.2. Interventionspreis

Das Zusammenfallen des auf dem in der EG festgestellten durchschnittlichen Marktpreis mit dem Interventionspreis ist zwar häufig, jedoch nicht notwendigerweise festzustellen, zumal die Interventionsregelungen der EG auch ein ganz erhebliches Auseinanderfallen von Marktpreis und Interventionspreis vorsehen[316]. Ein Auseinanderfallen von Ankaufspreis und Verkaufspreis bei der Veräußerung von Interventionswaren ist hingegen die Regel, wobei der hier erzielbare Preis oft weit unter dem Einstandspreis oder noch unter dem Buchwert der Ware liegt[317]. Dieser Unterschied erfordert in der Folge auch haushaltstechnische Regelungen für eine Umbewertung der von den Interventionsstellen angekauften Waren im Gemeinschaftshaushalt, damit diese sich ihrem von der Kommission ermittelten tatsächlichen Wert annähern[318]. Die jeweiligen Wertberichtigungen von Interventionsbeständen umfassen, wie bereits oben dargestellt wurde, ganz erhebliche Beträge innerhalb des Gemeinschaftshaushalts[319]. Eine Saldierung der Aufwendungen und Erträge im Bereich der Interventionskäufe würde also Verluste ausweisen[320]. Die vorgenannten Interventionsregeln und haushaltstechnischen Wertberichtigungen sprechen dafür, daß die von den Interventionsstellen gezahlten Preise bei einer Preisbildung in einem nicht von Stützungskäufen beeinflußten Wettbewerbsmarkt nicht erhältlich wären.

3.2.1.3. Vergleichsmarkt

Eine Subventionseigenschaft von Interventionskäufen ist in den Fällen zu bejahen, in denen der bezahlte Interventionspreis den für ein vergleichbares Geschäft festzustellenden Durchschnittspreis auf dem jeweiligen Markt deutlich überschreitet. Wie oben dargestellt wurde, kann das jeweilige Marktgebiet auch ein räumlich größeres Gebiet als das der Europäischen Gemeinschaft umfassen, sofern ein nennenswerter Güteraustausch in diesem Gebiet stattfindet. Bei einer hieraus folgenden Bewertung eines Marktpreises würde sich in vielen Fällen durch die Einbeziehung auch außerhalb der EU getätigter Warenverkäufe, etwa in den USA, ergeben, daß der Interventionspreis deutlich über dem ermittelten Marktpreis liegt, also Subventionseigenschaft hat. Bei Überprüfung von Interventionszahlungen auf ihre Subventionseigenschaft ist auch

---

[316] So wurde erst bei einem Unterschreiten von 60 % des Interventionspreises durch den Marktpreis für Rindfleisch eine Interventionspreisanpassung im Haushaltsjahr 1992/1993 vorgesehen - Ministerratsbeschluß v. 21.5.1992 lt. 22. Finanzbericht des EAGFL- Garantie KOM (93) 517 endg., S. 9

[317] Der EAGFL Das Instrument zur Finanzierung d. Gemeinsamen Agrarpolitik, Reihe Grünes Europa Sonderausgabe, S. 35 f.

[318] Verfahren zur finanziellen Wertminderung der am Ende des Haushaltsjahres aufgrund von Interventionsmaßnahmen auf Lager befindlichen Erzeugnisse z.B: VO/EWG 964/86 ABl. L 89 v. 4.4.1986

[319] Zum Umfang der Wertberichtigung der Interventionsbestände vorgesehenen Haushaltsmittels. Oben Fn. 194,195

[320] Nach Eberle, S. 86, würde diese Saldierung im Fall des Fehlens eines Marktes für die in Frage stehenden Güter zur Bejahung der Subventionseigenschaft der öffentlichen Leistung führen.

die Wettbewerbssituation auf dem jeweiligen innergemeinschaftlichen Markt und der Einfluß der Interventionskäufe hierauf zu beachten. In den meisten Fällen sind die festgestellten Preise nicht mehr das Ergebnis eines, von den Interventionskäufen nur unwesentlich beeinflußten Geschehens auf einem Wettbewerbsmarkt. Daher erscheint die Ermittlung eines Marktmaßstabes anhand der oben genannten Ersatzwerte eines Kostenpreises, des Vergleichsmarktpreises oder des hypothetischen Wettbewerbspreises, wie sie auch beim Fehlen eines Marktes zur Anwendung kommen können, zulässig. Im Ergebnis des anzustellenden Vergleichs von Marktpreis mit dem Interventionspreis wird deshalb den meisten Interventionszahlungen beim Ankauf von Marktordnungswaren teilweise keine marktmäßige Gegenleistung gegenüber stehen, diese Zahlungen sind demnach regelmäßig als Subventionen anzusehen.

3.2.2. Beihilfen zur privaten Lagerhaltung

Ebenfalls unterschiedliche Auffassungen bestehen hinsichtlich der Subventionseigenschaft der Beihilfen zur privaten Lagerhaltung, die im Marktordnungsbereich gewährt werden[321]. Diese unterschiedlichen Auffassungen haben, wie dargestellt, auch unmittelbaren Einfluß auf die Zuständigkeit der gem. §§ 35, 37 MOG jeweils ermittelnden Dienststellen. Die Beihilfen zur privaten Lagerhaltung werden im Rahmen der hierzu abgeschlossenen Lagerverträge den Lagerhaltern dafür bezahlt, daß diese die betroffene Ware[322] in einem bestimmten Zeitraum auf eigene Gefahr einlagern und nicht veräußern.

3.2.2.1. Gegenleistung

Angezweifelt wurde, ob die Verpflichtung des Lagerhalters, die Ware innerhalb einer bestimmten Zeit nicht zu veräußern, überhaupt als Gegenleistung i. S. § 264 Abs. 7 angesehen werden kann[323] oder nicht lediglich als nicht meßbare Beeinflußung der Entwicklung der Marktpreise anzusehen ist, was keine Gegenleistung wäre. Dem

---

[321] Verneinend Dieblich S. 116 ff; a.A: Schmidt GA 79, 121, 130 ; Zur unterschiedlichen Bewertung bei ZKA, Staatsanwaltschaften und BALM / BLE, Müller/Wabnitz, 3. Aufl, S. 20; Rump in: Dannec??ker, Die Bekämpfung des Subventionsbetrugs im EG-Bereich, S. 36; Rieger ebenda S.57

[322] Beihilfen zur privaten Lagerhaltung wurden/werden gewährt u. a. für Butter und Rahm (Art. 6, VO EWG 804/68), lagerfähige Käsesorten (Art. 9 VO/EWG 804/68, VO über die Gewährung von Beihilfen für die private Lagerhaltung Butter, Rahm und lagerfähigen Käsesorten v. 20.2.1979, BGBl. I 1979 S.224); Rindfleisch (Art. 5 Abs. 1 VO/EWG 805/68); Kalbfleisch (VO/EG Nr. 830/96 ABl. L 112/7 v. 7.5.1996; Schweinefleisch (VO EWG Nr. 2759/75, VO über die Gewährung von Beihilfen für die private Lagerhaltung von Fleisch und Fleischerzeugnissen von Schweinen und Rindern v. 15.3.1978 BGBl. I 1978 S.411) aber auch für Tintenfisch unterteilt nach verschiedenen biologischen Unterarten (Loligo patagonica) - z. Betragsfestsetzung s. VO/EG Nr. 1419/96 ABl. L 182/11 v. 23.7.96

[323] Schmidt GA 79, S. 121, 130

steht aber entgegen, daß die im Rahmen privatrechtlicher Verträge übernommene Verpflichtung zur definierten Lagerhaltung nach dem maßgeblichen Parteiwillen in einem direkten Austauschverhältnis zur Beihilfe steht. Auch unter dem Gesichtspunkt der im Bereich der Subventionsgewährung ebenfalls geltenden Formenfreiheit staatlichen Handelns[324] könnte die Verpflichtung, Waren über einen bestimmten Zeitraum nicht zu veräußern und deshalb einzulagern, als Gegenleistung angesehen werden. Dies bedeutet aber nicht zwangsläufig, daß die vom Beihilfenempfänger erbrachte Gegenleistung als marktmäßig anzusehen wäre, daß also unter Marktbedingungen ein Wirtschaftsunternehmen für diese Gegenleistung eine vergleichbare Leistung gewähren würde.

3.2.2.2. Das Fehlen eines Marktes

Zutreffend wird darauf verwiesen, daß die aus den Gemeinschaftsmitteln vergebenen Lagerbeihilfen keine Entsprechung auf dem Markt haben, daß ein privater Markt für die von den Lagerhaltern erbrachte Leistung nicht existiert[325]. Selbst wenn man den Bereich der Beihilfen zur privaten Lagerhaltung wegen der Mehrzahl der Lagerhalter als Markt ansehen möchte, ist festzustellen, daß durch die Gewährung von Beihilfen zur privaten Lagerhaltung ein spezifischer Sondermarkt eröffnet wurde. Wie oben dargelegt, bestehen begründete Zweifel an der Tauglichkeit der auf einem solchen, monopolistisch oder monopsistisch verfaßten Markt gefundenen Preise, als Maßstab zur Beurteilung der Austauschverhältnisse als marktmäßig.

3.2.2.3. Preisbildung

Die Bewertung ist hier nach den im Fall des Fehlens eines Marktes zu ermittelnden Ersatzwerten durchzuführen. Bei dieser Bewertung wird zu beachten sein, daß der Beihilfestelle keine weiteren Gegenleistungen über den bloßen Nichtverkauf hinaus zugeführt werden, insbesondere keine weiteren Einwirkungsmöglichkeiten der Beihilfestelle auf die gelagerte Ware, etwa in Form von Ankaufs- oder Vorkaufsrechten, vorgesehen sind. Auch wird von den Beihilfestellen, anders als bei privatwirtschaftlichen Unternehmen kein auf Gewinnerzielung ausgerichteter Handel mit den Lagerwaren getrieben, so daß aus der vereinbarten Lagerhaltung und den damit verbundenen Kosten des Mitbewerbers kein Wettbewerbsvorteil, der möglicherweise Geldwert haben könnte, für die Beihilfestelle oder die EU erwachsen kann. Die nach Marktmaßstäben, aus Sicht eines Wirtschaftsbetriebes zu bewertende Gegenleistung ist insofern lediglich in der Nichtveräußerung von Waren zu erblicken. Der Gegenwert des bloßen Nichtverkaufs beschränkt sich bei dieser Betrachtung dann aber auf

---

[324] Sannwald S. 45 m.w.N

[325] Dieblich, S. 117

die Kapitalkosten für die nicht veräußerten Waren sowie gegebenenfalls auf einen durch den Zeitablauf eintretenden Wertverlust. Hieraus folgt, daß den Beihilfen zur privaten Lagerhaltung in aller Regel größtenteils keine marktmäßige Gegenleistung gegenübersteht, diese Beihilfen also unter den Subventionsbegriff des § 264 Abs. 7 subsumiert werden können.

3.3. Zwischenergebnis

Die Notwendigkeit eines eigenen Straftatbestandes Subventionsbetrug als einem Kernstück des 1. WiKG wurde bei seiner Einführung damit begründet, daß bei Wirtschaftssubventionen, und hier insbesondere bei Subventionen aus Gemeinschaftsmitteln, zwar das Vorliegen einer Täuschungshandlung, oft aber nicht die weiteren Merkmale des allgemeinen Betrugstatbestandes nachgewiesen werden konnten, weshalb der Strafschutz dieser öffentlichen Ausgaben als unzureichend angesehen wurde, ohne daß hierbei zwischen Ausgaben der europäischen Gemeinschaften und anderen Ausgaben öffentlicher Haushalte unterschieden wurde. Sowohl der zunächst vorgeschlagene formelle, wie auch der später eingeführte materielle Subventionsbegriff wiesen im Hinblick auf Subventionen aus Gemeinschaftsmitteln keine Besonderheiten gegenüber Leistungen aus Mitteln etwa des Bundes oder der Länder auf.

Das Subventionsmerkmal der Leistung bestimmt sich für Gemeinschaftssubventionen und sonstige Subventionen einheitlich danach, ob sich diese als vermögenswerte Leistung darstellt und dem Empfänger direkt zugewendet wird, weshalb die Möglichkeit der Verringerung einer Abgabenbelastung, zum Beispiel der nach Gemeinschaftsrecht vorgesehenen Abschöpfungen, nicht hierunter fällt. Der Begriff der Gegenleistung erfaßt zunächst nur die in einem Austauschverhältnis erbrachte Leistung des Empfängers der öffentlichen Leistung, wobei zunächst zu prüfen ist, ob diese wiederum selbst Vermögenswert hat oder, falls dieser Vermögenswert nicht festgestellt werden kann, dem Geber der öffentlichen Leistung unmittelbar und ausschließlich zugute kommt, woraus ebenfalls das Vorliegen einer Gegenleistung abgeleitet werden kann. Die bloße Verfolgung eines Subventionszwecks durch den Leistungsempfänger scheidet dagegen als Gegenleistung hier aus.

Schwierig ist es eine Gegenleistung als marktmäßig dann zu werten, wenn den Leistungen aus Gemeinschaftsmitteln zwar Gegenleistungen gegenüber stehen, für die ein von den zu beurteilenden Leistungen unbeeinflußter Vergleichsmarkt nicht besteht. Dies kann der Fall sein, wenn Leistungen, wie sie denjenigen aus Gemeinschaftsmitteln vergleichbar wären, anderweitig überhaupt nicht angeboten werden, also ein Vergleichsmarkt völlig fehlt. Ein anderer Fall liegt dann vor, wenn die auf dem zunächst in Frage kommenden Markt feststellbaren Austauschbedingungen im wesentlichen durch die Leistungen aus Gemeinschaftsmitteln bestimmt werden, es sich also um Sondermärkte handelt. Zur Beurteilung der Marktmäßigkeit einer Gegenleistung lassen sich zunächst Marktpreise etwa des Weltmarktes oder von Regionalmärkten außerhalb der Europäischen Gemeinschaft heranziehen, was technisch ohne größere Probleme möglich ist. Fehlen solche Vergleichspreise oder Vergleichsmärkte erscheint es zulässig, zur Ermittlung der Marktmäßigkeit einer Gegenleistung auch auf einen hypothetischen Marktpreis abzustellen, der entsprechend den Grundsätzen eines hypothetischen Wettbewerbspreises ermittelt werden kann.

4. Der geänderte Subventionsbegriff des § 264 Abs. 7 Nr. 2 StGB

4.1. Das Übereinkommen über den Schutz der finanziellen Interessen der Europäischen Gemeinschaften

4.1.1. Die Entwicklung eines Strafschutzes der Gemeinschaftsfinanzen

Schon 1962 wurde vorgeschlagen, eine Konvention zu erarbeiten, die sich mit den strafrechtlichen Problemen beschäftigen sollte, die aus der Schaffung eines gemeinsamen Marktes erwachsen, die Arbeiten daran jedoch schon 1966 wieder eingestellt[326]. Während in der Bundesrepublik der Subventionsbetrug zum Nachteil der Gemeinschaftsmittel ab 1976 mit dem vorstehend dargestellten Straftatbestand des § 264 StGB bekämpft werden sollte, wurde im selben Jahr ein Vorschlag zur strafrechtlichen Bekämpfung von Subventionsbetrügereien in der EG von der Kommission ausgearbeitet, nachdem zuvor alleine verwaltungsrechtliche Regelungen über die Mitteilung und Behandlung von Unregelmäßigkeiten existierten. Hierzu legte die Kommission dem Rat 1976 den Entwurf eines Abkommens zum Schutz der Finanzen der Europäischen Gemeinschaften vor[327]. Danach sollten die in den Mitgliedstaaten vorhandenen Strafvorschriften gegen die rechtswidrige Inanspruchnahme staatlicher Subventionen, Erstattungen oder öffentlicher Finanzhilfen, auch auf Handlungen oder Unterlassungen angewendet werden, die eine rechtswidrige Inanspruchnahme solcher Mittel bewirken, die -auch indirekt- aus dem Haushalt der Gemeinschaften finanziert werden (Artikel 14)[328].

---

[326] Johannes, Revue Internationale de Droit Pénal, 1971, S. 92

[327] Entwurf für einen Vertrag zur Änderung der Verträge zur Gründung der Europäischen Gemeinschaften zwecks Erlaß einer gemeinsamen Regelung zum strafrechtlichen Schutz der finanziellen Interessen der Gemeinschaften sowie zur Ahndung von Zuwiderhandlungen gegen die Vorschriften genannter Verträge, ABL. C 222 vom 22.09.1976 S. 2 ff

[328] Artikel 14 (S. 6) des Entwurfs lautete: *"In jedem Mitgliedstaat sind die Strafvorschriften für Zuwiderhandlungen, die - die rechtswidrige Verringerung staatlicher Einnahmen - die rechtswidrige Inanspruchnahme von staatlichen Subventionen, Erstattungen, oder öffentlichen Finanzhilfen zum Gegenstand oder zur Folge haben, auch auf Handlungen oder Unterlassungen anwendbar, die - die rechtswidrige Verringerung der Einnahmen, die die Eigenmittel der Gemeinschaft darstellen, oder - die rechtswidrige Inanspruchnahme von Subventionen, Erstattungen, öffentlichen Finanzbeihilfen*

In einer Entschließung verlangte das Europäische Parlament dann 1981 die Harmonisierung der Rechtspraxis der Mitgliedstaaten im Hinblick auf die Verfolgung von Betrugstaten zum Nachteil der Gemeinschaftsfinanzen[329]. Dennoch waren die Mitgliedstaaten weiterhin zunächst nicht bereit, die Frage eines einheitlichen Strafschutzes der finanziellen Gemeinschaftsinteressen anzugehen. Dies geschah erst nachdem der EuGH in seinem Urteil vom 21.09.1989 im griechischen Mais-Skandal die später in Artikel 209 a I und II EGV, jetzt Artikel 280 EGV, kodifizierten Grundsätze des Strafschutzes der Gemeinschaftsinteressen gemeinschaftsrechtlich verbindlich formuliert hatte[330].

1991 folgte eine Entschließung des Rates[331], in der der 1976 vorgelegte Kommissionsentwurf nochmals ausdrücklich aufgegriffen wurde und zudem der Erstellung eines Gutachtens über ein mögliches völkerrechtliches Abkommen und einer rechtsvergleichenden Untersuchung zum Strafschutz der Gemeinschaftsfinanzen zugestimmt wurde. Im Rahmen der rechtsvergleichenden Untersuchung sollte die Bestimmung des Begriffs „Betrug" und dabei wiederum sowohl des Abschöpfungs- wie auch des Subventionsbetruges vorgenommen werden. 1994 verlangte das Europäische Parlament nochmals eine Harmonisierung des strafrechtlichen Schutzes der finanziellen Interessen der Union nach Artikel 100 a EGV[332], wobei fraglich ist, ob eine solche Harmonisierung im Rahmen der bestehenden Kompetenzen der Kommission liegen würde.

Von der Kommission wurden nachfolgend 1994 eine vergleichende Studie über den Finanzschutz und der Untersuchungsbericht Rechtsvorschriften und Ahndungssystem[333] vorgelegt. Im Hinblick auf die strafrechtliche Sanktionierung war bezüglich der Gemeinschaftsbeihilfen und -subventionen folgende Regelung vorgeschlagen worden:

---

oder sonstigen Beträgen die, - auch indirekt - aus dem Haushalt der Gemeinschaft finanziert werden, zum Gegenstand oder zur Folge haben."

329 EP Antrag vom 11.03.1991, DOK 973/80

330 Erläuternder Bericht zum Übereinkommen über den Schutz der finanziellen Interessen der Europäischen Gemeinschaften v. 26.05.1997, Ziff. I Nr. 1, ABl. Nr. C 191 S. 1,2; Dannecker, die Entwicklung des Strafrechts unter dem Einfluß des Gemeinschaftsrechts, Jura 1998, S. 79, 81; Gröblinghoff S. 150; Prieß/Spitzer EuZW 1994, S. 297 (298)

331 Entschließung des Rates und der im Rat vereinigten Vertreter der Regierungen der Mitgliedstaaten vom 13.11.1991 über den Schutz der finanziellen Interessen der Gemeinschaften; ABl. Nr. C 328 vom 17.12.1991, S. 1

332 ABl. 1994 Nr. C 91/334

333 Kommission, Zusammenfassender Bericht über die Untersuchung des Ahndungssystems, Bd. 2 SEK (93) 1172 v. 16.07.1993

„Dort wo die folgenden Handlungen noch nicht effektiv bestraft werden, sollten sie speziell unter Strafdrohung gestellt werden:

- unrichtige und unvollständige Erklärungen, wenn die Erklärungen für die Gewährung einer Subvention notwendig sind;
- der wissentliche Gebrauch von Beihilfen oder Subventionen die aufgrund unrichtiger oder unvollständiger Erklärungen erlangt wurden;
- das Verschweigen von Informationen bei Änderung der Umstände, aufgrund derer eine Subvention bewilligt wurde;
- die Zweckentfremdung von rechtmäßig erlangten Geldern."

Nachfolgend wurde von der Kommission nach Artikel K 3 Abs. 2 EUV der Entwurf eines Übereinkommens zum strafrechtlichen Schutz der finanziellen Interessen der Gemeinschaften vorgelegt[334], der neben den materiellen Regelungen zu Straftatbeständen auch weitere Bestimmungen im Hinblick auf Geldwäsche und verfahrensrechtliche Regelungen enthielt.

In einer Entschließung vom 06.12.1994[335] verwies der Rat auf die Tatsache, daß strafrechtliche Regelungen zum Schutz der Gemeinschaftsfinanzen zwar in den meisten Mitgliedstaaten vorhanden seien, daß es angesichts der immer noch bestehenden erheblichen Unterschiede bei den einzelnen Tatbeständen, wie auch den möglichen Sanktionen, angestrebt werde, die Zusammenarbeit der Mitgliedstaaten bei der Bekämpfung von Betrügereien zu verbessern. Hierzu sollte auch ein Rechtsinstrument für den Schutz der finanziellen Interessen durch nationales Strafrecht geschaffen werden. Hauptinhalte einer solchen Regelung sollten eine einheitliche Betrugsdefinition, die Festschreibung der Verfolgungszuständigkeit der jeweiligen Mitgliedsstaaten und die Verpflichtung zur Zusammenarbeit zwischen den Mitgliedsstaaten und die Möglichkeiten der Auslieferung bei schwerwiegenden Taten wie auch eine Sanktionierung von juristischen Personen sein.

Im Hinblick auf den vorliegenden Entwurf eines Übereinkommens konnte sich der Rat nachfolgend zunächst lediglich auf die Bestimmung des Betrugsbegriffs verständigen, weshalb die weiteren vorgeschlagenen Regelungen zur Bekämpfung der Korruption[336], sowie zu Geldwäsche und der Strafbarkeit juristischer Personen in zwei Zusatzprotokollen als Anhänge zum Übereinkommen genommen wurden[337]. Die im 1. Protokoll vorgesehene Strafbarkeit von Bestechungshandlungen ist mit dem auch

---

[334] ABl. Nr. C 216 vom 06.08.1994

[335] Entschließung des Rates vom 06.12.1994 über den rechtlichen Schutz der finanziellen Interessen der Gemeinschaften, ABl. 1994 C 355, S. 2 f

[336] Kommissionsvorschlag, ABl. C 1996 Nr. 83, S. 10 ff.

[337] 1. Zusatzprotokoll v. 27.09.1996 zur Bekämpfung der gemeinschaftsschädlichen Bestechungen, ABl. Nr. C 313 v. 23.10.1996 S. 1 ff; Jahresbericht Betrugsbekämpfung 1995 S. 16 unter Hinweis auf DOK/KOM (95) 693, und 2. Zusatzprotokoll v. 19.06.1997 ABl. C Nr. 221, v.19.07.1997, S. 11 ff., s. hierzu Korte NJW 1998, 1464-1466

am 22.09.1998 in Kraft getretenen EU-Bestechungsgesestz (EUBestG) ebenfalls in das deutsche Strafrecht übernommen worden[338].

4.1.2. Regelungen des Übereinkommens

Das verabschiedete Übereinkommen zum Schutz der finanziellen Interessen der Europäischen Gemeinschaften[339] ist durch die Bundesrepublik mit Artikel 1 des EG Finanzschutzgesetzes vom 10.09.1998[340] ratifiziert worden. Seine Rechtsgrundlage findet das Abkommen in Artikel K 1 Nr. 5 EUV.

Das Übereinkommen bedarf gemäß Artikel 11 Abs. 1 der Annahme durch die Mitgliedstaaten. Angesichts der bisherigen Erfahrungen bei der Umsetzung völkerrechtlicher Abkommen auf dem Gebiet des Strafrechts[341] durch die Mitgliedstaaten der Europäischen Gemeinschaften ist die Wahl dieses Verfahrens nach Artikel K.3 II lit. c EUV zu Recht als umständlich kritisiert worden[342].

In Artikel 1 Abs. 1 a wird, betreffend die Ausgaben der Europäischen Gemeinschaften ein Betrugstatbestand nunmehr wie folgt definiert:

> „Im Zusammenhang mit Ausgaben jede vorsätzliche Handlung oder Unterlassung betreffend
>
> - die Verwendung oder Vorlage falscher, unrichtiger oder unvollständiger Erklärungen oder Unterlagen mit der Folge, daß Mittel aus dem Gesamthaushaltsplan der Europäischen Gemeinschaften oder aus den Haushalten, die von den Europäischen Gemeinschaften oder in deren Auftrag verwaltet werden, unrechtmäßig erlangt oder zurückbehalten werden;
>
> - das Verschweigen einer Information unter Verletzung einer spezifischen Pflicht mit derselben Folge;
>
> - die mißbräuchliche Verwendung solcher Mittel zu anderen Zwecken als denen, für die sie ursprünglich gewährt worden sind;“

---

[338] Art. 2 § 3 des Gesetzes zu dem Protokoll v. 27.09.1996 zum Übereinkommen über den Schutz der finanziellen Interessen der Europäischen Gemeinschaften v. 10.09.1998, BGBl. II 2340; s. hierzu Zieschang, NJW 1999, 105-107

[339] v. 26.07.1995, ABl. C 316 vom 27.11.1995 s. 48 ff.

[340] Gesetz zu dem Übereinkommen zum Schutz der finanziellen Interessen der Europäischen Gemeinschaften BGBl. II 2322

[341] mit Beispielen Delmas-Marty, Corpus Juris S. 106, 107

[342] Gröblinghoff S. 153 ff

Die Tathandlungen in Art. 1 sind bezüglich der Ausgaben, wie der Einnahmen identisch. Als Tathandlung wird in beiden Fällen die Vorlage falscher oder unvollständiger Erklärungen oder Unterlagen genannt. Verlangt wird zudem ein Taterfolg in Gestalt einer unrechtmäßigen Erlangung oder der unrechtmäßigen Zurückbehaltung von Gemeinschaftsmitteln. Der Betrugsbegriff nach dem Übereinkommen ist daher als Erfolgsdelikt wesentlich enger gefaßt als der Tatbestand des § 264 StGB, der zumeist als abstraktes Gefährdungsdelikt[343] und zudem als Tätigkeits- bzw. echtes Unterlassungsdelikt[344] (Abs. 1 Nr. 1, 2 und 4 bzw. Abs. 1 Nr. 3) angesehen wird. Der notwendige Erfolg unrechtmäßig erlangter Ausgaben muß nicht beim Täter eintreten. Der Tatbestand verzichtet auf die Sanktionierung einer Vermögensmehrung auf Täterseite und stellt auf die Tatsache der Vermögensminderung ab. Erfaßt ist hierbei auch der Fall, daß Mittel, die an die Gemeinschaften zurückzuzahlen sind, unrechtmäßig zurückbehalten werden.

Die Tatbegehung erfordert nach der Definition des Übereinkommens Vorsatz bezüglich der Tathandlung, wie auch des Taterfolges[345], und ist daher wesentlich enger gefaßt als die in § 264 StGB enthaltene Vorsatzform der Leichtfertigkeit. Die Tatbestandsvariante in Art. 1 Abs. 1 a zweite Alternative, das Verschweigen einer Information unter Verletzung einer Mitteilungspflicht ist als echtes Unterlassungsdelikt anzusehen.

Nach Art. 1 Abs. 1 a dritter Spiegelstrich ist auch die mißbräuchliche Verwendung der Mittel zu anderen als den ursprünglich mit der Gewährung verbundenen Zwecken strafbar. Der bestimmte Verwendungszweck kann sich dabei aus den Vergabenormen wie auch vertraglichen Vereinbarungen ergeben. Diese Tatbestandsvariante kann daher eher dem deutschen Tatbestand des Treubruchs gemäß § 266 I zweite Alternative StGB als ähnlich angesehen werden[346].

Artikel 3 des Übereinkommens sieht vor, daß die Mitgliedstaaten Regelungen schaffen, wonach „Leiter, Entscheidungsträger oder Träger von Kontrollbefugnissen von Unternehmen“ bei betrügerischen Handlungen zum Nachteil der finanziellen Interessen der Gemeinschaften gemäß Artikel 1, die eine ihnen unterstellte Person zum Vorteil des Unternehmens begeht, nach den Grundsätzen des innerstaatlichen Rechts des Mitgliedstaates für strafrechtlich verantwortlich erklärt werden können.

---

[343] LK-Tiedemann § 264 Rn 15 m.w.N.; Dreher / Tröndle 48. Aufl. § 264 Rn. 4;

[344] LK-Tiedemann § 264 Rn 17; ders. Wirtschaftsbetrug, 1998, Einführung, unter Hinweis auf den hierdurch bewirkten strafrechtlichen Institutionenschutz

[345] Erläuternder Bericht zum Übereinkommen vom 26.05.1997, ABl. C 191, S. 3

[346] Gröblinghoff S. 158; Tiedemann, Wirtschaftsbetrug § 264 StGB Rn 7; ders. LK § 264 Rn 5 m.w.N.

Nach Art. 2 Abs. 1 ist festgelegt, daß als Sanktion auch Freiheitsstrafe vorzusehen ist, wobei dies auf schwere Betrugsfälle beschränkt bleiben kann. Allerdings muß der Schadensbetrag, ab dem ein schwerer Fall anzunehmen ist, mit höchstens 50.000 ECU bestimmt sein.

Nach Art. 1 Abs. 3 ist auch die vorsätzliche Herstellung oder Bereitstellung falscher, unrichtiger oder unvollständiger Erklärungen oder Unterlagen gesondert unter Strafe zu stellen, sofern nicht bereits dies nach anderen Strafnormen oder als Beteiligung an einer Betrugstat strafbar ist. Unproblematisch dürfte im deutschen Strafrecht dies für die Herstellung unechter Urkunden i. S. § 267 StGB[347] sein. Dies gilt auch für Taten die von Beteiligten im Rahmen von Betrugstaten begangen werden.

Demgegenüber erscheint die Strafbarkeit der bloßen Herstellung bzw. Bereitstellung allein unrichtiger oder sogar nur unvollständiger Unterlagen, ohne daß diese im Rahmen der Antragstellung für Leistungen Verwendung finden, problematisch. Eine solche Verlagerung der Strafbarkeit auf Vorbereitungshandlungen, die weder nach ihrem objektiven Erscheinungsbild noch den subjektiven Vorstellungen des Betroffenen ein unmittelbares Ansetzen zur Tatbestandsverwirklichung darstellen[348] erscheint mit der Struktur der Versuchsstrafbarkeit im deutschen Strafrecht nicht vereinbar zu sein. Fraglich ist jedoch bereits, ob der in der deutschen Fassung veröffentlichte Text des Übereinkommens dem französischen Original des Übereinkommensentwurfs entspricht, in dem von „production“ gesprochen wird, was in der deutschen Fassung mit Herstellung übersetzt wurde. Hierbei handelt es sich jedoch wahrscheinlich um einen Übersetzungsfehler[349], da „production“ (d`un écrit, pièce, document) in der französischen Rechtssprache mit „Vorlage“ von Schriftstücken, Unterlagen, Nachweisen etc.[350], also eher mit einem Verwenden, zu übersetzen ist.

Problematisch dürfte auch eine Umsetzung der in Artikel 1 Abs. 4 des Übereinkommens formulierten Ableitbarkeit eines Tatvorsatzes aus objektiven Tatumständen angesehen werden. Eine solche Regelung würde, unmittelbar umgesetzt, in Deutschland wohl gegen den mit Verfassungsrang ausgestatteten Grundsatz der Schuldstrafe verstoßen[351]. Allenfalls kann eine solche Regelung zur Annahme einer widerlegbaren Vermutung führen[352]. Dem erläuternden Bericht zum Übereinkommen[353] zufolge

---

[347] Gröblinghoff S. 159
[348] Schö.- Schr. Eser § 22 Rn 33 ff; Tiedemann, Wirtschaftsbetrug § 264 StGB Rn 2
[349] s. Tiedemann, Wirtschaftsbetrug § 264 StGB aaO
[350] Le Docte, Edgar, Rechtswörterbuch in 4 Sprachen, Baden-Baden, 2. Aufl. 1995, S. 562
[351] BVerfGE 9, 169; 20, 331; 23, 132; Schö.-Schr. Lenckner Vorbem. §§ 13 Nr. 103; Schö.-Schr. Stree §§ 38 Vorbem. Rn 6; Sachs GG - Degenhart, Art. 103 Rn 94
[352] Tiedemann, Wirtschaftsbetrug § 264 StGB Rn 5
[353] RegE EG-FinSchG, III Ziff. 1.4, S. 4

handelt es sich hierbei um eine Regelung bezüglich der Beweiswürdigung, wie sie sich bereits in Art. 3 Abs. 3 des Wiener Übereinkommens zur Bekämpfung des Drogenhandels[354] findet, das in Deutschland ebenfalls ratifiziert wurde[355].

4.2. Die Regelungen des EG-Finanzschutzgesetzes

Mit dem EG-Finanzschutzgesetz (EGFinSchG) wurde zum einen das Übereinkommen durch den Bundestag ratifiziert und die hieraus folgenden Veränderungen in §§ 264 StGB und 370 AO vorgenommen.

Nicht eingeführt wurde die im Übereinkommen genannte Strafbarkeit von Unternehmensleitern (Art. 3). In der Gesetzesbegründung[356] wird unter Hinweis auf einen den Mitgliedstaaten überlassenen großen Ermessensspielraum hingewiesen. In der Gesetzesbegründung wird lediglich kurz ausgeführt, daß die genannten Leiter, Entscheidungsträger oder Träger von Kontrollbefugnissen von Unternehmen bereits nach bestehendem Recht nach den Regeln der Beteiligung an einer Straftat zur Verantwortung gezogen werden können.

In der Denkschrift der Bundesregierung zu Artikel 3 wird darauf verwiesen, daß Leiter von Unternehmen bereits nach den Regeln der Beteiligung an einer Straftat zur Verantwortung gezogen werden und Artikel 3 nicht die Einführung eines Straftatbestandes der Aufsichtspflichtverletzung fordern würde[357]. Zu Artikel 3 wird in der Gesetzesbegründung des EG-Finanzschutzgesetzes hierzu ausgeführt, daß das Übereinkommen den Mitgliedstaaten einen großen Ermessensspielraum bei der Begründung einer strafrechtlichen Verantwortung von Führungskräften belasse und Artikel 3 die Mitgliedstaaten nicht hindere, eine objektive, verschuldensunabhängige strafrechtliche Verantwortung von Unternehmensleitern vorzusehen. Diese Auffassung übersieht jedoch, daß in Art. 3 die Verpflichtung enthalten ist, Regelungen zu erlassen, die eine Strafbarkeit in den genannten Fällen für Unternehmensleiter begründen.

Gegenwärtig kann eine Strafbarkeit von Unternehmensleitern für Rechtsgutverletzungen aufgrund von Erfolgsdelikten trotz fehlender Tatunmittelbarkeit von Handlungen des Leiters u.U. über das Gewicht des Tatbeitrages für den Geschehensablauf und die hieraus folgende Mittäterschaft begründet werden[358]. Die Annahme einer

---

[354] Übereinkommen der Vereinten Nationen zur Bekämpfung des illegalen Handels mit Suchtstoffen und psychotropen Substanzen vom 16.12.1988

[355] G. v. 22.07.1993, BGBl. II S.1136

[356] BT-Drs. 13/10425, S. 18, Erläuterungen zu Artikel 3 Ziffer III 3 Regierungsentwurf S.18

[357] BT Drs. 13/10767 Unterrichtung der Bundesregierung vom 22.05.1998, Dannecker ZStW 108 (1996) 577-608, 597 bezeichnet diese Regelung als lediglich deklaratorisch

[358] BGH U. v. 06.07.1990 NJW 1990, 2560; Otto, die in Haftung für kriminelle Handlungen in Unternehmen, Jura 1998, 409 bis 418, 411; Tiedemann / Vogel JuS 1988 S. 295; Zum Bereich der Ordnungswidrigkeiten: Tiedemann NJW 1988 S. 1169, 1170

Strafbarkeit von Unternehmensleitern aufgrund einer Unterlassung, eine sog. Geschäftsherrenhaftung, setzt eine Garantenstellung des Unternehmensleiters voraus, deren Existenz, wie dogmatische Begründung umstritten sind[359]. Aus Artikel 3 des Übereinkommens wird jedoch i. V. m. Art. 5 EGV über eine gemeinschaftsfreundliche Auslegung eine Bejahung der Strafbarkeit von Unternehmensleitern für Taten aus Unternehmen gegen die finanziellen Gemeinschaftsinteressen gefolgert werden müssen[360].

Ebenfalls nicht unmittelbar im Strafrecht umgesetzt wurde die schuldunabhängige Vorsatzvermutung aufgrund objektiver Tatumstände nach Art. 1 Abs. 4 des Übereinkommens.

Eingeführt wurde mit § 264 Abs. 1 Nr. 2 StGB eine, im Wortlaut an § 3 Abs. 2 SubvG angelehnte Regelung, derzufolge eine Strafbarkeit dann begründet wird, wenn ein Gegenstand oder eine Geldleistung, deren Verwendung durch Rechtsvorschriften oder durch den Subventionsgeber im Hinblick auf eine Subvention beschränkt ist, entgegen der Verwendungsbeschränkung verwendet wird[361]. Hierdurch wurde ein eigenständiger Mißbrauchstatbestand geschaffen, der den Verstoß gegen Verwendungsbeschränkungen sanktioniert, wobei unerheblich ist, ob diese auf gesetzlichen Vergaberegelungen, einem bewilligenden Verwaltungsakt oder vertraglichen Vereinbarungen beruhen[362]. Eine Sanktionierung zweckwidriger Subventionsverwendung konnte zuvor lediglich über Abs. 1 Nr. 2 a.F. und Abs. 8 Nr. 2 erreicht werden, wenn der vorgesehene Verwendungszweck aufgrund gesetzlicher Regelung eine subventionserhebliche Tatsache war.

Eine unmittelbare Verpflichtung zur Mitteilung von Änderungen bei der Verwendung von Subventionen ergab sich bei Subventionen aus Gemeinschaftsmitteln bislang auch nicht aus § 3 Abs. 2 SubvG der selbst keine Verwendungsbeschränkungen begründet, sondern diese voraussetzt. Die Begründung von Verwendungsbeschränkungen durch den deutschen Gesetzgeber im Hinblick auf Subventionen aus Mitteln der EG ist nicht möglich, da hierdurch unzulässig in den materiell- rechtlichen Kompetenzbereich des Gemeinschaftsgesetzgebers hinsichtlich des Subventionszwecks eingegriffen würde[363]. Die einer Verwendungsbeschränkung widersprechende Verwendung ist auch dann strafbar, wenn die Verwendung für einen anderen Verwendungszweck vorgenommen wird, der möglicherweise ebenfalls förderfähig ist. Dies

[359] Otto, Jura 1998, 409 bis 418; Tiedemann, Vogel, JuS 1988, 295, 299; Schö-Schr. Stree, § 13 RN 52; Tröndle 48. Aufl. § 13 Rn 12

[360] Tiedemann, Wirtschaftsbetrug § 264 Rn 3 m. w. N.

[361] Abs. 1 Nr. 2 entspr. Art. 1 Abs. 1 lit.a dritter Spiegelstrich des Übereinkommens; RegE BT-Drs. 13/10425 S. 3

[362] Tiedemann, Wirtschaftsbetrug § 264 StGB Rn 7

[363] siehe unten zu § 4 II SubvG; § 3 Abs. 1 Satz 1 SubvG ist deshalb ebenfalls nicht auf EG-Subventionen anwendbar LK-Tiedemann § 264 Rn 95

folgt vorliegend aus dem durch § 264 StGB geschützten Rechtsgut der staatlichen Dispositionsfreiheit. Danach wird die Rechtsgutverletzung alleine durch die beschränkungswidrige Verwendung der Mittel herbeigeführt[364].

4.2.1. Der geänderte Subventionsbegriff in § 264 Abs. 7 Nr. 2 StGB

4.2.1.1. Wirtschaftsförderung i.S. § 264 Abs. 6 Nr. 2 StGB a.F.

Vor der Einführung unterschiedlicher Definitionen von Subventionen aus Mitteln der Europäischen Gemeinschaft und anderen war einheitlich erforderlich, daß Subventionen nach Abs. 6 Nr. 2 a.F.[365] an Betriebe oder Unternehmen gewährt und der Förderung der Wirtschaft bestimmt sein mußten. Schon bei der Vorbereitung des Tatbestandes war aufgrund der Ergebnisse der vorbereitenden Studien[366] unstreitig, daß ein Bedürfnis zur Einführung des neuen Tatbestandes im Bereich der Wirtschaftssubventionen bestand, während die Erfassung mißbräuchlicher Inanspruchnahme von Sozialsubventionen nicht erforderlich schien[367], worauf auch der Regierungsentwurf unter Hinweis auf eine primitive Tatstruktur in diesem Bereich verwies[368]. Der Regierungsentwurf sah lediglich die Einschränkung vor, daß die fragliche Subvention an Empfänger außerhalb der öffentlichen Verwaltung, ggfs. auch Forschungs-, Bildungs oder Kultureinrichtungen, geleistet werden müsse.

Auch dem Sonderausschuß[369] zufolge, sollte der Schutz auf wenigstens teilweise wirtschaftsfördernde Subventionen beschränkt sein[370]. Die Ausdehnung von Leichtfertigkeitstatbeständen auf Empfänger von Sozialsubventionen sei wegen des Fehlens besonderer Sorgfaltspflichten der Empfänger nicht vertretbar[371]. Die Beschränkung des Empfängerkreises auf Betriebe oder Unternehmen sollte das Ausscheiden der Sozialsubventionen, deren Empfänger Einzelpersonen seien, sicherstellen[372], während nunmehr ausdrücklich auch öffentliche Betriebe und Unternehmen (kommunale Verkehrsbetriebe, Wohnungsbaugesellschaften u.a. unabhängig von der Rechtsform) als mögliche Subventionsempfänger bestimmt wurden. Der Zweck der Wirtschaftsförderung war weniger aus dem Primärzweck der öffentlichen Leistung, als aus deren

---

[364] so im Ergebnis auch Gröblinghoff, S. 158

[365] bzw. Abs. 6 Nr. 2 i. d. F. vor dem 30.03.1998 - durch das 6. StrRG v. 26.01.1998, BGB l. I S. 164, war die entsprechende Anwendung von § 263 Abs. 5 StGB durch Einführung von § 264 Abs. 3 StGB bestimmt worden

[366] s. insbesondere Tiedemann, Subventionskriminalität in Bundesrepublik

[367] Kommission zur Bekämpfung d. Wirtschaftskriminalität - Reform des Wirtschaftsstrafrechts Tagungsberichte, Bd. 4 S. 71

[368] RegE S.23

[369] BT Drs. 7/5291 S. 10

[370] BT-Drs. 7/5291 S. 11

[371] Tiedemann, NJW 72 S. 657, 660; Fuhr S. 307

[372] BT Drs. 7/5291 Bericht Sonderausschuß, S. 12

Endzweck[373], der Begriff der Wirtschaft war nach den aus der jeweiligen Verkehrsanschauung entnommenen Kriterien zu ermitteln[374]. Nicht unter den Tatbestand fielen danach Subventionierungen von Theatern und Forschungsinstituten die Grundlagenforschung betreiben[375]. Ebenfalls nicht erfaßt waren Leistungen an Privatschulen, Theater oder Stellen des internationalen Jugendaustausches[376].

Subventionen aus Mitteln der Europäischen Gemeinschaften waren in gleicher Weise vom Subventionsbegriff umfaßt, wie solche nach Bundes- oder Landesrecht. Soweit Leistungen nach Bundes- oder Landesrecht gewährt werden, gehören auch die lediglich im Haushaltsansatz ausgewiesenen Subventionen hierzu[377]. Bezüglich der Europäischen Gemeinschaften war unter dem Begriff des Gesetzes in Abs. 7 a.F. jede rechtsverbindliche Regelung der Europäischen Gemeinschaft anzusehen[378]. Ausreichend war die Rückführbarkeit auf formelles oder materielles Gemeinschaftsrecht, unabhängig von welcher Stelle diese Mittel verwaltet werden[379].

4.2.1.2. Der erweiterte Subventionsbegriff in § 264 Abs. 7 Nr. 2 StGB

Durch die Erweiterung des Subventionsbegriff in § 264 Abs. 7 Nr. 2 StGB verbleibt es bei Subventionen aus Gemeinschaftsmitteln beim Erfordernis der Leistungsgewährung wenigstens zum Teil ohne marktmäßige Gegenleistung. Weitergehend als im Übereinkommen geregelt, werden nun sämtliche Subventionen aus EG-Mitteln bereits gegen leichtfertige Tatbegehung strafbewehrt[380].

Erfaßt werden hierdurch Ausgaben, die im Gesamthaushaltsplan der Gemeinschaften unmittelbar geführt und von den Gemeinschaften verwaltet werden, wie auch solche Haushaltsmittel, die unter Ausweisung in den Haushaltsplänen der Gemeinschaften von diesen oder für deren Rechnung von den Mitgliedsstaaten verwaltet werden[381].

---

[373] LK-Tiedemann § 264 Rn 18 u.48; Schö.- Schr. Lenkner § 264 Rn 17; Tröndle 47. Aufl. § 264 Rn 10; Samson/Günter SK 5. Auflage § 264 Rn 36; - krit. Eberle S. 75

[374] LK-Tiedemann § 264 Rn 46, Schö. -Schr. Lenkner § 264 Rn 14; Tröndle § 264 Rn 10

[375] Schö. -Schr. Lenkner § 264 Rn 15

[376] LK-Tiedemann § 264 Rn 47

[377] Bericht Sonderausschuß BT Drs. 7/5291 S. 10; Dreher/Tröndle 47. Auflage § 264 Rn 8; LK-Tiedemann § 264 Rn 30

[378] RegE S. 29; Bericht Sonderausschuß BT Drs. 7/5291 S. 13

[379] Bericht Sonderausschuß BT Drs. 7/5291 S. 10; LK-Tiedemann § 264 Rn 30 m.w.N.

[380] Tiedemann Wirtschaftsbetrug, § 264 StGB Rn 6

[381] neben den Ausgaben für den EAGFL, den ESF und den EFRE auch Ausgaben des FIAF, des Kohäsionsfond und der von der Kommission verwalteten Ausgaben des EEF und der EIB - Erläuterungen des Übereinkommens Ziffer 1.1./Anlage RegE EGFinSchG

Einbezogen werden damit in den Strafschutz des § 264 StGB nun auch solche Subventionen aus Gemeinschaftsmitteln, die weder wirtschaftsfördernden Zwecken dienen, noch an Betriebe oder Unternehmen vergeben werden. Dies sind u.a. erhebliche Ausgaben im Rahmen der Strukturfonds, direkte Subventionen in den Bereichen der Forschungs- und Technologiepolitik, im beruflichen Bildungsbereich, dem Jugend- und Studentenaustausch, bei der Förderung transeuropäischer Netze (Verkehrsträger/ Telekommunikation/ Energieversorgung), Kulturförderung, audiovisuelle Medien oder Gesundheitsförderung, ebenso Zuschüsse und Beteiligungen der EGKS im Bereich von Zuschußzahlungen für Vorruhestandsgehälter in der Kohle- und Stahlindustrie oder Beihilfen zu Berufsbildungsmaßnahmen.

Die Subventionseigenschaft wird allein durch die oben genannten Kriterien und die tatsächliche Herkunft der Fördergelder aus Mitteln der europäischen Gemeinschaften begründet. Unverändert zum Subventionsbegriff in § 264 Abs. 6 a.F. ist unerheblich, aufgrund welcher materiellen Regelung die Subventionsgewährung erfolgt[382]. Ausreichend ist insofern der Haushaltsansatz. Allerdings erfordert die Bestimmung der Merkmale, von denen die Bewilligung gesetzlich abhängig im Sinne von Abs. 8 Nr. 2 ist, weitergehende Regelungen, die die wesentlichen Merkmale der Bewilligungs- und Belassungsvoraussetzungen, ggfs. im Wege der Auslegung, bestimmbar machen[383]. Die Formulierung von Rahmenprogrammen[384] oder Leitlinien für operationelle Programme bei Gemeinschaftsinitiativen[385] reichen jedoch aus, um diese notwendigen Merkmale zu ermitteln, da in ihnen über die Höhe der verfügbaren Mittel und ihre Zwecke hinaus weitere Vergabevoraussetzungen, wie das Vorliegen bestimmter Stellungnahmen von Prüfinstituten oder Anforderungen an die Forschungsarbeiten enthalten sind. Die Durchführung des jeweiligen Einzelvorhabens erfolgt dann aufgrund eines Vertrages, z. B. Forschungsvertrages, zwischen den Vertragspartnern/Kooperationspartnern und der Kommission[386].

Eine solche Durchführungsform bewirkt jedoch bezüglich der Fördermittel nicht den Entfall der Subventionseigenschaft[387], da die subventionserheblichen Tatsachen ausreichend auf gesetzlicher Grundlage bestimmt sind und nur die verfahrenstechnische

---

[382] zu § 264 Abs. 6 a. F.: RegE § 264 a.F. S. 23; Tröndle Rn 8; SK Samson/Günter 5. Aufl. § 264 Rn 29

[383] LK-Tiedemann § 264 Rn 63

[384] z.B. Europäische Kommission, Generaldirektion XII Viertes Rahmenprogramm Forschung und Technologie; Beschluß 1110/94 der Kommission, Beschluß 2535/97 EG zur Änderung des vierten Rahmenprogramms, ABl. L 347 v. 18.12.1997, S.1

[385] z.B. für Interreg II Leitlinie v. 15.06.1994, Abl. C 180 v. 01.07.1994, S. 13

[386] s. i. E. Europäische Kommission, EG-geförderte Forschung und technologische Entwicklung: Einblick in die Handhabung von Projektvorschlägen, Einführung in die Vertragsverhandlungen S. 22ff.

[387] Weitergehend Tiedemann Wirtschaftsbetrug Rn 4, der als generell nicht unter § 264 fallend, die Vertragssubventionen nennt

Durchführung des Projektes im Rahmen eines Vertrages erfolgt, ohne Einfluß auf die gesetzlich normierten Vergabevoraussetzungen zu nehmen.

Erfaßt werden darüber hinaus auch Mittel aus EG-Haushalten, die öffentlichen Verwaltungen innerhalb der Mitgliedsstaaten, insbesondere im Bereich der Strukturpolitik bewilligt oder zugewiesen werden. Auch hier ist unerheblich, durch welche Verwaltungsstelle die Mittelzuweisung oder -bewilligung erfolgt. Dies gilt auch für die Form der Bewilligung aufgrund einer Rechtsnorm, eines Hohheitsaktes oder aufgrund eines Vertrages, da die neue Regelung insofern alleine auf die tatsächliche Herkunft der Subventionsmittel aus einem der im Rahmen des Gesamthaushaltsplanes geführten Haushalte der Europäischen Gemeinschaften oder den von der Kommission verwalteten Mitteln des EEF sowie der Europäischen Investitionsbank abstellt[388]. Ob daneben oder zugleich andere Fördermittel, etwa nach Landes- oder Bundesrecht, vergeben werden, ist unerheblich. Daher sind auch nur teilweise aus Gemeinschaftsmitteln finanzierte Subventionen von Abs. 7 Nr. 2 erfaßt.

Bedeutsam ist diese Frage insbesondere im Hinblick auf die im Rahmen der Strukturpolitik zur Verfügung stehenden Gemeinschaftsmittel. Diese werden größtenteils nur im Rahmen von Kofinanzierungen zwischen Gemeinschaft und Mitgliedstaat zur Verfügung gestellt[389].

Die Bewilligung dieser Mittel erfolgt z. B. in Sachsen jeweils mit Bewilligungsbescheid nach Maßgabe der §§ 23 und 44 SäHO[390] von Landesbehörden. Die Auszahlung der im Beispiel genannten Fördermittel der Strukturfonds an den Subventionsempfänger wird von Konten der Landeshauptkasse des jeweiligen Bundeslandes vorgenommen[391].

Es ist danach möglich, Subventionen nicht wirtschaftsfördernder Art mit Mitteln des Bundes, des Landes und der Europäischen Gemeinschaften in einem Bewilligungsbescheid nach Verwaltungsverfahrensrecht der Länder zu vergeben. Die Auszahlung der Mittel erfolgt in diesen Fällen insgesamt über die jeweiligen Landeshauptkassen. Anders als bei unmittelbar von Dienststellen der Kommission gewährten Förderungen ist hier für den Subventionsempfänger nicht ohne weiteres ersichtlich, daß die

[388] Erläuternder Bericht v. 26.05.1997; ABl Nr. C 191 S. 1ff Ziffer 1.1.

[389] Wie dargestellt, können Beteiligungsanteile des ESF in den neuen Bundesländern (Ziel 1) bis zu 75 % der Gesamtkosten betragen, während die Beteiligung anderer Fonds in der Regel bei bis zu 50 % der geförderten Gesamtkosten liegt - Art. 13 Abs. 3 VO/EWG 2052/88 bzw. 2081/93

[390] SäHO v. 19.12.1990 GVBL 5/1990 S. 21 vom 31.12.1990

[391] in Sachsen sind Bewilligungsbehörden und anweisungsbefugt für die Zuschußförderung mit Mitteln des EFRE und Bundesmitteln „operationelles Programm des europäischen Fonds für regionale Entwicklung/Deutschland/Sachsen“, Ziel 1, 1994 bis 1999, ABl. C (94) 1939 S.4, die Staatsministerien für Kultus, Wirtschaft und Arbeit, Umwelt und Landesentwicklung oder für Wissenschaft und Kunst; Bewilligungsbehörden im Bereich des ESF und der Komplementärmittel des Freistaates sind die jeweiligen Regierungspräsidien

ihm gewährten Fördermittel teilweise solche aus Mitteln der europäischen Gemeinschaften sind. Für den Strafschutz dieser Subventionen ist es erforderlich, daß der mögliche Täter, also i.d.R. der Subventionsempfänger, die Mittelherkunft aus Gemeinschaftsmitteln als dem, die Subventionseigenschaft i. S. der Strafnorm begründenden Umstand kennt. Ohne ausdrücklichen Hinweis auf die Mittelherkunft wird diese Kenntnis beim Empfänger in den beschriebenen Fällen kaum zu begründen sein, andernfalls dieser sich auf einen Irrtum im tatsächlichen Bereich bezüglich des Tatbestandsmerkmals der Subventionseigenschaft berufen könnte[392].

Da der Subventionsbegriff auch auf Leistungen an Empfänger außerhalb von Betrieben oder Unternehmen, also öffentliche oder private Subventionsdestinatäre, ausgedehnt wurde, die möglicherweise im Hinblick auf Kultur- oder Wissenschaftsförderungen nicht von einer Subventionseigenschaft der Mittel im Sinne des § 264 StGB ausgehen konnten, erscheint eine entsprechende Hinweispflicht geboten. Dies gilt besonders in jenen Fällen, in denen die Bewilligung der Fördermittel vor dem Inkrafttreten des EG-Finanzschutzgesetzes am 22.09.1998 lag, während die Auszahlung der, jetzt unter den Subventionsbegriff des § 264 Abs. 7 Nr. 2 StGB fallenden Subventionen zu einem späteren Zeitpunkt vorgenommen wird.

---

[392] Schö. -Schr. Cramer § 15 Rn. 39; Schö. -Schr. Lenckner § 264 Rn. 62; Tröndle 48. Aufl. § 264 Rn. 23; LK-Tiedemann § 264 Rn. 120

5. Die weitere Entwicklung eines einheitlichen Betrugsbegriffes in der Europäischen Union.

5.1. Bisherige Ansätze

Angesichts von Betrügereien zu Lasten der Gemeinschaften mit zunehmend grenzüberschreitender Begehung und der unterschiedlichen, bisweilen sogar fehlenden, strafrechtlichen Verfolgung solcher Sachverhalte durch die Mitgliedsstaaten, wird seit langem über einen gemeinschaftsweit einheitlichen strafrechtlichen Schutz von Rechtsgütern der Gemeinschaften nachgedacht, wobei diese Überlegungen davon auszugehen haben, daß die Gemeinschaften selbst keine eigene Regelungskompetenz im Bereich des Kernstrafrechts haben[393]. Die Schaffung einer Regelungskompetenz der Europäischen Gemeinschaft für Kriminalstrafrecht erscheint gegenwärtig aus verschiedenen Gründen kaum möglich[394] und würde auch wegen der zur Beseitigung des insofern vorhandenen Demokratiedefizits erforderlichen Änderungen primären Gemeinschaftsrechts noch lange Zeit beanspruchen[395]. Die traditionellen Mittel der Rechtshilfe erscheinen Kritikern als schwerfällig und den geänderten tatsächlichen Verhältnissen nicht angepaßt[396].

Wesentliche Vorgaben für die Ausgestaltung eines einheitlichen strafrechtlichen Rechtsgüterschutzes der Europäischen Gemeinschaft wurden vom EuGH in seinem Urteil im „Griechischen Maisskandal" formuliert, in dem aus der allgemeinen Verpflichtung der Mitgliedsstaaten zur Durchsetzung des Gemeinschaftsrechts nach Art. 5 EWGV die Verpflichtung abgeleitet wurde, Verstöße gegen Gemeinschaftsrecht nach vergleichbaren sachlichen und verfahrensrechtlichen Regelungen zu ahnden, wie ähnliche Verstöße gegen nationales Recht (Gleichstellungserfordernis). Die Sanktionsnorm, so der EuGH müsse wirksam, verhältnismäßig und abschreckend sein (Mindesttrias)[397]. Diese Verpflichtung wurde in Art. 209a EGV a.F. bzw. Art. 280 EGV n.F. deklaratorisch nochmals in das Primärrecht aufgenommen[398]. Das

---

[393] Bleckmann, FS Stree S.110; Bruns S. 91; Cuerda Riezu, S. 368; Dannecker, Gerhard, JZ 1996, 869; Dieblich S. 243; Fischer, Europarecht 2. Aufl.§ 9 Rz 16; Kühl, ZStW 109 (1997) S. 777-807, 779; Möhrenschlager, In: Dannecker, S.169; Tiedemann NJW 1993, S. 23; Tiedemann NJW 1990, S. 2226 (2231); Thomas, NJW 1991, S. 2233 (2234); Vogel, in Dannecker, Bekämpfung des Subventionsbetruges, S. 170 (173); Gröblinghoff S. 1; Sieber, In: van Gerven/Zuleeg, S. 78; Stoffers, JA 1994, 131 f.; Thietz-Bertram, S. 209; Reisner, S. 295; van den Wyngaert, In Tulkens.S. 73; a. A.: Pache S. 355; Schwartz in Groeben, Hans von der/Thiesing, Jochen/Ehlermann, Claus-Dieter, (Hrsg.) Kommentar zum EU- / EG Vertrag, 5. Aufl., Baden-Baden, 1997 Art. 235 Rd. Nr. 277

[394] Sieber, In Bausteine S. 364; Kühl, ZStW 109 (1997) 777-807, S. 792 ff.; Coing, NJW 1990 S. 937

[395] Dannecker, Gerhard, Strafrecht in der Europäischen Gemeinschaft, JZ 1996, S. 869

[396] Van den Wyngaert, in: Tulkens S. 74; Tulkens, S.139 f.; Zieschang, ZStW 108 S. 612 ff.

[397] EuGH RS 68/88 U: v. 21.09.1989, Slg. 1989, S. 2965

[398] Gröblinghoff S. 167; Dannecker, ZStW 108 S. 585

nachfolgende Übereinkommen zum Schutz der finanziellen Interessen der Europäischen Gemeinschaften stellt sich angesichts der bis Mitte der neunziger Jahre fehlenden Ergebnisse bei der strafrechtlichen Sanktionierung von Unregelmäßigkeiten zum Nachteil der Gemeinschaftsfinanzen im Besonderen, wie von anderen Rechtsgütern der Gemeinschaften, als wichtiger Schritt dar.

Aufgrund der EuGH-Rechtsprechung wurde der strafrechtliche Schutz der finanziellen Interessen der EG gegen Täuschungen und die Methode der Assimilierung strafrechtlicher Regelungen zum Hauptfall der Diskussionen über eine Vereinheitlichung oder zumindest Harmonisierung des Strafrechts in den Mitgliedstaaten der EG[399]. Der Weg der Assimilierung strafrechtlicher Normen wird jedoch als unzulänglich kritisiert. Dies Prinzip und die Regelung Art. 209 a EGV, so die Kritik, enthalte nicht die Verpflichtung der Mitgliedsstaaten im Sinne eines Effizienzprinzips dafür zu sorgen, daß die Sanktionen auch „auf jeden Fall einen effektiven, verhältnismäßigen und abschreckenden Charakter" haben, wie es der EuGH verlangt. Insofern enthalte die Regelung in Art. 209 a EGV a.F. nur eine unzulängliche und ungenaue Mindestregelung[400].

Ein weiterer Weg zu einer Angleichung des strafrechtlichen Schutzes der finanziellen Interessen der Gemeinschaften ist die Möglichkeit der völkerrechtlichen Zusammenarbeit zwischen den Mitgliedsstaaten, wie sie in Artikel 209a Abs. 2 EGV angesprochen wird[401]. Gegen dieses Verfahren wird zurecht auf das außerordentlich langwierige Verfahren bis zum Inkrafttreten solcher Übereinkommen durch die notwendige Ratifizierung in sämtlichen Mitgliedsstaaten hingewiesen. So sind bisher verschiedene seit 1987 auf dem Gebiet der strafrechtlichen Zusammenarbeit der Mitgliedsstaaten abgeschlossene Übereinkommen bis heute mangels Ratifizierung durch sämtliche Mitgliedsstaaten nicht in Kraft getreten[402]. In diesem Zusammenhang ist darauf zu verweisen, daß auch das Übereinkommen zum Schutz der finanziellen Interessen der europäischen Gemeinschaften noch nicht von allen Mitgliedsstaaten ratifiziert worden ist.

Bislang, so die Kritik, haben die traditionelle Rechtshilfe, eine Assimilierung strafrechtlicher Normen oder die völkerrechtliche Zusammenarbeit der Mitgliedsstaaten weder zur Schaffung eines wirkungsvollen Strafschutzes der Gemeinschaftsfinanzen geführt, noch sei zu erwarten, daß sie dies bewirken könnten[403]. Jedes der bisher her-

---

[399] Dannecker, Jura, 1998 S. 86; Sieber, In Delmas-Marty, Corpus Juris der strafrechtlichen Regelungen zum Schutz der finanziellen Interessen der EU, Köln 1998

[400] De Moor, in: Dannecker, Die Bekämpfung S. 21; Dannecker, ZStW 108, S. 585; Dannecker Jura, 1998 S. 79 (86); De Angelis, in: Sieber, Europäische Einigung und Europäisches Strafrecht, S. 97

[401] Zuleeg, In: Sieber, Europäische Einigung Europäisches Strafrecht Köln, S. 43

[402] Delmas-Marty, Corpus Juris, S. 107 m.w.N.; Van Camp S. 94

[403] Delmas-Marty, Corpus Juris, S. 110; Dannecker a.a.O. s. 585; a.A: Pieth, ZStW 109 (1997) S.765; van den Wyngaert, in: Tulkens S. 73-92, 74 ff. Zu den Übereinkommen in der EU auf strafprozeßualem Gebiet: Schomburg, NJW 1999, S. 540

angezogenen Prinzipien, Assimilierung und Zusammenarbeit zur Harmonisierung strafrechtlicher Normen bringt jeweils unterschiedliche, jedoch gewichtige Probleme im Hinblick auf die Verwirklichung der Grundanforderungen an einen einheitlichen europäischen Strafschutz, nämlich die Gerechtigkeit, die Einfachheit und die Effizienz mit sich.

Die Regelungen für eine Harmonisierung strafrechtlicher Vorschriften, wie sie im Übereinkommen zum Schutz der finanziellen Interessen der europäischen Gemeinschaften vorgesehen sind, können zwar bisher noch nicht endgültig beurteilt werden. Allerdings hat von den in den Auftragsstudien ausgesprochenen Empfehlungen zu materiell strafrechtlichen Regelungen nur ein geringer Teil, insbesondere die Betrugsdefinition, Eingang in das Übereinkommen gefunden. Wesentliche Vorschläge für eine Harmonisierung materiellen Strafrechts, wie auch für verfahrensrechtliche Regelungen, seien bislang nicht Gegenstand von Abkommen, so in der Studie über die verwaltungsrechtlichen und strafrechtlichen Sanktionssysteme enthaltene Vorschläge zur Gleichbehandlung von Agrarabschöpfungen und Einfuhrzöllen, die Schaffung erfolgsunabhängiger, abstrakter Gefährdungsdelikte, die Berücksichtigung etwaiger schon verhängter verwaltungsrechtlicher Sanktionen im Strafverfahren oder die Einführung einer einheitlichen Mindestverjährungsfrist für die Strafverfolgung von fünf Jahren[404]. Die Umsetzung der wichtigsten materiellen und verfahrensrechtlichen Grundregelungen, wie sie bereits vor längerer Zeit vorgeschlagen wurden, würde im Wege der Harmonisierung sicherlich viele Jahre dauern, was angesichts des tatsächlichen Bildes der zunehmend grenzüberschreitenden und organisierten Kriminalität zum Nachteil der Gemeinschaften nicht hingenommen werden kann.

---

[404] Etude sur les systhemes de Sanctions, Rapport de Synthese, Arbeitsdokument S.31 ff.

5.2. Corpus Juris

Die Europäisierung des Strafrechts oder die Schaffung eines Europäischen Strafrechts sind nicht unumstritten[405] und wären auch nur langfristig möglich. Gleichwohl hat das Europäische Parlament angesichts der unbestrittenen Notwendigkeit eines einheitlichen Strafschutzes der Rechtsgüter der Gemeinschaft und der oben dargestellten Probleme bisheriger Lösungsansätze den Auftrag zur Erarbeitung eines neuen Lösungsansatzes, eines in allen Mitgliedstaaten geltenden strafrechtlichen Regelungswerkes, erteilt. Von 1995 bis 1996 wurde im Auftrag des europäischen Parlamentes von einer neunköpfigen Arbeitsgruppe in drei Unterausschüssen von führenden europäischen Strafrechtswissenschaftlern der als „Corpus Juris" bezeichnete Vorschlag strafrechtlicher Regelungen zum Schutz der finanziellen Interessen der Europäischen Union ausgearbeitet, der in einen materiell-rechtlichen und einen strafprozessualen Teil gegliedert ist. Mit diesen Regelungen wurde ein in sich geschlossener und auf allgemein gültigen Prinzipien aufbauender Katalog strafrechtlicher Normen zum Schutz von Rechtsgütern der Europäischen Gemeinschaften geschaffen, der die Schwächen der bisherigen Ansätze vermeidet.

5.2.1. Materiell-rechtliche Regelungen

Das Corpus Juris geht bei Schaffung einzelner Tatbestände im besonderen Teil von drei wesentlichen Grundsätzen aus. Dies ist zum einen das vom Europäischen Gerichtshof für Menschenrechte aus Artikel 7 EMRK hergeleitete Gesetzlichkeitsprinzip mit dem Grundsatz des Verbots der strafrechtlichen Rückwirkung[406]. Als Teil des Gesetzlichkeitsprinzips wird auch die notwendige Bestimmtheit der Norm angesehen[407]. Weiteres, ebenfalls nahezu allgemein geltendes Grundprinzip im Bereich des Kernstrafrechts ist das Schuldprinzip, bei dessen Umsetzung jedoch den modernen Gegebenheiten des Wirtschaftslebens mit ihrer Aufteilung der Entscheidungsbefugnisse in Unternehmen in horizontalen und vertikalen Strukturen Rechnung zu tragen sei[408]. Drittes Grundprinzip dieser Regelungen ist das in allen Rechtsordnungen der Mitgliedsstaaten mehr oder weniger allgemein geltende Prinzip der Verhältnismäßigkeit der Strafe, das auch als allgemeiner Grundsatz des Gemeinschaftsrechts Geltung hat[409].

---

[405] Kühl, ZStW 109 (1997), S. 778
[406] Tiedemann, Lecciones S. 76
[407] Corpus Juris S.30, Zur Geltung dieses Prinzips im Europarecht allgemein Tsolka, S. 100
[408] Delmas-Marty Corpus Juris, S. 127; Tiedemann, FS Nisihara S. 505
[409] Delmas-Marty Corpus Juris S. 131

Das Corpus Juris definiert auf den vorgenannten Prinzipien aufbauend im materiellen Teil in acht Artikeln besondere Straftatbestände zum Schutz der Gemeinschaftsfinanzen, nämlich den Betrug zum Nachteil des Gemeinschaftshaushalts (Art. 1), den Ausschreibungsbetrug (Art. 2), Bestechlichkeit und Bestechung (Art. 3), Mißbrauch von Amtsbefugnissen (Art. 4), Amtspflichtverletzung (Art. 5), Verletzung des Dienstgeheimnisses (Art. 6), Geldwäsche und Hehlerei (Art. 7) und die Bildung einer kriminellen Vereinigung (Art. 8). Weiter geregelt werden in Artikel 9 die anwendbaren Hauptstrafen (Abs. 1) und zusätzliche Strafen (Abs. 2). Weiter enthält das Corpus Juris Regelungen zu Vorsatz (Art. 10), Irrtum (Art. 11) und die individuelle strafrechtliche Verantwortlichkeit, wobei die Autoren hierbei von einem allgemein geltenden Schuldprinzip als Voraussetzung strafrechtlicher Verantwortung ausgehen[410]. Ferner vorgesehen werden Regelungen über die Beteiligung (Art. 12) sowie die strafrechtliche Verantwortlichkeit des Leiters eines Unternehmens (Art. 14) oder von juristischen Personen (Art. 14). Vorgeschlagen werden zudem Regelungen zur Strafzumessung (Art. 15), strafschärfende Umstände (Art. 16) und die Strafzumessung bei mehreren Gesetzesverletzungen (Art. 17).

Von besonderem Interesse ist hier der Vorschlag für den Straftatbestand des Betruges zum Nachteil des Gemeinschaftshaushalts in Art. 1, der in seiner deutschen Übersetzung wie folgt lautet:

> „1.
> Betrug zum Nachteil des Haushalts der europäischen Gemeinschaften stellt sowohl auf dem Gebiet der Ausgaben als auch auf dem Gebiet der Einnahmen eine Straftat dar, sofern eine der folgenden Handlungen vorsätzlich oder leichtfertig begangen wird:
> a)
> unvollständige, unrichtige oder auf falschen Urkunden beruhende Angaben bei der zuständigen Behörde über Tatsachen (die für die Gewährung einer Subvention oder einer sonstigen Hilfe, oder für die Begleichung einer Steuerschuld wesentlich sind), wenn dadurch der Gemeinschaftshaushalt gefährdet werden kann;
> b)
> verschweigen derselben Tatsachen gegenüber den zuständigen Behörden entgegen einer Offenbarungspflicht;
> c)
> zweckwidrige Verwendung rechtmäßig erlangter Gemeinschaftsmittel in Form von Subventionen oder sonstigen Hilfen.

---

[410] Corpus Juris, s.127; Tiedemann, Lecciones, S. 88

2.
Nicht bestraft wird, wer falsche Angaben berichtigt oder vervollständigt oder auf einen auf der Grundlage falscher Urkunden gestellten Antrag verzichtet oder die Behörden über offenbarungspflichtige Tatsachen nachträglich in Kenntnis setzt, bevor die Tat von den Behörden entdeckt wird.“

Der Vorschlag unterscheidet hinsichtlich des betroffenen Haushaltsbereich der Gemeinschaften nicht mehr zwischen Einnahmen und Ausgaben, wobei hierfür auf den, jedenfalls im deutschen Recht bei § 264 StGB und § 370 AO, gemeinsamen Schutzzweck, den Schutz des Staatshaushaltes hinsichtlich der Zweckbestimmung der Ausgaben und der Steuererhebung verwiesen wird. Beide Normen, so der Entwurf weiter, pönalisieren nahezu gleiche Handlungen, die Angabe unrichtiger oder unvollständiger Tatsachen oder das Verschweigen wichtiger Tatsachen. Die noch im Übereinkommen zum Schutz der finanziellen Interessen der europäischen Gemeinschaften vorgenommene Trennung zwischen Ausgaben und Einnahmen (Art. 1 Abs. 1 a und Art. 1 Abs. 1 b) wird entbehrlich, was durch die Gleichfassung der Tatbestandsmerkmale möglich wird[411]. Weitergehend als die in Art. 1 des Übereinkommens vorgenommene Betrugsdefinition verlangt der im Corpus Juris vorgeschlagene Betrugstatbestand nicht den Eintritt eines Verletzungserfolges hinsichtlich des geschützten Rechtsgutes. Vielmehr folgt der Entwurf dem bereits im Expertenbericht zum Sanktionswesen an die Kommission enthaltenen Vorschlag [412]. Diese Schaffung eines Gefährdungstatbestandes, der sich an der Regelung in § 264 StGB orientiert, stellt bereits den Gebrauch oder die Vorlage von Erklärungen oder Dokumenten unter Strafe, die zur rechtswidrigen Festsetzung oder Vorenthaltung von Mitteln führt[413]. Die Begründung verweist darauf, daß es als Voraussetzung für die Verfolgung nicht notwendig ist, daß die Verletzungshandlung bereits zum Erfolg geführt habe.

Der im Corpus Juris enthaltene Tatbestandsvorschlag geht auch bezüglich der Vorsatzform über die im Übereinkommen über den Schutz der finanziellen Interessen der Gemeinschaft formulierten Anforderungen hinaus. Dort ist die Strafbarkeit des Betruges an vorsätzliches Handeln geknüpft. Demgegenüber wird hier die Strafbarkeit auf eine leichtfertige Tatbegehung ausgedehnt. In Ergänzung hierzu wird in Art. 10 durch das Corpus Juris im Hinblick auf die Vorsatzformen grundsätzlich vorsätzliches Handeln verlangt, jedoch nochmals ausdrücklich bestimmt, daß für die Strafbarkeit des Betruges zum Nachteil des Gemeinschaftshaushalts Leichtfertigkeit genügt. Zur Begründung wird auf die Ähnlichkeit von Betrügereien bei Subventionen und bei Steuerhinterziehung verwiesen, weshalb in schweren Fällen eine Strafbarkeit bei

---

[411] Deutsche Übersetzung Delmas-Marty, Corpus Juris S. 31, franz. S. 120
[412] Kommission, Zusammenfassender Bericht über die Untersuchung des Ahndungssystems, Empfehlung Nr. 4
[413] a. a. O. S. 119

Leichtfertigkeit, als einer dem Eventualvorsatz ähnlichen Vorsatzform, erforderlich sei[414].

5.2.2. Strafprozessuale Regelungen

Das Corpus Juris enthält für die in Art. 1 bis 8 definierten Straftaten in einem zweiten Teil strafprozessuale Regelungen, die u.a. ein europäisches Territorialitätsprinzip vorsehen, das die Schaffung einer bereits früher geforderten[415] europäischen Strafverfolgungsbehörde (ESB) ermöglicht, der ein europäischer Generalstaatsanwalt (EuGenStA) vorsteht und der abgeordnete europäische Staatsanwälte (AEuStA) in den Hauptstädten der Mitgliedsstaaten angehören (Art. 18 Status und Struktur der ESB). Diese ESB soll danach die Aufnahme von Ermittlungen und die Übertragung der Verfahrensleitung im Ermittlungsverfahren (Art. 19) verlangen können. Die ESB ist sowohl für die Leitung von Ermittlungen, wie auch zur Vornahme eigener Ermittlungshandlungen gemäß Art. 20 befugt. Ebenfalls im Rahmen der vorgeschlagenen Befugnisse der ESB liegt die Entscheidung der abgeordneten europäischen Staatsanwälte über den Abschluß bzw. die Einstellung des Ermittlungsverfahren oder die Anklageerhebung nach Art. 22 durch die ESB vor dem jeweils nach nationalen Recht zuständigen Gericht.

Grundprinzip des Strafverfahrens nach dem Corpus Juris ist auch der Grundsatz der richterlichen Rechtskontrolle, der als allgemeiner gemeinschaftsrechtlicher Grundsatz, wie auch als Grundrecht aus Art. 5 und 6 EMRK anerkannt ist. Diese richterliche Kontrolle, ausgeübt durch die nationalen Gerichte soll sich danach sowohl auf das vorbereitende Ermittlungsverfahren bis zur Anklageerhebung, das Hauptsacheverfahren wie auch Rechtsmittelverfahren erstrecken, wobei für das Hauptverfahren (Art. 26) zwingend unter Ausschluß von Geschworenen oder Laienrichtern die Befassung von Berufsrichtern verlangt ist. Eine Prüfungskompetenz des EuGH ist für Auslegungsfragen hinsichtlich des Corpus Juris, Fragen seiner Anwendbarkeit oder für Zuständigkeitsstreitigkeiten vorgesehen.

Weiteres Verfahrensprinzip ist der Grundsatz des kontradiktorischen Verfahrens, das in Art. 30 die Beteiligung der Europäischen Kommission als Nebenkläger mit Beteiligtenrechten im Verfahren vorsieht und Beweis- und Beweislastregeln, sowie Beweisverwertungsverbote enthält. Die nachrangige Anwendbarkeit nationalen Strafrechts ergibt sich aus den im Corpus Juris vorgeschlagenen weiteren Verfahrensprinzip der Subsidiarität des nationalen materiellen, wie auch formellen Rechts.

---

[414] Diese Vorsatzform, so die Begründung sei im Zivilrecht als grobe Fahrlässigkeit „culpa gravis" anerkannt und entspräche der im britischen Recht beheimateten Rechtsfigur der „recklessness" Delmas-Marty aaO. S. 128

[415] Spannowsky, JZ 1992, S. 1160, 1165

Mit den im Corpus Juris vorgeschlagenen Tatbeständen und den Verfahrensregelungen wurden die bereits von der Wissenschaft formulierten Grundanforderungen an einen einheitlichen Strafrechtsschutz der Rechtsgüter der Gemeinschaft formuliert, der die eingangs erwähnten Probleme nicht aufweist[416]. Die Umsetzung des Corpus Juris als einem strafrechtlichen Regelwerk würde jedoch neue Fragen, wie die einer ausreichenden demokratische Legitimation der Organe der Gemeinschaft stellen. Mit dem Corpus Juris wurde aber ein erster, wesentlicher Versuch der Definition von Teilen eines europäischen Strafrechts vorgelegt. Die Frage ob es überhaupt ein europäisches Strafrecht geben könnte dürfte damit positiv beantwortet sein.

5.3. Die weitere Entwicklung des Corpus Juris

Nachdem vorstehend der erste Entwurf des Corpus Juris dargestellt wurde, soll die bisherige Entwicklung zu seiner Umsetzung erläutert werden, wie sie sich bis August 2000 darstellt. Die Diskussion nach der Vorlage und Veröffentlichung des Corpus Juris im Jahre 1997 bzw. 1998 zeigte, daß diese Vorschläge auf ein besonderes Interesse der politisch Verantwortlichen stießen. Gerade der früher wenig beachtete Bereich des Strafschutzes der finanziellen Interessen der Gemeinschaften stand seit einiger Zeit im Mittelpunkt der Diskussion eines einheitlichen Strafschutzes von Rechtsgütern der EG[417],der nach Auffassung zahlreicher Wissenschaftler weniger durch die Harmonisierung nationaler Strafvorschriften, als durch gemeinschaftsweit geltende Strafnormen erreicht werden könnte.

Als von besonderer Bedeutung erwies sich dabei der Grundansatz des Corpus Juris, da hier versucht wird, nationale und gemeinschaftsrechtliche Elemente so zu vereinen, daß diese Regelungen von den Mitgliedsstaaten, nicht aber von der Europäischen Gemeinschaft als Strafrecht angewendet werden könnten. Dieser auf gemeinschaftsweit vorhandenen Grundprinzipien aufbauende Ansatz versucht damit die Wirksamkeit des von nationalen Strafrechtsordnungen zur Verfügung gestellten Schutzes für die Finanzen der Europäischen Union so zu verbessern, wie dies nach Ansicht der Verfasser des Corpus Juris im geänderten Vertrag über die Europäische Union verlangt wird. Insbesondere das europäische Parlament betreibt im Zusammenhang mit dem Entwurf eines Corpus Juris weiter dessen Umsetzung, nachdem es

---

[416] Kommission, Betrugsbekämpfung, Arbeitsprogramm 1998/99 S. 8

[417] Daß die Betrugsbekämpfung im Bereich der Gemeinschaftsfinanzen insgesamt zunehmende Bedeutung erlangt, zeigt auch die 1999 erfolgte Einrichtung eines eigenständigen Amtes für Betrugsbekämpfung „OLAF“ anstelle der bisher dem Generalsekretariat der Kommission unterstellten Dienststelle zur Betrugsbekämpfung (VO/EG Nr. 1073/1999 ABl. L 136 v. 31.05.1999, VO/EG Nr. 1260/1999 ABl. L 161 v. 26.06.1999) s.a. Beschluß der Kommission 1999/352 EG, EGKS, Euratom vom 28.04.1999 ABl. L v. 31.05.1999 S. 20; VO des Europäischen Parlaments und des Rates v. 25.05.1999 über die Untersuchungen des Europäischen Amtes für Betrugsbekämpfung.

bereits 1997 die Erstellung einer Machbarkeitsstudie verlangte[418]. Auch die Kommission arbeitet an Vorschlägen, um zu einer weitergehenden Vereinheitlichung eines Strafschutzes auf diesem Gebiet zu gelangen, in denen auch diejenigen Ergebnisse berücksichtigt werden sollen, die aus Berichten der Mitgliedsstaaten zur Umsetzung ihrer Verpflichtungen aus Artikel 280 EGV erkennbar sind. Der Entwurf eines Kommissionsberichtes über den Stand der Anwendung des Artikels 280 EGV sollte ebenfalls im Jahr 2000 vorgelegt werden[419]. Dabei will die Kommission insbesondere auch den Ansatz weiter verfolgen, zur einheitlichen Definition von Straftatbestandsmerkmalen und Straftatbeständen zu gelangen, wobei ein erster Arbeitsvorschlag der Kommission für das Jahr 2000 angekündigt ist[420]. Einheitliche Begriffsdefinitionen sollen zunächst für die Begriffe Unregelmäßigkeit, Rechtsmißbrauch, Betrug, Korruption und Geldwäsche gefunden werden. Auch die im Corpus Juris vorgeschlagene Einrichtung eines Europäischen Staatsanwaltes wird von der Kommission und dem Parlament befürwortet, nach deren Ansicht allerdings die Einrichtung eines europäischen Staatsanwaltes einer Änderung der EG-Verträge bedarf. Eine solche Änderung wurde von Parlament und Kommission der Regierungskonferenz im Herbst 2000 bereits vorgeschlagen.

Im Jahr 2000 veröffentlicht wurde die von der Kommissionseinheit zur Koordinierung der Betrugsbekämpfung finanzierte Machbarkeitsstudie des Corpus Juris, die zwei Hauptthemen bearbeitet[421]. Die eine Frage behandelt die Vereinbarkeit der Regelungen des Corpus Juris in Bezug auf die mitgliedsstaatlichen Rechtsordnungen. Hierzu wurde der jeweils in den einzelnen Mitgliedsstaaten vorhandene Rechtsrahmen einschließlich des jeweiligen Verfassungsrechts, des materiellen Strafrechts und Strafprozeßrechts mit den Einzelregelungen des Corpus Juris abgeglichen. Ein zweiter Themenbereich war Einzelfragen der zwischenstaatlichen Zusammenarbeit mit den Mitgliedsstaaten sowie der Zusammenarbeit zwischen den Mitgliedsstaaten und der Europäischen Union gewidmet.

Die Definition des Betruges zum Nachteil des Haushalts der Gemeinschaften folgt im Wesentlichen der Begriffsbestimmung, wie sie im Abkommen zum Schutz der finanziellen Interessen der Europäischen Gemeinschaften verwendet wurde[422]. Damit konnte auf einen gemeinschaftseinheitlichen Ansatz zurückgegriffen werden, was insofern nötig ist, als die zum Schutz der Gemeinschaftsfinanzen anwendbaren straf-

---

418 Entschließungen des EP v. 12.06.1997 und 22.10.1997 zu den Ergebnissen einer vergleichenden Studie zur Durchführbarkeit; EP Entschließung vom 31.03.1998 ABl. C 138 v. 04.05.1998

419 Jahresbericht Betrugsbekämpfung 1998, S. 49

420 Kommission der Europäischen Gemeinschaften, Schutz der finanziellen Interessen der Gemeinschaften, Betrugsbekämpfung / Konzept für eine Gesamtstrategie, v. 28.06.2000, Brüssel, KOM (2000) 358 S. 9

421 Delmas-Marty, M. / Vervaele, J.A.E., The Implementation of the Corpus Juris in the Member States; Antwerpen, 2000

422 Sicurella in: Implementation, S. 220

rechtlichen Regelungen der Mitgliedstaaten in eine kaum überschaubare Vielzahl zerfallen[423].

Ein Vergleich der vorgeschlagenen Regelung in Art. 1 ergab für die meisten Mitgliedsstaaten, daß diese Betrugsregelung wegen ihrer Besonderheiten im Tatbestand nur teilweise bereits bestehendem Strafrecht entspricht. So fehlen in etlichen Mitgliedsstaaten Regelungen zur Ahndung von Leichtfertigkeit, da dort Betrugsstrafbarkeit an vorsätzliche Tatbegehung anknüpft (z.B. Griechenland, Frankreich, Italien, Luxemburg). Auch die bloße Gefährdung der Gemeinschaftsfinanzen steht im Gegensatz zum Erfordernis eines Taterfolges, wie in einigen Mitgliedstaaten verlangt wird, dürfte aber angesichts der auch in diesen Mitgliedstaaten anerkannten Versuchsstrafbarkeit keinen Systembruch darstellen[424]. Einige Mitgliedstaaten, wie z.B. Österreich, haben noch keine Regelung einer Tatbegehung durch Unterlassen. Dies gilt auch für die zur Strafbarkeit ausreichenden Gefährdungshandlungen, bezüglich derer eine Klarstellung vorgeschlagen wird, wonach abstrakte Gefährdungen für die Strafbarkeit ausreichend sind und es nicht auf den Eintritt einer konkreten Gefährdung ankommt. Ebenfalls regelungsbedürftig erscheint im Ergebnis der Studie die Einführung einer Rücktrittsregelung in den meisten Mitgliedstaaten. Auch wenn das Tatbestandsmodell, so die Studie, zwar nicht vollständig allen bestehenden Strafrechtsordnungen der Mitgliedstaaten entspräche, würden seiner Verwirklichung gleichwohl keine unüberwindlichen Hindernisse entgegenstehen[425]. So sei es vorstellbar, daß die Mitgliedstaaten insofern einen gesonderten Tatbestand zum Schutz der Gemeinschaftsfinanzen einführen..

Die in Artikel 1 des Corpus Juris vorgeschlagene Betrugsregelung erscheint im Hinblick auf deutsches Strafrecht unproblematisch, übernimmt sie doch die bereits in § 264 StGB normierte Tatbestandsstruktur des Subventionsbetruges. Allenfalls die strafrechtliche Erfassung von Vertragssubventionen und die Einführung eines gesonderten Tatbestandes zum Schutz der Finanzinteresssen der Europäischen Gemeinsachaften werden in der Machbarkeitsstudie für die Bundesrepublik bezüglich Art. 1 Corpus Juris als noch klärungsbedürftig angesehen[426].

Außer der Frage der bestehenden Übereinstimmung nationalen Strafrechts mit den vorgeschlagenen Regelungen ist zu klären, auf welche gemeinschaftsrechtlichen Normen die Umsetzung des Corpus Juris gestützt werden kann. Art. 280 Abs. 4 S. 1 des EGV in der Fassung von Amsterdam verlangt, einen effektiven und gleichwertigen Schutz der finanziellen Interessen der Europäischen Gemeinschaften in den Mitgliedsstaaten zu garantieren, wobei diese Aufgabe ausdrücklich dem Rat unter Hin-

---

[423] Sicurella in: Implementation, S. 221 ff.

[424] z. B. Art. 225 des niederländischen Strafgesetzbuches oder Art. 2 des Arrêté royal 1933 in Belgien; zit.n. Sicurella aaO, S. 225.

[425] Sicurella in: Implementation S. 220

[426] Sicurella / Vogel J. in: Implementation S. 108, 223

weis auf das Verfahren nach Art. 251 EGV übertragen ist. Dabei verpflichtet Art. 280 Abs. 4 S 1 EGV den Rat die „erforderlichen Maßnahmen“ zu ergreifen um die in Abs. 1 genannten Ziele zu erreichen, bzw. die zur Verhütung und Bekämpfung von Betrügereien dienen. Als Weg zur Umsetzung einheitlicher strafrechtlicher Regelungen, wird auch von der Kommission das in Artikel 249, 251 EGV geregelte Mitentscheidungsverfahren genannt[427]. Der Begriff der Maßnahmen in Art. 280 Abs. 4 hat dabei zunächst keinen anderen Bedeutungsgehalt, als der in Art. 280 Abs. 2 EGV verwendete Begriff der Maßnahmen, die von den Mitgliedstaaten zu ergreifen sind, worunter auch strafrechtliche Maßnahmen fallen. Angesichts des Wortlauts und der Normsystematik kann nicht angenommen werden, daß Art. 280 Abs. 4 S. 1 EGV von vorneherein strafrechtliche Maßnahmen aus dem Kompetenzbereich des Rates ausschließen will[428].

Zu berücksichtigen ist zudem, daß Art. 280 Abs. 2 die „Bekämpfung“ von Betrügereien den Mitgliedstaaten überträgt. In Art. 280 Abs. 4 S. 1 EGV ist insofern derselbe Dualismus von Verhütung und Bekämpfung anzutreffen, wie ihn Art. 29 EUV (Art. K 1 EUV a.F.) verwendet. Auch hier beinhalten die Begriffe Verhütung und Bekämpfung strafrechtliche Mittel. Aus den genannten Gründen dürfte daher mit Art. 280 EGV eine Norm vorhanden sein, die dem Rat die Normgebungskompetenz für strafrechtliche Regelungen verleiht. Fraglich ist weiter, welche Reichweite diese Normgebungskompetenz hat, ob sie zu unmittelbar wirkenden Regelungen ermächtigt und in wie weit nationales Strafrecht vorrangig wäre, bzw. Gemeinschaftsrecht nur komplementär wirken dürfte.

In Art. 280 Abs. 4 S. 2 EGV wird die Anwendung nationalen Strafrechts ausdrücklich garantiert, was notwendigerweise dessen Existenz voraussetzt. Entgegen den sonst geltenden Vorrang des Gemeinschaftsrechts wird hier mit der Anwendungsgarantie ein Vorrang nationalen Strafrechts und der Strafrechtspflege beschrieben. Die Regelungen des EU-Vertrages über die justitielle Zusammenarbeit in Strafsachen (Art. 29 ff. Art. K.1 ff. EUV a.F.) ermöglichen es der EU bezüglich einer Annäherung der Strafvorschriften der Mitgliedstaaten tätig zu werden (Art. 29 Abs. 2 S. 3 EUV) und, soweit erforderlich, Maßnahmen nach Art. 31 lit. e EUV zu ergreifen. Diese Regelung beschränkt allerdings die Unionskompetenz auf die Verabschiedung von Mindestvorschriften für einige Kriminalitätsfelder. Daraus folgt, daß auch die Regelungskompetenz des Rates auf dem Gebiet der Bekämpfung von Betrügereien nach Art. 280 EGV nachrangig und komplementär zur Normsetzungskompetenz der Mitgliedstaaten besteht[429]. Von der gemeinschaftsrechtlichen Kompetenz zum Erlaß

---

[427] Kommission der Europäischen Gemeinschaften, Schutz der finanziellen Interessen der Gemeinschaften, Betrugsbekämpfung / Konzept für eine Gesamtstrategie, v. 28.06.2000, Brüssel, KOM (2000) 358 S. 18

[428] Tiedemann in: Implementation S. 385 ff.

[429] Tiedemann in: Implementation S. 386, C. van den Wyngaert in: Implementation S. 390; sa.a D. Spinellis in: Implementation S. 383

strafrechtlicher Normen kann also dann Gebrauch gemacht werden, wenn die vorhandenen nationalen Regelungen den in Art. 280 Abs. 1 EGV genannten Anforderungen an einen Mindestschutz der finanziellen Gemeinschaftsinteressen nicht entsprechen. Aus diesem Grund und aus der in Art. 29, 31 und 34 EUV verwendeten Regelungstechnik folgt zudem, daß die Umsetzung strafrechtlicher Regelungen in den Mitgliedstaaten eines Vollzuges bedarf, der zudem den Mitgliedstaaten die Möglichkeit läßt, die anzuwendenden Sanktionen selbst zu bestimmen. Deshalb ist auch davon auszugehen, daß die Einführung strafrechtlicher Normen in Form von Richtlinien des Rates erfolgen müßte, selbst wenn Art. 249 EGV beide Möglichkeiten der Verordnung und der Richtlinie nennt. Diese Regelungsweise würde auch dem Subsidiaritätsprinzip der Verträge[430] entsprechen.

Klärungsbedürftig ist ferner, welche Regelungen des Corpus Juris nicht auf der Grundlage von Art. 280 EGV eingeführt werden könnten, da sie eine, den Mitgliedstaaten nach Art. 280 Abs. 4 S. 2 EGV vorbehaltene Änderung ihrer Strafrechtspflege bewirken würden. Dies setzt eine Abgrenzung zwischen der Verbesserung des strafrechtlichen Mindestschutzes der Gemeinschaftsinteressen und der Veränderung der Strafrechtspflege in den Mitgliedstaaten voraus. Eine solche Abgrenzung kann nur normbezogen und je nach Mitgliedstaat vorgenommen werden und wirft im Einzelfall erhebliche Probleme auf[431]. Diese Abgrenzung muß daher weitergehenden wissenschaftlichen Studien vorbehalten bleiben.

Ob das Inkraftsetzen des strafprozeßualen Teils des Corpus Juris, insbesondere die Einführung eines europäischen Staatsanwaltes auf Artikel 280 gestützt werden kann ist fraglich, da die Einführung neuer Verfahrensprinzipien und die Schaffung neuer Strafverfolgungsorgane nationales Verfahrens- und Justizorganisationsrecht betreffen. In Bezug auf deutsches Strafrecht wird sich jedoch bereits sagen lassen, daß die Einrichtung einer Europäischen Staatsanwaltschaft (bzw. Europäischen Strafverfolgungsbehörde ESB gem. Art.18 Entwurf Corpus Juris) die Einführung eines neuen Organs der Strafrechtspflege darstellt, also eine Änderung der Strafrechtspflege wäre, die nicht mehr auf Art. 280 EGV gestützt werden könnte.

[430] Präambel Art. 2 EUV; Fischer Europarecht, 2. Aufl. § 5 Nr. 44 ff.
[431] Zu einigen Beispielen, Tiedemann in: Implementation, S. 386 f.

6. Die Behandlung von Umgehungshandlungen und Scheingeschäften

Die Vermeidung staatlichen Handelns mit negativen Folgen, oder umgekehrt, das bewußte Herbeiführen von Sachverhalten mit positiven Folgen für den Handelnden, dürfte in allen Bereichen einzelstaatlicher Tätigkeit zu finden sein. Dies gilt auch für die verschiedenen Tätigkeiten der Europäischen Gemeinschaften, ob sie von Gemeinschaftsorganen oder den Mitgliedstaaten ausgeführt werden, wobei gerade im Zusammenhang mit Ausgaben der Europäischen Gemeinschaften für landwirtschaftliche Produkte scheinbar eine besondere Phantasie mancher Marktteilnehmer zu walten scheint[432]. Gegenstand strafrechtlicher Betrachtung wird solches Verhalten dann, wenn die Vermeidung einer belastenden Norm, oder die Herbeiführung einer günstigen Sachverhaltslage mit dem Begriff des Mißbrauchs verbunden sind, oder zu sein scheinen. Gerade im Zusammenhang mit Betrügereien und Unregelmäßigkeiten zum Nachteil der Gemeinschaften wird auf die dort beobachteten Schein- und Umgehungshandlungen hingewiesen. Die Möglichkeiten, beim Vorliegen bestimmter Voraussetzungen, Geldbeträge zu erhalten, ohne marktmäßige Gegenleistungen erbringen zu müssen, birgt den Anreiz, die als Subventionsvoraussetzungen bezeichneten Sachverhalte nur wegen dieser Gelder erst zu schaffen, mag dies auch dem Zweck der Subvention nicht entsprechen. Dies gilt umsomehr, als, wie dargestellt, hier ganz erhebliche Beträge in Frage stehen. Die Problematik der strafrechtlichen Behandlung von Schein- und Umgehungshandlungen an sich ist allerdings wesentlich älter und erschien zunächst im Zusammenhang mit dem Steuer- und Zollstrafrecht, wo die Abgrenzung möglicher legaler und illegaler Gestaltung von abgabenrelevanten Sachverhalten zu klären war.[433]

6.0.1. Erscheinungsformen

Die tatsächlichen Erscheinungsformen von Schein- und Umgehungshandlungen sind vielfältig. Als typische Varianten im Bereich der EG - Marktordnungen für die Landwirtschaft sollen die nachfolgenden Vorgehensweisen erwähnt werden:

- Warenmanipulationen sind Veränderungen von Marktordnungswaren bezüglich der, für die Tarifierung maßgeblichen Merkmale, um eine gegenüber der veränderten Ware günstigere Tarifierung zu erreichen[434]. Hieraus folgen dann z. B. die Verringerung von Eingangsabgaben bei der Einfuhr der Ware in die Gemeinschaft oder die Zahlung höherer Ausfuhrerstattungen bei der Ausfuhr. Wegen der im GZT geltenden

[432] Nippoldt, S. 141 ff.

[433] Tiedemann, Wirtschaftsstrafrecht und Wirtschaftskriminalität Bd. 1 S. 56; Lenckner i. Schö.-Schr. § 264 Rn 46, Nippoldt S. 141-159

[434] s. Reisner S. 27 f; s.a. Nippoldt S. 141 ff

engen, am Wortlaut der Tarifierung ausgerichteten Betrachtungsweise[435] bedeuten oft nur minimale Veränderungen der Ware Tarifunterschiede mit erheblichen finanziellen Auswirkungen. Die Warenmanipulation, die hierauf aufbaut ist in zwei Varianten festzustellen. Einer Ware wird ein Zusatzstoff beigefügt, der den Tarifierungscharakter der Ware verändert, ohne die Ware in ihrer Verwendungstauglichkeit zu beeinträchtigen, z.B. einer Tankwagenladung von 20.000 l Flüssigzucker werden 20 l Apfelsaft zugefügt - das Produkt jetzt als "Fruchtsaft (gezuckert)" tarifiert[436]. Oder eine Warenveränderung ist leicht wieder rückgängig zu machen, z.B. die für den Grenzübertritt gefrorene Buttermilch wird wieder aufgetaut. Beiden Arten der Manipulation ist gemeinsam, daß die zuvor gegebenen Wareneigenschaften aus Sicht des Verwenders im Ergebnis nicht verändert wurden.

- Karussell- und Umweggeschäfte sind Vorgehensweisen, bei denen unterschiedliche Erstattungen, wie Ausfuhrerstattungen und Beitritts- oder Währungsausgleichsbeiträge, oder der Höhe nach verschiedene Erstattungs- bzw. Einfuhrabgabensätze durch eine Versendung von Waren so genutzt werden, daß der, ansonsten wirtschaftlich nicht sinnvolle Transport der Ware oder der gewählte Transportweg dazu führt, daß erhebliche Erstattungen oder andere Leistungen bezahlt werden, wie das "Schweinekarussel" zwischen Nordirland und der Republik Irland zeigt[437].
- Phantasieprodukte: Hierbei werden Waren, die im üblichen Geschäftsverkehr nicht verwendet werden können, nur zu dem Zweck hergestellt, Ausfuhrerstattungen zu erlangen, wie der "Rohwurstfall" belegt[438].

6.1. Strafrechtliche Bewertung

Die strafrechtliche Beurteilung kann zunächst an die objektiv feststellbaren Sachverhalte, das Schein- oder Umgehungsverhalten anknüpfen. Das Scheinverhalten gibt dem Betrachter einen Sachverhalt "scheinbar" vor, der dann einer bestimmten Normfolge unterstellt wird. Das äußere Bild entspricht dabei jedoch nicht dem dahinter stehenden, wahren Sachverhalt[439]. Insofern bewirkt das Scheinverhalten durch die Täuschung über den eigentlichen Sachverhalt, eine dem Handelnden günstige Rechtsfolge, indem der scheinbare Sachverhalt zur Grundlage der jeweiligen Entscheidung wird. Umgehungsverhalten schafft demgegenüber jedoch einen Sachver-

---

[435] s. EuGH U. v. 9.10.1973 Muras vs. Hauptzollamt Hamburg Jonas Rs. 12/73 Slg. 1973, S. 975, 977

[436] s.u. Teil V Ziff. 4.0.2.-Zuckerkarussel; s. auch Reisner S. 27 ff "Würzfleisch"- EuGH v. 31.01.1979, Rs. 127/78, Slg. 79, 179

[437] Tiedemann, FS Pfeiffer; Nippoldt S. 115 ff; Fall "Töpfer" EuGH Slg. 1981, 2465; Jahresbericht Betrugsbekämpfung 1995 S. 58 f; Kommission, L' EUROPE VERTE, Lutte Contre Les Fraudes au Détriment du fonds agricole, 1982 S. 7

[438] Tiedemann Wirtschaftstrafrecht Bd. 1, S. 95; ders. LK § 264 Rz. 95; Reisner S. 40 ff; Kommission aaO La lutte S. 6

[439] Vogel, in: Bausteine, S. 156

halt, der tatsächlich vorhanden ist und eine bestimmte Normfolge nach sich zieht. Ein Auseinanderfallen von Schein und wirklichem Sachverhalt gibt es hier nicht.

In subjektiver Hinsicht, also bei Bewertung der jeweiligen Schein- oder Umgehungshandlung[440], ergibt sich, daß bei der Scheinhandlung das angestrebte Ziel des Handelns nicht das ist, das der angestrebten Normfolge zugeordnet ist. Der Handelnde will hier den Sachverhalt nicht ernstlich, den er als Scheinsachverhalt vorgibt[441]. Nach allgemeinen Grundsätzen folgt hieraus die Unbeachtlichkeit der Scheinhandlung[442].

Anders zu beurteilen ist die Umgehungshandlung wegen ihrer subjektiven Seite, bei der der Handelnde gerade will, daß der tatsächliche Sachverhalt auch derjenige ist, der einer Entscheidung zugrunde gelegt wird. Die Problematik des Umgehungsverhaltens offenbart sich hier erst, wenn die so zuzuordnende Normfolge nicht dem Normzweck entspricht, die Voraussetzungen der Norm "künstlich" oder mißbräuchlich geschaffen wurden. Die Umgehungshandlung erschließt sich als solche erst in der wertenden Zusammenschau von Sachverhalt und Norm, die zur Annahme eines Mißbrauchs von Gestaltungsmöglichkeiten führt[443].

Die strafrechtliche Behandlung der Scheinhandlung kann sich den oben genannten Grundsätzen folgend nach dem tatsächlichen, wahren Sachverhalt, dem vom Handelnden wirklich Gewollten[444] richten, da der Scheinsachverhalt unbeachtlich ist. Wesentlich schwieriger erscheint die Erfassung von Umgehungshandlungen[445]. Die Anwendung der umgangenen Tatbestände erscheint hier mangels direkter Umgehungsstraftatbestände nur im Wege einer erweiternden Normauslegung möglich, die rechtliche Behandlung der Gesetzesumgehung erfordert zudem Wertungen, die strukturell der Analogie entsprechen[446]. Dies stößt jedoch auf Bedenken im Hinblick auf das verfassungsrechtliche Bestimmtheitsgebot gemäß Art. 103 Abs. 2 GG. Grenze einer jeden Auslegung ist danach der Wortsinn des Gesetzeswortlauts[447], wonach auch Umgehungshandlungen nicht im Analogiewege strafrechtlich erfaßt werden können.

---

440 Vogel, in: Bausteine, S. 160 f

441 Im Zivilrecht führt dies gem. § 117 BGB zur Nichtigkeit und Unbeachtlichkeit der Scheinhandlung; MüKo Kramer § 117 Rz 1, 9a; eine Täuschungsabsicht ist zivilrechtlich nicht erforderlich.

442 LK-Tiedemann § 264 Rn. 86; Vogel, aaO S. 161; Schö.-Schr. Lenckner § 264 Rn 46; Reisner S. 61

443 Vogel aaO s. 162; Reisner S. 80 bzgl. § 42 AO

444 nach § 370 Abs. 1 Nr. 1 AO "ernstlich gewollt"

445 Dannecker, ZStW 108 (1996), S. 577-608, 582

446 Tiedemann, FS Spendel , S. 603; Ein Rechtsinstitut des generellen Umgehungsverbotes von Strafnormen existiert nicht, Vogel, in: Bausteine S. 167 im Bereich des EG Rechts fehlt auch ein vergleichbarer Rechtsgrundsatz der Subventionsehrlichkeit, der Umgehungshandlungen erfassen könnte, LK Tiedemann § 264 Rn 90; Götz, die Bekämpfung S. 64

447 BVerfGE 71,108 (114 f); Degenhart in: Sachs GG Art. 103 Rn. 70; z. B. : zum Begriff "Gewalt" i.S. § 240 StGB BVerfGE 73, 206 (244-247) u. BVerfG NJW 1995, 1141

Eine weitere Möglichkeit der strafrechtlichen Erfassung von Schein- und Umgehungshandlungen ist die Einführung direkter Umgehungsstraftatbestände[448], bei denen bestimmte Umgehungshandlungen ausdrücklich zum Tatbestand der Umgehungsstrafnorm erklärt werden[449]. Eine andere Möglichkeit sind Strafnormen die auf außerstrafrechtliche Regelungen verweisen, in denen Schein- oder Umgehungshandlungen für unbeachtlich erklärt werden. Diese Erfassung setzt ihrerseits jedoch wieder die Bezeichnung dessen, voraus, was als Umgehung angesehen werden soll und zwingt damit zur Verwendung weiterer normativer Begriffe, denen stets ein mehr oder minder großes Maß an Unbestimmtheit anhaftet. Die Strafbarkeit ergibt sich hier erst aus der Zusammenschau von strafrechtlicher Verbotsnorm und Ausfüllungsnorm. Die Einführung solcher Blankettstrafgesetze ist zulässig, auch wenn die Ausfüllung des strafgesetzlichen Tatbestandsmerkmals durch eine außerstrafrechtliche - zivil - oder verwaltungsrechtliche - Norm erfolgt. Das Bundesverfassungsgericht hat mit Blick auf das verfassungsrechtliche Analogieverbot für den Grad der Präzisierung ausgeführt, daß "der Gesetzgeber auch im Strafrecht vor der Notwendigkeit steht, die Vielgestaltigkeit des Lebens in generellen und abstrakten Normen einzufangen, und nur denjenigen Grad an tatbestandlicher Präzision aufbringen kann, den der Regelungsbereich zuläßt. Insoweit hängt die verfassungsrechtlich verlangbare Bestimmtheit von der Möglichkeit der gesetzlichen Beschreibung des als strafwürdig angesehenen Verhaltens ab"[450]. Die jeweiligen Ausfüllungsnormen sind ebenfalls am strafrechtlichen Bestimmtheitsgebot zu messen, insbesondere daran, ob der Normadressat zumindest das Risiko einer Bestrafung erkennen könne[451], was nicht für diejenigen Normen gilt, die nur zur Klärung normativer Tatbestandsmerkmale in Strafnormen verwendet würden[452]. Die strafrechtliche Erfassung von Umgehungshandlungen durch Strafnorm und außerstrafrechtliche - verwaltungsrechtliche - Norm im formellen Sinn wird danach als zulässig angesehen[453].

6.1.1. Scheintatbestände im deutschen Recht.

Im Abgabenrecht bestimmt § 41 Abs. 2 AO die Unbeachtlichkeit von Scheinhandlungen, während § 42 AO im Fall der mißbräuchlichen Gestaltung die Entstehung eines Steueranspruchs bewirkt, wie er bei einer den wirtschaftlichen Vorgängen angemessenen rechtlichen Gestaltung entsteht[454].

---

448 z. B. § 145 c StGB; Art. 1 § 6 Abs. 2 RBerG; § 6 PBefG
449 "oder durch einen anderen für sich ausüben läßt"
450 BVerfG NJW 1995, 1141 (1143)
451 BVerfGE 71, S. 108, 115
452 Vogel, in: Bausteine S. 172
453 Vogel aaO; Reisner S. 103 m.w. N.
454 Wassmann, Rn. 42; Reisner S. 78 ff; Kühn AO 17. Aufl. § 42 Nr. 5

Im deutschen Subventionsrecht finden sich ähnliche, außerstrafrechtliche Schein- und Umgehungsklauseln in § 4 SubvG[455]. Zu Scheingeschäften bestimmt § 4 Abs. 1 SubvG : "Scheingeschäfte und Scheinhandlungen sind für die Bewilligung, Gewährung, Rückforderung und Weitergewährung oder das Belassen einer Subvention oder eines Subventionsvorteils unerheblich. Wird durch ein Scheingeschäft oder eine Scheinhandlung ein anderer Sachverhalt verdeckt, so ist der verdeckte Sachverhalt für die Bewilligung, Gewährung, Rückforderung und Weitergewährung oder das Belassen der Subvention oder des Subventionsvorteils maßgebend". Hiermit werden Scheingeschäfte und Scheinhandlungen ausdrücklich durch eine verwaltungrechtliche Regelung für unbeachtlich erklärt, sofern es um ihre subventionsrechtliche Beurteilung geht. In strafrechtlicher Hinsicht ist das Vorliegen von Scheingeschäften und Scheinhandlungen von Bedeutung, da ihr Vorhandensein eine Tatsache darstellt, die subventionserheblich ist und zu deren Offenbarung der Antragsteller nach § 3 SubvG verpflichtet ist, was im Fall des Verschweigens als unvollständige oder unrichtige Angabe i. S. § 264 Abs. 1 Nr. 1 StGB bzw. Nichtoffenbarung gem. § 264 Abs. 1 Nr. 2 StGB gewertet wird[456].

6.1.2. Die Anwendbarkeit von § 4 SubvG

Im Bereich der Subventionsvergabe bestimmt § 4 Abs. 2 SubvG für Umgehungshandlungen:

> "Die Bewilligung oder Gewährung einer Subvention oder eines Subventionsvorteils ist ausgeschlossen, wenn im Zusammenhang mit einer beantragten Subvention ein Rechtsgeschäft oder eine Handlung unter Mißbrauch von Gestaltungsmöglichkeiten vorgenommen wird. Ein Mißbrauch liegt vor, wenn jemand eine den gegebenen Tatsachen und Verhältnissen unangemessene Gestaltungsmöglichkeit benutzt, um eine Subvention oder einen Subventionsvorteil für sich oder einen anderen in Anspruch zu nehmen oder zu nutzen, obwohl dies dem Subventionszweck widerspricht. Dies ist namentlich dann anzunehmen, wenn die förmlichen Voraussetzungen einer Subvention oder eines Subventionsvorteils in einer dem Subventionszweck widersprechenden Weise künstlich geschaffen werden."

---

[455] Gesetz gegen mißbräuchliche Inanspruchnahme von Subventionen v. 29.07.1976 BGBl. I S. 2043, 2037, eingeführt durch Art. 2 des 1. WiKG

[456] LK Tiedemann § 264 Rn 85; SK Samson 3. Aufl. § 264 Nr. 54 a; Schmidt-Hieber, NJW 1980, S. 322; Schö.-Schr. Lenckner § 264 Rn. 46 sieht die Regelung in § 4 Abs. 1 SubvG ohne zusätzliche Bedeutung für § 264 StGB, da sie nur der Klarstellung eines ohnehin bestehenden Rechtsgrundsatzes diene.

Die Gestaltung eines Subventionssachverhalts ist dann mißbräuchlich, wenn nach dem wirtschaftlichen Zweck des Geschäfts oder der Handlung ein offensichtlich unangemessener, künstlicher Weg gewählt wird, ohne daß sachliche Gründe für die Wahl dieses ungewöhnlichen Weges vorliegen[457]. Ein Anhaltspunkt hierfür ist der Widerspruch der konkreten Subventionsgewährung zu dem mit der Subvention verfolgten Zweck. Die Bestimmtheit der Norm, insbesondere im Hinblick auf Umgehungsgeschäfte wird inzwischen nach h. A. bejaht[458] und auch als Beispiel für hinreichend bestimmte außerstrafrechtliche Generalklauseln genannt[459].

In subjektiver Hinsicht muß der Täter die Gewährung der Subvention durch die Umgehung vorsätzlich anstreben, wobei das "sichere Wissen" sowohl um den angestrebten Vorteil, wie um die Umgehung und der Zweckwidrigkeit als notwendig angesehen wird[460].

Oben wurde dargestellt, daß der größere Teil der Mittelausgaben der Europäischen Gemeinschaften, mit Ausnahme u.a. von Verwaltungsausgaben, Ausgaben zur zwischenstaatlichen Zusammenarbeit einschließlich der Entwicklungshilfezahlungen an Drittstaaten und Teilen der Sozialfonds - sowie Bildungs- und Forschungausgaben, dem Strafschutz des § 264 StGB unterfallen. Sämtliche Tatbestandsvarianten in § 264 Abs. 1 StGB beinhalten die Verweisung auf subventionserhebliche Tatsachen i.S.d. § 264 Abs. 8 StGB. Das Vorliegen eines durch Scheinhandlungen oder -geschäfte verdeckten, anderen Sachverhalts ist als subventionserheblich i.S.d. § 264 Abs. 8 StGB anzusehen, da auf diesen wahren Sachverhalt bei der subventionsrechtlichen Beurteilung nach § 4 Abs. 1 SubvG abzustellen wäre[461]. Bei Umgehungshandlungen, die mißbräuchlich eine zweckwidrige Subventionierung herbeiführen sollen, bestimmt § 4 Abs. 2 SubvG deren Unbeachtlichkeit für die subventionsbezogene Beurteilung, so daß sich auch hieraus ebenfalls die Unrichtigkeit solcher Angaben ergibt, die den Umgehungssachverhalt als für die Subventionsentscheidung erheblich wiedergeben[462].

---

[457] LK Tiedemann § 264 Rn 92; Tiedemann Subventionskriminalität S. 340; Tiedemann Wirtschaftstrafrecht Bd. 1, S. 183

[458] Pache S. 179 f; LK Tiedemann § 264 Rn. 89; Reisner S. 105; Bedenken i. Zusammenhang mit der Bestimmtheit des Subventionsbegriffs s. Heinz GA 77, S. 211; Löwer, JZ 79, S. 621

[459] Tiedemann FS Pfeiffer S. 110 ; Pache S. 179; Kommission, Etude sur les Systhemes de Sanctions Administratives et Penales des Etats Membres Ainsi que sur les Principes generaux du Systheme des Sanctions communautaires - Rapport de Synthese v. 16.07.1993 SEC (93) 1172, S. 5

[460] LK Tiedemann, § 264 Rn. 97; Schö-Schr. Lenckner, § 264 Rn. 45; Reisner S.87. a.A.: Vogel, Schein- und Umgehungshandlungen, S. 172 f, der unter Hinweis auf den Wortlaut "um" i. § 4 Abs. 2 eine Erlangungsabsicht (Vorsatz ersten Grades) und hinsichtlich der Rechts- und Zweckwidrigkeit einfachen Vorsatz als erforderlich ansieht

[461] LK Tiedemann § 264 Rn 85; SK Samson § 264 Rn. 54a; Lenckner Schö.-Schr. § 264 Rn. 46

[462] LK Tiedemann § 264 Rn. 96 f; Schö.-Schr. Lenckner §264 Rn. 46

Die Behandlung von Schein- und Umgehungsgeschäften beinhaltet somit auch das Merkmal subventionserheblicher Tatsachen, deren Bestimmung wiederum dem jeweiligen Subventionsnormgeber obliegt. Dabei ist fraglich, ob bei Subventionen aus Mitteln der Europäischen Gemeinschaften die Regelungen in § 4 SubvG anwendbar sind. Mit der Bestimmung der Unbeachtlichkeit von Schein- und Umgehungshandlungen nach § 4 SubvG für die Subventionsentscheidung, wird eine den Anspruch selbst betreffende, also materiell rechtliche Regelung in Bezug auf die Subvention getroffen[463]. Die materiell-rechtlichen Voraussetzungen von Subventionen sind jedoch allein Gegenstand der gemeinschaftlichen Regelungskompetenz, da sie die Durchsetzung der verschiedenen Gemeinschaftspolitiken und den Gemeinschaftshaushalt betreffen. Diese Kompetenz steht aufgrund der Übertragung auf die Gemeinschaften den Mitgliedstaaten nicht mehr zu[464]. Aus diesem Grund sind die in § 4 SubvG getroffenen Regelungen nicht auf Subventionen anwendbar, die nach Rechtsvorschriften der Europäischen Gemeinschaften vergeben werden[465].

6.1.3. Rechtslage nach Einführung Art. 4 VO/EWG 2988/95

Mit Beschluß des Rates vom 18.12.1995 wurde die Verordnung 2988/95 über den Schutz der finanziellen Interessen der Europäischen Gemeinschaften verabschiedet[466]. Nachdem bereits lange zuvor auf die Notwendigkeit der Bekämpfung gerade auch von Schein- und Umgehungshandlungen verwiesen wurde[467], beauftragte der Rat die Kommission mit Beschluß vom 13.11.1991[468] zu untersuchen, welche Maßnahmen zu treffen seien, um eine Angleichung von nationalen Rechts- und Verwaltungsvorschriften zum Schutz der Gemeinschaftsfinanzen zu bewirken. Die Kommission ließ darauf eine Untersuchung über den strafrechtlichen Schutz der finanziellen Interesse der Gemeinschaft i.e.S. erstellen, nachdem zuvor eine Untersuchung über die verwaltungsrechtlichen Sanktionen in Auftrag gegeben worden war. Die Ergebnisse beider Untersuchungen wurden in einem Arbeitsdokument der Kommission zusammengefaßt[469]. Hierauf aufbauend wurde dann von der Kommission am 07.07.1994 ein Verordnungsvorschlag[470] verabschiedet, der verwaltungsrechtliche Sanktionen der Gemeinschaft und Regelungen über die Kontrollmöglichkeiten der

---

[463] Dieblich S. 107; Pache S. 181

[464] BT Bericht S. 21; Dieblich S. 107; Reisner S. 7; Pache S. 181 f; Tiedemann NJW 1990 S. 2231

[465] Pache aaO; Schö.-Schr. Lenckner § 264 Rn 45; LK Tiedemann § 264 Rn. 6; Tiedemann FS-Pfeiffer S. 101; Dreher § 264 Rn 1

[466] VO EG/EURATOM des Rates vom 18.12.1995 über den Schutz der finanziellen Interessen der Europäischen Gemeinschaften, ABl. L 312 vom 23.12.1995, S. 1; s.a. Dannecker, ZStW 108 (1996) S. 577-608, 606

[467] z. B. Entschließungen d. Rates v. 16.12.1975, ABl. 1975 C 298 S. 1 u. v. 27.06.1977, Abl. 1977 C 157 S. 1; Tiedemann FS Pfeiffer, S. 111; Spannowsky JZ 92, 1160 f m.w.N.;

[468] ABl. 1991 C 328, S. 1

[469] Dok. SEK (93) 1172 v. 16.07.1993

[470] ABl. 1994 C 216 v. 06.08.1994, S. 11; s.hierzu Vogel, RTDPE 1995 S.631

Gemeinschaft enthielt und in Art. 3 eine Mißbrauchsregelung vorsah[471]. Dieser Vorschlag bezog sich jedoch nur auf die verwaltungsrechtlichen Sanktionsmöglichkeiten, während die Verbesserung des Schutzes der finanziellen Interessen der Gemeinschaft durch Regelungen des Kernstrafrechts Gegenstand eines gleichzeitig verabschiedeten Entwurfs[472] für ein nicht dem Gemeinschaftsrecht, sondern der zwischenstaatlichen Zusammenarbeit des "dritten Pfeilers" zuzuordnenden, völkerrechtlichen Abkommens war.

Die später verabschiedete Verordnung enthält erstmals die in einer Rechtsvorschrift bestimmte Definition des Begriffs der Unregelmäßigkeit[473] und regelt übergreifend für alle Bereiche der Gemeinschaftsfinanzen die grundsätzliche Möglichkeit der Verhängung verwaltungsrechtlicher Maßnahmen, Wiedereinziehung, Verzinsung oder Verfall von Sicherheiten, oder verwaltungsrechtlicher Sanktionen, Geldbuße, Zuschläge, Leistungssperre. Die möglichen im Kompetenzbereich der Kommission liegenden verwaltungsrechtlichen Maßnahmen unterscheiden sich dabei rechtstheoretisch mit ihrem restitutiven Zweck von den genannten verwaltungsrechtlichen Sanktionen mit repressiver Zielsetzung, denen ein punitiver Charakter beizumessen ist[474]. Rechtsgrundlage der Verordnung ist die Regelung in Art. 235 EGV (Generalermächtigung) zur Kompetenzergänzung der Gemeinschaften hinsichtlich des gemeinsamen Marktes[475].

6.1.3.1. Regelungsinhalt des Art. 4 VO/EWG 2988/95

Nachdem vorstehend auf die Entstehung der Verordnung zum Schutz der finanziellen Interessen der Gemeinschaften eingegangen wurde, soll hier Art. 4 der Verordnung dargestellt werden:

Art. 4 der Verordnung lautet :

> „(1) Jede Unregelmäßigkeit bewirkt in der Regel den Entzug des rechtswidrig erlangten Vorteils - durch Verpflichtung zur Zahlung des geschuldeten oder Rückerstattung des rechtswidrig gehaltenen Geldbetrags; - durch vollständi-

---

[471] "1. Mißbrauch der gemeinschaftlichen Rechtsvorschriften ist jede Handlung, die darauf abzielt, unrechtmäßig Vorteile zu erlangen, indem durch Scheingeschäfte oder Umgehungshandlungen eine Situation geschaffen wird, die zwar formell die rechtlichen Voraussetzungen erfüllt, jedoch eines echten wirtschaftlichen Beweggrundes entbehrt und den Zielen der betreffenden Gemeinschaftregelung entgegensteht. 2. Die Umgehungstatbestände des Abs. 1 begründen keine Ansprüche oder Vorteile"; krit. hierzu Reisner 303 ff.

[472] ABl. 1994 C 216 v. 06.08.1994, S. 14 ff

[473] s. dazu unten Ziff. III 2.

[474] Heitzer S. 127

[475] danach kann der Rat auf Vorschlag der Kommission geeignete Vorschriften erlassen, wenn ein Tätigwerden der Gemeinschaft erforderlich erscheint um im Rahmen des Gemeinsamen Marktes vorgesehene Ziele zu verwirklichen

gen oder teilweisen Verlust der Sicherheit, die für einen Antrag auf Gewährung eines Vorteils oder bei Zahlung eines Vorschusses geleistet wurde.
(2) Die Anwendung der Maßnahmen nach Absatz 1 beschränkt sich auf den Entzug des erlangten Vorteils, zuzüglich - falls dies vorgesehen ist - der Zinsen, die pauschal festgelegt werden können.
(3) Handlungen, die nachgewiesenermaßen die Erlangung eines Vorteils, der den Zielsetzungen der einschlägigen Gemeinschaftsvorschriften zuwiderläuft, zum Ziel haben, indem künstlich die Voraussetzungen für die Erlangung dieses Vorteils geschaffen werden, haben zur Folge, daß der betreffende Vorteil nicht gewährt, bzw. entzogen wird.
(4) Die in diesem Artikel vorgesehenen Maßnahmen stellen keine Sanktionen dar."

Die Regelungen in Art. 4 sind also zum einen Regelfolgen von Unregelmäßigkeiten i. S. Art. 1 Abs. 2, wobei sich die Folgen gem. Art. 4 Abs. 1 des Entzuges bzw. der Rückzahlung und des Verfalls von Sicherheiten nach Art. 4 Abs. 2 ausdrücklich auf den erlangten Vorteil beziehen. Nach Art. 4 Abs. 4 sind die in Art. 4 vorgesehenen Maßnahmen keine Sanktionen. Im Hinblick darauf, daß die Rückzahlung eines rechtswidrig erlangten Vorteils, wie auch der Verfall einer Sicherheit nicht als Sanktion im repressiven Sinn bzw. mit punitivem Charakter angesehen werden[476], handelt es sich bei der Regelung in Art. 4 Abs. 4 um eine deklaratorische Klarstellung.

In Art. 4 Abs. 3 wird ein Umgehungstatbestand geschaffen. Objektives Merkmal sind Handlungen, die auf die Erlangung eines Vorteils gerichtet sind. Unterlassungen sind demnach nicht erfaßt, wie die gesonderte Erwähnung von Handlungen und Unterlassungen in Art. 1 zeigt.

Im weiteren müssen durch diese Handlungen die Voraussetzungen des Vorteils "künstlich geschaffen" werden. Dieses Merkmal stimmt wörtlich mit dem Regelbeispiel für Mißbrauch i. S. § 4 Abs. 2 SubvG überein[477]. Die Ermittlung der Mißbräuchlichkeit und der Künstlichkeit geschaffener Subventionsvoraussetzungen im deutschen Subventionsrecht erfolgt auch durch den Vergleich des zu beurteilenden Falls mit den üblichen Mitteln zur Erreichung des wirtschaftlich angestrebten Zwecks[478], was auch im Rahmen des § 42 AO gilt[479].

---

[476] Heitzer S. 80 bezgl. Kautionen
[477] Die entsprechende Regelung im Kommissionsentwurf bezog sich auch ausdrücklich auf den Mißbrauch gemeinschaftlicher Vorschriften
[478] LK Tiedemann § 264 Rn 92
[479] Vogel in: Bausteine S. 160 f; Kühn AO 17. Aufl. § 42 Nr. 5

Im Verordnungsentwurf der Kommission wurde in der Mißbrauchsklausel in Bezug auf Scheingeschäfte und Umgehungshandlungen[480] auf das Fehlen eines echten wirtschaftlichen Beweggrundes verwiesen. Auf diese wirtschaftliche, vergleichende Sichtweise, wird auch bei der Ermittlung des Merkmals des künstlichen Schaffens i. S. Art. 4 Abs. 3 abzustellen sein[481]. Scheingeschäfte und -handlungen, die gegenüber dem deutschen Recht einen weiteren Umfang haben[482], sind auch nach Gemeinschaftsrecht unbeachtlich, was aus der Annahme eines auch im Gemeinschaftsrecht verankerten allgemeinen Rechtsgrundsatzes folgt[483].

Die künstliche Gestaltung, das Schaffen, hat die Voraussetzungen des Vorteils zum Gegenstand, was dem in § 4 Abs. 2 SubvG gebrauchten Begriff der förmlichen Voraussetzungen entspricht. Auch der Verordnungsentwurf der Kommission verwies in seiner Mißbrauchsregelung auf eine Situation, "die ... formell die rechtlichen Voraussetzungen erfüllt", und somit zunächst auf den Norminhalt der umgangenen Regelung.

Nicht weniger normativ und schwer zu ermitteln, wie das vorgenannte Merkmal der Künstlichkeit, ist das weitere Umgehungsmerkmal der Zweckwidrigkeit. Die Abgrenzung von zulässiger Sachverhaltsgestaltung und mißbräuchlicher Inanspruchnahme von Regelungen soll nach Art. 4 Abs. 3 durch die Einbeziehung der Zielsetzungen der einschlägigen Gemeinschaftsvorschriften, hier des Subventionszwecks, erfolgen, denen der in Frage stehende Vorteil zuwider laufen muß. Methodisch erfordert dies den wertenden Vergleich zwischen den mit der betroffenen Gemeinschaftsregelung verfolgten Zwecken und dem geschaffenen Sachverhalt aufgrund dessen die Gemeinschaftsnorm in Anspruch genommen werden soll. Dabei wird zur Ermittlung der Normzwecke zunächst auf die in den Regelungen des Gemeinschaftsrechts genannten Regelungsgründe, Erwägungen und genannten Ziele abzustellen sein. Nicht klar geregelt ist, ob der in Frage stehende Vorteil dabei ggf. einer Mehrzahl oder sämtlichen Zwecken zuwiderlaufen muß. Da die angestrebten Wirkungen gemeinschaftlicher Regelungen, insbesondere im Bereich der Gemeinschaftsausgaben, nicht nur auf das Erreichen eines einzigen Zieles gerichtet sind, dürfte es für die Annahme der Zielwidrigkeit ausreichen, wenn der angestrebte oder erhaltene Vorteil lediglich zu einigen der Zielen in Widerspruch steht.

---

[480] Die Streichung des Begriffs der Scheingeschäfte erscheint in der Endfassung methodisch sinnvoll - haben doch nach deutschem und englischem Rechtsverständnis Schein- und Umgehungshandlungen unterschiedliche Voraussetzungen, während im französischen Recht auch die Umgehungshandlungen (opérations artificielles) dem Begriff der Scheingeschäfte (opérations fictives) unterfallen, Reisner S. 305; Tiedemann NJW 1993, S. 23 (28)

[481] Dies steht auch nicht im Gegensatz zur Behandlung von Schein- und Umgehungshandlungen in Großbritannien, wo die wirtschaftliche Sachverhaltsbeurteilung zunehmend Bedeutung erlangt, anders als in Frankreich wo sie gebräuchlich ist, s. Reisner S. 280

[482] Vogel, in: Bausteine S. 176

[483] Reisner S. 277; LK-Tiedemann § 264 Rn. 103

Die als Umgehungshandlungen gewerteten Handlungen müssen zudem die Vorteilserlangung nachgewiesenermaßen zum Ziel haben, müssen also den erkennbaren und vor allem nachgewiesenen Zweck aufweisen, einen bestimmten Vorteil zu erlangen. Da die Regelung allein auf objektive Merkmale einer Umgehungshandlung abstellt, ist auch der Nachweis des Ziels der Handlung in einem objektiven Sinn zu verstehen. Nicht maßgebend ist danach der Nachweis einer subjektiven Erlangungsabsicht, sondern der Nachweis, daß die in Frage stehende Handlung objektiv die Vorteilserlangung zum Ziel hat. Dieser Nachweis wird dann als geführt angesehen werden können, wenn die Handlung keinen nachvollziehbaren anderen, insbesondere wirtschaftlichen, Sinn hat, als den Eintritt der betroffenen Normfolge zu bewirken. Da jedoch auch hier der Gegenbeweis möglich bleiben muß, kann mit diesem Nachweis nur das Eintreten einer Regelvermutung bewirkt werden. Hierdurch wird der durch den Vergleich von Vorteil und Normzweck bewirkten begrifflichen Unschärfe der Regelung wieder entgegengewirkt.

Die Umgehungsklausel in Art. 4 Abs. 3 muß zudem hinreichend bestimmt sein um die Versagung eines Vorteils oder die Rückforderung zu begründen. Dem Regelungsgegenstand gemäß müssen Umgehungsnormen weit gefaßte Vorschriften sein. Im Hinblick auf die Entscheidung des EuGH zu Umgehungshandlungen bei Ursprungszeugnissen[484], begegnet die Regelung in Art. 4 Abs. 3 keinen Bedenken gegen ihre Wirksamkeit, da Gegenstand dieser Entscheidung die Umgehungsregelung in Art. 6 VO/EWG 802/68 war, bei der "festgestellte Tatsachen die Vermutung (einer Umgehung) rechtfertigen", während vorliegend der Nachweis des Handlungszwecks verlangt wird. In der Entscheidung nahm der EuGH auch die Zulässigkeit einer Beweislastumkehr gegen den Wirtschaftsteilnehmer an. Durch die Umgehungsregelung dürfte jetzt auch die bisher geltende weitgehende Unbeachtlichkeit des Verwendungszwecks der Ware bei der Tarifierung nach dem GZT relativiert werden[485].

Mit der Umgehungsklausel wurde auf verwaltungsrechtlichem Weg über das Gemeinschaftsrecht eine allgemeine anspruchsausschließende Umgehungsregelung geschaffen, die unmittelbar materielle Wirkung für Subventionsansprüche hat. Eine Umsetzungsnorm in den jeweiligen Einzelregelungen ist wohl nicht erforderlich, da die Umgehungsregelung weder Teil des Unregelmäßigkeitenbegriffs in Art. 1 Abs. 2 [486], noch Voraussetzung für die Verhängung einer verwaltungsrechtlichen Maßnahme oder Sanktion ist. Die Umgehungsregelung hat deshalb direkte Wirkung für die aus Gemeinschaftsmitteln vergebenen Subventionen und ihre gemeinschaftsrechtlichen Anspruchsgrundlagen. Damit ist der Umgehungstatbestand nach Art. 4 Abs. 3 aber auch als subventionserhebliche Tatsache i. S. § 264 Abs. 8 StGB anzuse-

---

[484] EuGH Rs. C 26/88 "Brother" Entscheidung v. 13.12.1989, EuZW 1990, S.32; Pache S. 178

[485] Vogel, in Bausteine: S. 180, verweist ebenfalls auf die Unbedenklichkeit einer Umgehungsregelung auch hinsichtlich des Tarifierungsrechts

[486] Heitzer S. 126

hen, da vom Vorliegen einer Umgehungshandlung die Gewährung bzw. Belassung einer Subvention gesetzlich abhängig ist.

Unter den genannten Voraussetzungen können daher auch Umgehungshandlungen i.S.d. Art. 4 Abs. 3 VO/EG, EURATOM Nr. 2899/95 von § 264 StGB erfaßt werden, die sich auf Subventionen aus Mitteln der Europäischen Gemeinschaft beziehen und deren Vergabevoraussetzungen gemeinschaftsrechtlich geregelt werden.

III. Unregelmäßigkeiten bei Ausgaben der Europäischen Gemeinschaften

Auf den Subventionsbegriff, seine Merkmale und die Erweiterung dieses Begriffs zum Schutz der Ausgaben aus Mitteln der Gemeinschaft wurde vorstehend eingegangen, um darzustellen welche Subventionen vor betrügerischer Inanspruchnahme durch den Tatbestand des § 264 StGB geschützt sind. Insgesamt erfassen der Tatbestand des Subventionsbetrugs im deutschen Strafrecht, wie der Betrugsbegriff des Übereinkommens zum Schutz der finanziellen Interessen der Europäischen Gemeinschaft nur einen Teil der Handlungen zum Nachteil der Gemeinschaftsfinanzen. Für diese Handlungen werden zusammenfassend auch die Begriffe Betrügereien und insbesondere Unregelmäßigkeiten verwendet, die auch Gegenstand gemeinschaftsrechtlicher Regelungen sind. Der Begriff der Unregelmäßigkeit, seine Entwicklung und sein Inhalt, soll im Folgenden dargestellt werden, nachdem kurz auf den Begriff der Betrügerei eingegangen wurde. Dem Gegenstand dieser Arbeit entsprechend, soll sich die Darstellung dabei auf die Ausgaben aus Gemeinschaftsmitteln beschränken. Im Anschluß daran wird aufgezeigt, aufgrund welcher Regelungen im Gemeinschaftsrecht die Kommissionsdienststellen Kenntnisse über derartige Unregelmäßigkeiten erhalten und welches Bild sich aufgrund dieser Informationen hinsichtlich verschiedener Haushaltsbereiche der Europäischen Gemeinschaft ergibt.

1. Betrügereien zum Nachteil der Gemeinschaftsfinanzen

Neben dem Begriff der Unregelmäßigkeit, auf den nachfolgend ausführlich eingegangen werden soll, wird im Zusammenhang mit der Schädigung der Gemeinschaftsfinanzen auch derjenige der Betrügerei verwendet[487]. Während die Begriffe Betrug und Unregelmäßigkeit gemeinschaftsrechtlich definiert sind, fehlt eine solche Bestimmung für den bereits seit längerem verwendeten Begriff Betrügerei. So wurde 1981 in einem Entschließungsantrag des Europäischen Parlaments die notwendige Harmonisierung der Rechtspraxis in den Mitgliedstaaten gefordert um eine Verfol-

---

[487] Pache EuR 1993, S. 176; Sieber, SchwZStR, 108, S. 357; Tiedemann, NJW 1993, S. 49; Entschließung des Rates v. 13.11.1991 ABl. C Nr. 328, S. 1 und v. 06.12.1994 über den rechtlichen Schutz der finanziellen Interessen der Gemeinschaften, ABl. 1994 C Nr. 355, S. 2 f; Schlußfolgerung des Rates zur Betrugsbekämpfung v. 28.09.1992, Bull. EG 9-1992, S. 83 ff; BT Drs. 13/10425 S. 20; Martyn, in: Tulkens, la protection S. 38;

gung von Betrügereien zum Nachteil der Gemeinschaftsfinanzen zu gewährleisten[488]. In einer Begriffsbestimmung der Kommission aus dem Jahr 1987[489] wurde unter „Betrügerei" jeder Verstoß subsumiert, der vorsätzlich oder fahrlässig von Privatpersonen oder privaten Einrichtungen begangen wird und der finanziell nachteilige Auswirkungen auf den Gemeinschaftshaushalt hat. Im Gegensatz hierzu wurden „Verstöße" als die nicht ordnungsgemäße Anwendung des Gemeinschaftsrechts durch die Mitgliedstaaten bezeichnet, die Maßnahmen nach Art. 169 EGV ermöglichen würden.

Aufgrund der Vertragsänderungen von Maastricht und Amsterdam werden Betrügereien und ihre Bekämpfung nunmehr ausdrücklich im Primärrecht der Union und der Gemeinschaft genannt. So spricht Art. 280 EGV, Art. 209 a EGV a.F., identisch mit Art. 78 i EGKSV und Art 183 a EAV, von der Verpflichtung der Mitgliedstaaten zur gleichen Bekämpfung von Betrügereien zum Nachteil der Gemeinschaft, wie Betrügereien zum Nachteil der eigenen finanziellen Interessen und zur Zusammenarbeit beim Schutz vor solchen Betrügereien. Art. 280 EGV n. F. verweist zum einen auf die Pflicht der Mitgliedstaaten zur Bekämpfung von Betrügereien und begründet die Befugnis des Rates, die hierzu erforderlichen Maßnahmen im Zustimmungsverfahren nach Art. 189 b EGV zu beschließen. Dies, so Art. 280 Abs. 4 S. 2 EGV, allerdings ohne die Anwendung des Strafrechts der Mitgliedstaaten zu berühren. Artikel K 1 Nr. 5 EUV bezieht sich ausdrücklich auf Betrügereien im internationalen Maßstab als einem Gegenstand der Justizzusammenarbeit der Union von gemeinsamem Interesse, soweit diese Betrügereien nicht ohnehin den Regelungen in Art. K 1 Nr. 7, 8 und 9 unterfallen, womit die strafrechtliche justitielle Zusammenarbeit, die Zollkooperation und die polizeiliche Zusammenarbeit erfaßt werden.

Der Begriff der Betrügerei ist nicht mit dem anderweitig im Übereinkommen zum Schutz der finanziellen Gemeinschaftsinteressen, im Verfahren nach Art. K 3 Abs. 2 lit. c EUV definierten Betrug identisch und stellt auch nicht lediglich einen Oberbegriff einer Mehrzahl oder von verschiedenartigen Betrugstaten dar. Unter Betrügerei sind auch andere strafrechtlich zu ahndende Sachverhalte, wie Steuerdelikte oder Fälschungsdelikte zu verstehen, wie aus Art. 280 Abs. 2 EGV folgt. Dort wird mit Blick auf sämtliche Straftaten zum Nachteil der finanziellen Interessen des jeweiligen Mitgliedstaates und solche zum Nachteil der Gemeinschaft allgemein von „fraudes commises au détriment du budget communautaire" gesprochen[490]. Schutzgegenstand der Betrugsbekämpfung sind danach die finanziellen Interessen der Europäischen Gemeinschaften, worunter neben den Einnahmen und Ausgaben des Gemeinschafts-

---

[488] EP Antrag v. 11.03.1981 - Dok. 1 - 973/80; s. auch C. Flaesch-Mougin, La CEE et la Lutte contre les Fraudes au Détriment du Budget Communautaire

[489] Rapport sur l`intensification de la lutte contre les fraudes au détriment du budget communautaire v. 6.11.1987 KOM (87) 572 Fin.

[490] Art. 209 a EGV a.F. bzw. Art. 280 EGV im franz. Text ebenso; Bacigalupo Zapater, S.E., i. Dannecker, Bekämpfung des Subventionsbetruges S. 151

haushalts auch die von der Gemeinschaft verwalteten Haushalte zu verstehen sind[491]. Die oben wiedergegebene Definition des Begriffs bezieht sowohl fahrlässige, wie vorsätzliche Verstöße ein, weshalb nur objektiv rechtswidrige Sachverhalte nicht unter den Begriff der Betrügerei fallen. Der Begriff der Betrügerei beinhaltet somit neben dem objektiven Tatbestand auch ein subjektives Element. Aus der besonderen Erwähnung von Betrügereien in Art. K 1 Nr. 5 EUV, soweit sie nicht bereits unter Nr. 7, die strafrechtliche Justizzusammenarbeit fallen, und der Maßnahmenzuständigkeit des Rates in Art. 280 Abs. 4 EGV n.F. folgt jedoch, daß Betrügereien Gegenstand der strafrechtlichen Zusammenarbeit sein können, aber weitergehend darunter nicht nur Sachverhalte zu verstehen sind, die mit den derzeitigen strafrechtlichen Regelungen der Mitgliedstaaten bekämpft werden können.

Der Begriff der Betrügerei bezeichnet ohne nähere Tatbestandsmerkmale Straftaten zum Nachteil des Haushalts der Gemeinschaft und der von den Gemeinschaften verwalteten Haushalte, wie auch solche Sachverhalte, die Gegenstand strafrechtlicher Sanktionen und zwischenstaatlicher Zusammenarbeit der Mitgliedstaaten auf strafrechtlichem Gebiet werden können, ohne daß diese Betrügereien bereits jetzt in sämtlichen Mitgliedstaaten Regelungen des Strafrechts unterfallen.

2. Unregelmäßigkeiten - Begriff und Mitteilungspflichten

2.0.1. Begriffsentwicklung

In zahlreichen Berichten, die auch Straftaten betreffen[492], werden von den Dienststellen der Kommission seit 1973 zu Lasten der Gemeinschaftsfinanzen begangene "Unregelmäßigkeiten" mitgeteilt. Diese Angaben finden wiederum Verwendung in Dokumenten des Europäischen Parlaments[493] des Rechnungshofes der Gemeinschaften oder des Rates der Union und in wissenschaftlichen Publikationen[494] strafrechtlicher und kriminologischer Art, bis hin zu Zeitungsveröffentlichungen[495]. Gleichwohl wurde der Begriff der "Unregelmäßigkeit" erstmals 1995 in einem Rechtsakt der

---

[491] Pache S. 53 ff; Bieber in: von der Groeben/Thiesing, 5.Aufl.1997 Art. 209 a Rn. 14 f

[492] s. Jahresberichte EAGFL Garantie / Ausrichtung oder Jahresberichte Betrugsbekämpfung. Die von der Kommission veröffentlichten Zahlen stellen die einzige gemeinschaftsweite Datensammlung auf diesem Gebiet dar, was ihre häufige Verwendung erklärt.

[493] EP, Bericht d. Ausschusses für Haushaltskontrolle zu Betrügereien zu Lasten des gemeinschaftlichen Haushalts v. 30.01.1984, ABl. C 125 v. 11.05.1987, S. 3 ff, 8, 23, 33

[494] Dannecker, in ders. Die Bekämpfung des Subventionsbetrugs im EG-Bereich S. 29; Pache, S. 63; Müller / Wabnitz, Wirtschaftskriminalität 3. Aufl., S. 28

[495] z.B. "Eldorado für Abzocker" in Stern, 20/98 v. 7.5.1998, S. 190 ff

Gemeinschaft verbindlich bestimmt. Die Rahmenverordnung über den Schutz der finanziellen Interessen der Europäischen Gemeinschaften[496] bestimmt in Artikel 1 Abs. 2:

> *"Der Tatbestand der Unregelmäßigkeit ist bei jedem Verstoß gegen eine Gemeinschaftsbestimmung als Folge einer Handlung oder Unterlassung eines Wirtschaftsteilnehmers gegeben, die einen Schaden für den Gesamthaushaltsplan der Gemeinschaften oder die Haushalte, die von den Gemeinschaften verwaltet werden, bewirkt hat bzw. haben würde, sei es durch die Verminderung oder den Ausfall von Eigenmitteleinnahmen, die direkt für Rechnung der Gemeinschaften erhoben werden, sei es durch eine ungerechtfertigte Ausgabe."*

Auf den Begriff Unregelmäßigkeit wurde bereits in früheren Regelungen des Gemeinschaftsrechts verwiesen, deren Regelungsfolgen als Sanktionen mit Strafcharakter angesehen werden, wie die Pflicht zur Zahlung von Geldbußen nach der Feststellung von "Unregelmäßigkeiten" nach Art. 3 Abs. 3 VO/EWG 2262/84[497]. Auch für die Verhängung von Leistungssperren, die dem Bereich verwaltungsrechtlicher Sanktionen zugeordnet werden[498], ist die Feststellung von Unregelmäßigkeiten Voraussetzung[499].

Erklärungsbedürftig erscheinen die Begriffsmerkmale der Unregelmäßigkeit, der "irrégularité" oder "irregularity", eines Begriffes, der sich auch in der Übersetzung als „Unregelmäßigkeit" im deutschen Strafrecht nicht findet, da hier auch festgestellt werden soll, ob, und wenn ja, wieweit dieser Begriff Sachverhalte umfaßt, die als Subventionsbetrug nach deutschem Strafrecht zu werten sind. Der Unregelmäßigkeitsbegriff hat eine andere Bedeutung als der strafrechtliche Betrugsbegriff, wie er sich im Übereinkommen der Europäischen Union über den Schutz der finanziellen Interessen der Europäischen Gemeinschaften findet[500].

Wie unten aufgezeigt wird, haben die Gemeinschaftsorgane den Begriff der Unregelmäßigkeit bereits lange zuvor verwendet, ohne, daß dem eine einheitliche Definition des Unregelmäßigkeitenbegriffs zugrunde gelegt worden wäre. Die Unbestimmtheit des Begriffs und die daraus folgende Unmöglichkeit einer Unterscheidung

---

[496] VO EG/EURATOM 2988/95 v. 18.12.1995, ABl. L 312/1 v. 23.12.1995

[497] Heitzer, S. 111 m.w.N

[498] EuGH Rs. C 240/90 Slg. 1992, NJW 1993, 47 f. m. Anm. Tiedemann; s.a. umfassend Heitzer S. 105 ff.; Gröblinghoff S. 58

[499] z. B.: s. Art. 4 Abs. 5 VO/EWG 495/93, ABl. L 1993 Nr. 52, 12 betr. die Gewährung von Beihilfen für die Verarbeitung von Magermilch; Art. 8 Abs. 2 VO/EWG 1738/89, ABl. L 1989 Nr. 171, 31 betr. Beihilfen für Hartweizenerzeuger

[500] Übereinkommen vom 26.07.1995, ABl. C 316 v. 27.11.1995 S. 48 ff.
Zu den unterschiedlichen Begriffen: Martyn S. 38

zwischen Betrügereien und anderen Ursachen für zu Unrecht getätigte Ausgaben wurde wiederholt bemängelt[501]. So wurde noch 1993 in einem Kommissionsbericht beklagt, daß eine Eingrenzung des Begriffs bisher fehle und als kein leichtes Unterfangen zu bezeichnen sei[502], wobei dort die Begriffe Unregelmäßigkeiten und Betrug zu Lasten der Gemeinschaft synonym verwendet werden, obwohl Unregelmäßigkeiten im Bereich des EAGFL-Garantie schon seit 1972 Gegenstand einer eigenen, bis heute im wesentlichen fortbestehenden Verordnung der Gemeinschaften sind.[503] Eine weitere Verordnung die Unregelmäßigkeiten im Bereich der Eigenmittel betrifft, gilt seit 1989[504]. Zweck des Begriffs ist die Beschreibung eines Sachverhaltes der ähnlich weit und unscharf erscheint, wie sein Gegenüber, das Schutzobjekt der "finanziellen Interessen der Gemeinschaften"[505], soll dieser Begriff doch nicht nur strafrechtliche sondern auch nach formellem und materiellem Verwaltungsrecht unterschiedliche Tatbestände in allen Rechtsordnungen der Gemeinschaft gleichermaßen erfassen.

In der Vergangenheit hatte es bereits mehrere Versuche gegeben, den Begriff zu definieren. In Art. 8 Abs. 1 der Grundverordnung zur Finanzierung der Agrarmärkte durch die Eigenmittelfinanzierung wurde formuliert, daß die Mitgliedstaaten die erforderlichen Maßnahmen treffen, um "Unregelmäßigkeiten zu verhindern und zu verfolgen", sowie, daß die Mitgliedstaaten der Kommission die zu diesem Zweck getroffenen Maßnahmen, insbesondere den Stand der Verwaltungs- und Gerichtsverfahren, mitteilen. Daß die Bekämpfung von Unregelmäßigkeiten zum Nachteil der Gemeinschaften Erwähnung fand, war zunächst lediglich Ausdruck eines verwaltungstechnischen und verwaltungsrechtlichen Schutzes der Gemeinschaftsfinanzen, die nunmehr ein eigenständiges Schutzobjekt darstellten[506]. Eine Definition der "Unregelmäßigkeit" mußte deshalb zunächst im Zusammenhang mit dem EAGFL gefunden werden, nachdem 1972 im Bereich der Garantieausgaben eine Verordnung[507] geschaffen wurde, die als Ausführungsvorschrift zu Art. 8 Abs. 1 der Eigenmittelverordnung[508] die Mitgliedstaaten verpflichtete die Kommission über Unregelmäßig-

---

501 Leigh, Subvention frauds: the British experience, in: Dannecker, die Bekämpfung des Subventionsbetrugs im EG - Bereich S. 70

502 Kommission, zusammenfassender Bericht über die Untersuchung des Ahndungssystems Bd. 1, SEK (93) 1172 v. 16.07.1993, Einleitung S. 30

503 VO EWG 283/72 ABl. L 36 S. 1 v. 10.02.1972, VO EWG 595/91 v. 04.03.1991 ABl. L 67 v. 14.03.1991, S. 11; Erwähnung findet der Begriff "Unregelmäßigkeit" bereits in einer Verordnung aus dem Jahr 1968: VO/EWG des Rates, vom 08.06.1968 über stärkere Maßnahmen zur Verhinderung und Verfolgung von Unregelmäßigkeiten im Rahmen der Finanzierung der gemeinsamen Agrarpolitik VO/EWG Nr. 802/68, ABl. 1968 L 148 S. 1

504 s. Art. 6 § 3 VO /EWG 1552/89 v. 29.05.1989 ABl. L 155 v. 07.06.1989, S. 1

505 s. auch das Übereinkommen zum Schutz der finanziellen Interessen der Europäischen Gemeinschaften v. 26.07.1995, ABl. C 316/48 v. 27.11.1995, Urteil des EuGH RS 68/88 v. 21.09.1989 sog. Maisskandal-Urteil; Prieß i. Thiesing/von der Groeben, 5. Aufl. Art. 209 a Rd.Nr. 16

506 VO / EWG 729/70 vom 21.04.1970, ABl. L 94 v. 28.04.1970 S. 13

507 VO / EWG 283/72

508 VO / EWG 729/70 aaO.

keiten zu unterrichten. Aufgrund einer Protokollerklärung, die der Verordnung beigefügt wurde, galt als Unregelmäßigkeit

"jeder vorsätzliche oder fahrlässige Verstoß gegen eine Rechtsvorschrift"[509].

Eine Meldepflicht wurde jedoch im Ausgabenbereich des EAGFL nur für solche Unregelmäßigkeiten statuiert, die zu einer Mittelausgabe in bestimmter Höhe geführt hatten, wobei die jeweiligen Schwellenwerte nachfolgend mehrfach erhöht wurden. Die Meldungen enthielten keine Angaben über strafrechtliche Verfahren im Zusammenhang mit den zu meldenden Unregelmäßigkeiten[510].

Nach einer weiteren Ausführungsvorschrift der Kommission aus dem Jahr 1990 über die Meldung von Unregelmäßigkeiten im Bereich der Strukturfonds[511] war unter Unregelmäßigkeit "jeder Verstoß gegen eine einzelstaatliche oder eine Gemeinschaftsvorschrift durch eine natürliche oder juristische Person zum Nachteil des Gemeinschaftshaushalts" zu verstehen.

Im Kommissionsvorschlag für die oben genannte Verordnung des Rates vom 18.12.1995[512] wurde ähnlich der vorstehenden Definition zunächst der Begriff der Unregelmäßigkeit als Oberbegriff in Art. 1 des Verordnungsentwurfes eingeführt, der den
- Betrug zum Nachteil der finanziellen Interessen der Gemeinschaften,
- den Mißbrauch der gemeinschaftlichen Rechtsvorschriften und
- jeden sonstigen Verstoß gegen eine Verpflichtung aus einer Regelung betreffend die Einnahmen der Gemeinschaften oder die Gewährung einer Beihilfe, einer Subvention oder eines sonstigen Vorteils erfaßt. Die einzelnen Unterbegriffe Betrug, Mißbrauch und Verstoß sollten dann in nachfolgenden Artikeln auch unter Benennung von Regelbeispielen der Tatbestandsverwirklichung definiert werden.

Die Verwendung des Begriffs der Unregelmäßigkeit war danach zunächst nur auf Gemeinschaftsregelungen beschränkt, die die verwaltungsmäßige Organisation der Finanzierung der Gemeinschaftsfinanzen regelten, was nicht den Schutz der Gemeinschaftsfinanzen durch strafrechtliche Sanktionen berührte, die nach einhelliger Meinung ausschließlich in den Kompetenzbereich der Mitgliedstaaten fielen. Erst später wurde dieser Begriff auch im Zusammenhang mit Sanktionen sowohl straf- wie verwaltungsrechtlicher Art zum Schutz der finanziellen Interessen der Gemeinschaften

---

509 EWG Ratsprotokoll v. 07.02.1972, R/151/72 S. 3

510 Allerdings wurden im Bereich der bundesdeutschen Zollverwaltung sämtliche Fälle als meldepflichtig nach VO 283/72 angesehen, die objektiv einen Straftatbestand erfüllten; Vorläufige Richtlinie Unregelmäßigkeiten, BMF, MinBlWF 1972, S. 594 ff

511 Ziff. 2 des Verhaltenscodex über die Anwendung von Art. 23 Abs. 1 VO/EWG 4253/88 des Rates - ABl. 1990 C 200, S. 3

512 ABl. C 216 v. 06.08.1994 S. 11; Kommission d. EG KOM (94) 214 fin. v. 15.06.1994

verwendet, und erfaßt nun auch Straftaten sowohl zum Nachteil der Einnahmen der Gemeinschaft, wie auch deren Ausgaben. Die Behandlung von Unregelmäßigkeiten, die als betrügerische Handlung[513] oder als Betrug i. S. Art. 1 des Übereinkommens anzusehen sind, bleibt unberührt davon Sache der Mitgliedstaaten.

2.0.2. Begriffsinhalt nach Art. 1 Abs. 2 VO/EWG 2988/95

Angesichts dieser unterschiedlichen Definitionen und Verwendungszwecke des Begriffs der Unregelmäßigkeit stellt sich die Frage, ob durch die zuletzt eingeführte Rahmenverordnung zum Schutz der finanziellen Gemeinschaftsinteressen der Unregelmäßigkeitsbegriff bezüglich der von ihm erfaßten Sachverhalte gegenüber seinem früheren Anwendungsbereich verändert wird, insbesondere eingeengt wird. Die Verordnung ist als Rahmenverordnung anzusehen, mit der bisher bereits im Bereich des EAGFL vorhandene Regelungen auch auf die anderen Bereiche der Gemeinschaftsfinanzen ausgedehnt werden[514], wobei die in der Rahmenverordnung vorgesehenen Maßnahmen und Sanktionen nicht unmittelbar aufgrund der Rahmenverordnung verhängt werden können, sondern zuvor der Fixierung in Einzelregelungen bedürfen, wie aus Art. 2 Abs. 3 hervorgeht. Die Bestimmung des Begriffs der Unregelmäßigkeit in Art. 1 Abs. 2 als Voraussetzung von verwaltungsrechtlichen Maßnahmen und Sanktionen gilt jedoch übergreifend für alle finanzrelevanten Regelungen des Gemeinschaftsrechts[515], während die ausfüllende Beschreibung der zu sanktionierenden Verhaltensweise sektorbezogenen Regelungen vorbehalten bleibt[516]. Der Unregelmäßigkeitsbegriff enthält keine subjektiven Kriterien, diese werden erst nachfolgend als Voraussetzung für verwaltungsrechtliche Sanktionen in Art. 5 Abs.1 genannt[517]. Der in der Verordnung definierte Begriff bezeichnet insofern nur den objektiven Sachverhalt, der als Unregelmäßigkeit anzusehen ist und erstreckt sich sowohl auf Verhaltensweisen die bereits finanzielle Auswirkungen für die Gemeinschaften nach sich gezogen haben, wie auf solche die dazu geeignet sind. Bezüglich der in Frage kommenden Urheber von Unregelmäßigkeiten verweist die Regelung auf ein Verhalten eines Wirtschaftsteilnehmers, nimmt insofern die Verursachung durch Verwaltungsstellen der Mitgliedstaaten aus, wie auch bereits der zu Art. 23 VO/EWG

---

[513] Übereinkommen über den Schutz der finanziellen Interessen der Europäischen Gemeinschaften ABl. 1995 C 316 v. 27.11.1995 S. 49, Präambel

[514] Erwägungsgründe achter Absatz

[515] Erwägungsgründe vierter Absatz; Kommission, Jahresbericht Betrugsbekämpfung 1995, S. 12

[516] aaO Erwägungsgründe fünfter Absatz; anders der Vorschlag der Kommission v. 07.07.1994 ABl. 1994 C 216, S. 11 f., der einzelne Begehungsformen von Unregelmäßigkeiten in Form von Regelbeispielen enthielt; s.a.Heitzer S. 124

[517] Art. 5 Abs. 1 lautet: "Unregelmäßigkeiten, die vorsätzlich begangen oder durch Fahrlässigkeit verursacht werden, können zu folgenden verwaltungsrechtlichen Sanktionen führen."

4253/88 bezüglich der Strukturfonds von der Kommission erlassene Verhaltenscodex, der eine Handlung einer natürlichen oder juristischen Person anführte[518].

In dieser Hinsicht ist der in der VO/EWG 2988/95 definierte Begriff der Unregelmäßigkeit als verbindliche gemeinschaftsrechtliche Definition anzusehen[519], die unmittelbare Wirkung, insbesondere für den Umfang von Mitteilungspflichten der Mitgliedstaaten, hat. Ausgenommen ist die Verhängung von Maßnahmen oder Sanktionen, für die nähere Regelungen über die betroffenen Verhaltensweisen und deren Folgen in Einzelregelungen vorzusehen sind.

Soweit der Begriff der Unregelmäßigkeit in Gemeinschaftsregelungen früher verwendet wurde, erfaßte er nur solche Unregelmäßigkeiten, die schon zu Ausgaben im Bereich des EAGFL geführt hatten (Art. 3) und statuierte die Pflicht zur Berichterstattung nur im Hinblick auf den Stand der verwaltungstechnischen oder verwaltungsgerichtlichen Wiedereinziehung der im Zusammenhang mit Unregelmäßigkeiten ausgegebenen Beträge durch die Mitgliedstaaten. Demgegenüber erweitert Art. 1 Abs. 2 VO 2988/95 den Begriff auch auf Handlungen, die nur einen Schaden" bewirkt haben würden", also auch versuchte Delikte, oder zumindest solche Handlungen, die noch nicht zu einem Schaden geführt haben. Strafrechtlich relevante Taten sind ebenso erfaßt, wie Fälle "ungerechtfertigter Ausgaben", wozu auch die lediglich nicht den verwaltungsrechtlichen Voraussetzungen einer Mittelvergabe entsprechende Ausgabe oder nur Beantragung von Fördermitteln zählt, ohne daß zugleich strafbare Handlungen vorliegen.

Der Unregelmäßigkeitsbegriff der Verordnung Nr. 2988/95 bezieht sich als gemeinschaftsrechtliche Regelung zunächst auf verwaltungsrechtswidrige Sachverhalte. Ausweislich der Erwägungsgründe der Verordnung umfaßt diese aber auch ausdrücklich die kriminalstrafrechtlich zu ahndenden "betrügerischen Praktiken" i.S.d. des Übereinkommens zum Schutz der finanziellen Interessen der Europäischen Gemeinschaften[520]. Der von den Gemeinschaftsinstitutionen und den Mitgliedstaaten bei der Behandlung, insbesondere der Mitteilung, von Unregelmäßigkeiten anzuwendende Unregelmäßigkeitsbegriff hat sich demnach gegenüber früher erweitert, da er nun auch diejenigen Handlungen erfaßt, die ohne Schaden verursacht zu haben, zu ungerechtfertigten Ausgaben zu Lasten der Gemeinschaft führen können. Strafrechtlich relevante Handlungen zur Erlangung ungerechtfertigter Ausgaben fallen zweifelsfrei unter den Begriff der "Unregelmäßigkeit".

---

518 Ziff. 2 Verhaltenscodex ABl. C 200 v. 9.8.1990

519 Jahresbericht Betrugsbekämpfung 1995 S. 12

520 Erwägungsgründe sechster Absatz; s.a. Erwägungsgründe Abs. 4 VO/EURATOM,EG Nr. 2185/96 d. Rates v. 11.11.1996 ABl. L 292 v. 15.11.1996 S. 2

2.1. Mitteilungspflichten der Mitgliedstaaten bei Unregelmäßigkeiten

Die Kommission ist darauf angewiesen Kenntnisse über rechtswidrige Handlungen zum Nachteil des Gemeinschaftshaushalts durch Mitteilungen der Mitgliedstaaten zu erhalten, da die Vergabe der weitaus meisten Mittel und deren Kontrolle, wie die Strafverfolgung in den Kompetenzbereich der Mitgliedstaaten fällt und der Kommission nur beschränkte Auskunfts- und Untersuchungsrechte zustehen.

Mit Einführung der Eigenmittelfinanzierung der Gemeinschaften, wurden einige Kontrollregelungen geschaffen, um die ordnungsgemäße Haushaltsverwaltung durch die Mitgliedstaaten und die Gemeinschaftsorgane überprüfen zu können. Zur effizienten Mittelverwaltung durch die Gemeinschaftsorgane war es jedoch notwendig auch Mitteilungspflichten der Mitgliedstaaten zu begründen, da bis dahin im Primärrecht mit Ausnahmen im Beihilfenaufsichtsrecht keine Mitteilungspflichten verankert waren[521]. In diesem Zusammenhang sind auch Verpflichtungen der Mitgliedstaaten zur Mitteilung von Betrügereien und Unregelmäßigkeiten an die Kommission begründet worden. Diese Regelungen dienten nach Inhalt und dem jeweiligen Normzusammenhang der Kontrolle über die verwaltungstechnische Wiedereinziehung zu Unrecht ausgegebener Mittel. Auf die verschiedenen Meldesysteme soll im Folgenden eingegangen werden, da die Gemeinschaftsorgane ihre Kenntnisse über unrechtmäßige Ausgaben, wie auch nicht erlangte Eigenmittel, bislang im wesentlichen aus den Meldungen der Mitgliedstaaten in diesen Systemen beziehen[522].

Das erste Meldesystem wurde im Bereich des EAGFL-Garantie aufgrund der VO 283/72 eingerichtet und durch die Verordnung VO/EWG 595/91[523] modifiziert. Im Bereich der Strukturfonds wurde mit VO/EWG 4253/88[524] des Rates vom 19.12.1988 eine Ausführungsvorschrift zur Grundverordnung über die Strukturfonds[525] erlassen, die die Mitteilungspflicht der Mitgliedstaaten über Unregelmäßigkeiten zum Nachteil der Strukturfonds[526] dem Grunde nach bestimmte. Diese Ver-

---

[521] Spannowsky, JZ 1992 S. 1160, 1163

[522] EP, Ausschuß f. Haushaltskontrolle, Bericht über die Öffentliche Anhörung "Möglichkeiten zur Verbesserung der Finanzierungssysteme, Bereich Eigenmittel und EAGFL Abteilung Garantie" PE 105 844 v. 02.05.1986; Kommission, Betrugsbekämpfung, Bericht über die Arbeiten und Fortschritte im Jahr 1991 Dok. SEC. endg. (92) 943 v. 26.5.1992;

[523] VO 595/91 v. 04.03.1991 ABl. 1991 L 67, v. 14.03.1991

[524] ABl. 1988 L 374 v. 31.12.1988

[525] VO/EWG 2052/ 88

[526] Art. 23 VO/EWG 4253/88

pflichtungen sind mit den Verordnungen VO/EG 1681/94[527] und VO/EG 1311/94[528] konkretisiert worden. Im Bereich der Eigenmittel, also der Einnahmen der Gemeinschaften, ergibt sich eine Unterrichtungspflicht über Unregelmäßigkeiten aus der Ratsverordnung aus dem Jahr 1989[529]. Nach der Verordnung zur gegenseitigen Amtshilfe der Verwaltungsbehörden der Mitgliedstaaten und zur Zusammenarbeit dieser Behörden mit der Kommission, zur Gewährleistung einer ordnungsgemäßen Anwendung der Gemeinschaftsregeln im Zoll- und Agrarbereich, sind die Mitgliedstaaten gehalten, die Kommission von "Zuwiderhandlungen" zu unterrichten[530]. Diese Meldungen beziehen sich auf Verstöße gegen Regelungen über die Erhebung der Eigenmittel im Agrarsektor, vornehmlich Agrarabschöpfungen und Zölle.

2.1.1. Die Verordnung VO/EWG 283/72

Diese Verordnung wurde 1972 als Ausführungsvorschrift zu Art. 8 Abs. 1 der Finanzierungsverordnung 729/70 eingeführt, die die Eigenfinanzierung des EAGFL und die damit verbundenen Haushaltsgrundsätze regelt. Anwendungsbereich dieser Verordnung war der gesamte Ausgabenbereich des EAGFL einschließlich der ab 1988 im Rahmen der Strukturfonds geführten Abteilung Ausrichtung[531]. Hier ist darauf hinzuweisen, daß nach Art. 8 Abs. 1 VO 729/70, der die Bekämpfung von Unregelmäßigkeiten und die Wiedereinziehung der betroffenen Mittel im Bereich des EAGFL verlangt, sich in Art. 8 Abs. 2 dieser Verordnung die Regelung findet, wonach die Mitgliedstaaten hierfür aufkommen müssen, sofern ihnen die Unregelmäßigkeit anzulasten ist[532]: "Die Gemeinschaft trägt die finanziellen Folgen der Unregelmäßigkeiten und der Versäumnisse; dies gilt nicht für Unregelmäßigkeiten und Versäumnisse, die den Verwaltungen oder Einrichtungen der Mitgliedstaaten anzulasten sind". Die Entscheidung einer solchen Anlastung wird im Rahmen des jährlichen Rechnungsabschlußverfahrens von Kommissionsdienststellen getroffen[533].

---

[527] VO/EG Nr. 1681/94 der Kommission v. 11.07.1994 betreffend Unregelmäßigkeiten und die Wiedereinziehung zu Unrecht gezahlter Beträge im Rahmen der Finanzierung der Strukturpolitiken sowie die Einrichtung eines einschlägigen Informationssystems, ABl. L 178 v. 12.07.1994 S. 43

[528] VO/EG Nr. 1831/94 der Kommission v. 26.07.1994 betreffend Unregelmäßigkeiten und die Wiedereinziehung zu Unrecht gezahlter Beträge im Rahmen der Finanzierung des Kohäsionsfonds sowie die Einrichtung eines einschlägigen Informationssystems, ABl. L 191 v. 27.07.1994, S 9

[529] Art. 6 Abs. 3 VO/EWG,EURATOM 1552/89 v. 29.05.1989; ABl. 1989 L 155 v. 07.06.1989, S. 1, zur Durchführung des Organisationsbeschlusses Nr. 88/376/EWG, EURATOM betreffend das Eigenmittelsystem der Gemeinschaften

[530] VO/EWG des Rates Nr. 515/97 v. 13.03.1997 als Nachfolgerin der VO/EWG 1468/81 des Rates vom 19.05.1981; ABl. 1981 L 144 v. 02.06.1981, geändert durch VO/EWG 945/87 v. 30.03.1987 frz. Kurzform "assistance mutuelle"

[531] Außer Maßnahmen nach Art. 13 der VO/EWG 17/64, ABl. L 34 v. 27.02.1964

[532] Art. 8 Abs. 2

[533] s. Ziff. I.3.1.2

Aufgrund des Zweckes und des Normzusammenhangs dieser Vorschriften über Meldepflichten, wurde vermutet, daß aus Sicht der Mitgliedstaaten die Verknüpfung von Meldepflicht und möglichen, finanziell nachteiligen Haushaltsentscheidungen zu Zielkonflikten bei der Behandlung von entdeckten Unregelmäßigkeiten führen könnte[534].

Gegenstand der Verordnung sind Unregelmäßigkeiten im Bereich des EAGFL, die von den Stellen der Mitgliedstaaten zu melden sind. Wie oben dargestellt, ist eine, eher unscharfe, Definition des Begriffs der "Unregelmäßigkeit" im formellen, sekundären Gemeinschaftrecht erst seit der Rahmenverordnung zum Schutz der finanziellen Interessen der Gemeinschaften vorhanden. Im Vorschlag zur Ratsverordnung vom 04.02.1972[535] war gemäß Art. 3 eine Definition derjenigen Unregelmäßigkeiten vorgesehen, die an die Kommission zu melden seien. Sie lautete: als "Unregelmäßigkeit gemäß dieser Verordnung gilt jeder vorsätzliche oder fahrlässige Verstoß gegen eine Rechtsvorschrift". Diese Definition wurde lediglich als Protokollerklärung des Rates und der Kommission dem Verordnungstext beigefügt[536], fand aber keinen Eingang in den eigentlichen Text der Meldeverordnung . Diese spricht in Art. 3 Abs. 1 lediglich von "Unregelmäßigkeiten, die Gegenstand einer ersten amtlichen oder gerichtlichen Feststellung gewesen sind". Inhaltlich herrschte aber zwischen der Kommission und den Mitgliedstaaten Übereinstimmung darüber, daß der Unregelmäßigkeitenbegriff nicht nur verwaltungsrechtswidriges Handeln, sondern erst recht auch schlicht kriminelle Verhaltensweisen erfaßte.

Die Meldeverordnung im Bereich des EAGFL wurde als erste Rechtsvorschrift im Gemeinschaftsrecht, die ausschließlich Unregelmäßigkeiten betraf verabschiedet, wobei die oben dargestellten Auslegungsfragen z.B. der Begriffe "Unregelmäßigkeit" oder "Feststellung"[537] seit Beginn der Beratungen über die Verordnung Gegenstand zahlreicher Arbeitspapiere und Sitzungen der Kommissionsdienststellen, des Rates, des Haushaltsausschusses des Europäischen Parlaments und der Verwaltungen der Mitgliedstaaten waren[538]. Eine Meldepflicht entstand erst in Fällen, in denen der zu Unrecht ausgegebene Betrag zunächst 1000 ERE, später 1000 Ecu überstieg.

---

[534] s. Tiedemann, Vorschläge zur Reform des Sanktionsrechts der Europäischen Wirtschaftsgemeinschaft (Agrarmarkt), Vortrag 25.4.1986 vor dem Haushaltsausschuß des EP / Manuskript; ders. Festschrift Pfeiffer, S.110

[535] VO EWG 283/72

[536] Rat Dok. Nr. R / 151/ 72 (AGRI 35, FIN 42)

[537] Smeets, in: Dannecker, Die Bekämpfung des Subventionsbetrugs S. 191; Martyn S. 38; Mennens, Emile, Fraudebestrijding in de E.E.G (La lutte contre la fraude dans la Communauté européenne), Sociaal - Economische Wetgeving Tijdschrift voor Europees en Economisch Recht, vol. 34 n° 9/10 1986, S. 624-640, 634; Flaesch-Mougin, CDE 1983, 396-436, S. 420; Jahresbericht Betrugsbekämpfung 1989, S. 24

[538] z.B. Kommission, Arbeitspapier v. 12.3.80 VI/5516/80; Schriftwechsel Kommission/ Rat zu Az. 9392/87 FIN 410; Protokolle Arbeitsgruppe Unregelmäßigkeiten DOC: VI/2456/73; VI/157/74; House of Commons, NAO-Report v. 22.1.1988 S. 12

Nach Artikel 5 der Verordnung, waren von den Mitgliedstaaten quartalsweise Mitteilungen über die Wiedereinziehung zu Unrecht abgeflossener Beträge zu machen. Diese Meldungen bezogen sich nicht auf strafrechtliche Verfahren, sondern auf die verwaltungsmäßige Wiedereinziehung der Mittel und werden jeweils nachfolgend auf die zunächst abgegebenen Meldungen nach Art. 3 (Erstmeldungen) an die Kommission übermittelt. Nach Artikel 5 Abs. 3 der Verordnung ist die Kommission vom Ausgang von Gerichts- oder Verwaltungsverfahren betreffend die Wiedereinziehung zu unterrichten. Hieraus konnten nur in Einzelfällen auch Informationen über Strafverfahren gewonnen werden.

Neben der Meldung einzelner Unregelmäßigkeiten sind die Mitgliedstaaten nach Artikel 2 der Verordnung verpflichtet, die Kommission auch über die im Zusammenhang mit der Durchführung des Art. 8 Abs. 1 der VO/EWG 729/70 erlassenen Rechtsvorschriften und die mit der Durchführung betrauten Dienststellen zu unterrichten. Im weiteren hat die Kommission nach Artikel 6 der Verordnung die Möglichkeit einzelne Mitgliedstaaten zu Untersuchungen seiner Verwaltungsbehörden aufzufordern, sofern sie der Meinung ist, in diesem Mitgliedstaat seien Unregelmäßigkeiten oder Versäumnisse vorgekommen. Die Mitgliedstaaten haben diese Untersuchungen durch die eigenen Behörden vorzunehmen, allerdings hat die Kommission die Möglichkeit, nach Art. 6 Abs. 1 S. 2 eigene Bedienstete an der Untersuchung teilnehmen zu lassen. Eigene Kontrollrechte, insbesondere die Möglichkeit Überprüfungen durchzuführen, hatte die Kommission danach nicht und konnte an den von ihr gewünschten Kontrollen nur beobachtend teilnehmen, während die Ausgestaltung der Kontrollen dem jeweiligen Mitgliedstaat überlassen blieb[539]. Die Mitteilungspflicht der Mitgliedstaaten war zudem eng begrenzt und auf nur wenig konkrete Angaben bezogen. Regelungen, die Sanktionen bezüglich der Einhaltung der Mitteilungspflichten vorsehen, enthielt die Verordnung nicht. Obwohl diese Ausgestaltung der Informationspflichten gegenüber der Kommission zu Recht als unzureichend kritisiert wurde, waren einige Mitgliedstaaten zunächst nicht einmal bereit, auch nur die Voraussetzungen für die Anwendung der Meldeverordnung zu schaffen. Die Kommission mußte deshalb gegenüber Belgien und Italien erst mit einem Vertragsverletzungsverfahren nach Art. 169 EWGV drohen[540].

---

[539] Diese Kontrollen konnten sehr unterschiedlich ausgestaltet werden, z.B. wurden in einigen Fällen Überprüfungen vor Ort von den Behörden mehrere Wochen zuvor beim Empfänger angekündigt oder dieser sogar gebeten, die zu entnehmenden Stichproben selbst zu ziehen.

[540] Gurski, in Tiedemann, K. (Hrsg.) Die Verbrechen in der Wirtschaft, 1972, S. 39, bezeichnete die Meldeverordnung VO/EWG 283/72 denn auch als „ridiküles Mäuschen"; s.a. Vervaele, John, in Tulkens, S. 47-72, 52

Die Mitgliedstaaten sind nach Einführung der Meldeverordnung ihrer Meldepflicht bezüglich Unregelmäßigkeiten nur unvollständig nachgekommen. Insbesondere die zwischen den verschiedenen Mitgliedstaaten auffällig unterschiedliche und insgesamt geringe Zahl von Meldungen führten bereits seit den siebziger Jahren zu verschiedenen Überlegungen und Vorschlägen der mit der Erfassung und Auswertung der Meldungen befaßten Kommissionsdienststellen, die von der Kommission als unbefriedigend empfundene Information durch Präzisierungen der Meldekriterien bzw. Änderungen der Verordnung zu verbessern[541].

Gleichwohl wurden alle weiteren Verordnungen, mit denen Meldepflichten der Mitgliedstaaten gegenüber der Kommission bezüglich festgestellter Unregelmäßigkeiten bzw. Straftaten zum Nachteil der Gemeinschaftsfinanzen begründet oder inhaltlich konkretisiert wurden, in enger Anlehnung an die Unregelmäßigkeiten-Verordnung im Bereich des EAGFL-Garantie ausgestaltet. Dies betraf sowohl den Bereich der Eigenmittel, wie auch die 1990 geschaffene erste Regelung zur Meldung von Unregelmäßigkeiten zu Lasten der Strukturfonds[542], die sich eng an die Meldeverordnung im EAGFL - Garantiebereich anlehnte[543] und die nachfolgend für den gesamten Bereich der Strukturfonds durch die Verordnung VO/EWG 1681/94[544] ersetzt wurde. Gleiches gilt auch für die Meldeverordnung betreffend Unregelmäßigkeiten, die zum Nachteil des Kohäsionsfonds begangen wurden[545].

2.1.2. Die Verordnung VO/EWG 595/91

Das 1972 geschaffene Meldesystem konnte jedoch die Erwartungen, insbesondere der Kommission, an eine ausreichende Information über Unregelmäßigkeiten nicht erfüllen. Die absoluten Zahlen gemeldeter Unregelmäßigkeiten beliefen sich z.B. im Jahr 1977 auf 145, 1978 auf 104 Fälle und 1983 auf 176 Fälle, jeweils für die ge-

---

541 Arbeitspapier u.a zum Begriff der "Unregelmäßigkeit" VI/5516/80 v. 12.3.80 (orig.engl.):Working Paper on applying to common measures the provisions of Regulation (EEC) No. 283/72 concerning irregularities and the recovery of sums wrongly paid in connection with the financing of the common agricultural policy and the organisation of an information system in this field; Kommission VI/3390/89 - DE (PFRA 966) Änderungsvorschlag zur VO des Rates EWG 283/72

542 Code de conduite sur les modalités d'application de l'article 23 § 1 du règlement n° 4253/88 du Conseil concernant les irrégularités et l'organisation d'un système d'information sur les irrégularités; Verhaltenscodex zu den Modalitäten für die Anwendung vonn Art. 23 Abs. 1 der Verordnung(EWG) Nr. 4253/88 des Rates betreffend die Unregelmäßigkeiten und die Einrichtung eines einschlägigen Informationssystems, ABl. 1990 C 200 S.3.

543 EuGH Az. C - 303/90. U.v. 13.11.1991 Slg. 91/ 4250 ff.

544 VO/EG Nr. 1681/94 der Kommission v. 11.07.1994 betreffend Unregelmäßigkeiten und die Wiedereinziehung zu Unrecht gezahlter Beträge im Rahmen der Finanzierung der Strukturpolitiken sowie die Einrichtung eines einschlägigen Informationssystems, ABl. L 178 v. 12.07.1994 S. 43

545 VO/EG Nr. 1831/94 der Kommission v. 26.07.1994 betreffend Unregelmäßigkeiten und die Wiedereinziehung zu Unrecht gezahlter Beträge im Rahmen der Finanzierung des Kohäsionsfonds sowie die Einrichtung eines einschlägigen Informationssystems, ABl. L 191 v. 27.07.1994 S 9

samten Ausgaben des EAGFL in allen Mitgliedstaaten. Diese Angaben konnten nach einhelliger Auffassung der Kommissionsdienststellen, wie auch von Wissenschaftlern, die sich mit Subventionsbetrügereien zum Nachteil der Gemeinschaft befaßten, bei weitem nicht den tatsächlichen Verhältnissen entsprechen[546]. Die Anzahl gemeldeter Betrügereien wäre im Verhältnis zu den in Rede stehenden Ausgabenvorgängen zu vernachlässigen gewesen. Im Verhältnis zu den Gesamtausgaben des EAGFL betrafen die gemeldeten Fälle jeweils Anteile von unter 1,0% oder sogar 0,1%[547].

Daß diese Angaben den tatsächlichen Verhältnissen entsprachen oder vollständig waren, wurde auch seitens der Kommission wiederholt bezweifelt[548]. Neben kriminologischen Erkenntnissen in anderen Bereichen der Wirtschaftskriminalität, wiesen auch die von der Kommission selbst gewonnenen Erkenntnisse auf eine nur unzureichende Meldung von Unregelmäßigkeiten durch die Mitgliedstaaten hin. So wurde die Kommission z. B. unmittelbar von Marktbeteiligten (i.d.R. Konkurrenten der betroffenen Unternehmen) von Unregelmäßigkeiten unterrichtet, wobei angegeben wurde, die Behörden des jeweiligen Mitgliedstaats würden gegen die Unregelmäßigkeit nicht vorgehen. Mehrfach erfuhr die Kommission aus der Presse von Unregelmäßigkeiten und mußte die Mitgliedstaaten, bisweilen mehrmals, zur Unterrichtung über diese Fälle auffordern.

Die Kommission bemühte sich deshalb darum, die Melderegelungen so zu gestalten, daß sie zu einer verbesserten Information der Kommission über Unregelmäßigkeiten führten. Dies betraf sowohl die Anzahl der Meldungen, wie auch Angaben dazu, welche strafrechtlichen Maßnahmen die Mitgliedstaaten ergriffen um Betrugstaten zum Nachteil des EAGFL zu ahnden[549]. Ferner sollten auch solche Fälle gemeldet werden, in denen noch vor Auszahlung der Mittel die Unregelmäßigkeit entdeckt und die Auszahlung deshalb nicht vorgenommen worden war[550].

Um den erwähnten Zielkonflikt zwischen Meldepflicht und einer drohenden Anlastung der Ausgaben gegenüber dem Mitgliedstaat durch die Kommission im Rahmen des Rechnungsabschlusses zu beseitigen oder zumindest zu entschärfen, sah der Änderungsentwurf[551], wie schon von Tiedemann vorgeschlagen[552], die Einführung einer Regelung vor, derzufolge die Mitgliedstaaten auf Antrag 10 % der wieder eingezoge-

---

[546] Dumont, in Dannecker, Die Bekämpfung des Subventionsbetrugs im EG-Bereich, S. 117; Götz, in Börner/Bullinger S. 371, 405

[547] Die Anteile beliefen sich gem. Haushaltsbericht d. EAGFL z.B. 1972 auf 0,02%, 1975 und 1978 auf 0,3 % und liegen nunmehr nach Kommissionsangaben bzgl. des EAGFL Garantie bei 0,53 % (1993) bzw. 0,62 % (1995) und bezgl. d. Gesamtausgaben bei 1-2 % (Jahresbericht Betrugsbekämpfung 1994) bzw. 1,4 % (Jahresbericht Betrugsbekämpfung 1995)

[548] Jahresberichte Betrugsbekämpfung 1994 S. 72; 1993 S. 40; 1992 S. 10; 1991, S. 12

[549] Entwurf der Kommission zur Änderung der VO / EWG 283/72 - Doc. VI 3390/89

[550] Art. 1 des Entwurfs

[551] Art. 6 a Abs. 1

[552] Tiedemann FS Pfeiffer, S. 110 f.

nen Beträge behalten konnten, sofern eine ordnungsgemäße Unterrichtung der Kommission erfolgt war. Zudem sollte die Kommission auf Antrag des Mitgliedstaates die Kosten etwaiger Gerichts- und Prozeßkosten im Zusammenhang mit der Wiedereinziehung gem. Art. 6 a Abs. 2 erstatten. Die Meldepflicht wurde im Rahmen der Kleinbetragsregelung zudem auf Fälle beschränkt, die einen Schaden von über 4000 Ecu verursacht haben bzw. verursacht hätten (Art. 11). Aus der Erwägung heraus, die Kommission solle umfassend über die von den Mitgliedstaaten zum Schutz der Gemeinschaftsfinanzen getroffenen Maßnahmen unterrichtet werden, wurde auch die Unterrichtung der Kommission über die Einleitung und den Abschluß von Strafverfahren vorgeschlagen[553]. Eine Sanktionierung der Mitgliedstaaten in bezug auf die Einhaltung ihrer Mitteilungspflichten ist jedoch auch in dieser Regelung nicht vorgesehen.

Die verabschiedete Verordnung VO/EWG 595/91 des Rates[554] sieht nunmehr in Artikel 5 Abs. 1 ausdrücklich vor, daß die Mitgliedstaaten auch über den Ausgang strafrechtlicher Verfahren zu berichten haben. Ferner können die Mitgliedstaaten nach Artikel 7 nun 20 % der wiedereingezogenen Beträge behalten, sofern die Unregelmäßigkeit nicht dem Mitgliedstaat aufgrund eigenen Verschuldens anzulasten ist. Zudem kann sich die Kommission an den Kosten notwendiger Gerichtsverfahren im Zusammenhang mit der Wiedereinziehung beteiligen. Im Hinblick auf die 1988 geänderte Eingliederung der Abteilung Ausrichtung des EAGFL, der nunmehr als Teilbereich der Strukturfonds verwaltet wird, betrifft die Verordnung VO/EWG 595/91 jetzt nur noch den Bereich Garantie des EAGFL.

2.1.2.1 Mitteilungen nach Art. 3 und Art. 5 VO/EWG 595/91

Nach Artikel 3 der Verordnung haben die Mitgliedstaaten jeweils quartalsweise die im Bereich des EAGFL-Garantie aufgetretenen Unregelmäßigkeiten zu melden, wobei diese "Gegenstand einer ersten amtlichen oder gerichtlichen Feststellung" gewesen sein mußten und einen Ausgabenbetrag von über 4.000 Ecu[555] betreffen, um eine Meldepflicht zu begründen. Diese Formulierung ist wortgleich aus der Vorgänger-Verordnung übernommen worden.

Die unterschiedlichen Auslegungen der Meldevoraussetzungen, die sich aus dieser Formulierung eröffnen, kann an dem nachfolgenden Beispiel erläutert werden. Während nach Ansicht der deutschen Stellen die Einleitung von verwaltungsrechtlichen

---

[553] Verordnungsentwurf Art. 5 Ziff. 2

[554] VO/EWG 595/91 des Rates v. 04.03.1991 über die Unregelmäßigkeiten und die Einziehung zu Unrecht gezahlter Beträge im Rahmen der Gemeinsamen Agrarpolitik sowie über die Errichtung eines Informationssystems, und zur Aufhebung der Verordnung (EWG) Nr. 283/72, ABl. L Nr. 67 v. 14.03.1991

[555] gem Art. 11VO/EWG 283/72 betrug dieser Schwellenwert zunächst 1.000 ERE, später Ecu

Rückforderungsverfahren oder die Einleitung strafrechtlicher Ermittlungsverfahren ausreichte, um eine Unregelmäßigkeit als "Gegenstand einer ersten amtlichen oder gerichtlichen Feststellung" an die Kommission zu melden, mußte nach Auffassung anderer Mitgliedstaaten das Vorliegen einer Unregelmäßigkeit in den jeweils dafür vorgesehenen Verwaltungsverfahren oder Strafverfahren rechtskräftig festgestellt worden sein, da ansonsten das Merkmal der "Feststellung" i.S. einer endgültigen und nicht mehr revisiblen Entscheidung nicht zu bejahen wäre. Demgegenüber bedarf es nach Auffassung der mit der Meldeverordnung befaßten deutschen Dienststellen für die Feststellung einer Unregelmäßigkeit nicht eines definitiven, nicht mehr angreifbaren Rechtsaktes, vielmehr soll die Meldung so früh wie möglich erfolgen[556], nach der früheren vorläufigen Richtlinie[557] Ziff. 1.3.2. traf jedoch die Entscheidung, ob eine Unregelmäßigkeit festgestellt war, das BMF.

Voraussetzung einer Meldung ist weiter die schon vorgenommene Ausgabe der betroffenen Haushaltsmittel durch den Mitgliedstaat. Zuständig für die Meldungen sind dabei grundsätzlich die zur Ausgabe befugten Dienststellen, wobei in der Bundesrepublik die Meldungen der Landwirtschaftsverwaltungen der Länder und des Bundes sowie der Zollverwaltung beim BMF zusammengefaßt und jeweils der Kommission zugeleitet werden.

Bezüglich der Definition des Begriffs der "Unregelmäßigkeit" wird auf die oben stehenden Ausführungen verwiesen, da dieser Begriff unverändert aus der Vorgängerregelung übernommen wurde. Ausgaben, die gegen formell öffentlich-rechtliche Vorschriften verstoßen, unterfallen diesem Begriff genauso, wie die Erlangung von Subventionen durch Straftaten. Der Anwendungsbereich ist danach außerordentlich weit gefaßt. Die Meldung nach Art. 3 bezieht sich nur auf die erstmalig festgestellte Unregelmäßigkeit, die nach einem standardisierten Meldeformular der Kommission mitzuteilen ist.

Die Meldung nach Art. 3 erfolgt nach der ersten Feststellung einer Unregelmäßigkeit, betrifft also stets noch nicht der Kommission gemeldete Fälle. Nachfolgend haben die Mitgliedstaaten gemäß Artikel 5 in weiteren Folgemeldungen quartalsweise ergänzend über den Fortgang der Wiedereinziehung der Mittel zu informieren. In der mit VO/EWG 595/91 eingeführten Form der Mitteilung sind auch Informationen über die zur Anwendung von Strafmaßnahmen eingeleiteten Gerichts- und Verwaltungsverfahren vorgesehen, wobei sich dies auf die nach Gemeinschaftsrecht möglichen Verwaltungssanktionen bezieht, nicht jedoch auf Kriminalstrafverfahren. Ebenso mitzuteilen ist auch der Abschluß von Wiedereinziehungsverfahren. Nach Art. 5 Abs. 3 sind zudem auch die Gründe, weshalb Beträge nicht vollständig einge-

---

[556] RL Unregelmäßigkeiten v. 17.11.1987

[557] MinBlWF, 1972 S. 595 ff.

zogen wurden anzugeben, was wiederum im Rahmen der Entscheidung über die Anlastung von Mitteln gem. Art. 8 Abs. 2 VO/EWG 729/72 zu berücksichtigen ist.

2.1.2.2. Mitteilungen nach Art 4 VO/EWG 283/72 und 595/91

Nach Artikel 4 haben die Mitgliedstaaten die jeweils in Frage kommenden anderen Mitgliedstaaten und die Kommission unverzüglich über Unregelmäßigkeiten zu unterrichten, bei denen sehr schnelle Auswirkungen außerhalb des eigenen Hoheitsgebietes zu befürchten sind, oder die die Anwendung einer neuen betrügerischen Praxis erkennen lassen. Voraussetzung einer Meldung ist nicht, daß die festgestellte oder vermutete[558] Unregelmäßigkeit bereits zu Ausgaben geführt hat.

Während die oben dargestellten Meldungen über die Wiedereinziehung bereits ausgegebener Mittel nach Art. 3 und 5 die ergriffenen Maßnahmen zur Beseitigung eingetretener finanzieller Verluste betreffen, ergänzt Artikel 4 das Meldesystem im Bereich des EAGFL um Meldungen, die sich auf Unregelmäßigkeiten beziehen, die noch nicht notwendigerweise zu Ausgaben geführt haben, aber solche Auswirkungen befürchten lassen. Zweck dieser Meldungen soll es sein, den Eintritt von Unregelmäßigkeiten zu verhindern, z.B. indem die anderen Mitgliedstaaten bei der Feststellung bestimmter Sachverhaltsmerkmale gezielte Kontrollen durchführen oder die Kommission erkannte Regelungslücken zeitig durch Veränderungen der Vergabevoraussetzungen beseitigt. Meldungen nach Artikel 4 sollen demnach dem präventiven Schutz der EAGFL Mittel vor Unregelmäßigkeiten dienen[559].

2.1.3. Mitteilungen bei Eigenmitteleinnahmen

Nur kurz erwähnt werden sollen an dieser Stelle die Regelungen, aufgrund derer die Mitgliedstaaten verpflichtet sind, die Kommission über Unregelmäßigkeiten im Zusammenhang mit den Einnahmen der Gemeinschaft zu unterrichten. Dies ist zum einen die Verordnung VO/EG 515/97[560] betreffend die Eigenmittelerhebung des EAGFL, also die Erhebung und Einziehung insbesondere von Agrarabschöpfungen

[558] die Ausdehnung auch auf Verdachtsfälle erfolgte bei Übernahme dieser Regelung in die VO/EWG 595/91

[559] Prot. d. Rates / Begründung /DOC T/103/71 AGRI/FIN

[560] VO/EG Nr. 515/97 des Rates v.13.03.1997 über die gegenseitige Amtshilfe zwischen Verwaltungsbehörden der Mitgliedstaaten und die Zusammenarbeit mit der Kommission zur ordnungsgemäßen Anwendung der Zoll- u. Agrarregelungen, ABl. L. 82 v.22.03.1997

zugunsten der Gemeinschaften[561], die die Regelung gegenseitiger Amtshilfe nach einer Verordnung[562] aus dem Jahr 1981 ablöste. Die letztgenannte Verordnung war geschaffen worden als Ergänzung der Konvention von Neapel, einem völkerrechtlichen Übereinkommen der Mitgliedstaaten der EG vom 27.09.1967, über die gegenseitige Unterstützung und Unterrichtung der Zollbehörden[563], das die Gemeinschaften selbst jedoch nicht mit einschließt und nach Mitteilung von Zollmitarbeitern nach wie vor in erheblichem Umfang Anwendung findet[564].

Gemäß VO/EG 515/97 müssen die Mitgliedstaaten Auskünfte zu Unregelmäßigkeiten oder zu Kontrollmaßnahmen auf Ersuchen eines anderen Mitgliedstaates erteilen. Nach Artikel 11 und 12 können die nationalen Verwaltungsstellen unmittelbar an Dienststellen anderer Mitgliedstaaten herantreten, um diese über Zuwiderhandlungen zu unterrichten. Die Kommission ist jedoch gemäß Artikel. 14 u.a. über aufgedeckte neue Methoden im Zusammenhang mit Zuwiderhandlungen gegen gemeinschaftliche Zoll- oder Agrarregelungen, wie auch auftretende Regelungslücken zu unterrichten. Zu Meldungen über, ggfs. auch vermutete, Zuwiderhandlungen an die Kommission sind die Mitgliedstaaten verpflichtet, wenn diese sich auf andere Mitgliedstaaten erstrecken könnten oder möglicherweise bereits haben (Art. 14 a). Der Begriff der Zuwiderhandlung ist in der Verordnung nicht näher definiert worden, er wird bezüglich der von ihm erfaßten Sachverhalte von dem weiteren Begriff der Unregelmäßigkeit eingeschlossen und erfaßt seinerseits die als Betrugsfälle oder als betrügerischen Praktiken bezeichneten Tatbestände[565].

Weitere Regelungen finden sich in VO/EWG/EURATOM 1552/89[566]. Meldungen nach Art. 6 Abs. 3 dieser Verordnung betreffen die Erhebung der Eigenmittel der Gemeinschaft, insbesondere Erhebung von Zöllen. Gemeldet werden hierbei vierteljährlich, zuvor halbjährlich, Fälle, in denen der Schadenbetrag über 10.000 Ecu liegt. Der Anwendungsbereich dieser Regelung erstreckt sich auch auf den Teil der Melde-

---

[561] Art. 43 und 235 EWGV sowie Art. 8 VO/EWG 729/70

[562] VO/EWG 1468/81 des Rates v. 19.05.1981 ABl. L 144 v. 02.06.1981 S. 1 ff, geänd. d. VO/EWG 945/87 v. 30.03.1987
VO/EG Nr. 1831/94 der Kommission v. 26.07.1994 betreffend Unregelmäßigkeiten und die Wiedereinziehung zu Unrecht gezahlter Beträge im Rahmen der Finanzierung des Kohäsionsfonds sowie die Einrichtung eines einschlägigen Informationssystems, ABl. L 191 v. 27.07.1994 S 9

[563] BGBl. II v. 18.01.1969, S. 65; BZBl. 1970 S. 261; EuR 1968 S. 155-159; s.Grützner / Pötz, Internationaler Rechtshilfeverkehr in Strafsachen Bd. 3, 2. Aufl. III Z. 2; Jacquemart, Revue du Marché commun, 1977, S. 300; Zur Frage des strafrechtlichen Schutzes der Vertraulichkeit der Mitteilungen im Rahmen dieses Informationssystems durch die Regelung , - krit. Gröblinghoff, S. 57 m.w.N.

[564] in der Begründung der Verordnung wurde ausdrücklich erwähnt, daß die Verordnung nicht die Anwendung der Konvention beeinträchtige. Allerdings mit der Einschränkung daß dies all jene Gebiete betreffe, "die auch weiterhin in den ausschließlichen Zuständigkeitsbereich der Mitgliedstaaten fallen"

[565] Jahresbericht Betrugsbekämpfung 1992 v. 20.04.1993, S. 7, 13

[566] VO/EWG/EURATOM 1552/89 des Rates vom 29.05.1989 ABl. L 155 v. 07.06.1989, S. 1 i.d.F. VO/EG 1355/96 des Rates v. 08.07.1996, ABl. L 175 v. 13.07. 1996

verordnung VO/EG 515/97 bzw. zuvor VO/ EWG 1468/81, der die Erhebung von Abgaben im Marktordnungsbereich betrifft. Eine organisatorische Verknüpfung der Meldesysteme innerhalb der Kommission wurde bislang jedoch noch nicht vorgenommen.

2.1.4. Mitteilungen nach Art. 23 VO/EWG 4253/88

Mit der Neuordnung der Strukturpolitik der Gemeinschaften 1988 wurden die bis dahin in verschiedenen Regelungen und Grundverordnungen erfaßten Strukturfonds durch eine neue Grundverordnung zusammengefaßt[567], die Finanzierung in einer Durchführungsverordnung geregelt[568]. Nach Artikel 23 Abs. 1 dieser Verordnung haben die Mitgliedstaaten die ordnungsgemäße Mittelverwaltung zu überprüfen, Unregelmäßigkeiten zu verhindern und zu verfolgen und Mittel wieder einzuziehen, die aufgrund von Mißbrauch oder Unregelmäßigkeiten ausgegeben wurden. Ferner ist die Kommission über Unregelmäßigkeiten und die deshalb zu Unrecht ausgegebenen Finanzmittel der Fonds, sowie die Schritte zur Rückforderung bzw. Wiedereinziehung zu unterrichten.

2.1.4.1. Verhaltenskodex zu Art. 23 VO/EWG 4253/88

Artikel 23 VO/EWG 4253/88 regelt nur, daß die Mitgliedstaaten Unregelmäßigkeiten zu melden haben. Die Form und die Mindestinhalte dieser Meldungen sind in der Verordnung nicht geregelt. Ein Mindestmaß an Informationen ist jedoch für die Unterrichtung der Kommission über Unregelmäßigkeiten im Bereich der Strukturfonds von wesentlicher Bedeutung. Deshalb wurde von der Kommission eine Ausführungsregelung verabschiedet, die in Anlehnung an die bereits im Agrarbereich geltende Regelung VO/EWG 283/72, u.a. die Form, den Inhalt und die Meldezeiträume betreffend Unregelmäßigkeiten bestimmte[569]. Als Unregelmäßigkeit war darin "jeder Verstoß gegen eine einzelstaatliche oder eine Gemeinschaftsvorschrift durch eine natürliche oder juristische Person zum Nachteil des Gemeinschaftshaushalts“ definiert. Nach dieser Regelung sollten Unregelmäßigkeiten u.a. mit Angabe der betroffenen Maßnahme, dem Zeitpunkt der Begehung, den Beteiligten, der Begehungsweise und der Aufdeckungsart und der Behörde an die Kommission gemeldet wer-

---

[567] VO/EWG 2052/88 ABl. L 185 v. 15.07.1988 S. 9

[568] VO/EWG 4253/88 des Rates vom 19.12.1988 ABl. L 374 v. 31.12.1988 zur Durchführung der VO/EWG 2052/88 des Rates hinsichtlich der Koordinierung der Interventionen der verschiedenen Strukturfonds einerseits und zwischen diesen und den Interventionen der Europäischen Investitionsbank und der sonstigen vorhandenen Finanzinstrumente andererseits.

[569] Verhaltenskodex zu den Modalitäten für die Anwendung von Artikel 23 Absatz 1 der Verordnung (EWG) Nr. 4253/88 des Rates betreffend die Unregelmäßigkeiten und die Einrichtung eines einschlägigen Informationssystems, ABl. C 200 v. 09.08.1990, S. 3

den[570]. Die Meldungen waren jeweils innerhalb von zwei Monaten nach Ablauf eines Trimesters zu übermitteln.

Der Verhaltenscodex wurde auf Antrag Frankreichs nach Art. 173 Abs. 1 EWGV vom EuGH für unwirksam erklärt[571]. Zur Begründung führte das Gericht aus, die Kommission habe keine Zuständigkeit für den Erlaß einer solchen Regelung, da diese einen Mindestinhalt der Mitteilungen und bestimmten Meldefristen normiere und so Verpflichtungen schaffe, die über die bloße Mitteilungspflicht in Art. 23 VO/EWG 4253/88 hinausgingen[572].

2.1.4.2. Mitteilungen nach VO/EG 1681/ 94 und VO/EG 1831/94

Nachdem der EuGH die 1990 von der Kommission für die Strukturfonds eingeführte Regelung über die Mitteilung von Unregelmäßigkeiten für nichtig erklärt hatte, wurden für die Struktur- und den Kohäsionsfonds mit den Verordnungen VO/EG 1681/94[573] und VO/EG 1831/94[574] von der Kommission neue Regelungen zur Mitteilung von Unregelmäßigkeiten getroffen. Zuvor hatte der Rat mit Änderung des Art. 23 Abs. 1 VO/EWG 4253/88[575] im Jahr 1993 und Einführung der Organsationsverordnung für den Kohäsionsfonds 1994[576] der Kommission die Zuständigkeit zum Erlaß ausführlicher Durchführungsregelungen in Bezug auf die Mitteilungen der Mitgliedstaaten eingeräumt.

Die Meldeverordnungen regeln in enger Anlehnung an die bereits für den EAGFL-Garantie bestehende Verordnung den Umfang der Mitteilungspflichten der Mitgliedstaaten gegenüber der Kommission. Mitzuteilen sind nach Art. 2 die innerstaatlichen Normen, die auf die Finanzkontrolle der Fonds, die Verfolgung von Unregelmäßigkeiten und die Wiedereinziehung zu Unrecht abgeflossener Mittel anwendbar sind. In Artikel 3 der Verordnungen sind die Mindestinhalte der jeweils quartalsweise abzugebenden Meldungen über Unregelmäßigkeiten geregelt, wie die betroffene Fördermaßnahme, Höhe des betroffenen Betrages, Zeitpunkt der Unregelmäßigkeit und der

---

570 Ziff. 4 Verhaltenskodex

571 RS 303/90 Französische Republik gegen Kommission der Europäischen Gemeinschaften; Urteil v. 13.11.1991

572 Urteil v. 13.11.1991 Slg. 91/4259 f.

573 VO/EG Nr. 1681/94 der Kommission v. 11.07.1994 betreffend Unregelmäßigkeiten und die Wiedereinziehung zu Unrecht gezahlter Beträge im Rahmen der Finanzierung der Strukturpolitiken sowie die Einrichtung eines einschlägigen Informationssystems, ABl. L 178 v. 12.07.1994 S. 43

574 VO/EG Nr. 1831/94 der Kommission v. 26.07.1994 betreffend Unregelmäßigkeiten und die Wiedereinziehung zu Unrecht gezahlter Beträge im Rahmen der Finanzierung des Kohäsionsfonds sowie die Einrichtung eines einschlägigen Informationssystems, ABl. L 191 v. 27.07.1994 S 9

575 VO/ EWG 2082/93 ABl. L 193 vom 31.07.1993

576 Art. 12 Abs. 5 VO/EG Nr. 1164/94 d. Rates v. 16.05.1994 zur Errichtung des Kohäsionsfonds. ABl. L 130 v.25.05.1994, 1

Aufdeckung und die feststellende Dienststelle, sofern der betroffene Betrag den Wert von 4000 Ecu übersteigt. Zu melden sind auch Unregelmäßigkeiten, die aufgedeckt wurden, ohne daß bereits Zahlungen vorgenommen wurden, wie sich aus Art. 3 Abs. 1 3. Spiegelstrich ergibt. Die diesbezügliche Formulierung in den Erwägungsgründen, wonach die Verordnung auch in den Fällen Anwendung findet, in denen „ein fälliger Betrag aufgrund einer Unregelmäßigkeit nicht ausbezahlt wurde" ist insofern unpräzise. Gemeint ist, daß eine Mitteilung auch dann zu übermitteln sein soll, wenn ein fälliger Betrag aufgrund *der Aufdeckung* einer Unregelmäßigkeit nicht ausbezahlt wurde.

Ebenso wie bereits in der Verordnung VO/EWG 283/72 und deren Nachfolgeregelung ist in Art. 4 der Meldeverordnungen für den Struktur- und den Kohäsionsfonds eine unverzügliche Mitteilung bei neuartigen oder grenzüberschreitenden Unregelmäßigkeiten vorgesehen. Auch die Regelungen in Art. 5 entsprechen den Regelungen im Bereich des EAGFL-Garantie im Hinblick auf die fortlaufende Mitteilungspflicht über den Gang des Verfahrens zur Wiedereinziehung zu Unrecht gezahlter Beträge. Abweichend von den Regelungen bezüglich des EAGFL-Garantie ist hier nicht vorgesehen, daß die Mitgliedstaaten einen Anteil von 20 % der wieder eingezogenen Beträge behalten können. Allerdings, so die Kommission[577], bestünde die Möglichkeit wiedereingezogene Beträge im Rahmen des jeweiligen Fonds anderen, nicht mit der Unregelmäßigkeit in Verbindung stehenden Wirtschaftsbeteiligten zur Verfügung zu stellen. Auch im Bereich der Strukturfonds ist keine Regelung vorgesehen, die den Fall behandelt, daß ein Mitgliedstaat seinen Mitteilungspflichten nicht oder nicht ordnungsgemäß nachkommt.

Zur Unterrichtung der Kommission von strafrechtlichen Verfahren bei Unregelmäßigkeiten wird in den Erwägungsgründen[578] darauf verwiesen, daß die Kommission systematisch über Gerichts- oder Verwaltungsverfahren zur Bestrafung von Personen, die Unregelmäßigkeiten begangen haben, unterrichtet werden sollte. Eine Mitteilungspflicht über Einzelheiten strafrechtlicher Verfahren ist nachfolgend allerdings nicht begründet worden. In Mitteilungen nach Art. 5 ist die Kommission über „etwaige Strafmaßnahmen" und die „etwaige Einstellung der Strafverfahren" zu unterrichten, eine nähere Präzisierung dieser Angaben, etwa hinsichtlich der ermittelnden Stelle und des Aktenzeichens oder des Verfahrensausgangs, abgesehen von der Verfahrenseinstellung bei Strafverfahren, ist nicht vorgesehen.

---

[577] Jahresbericht Betrugsbekämpfung 1994, S. 10
[578] 8. Erwägungsgrund VO/EG 1681/94 und 6. Erwägungsgrund VO/EG 1831/94

2.2. Zwischenergebnis

Der Begriff der Unregelmäßigkeit stellt nach wie vor die am weitesten gefaßte Bezeichnung für Handlungen dar, die zu einer unrechtmäßigen Verringerung der Mittel der Europäischen Gemeinschaften führen oder schon geführt haben. Der jetzt in Art. 1 Abs. 2 der Verordnung VO/EG Nr. 2988/95 gemeinschaftsrechtlich definierte Begriff ist hinsichtlich der möglichen Verursacher und der in Bezug genommenen Regelungen des Gemeinschaftsrechts enger gefaßt, als die zuvor verwendeten Unregelmäßigkeitbegriffe. Eine erhebliche Erweiterung erfährt diese Bezeichnung allerdings dadurch, daß der Eintritt eines Schadens im Sinne einer Ausgabe oder entgangenen Einnahme nicht mehr erforderlich ist. Demgegenüber bezieht sich der im Primärrecht verwendete Begriff der Betrügerei auf solche Sachverhalte, die zum Schutz der finanziellen Interessen der Gemeinschaft mit Mitteln des Strafrechts bekämpft werden sollen, wozu auch der im Übereinkommen zum Schutz der finanziellen Interessen der Europäischen Gemeinschaften definierte Betrugstatbestand gehört.

Ihre Kenntnisse über Unregelmäßigkeiten zum Nachteil des Gemeinschaftshaushalts erhält die Kommission fast ausschließlich durch Mitteilungen der Mitgliedstaaten. Die erste Regelung hierzu wurde 1972 für den Hauhaltsbereich des EAGFL geschaffen, die nachfolgend als Vorbild aller weiteren Verordnungen über die Mitteilung von Unregelmäßigkeiten diente. Aus dem Zweck der ersten Meldeverordnung, der verwaltungstechnischen Ausgabenkontrolle, folgte, daß diese Regelung, wie ihre Nachfolgerregelungen für den EAGFL-Garantie und die Strukturfonds keine Pflicht der Mitgliedstaaten beinhalten, Einzelangaben zu Strafverfahren zu übermitteln. Die Einführung von Mitteilungspflichten der Mitgliedstaaten zu Unregelmäßigkeiten stieß sowohl bezüglich der Landwirtschaftsausgaben, wie den Ausgaben der Strukturfonds auf den Widerstand verschiedener Mitgliedstaaten. Die bestehenden Meldeverordnungen beziehen sich jeweils nur auf einzelne Haushaltsbereiche der Gemeinschaft, ohne daß es eine generelle Mitteilungspflicht für sämtliche Ausgaben und Einnahmen der Gemeinschaft gibt. Überhaupt keine Regelungen enthalten die Verordnungen für den Fall, daß ein Mitgliedstaat seinen Mitteilungspflichten nicht oder nur unvollständig nachkommt.

3. Mitteilungen über Unregelmäßigkeiten bei Garantieausgaben des EAFGL

Nachfolgend werden die in den vorhandenen Meldesystemen der Gemeinschaften übermittelten Angaben zu Unregelmäßigkeiten dargestellt, die sich auf die Ausgaben von Gemeinschaftsmitteln beziehen, wobei zunächst auf die Mitteilungen bezüglich der Agrarausgaben und nachfolgend auf die Ausgaben der Strukturfonds und die direkten Ausgaben eingegangen wird.

3.1. Mitteilungen nach Art 3 VO/EWG 283/72 und VO/EWG 595/91

3.1.1. Mitteilungen sämtlicher Mitgliedstaaten

Nach Inkrafttreten der Verordnung 1972 wurden die ersten Meldungen über Unregelmäßigkeiten ab 1973 übersandt, wobei 1973 49 ; 1974 87; 1975 125 und 1976 222 Meldungen eingingen. Im genannten Zeitraum stammten 6 Meldungen aus Belgien; 248 aus der Bundesrepublik; 35 aus Dänemark; 23 aus Frankreich ; 12 aus Irland; 12 aus Italien; 15 aus den Niederlanden und 120 aus Großbritannien (wovon 115 im Jahr 1976 gemeldet wurden). Von den gesamt gemeldeten 483 Fällen waren über 51 % aller Fälle aus der Bundesrepublik gemeldet worden.

Die Fallzahlen der nach Art. 3 VO/EWG 283/72 bzw. 595/91 jeweils von den Mitgliedstaaten mitgeteilten Unregelmäßigkeiten stellt sich wie folgt dar[579]:

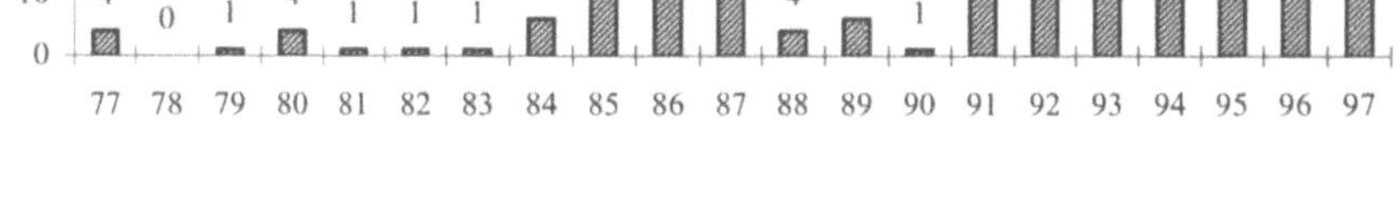

[579] jeweils nach den Finanzberichten EAGFL, ab 1989 Jahresberichte Betrugsbekämpfung

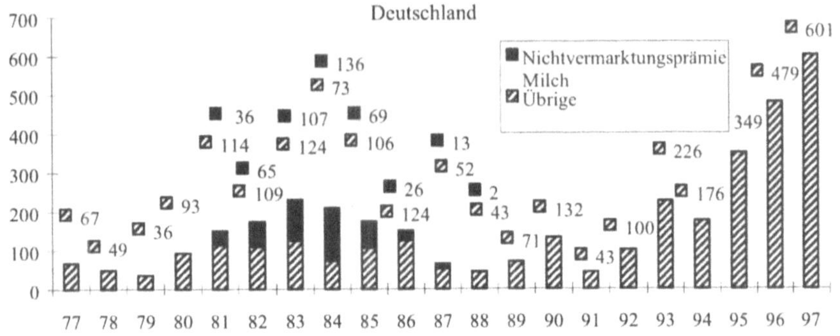
Deutschland
Nichtvermarktungsprämie Milch
Übrige
0
100
200
300
400
500
600
700
77 78 79 80 81 82 83 84 85 86 87 88 89 90 91 92 93 94 95 96 97
67
49
36
93
36
114
65
109
107
124
136
73
69
106
26
124
13
52
2
43
71
132
43
100
226
176
349
479
601

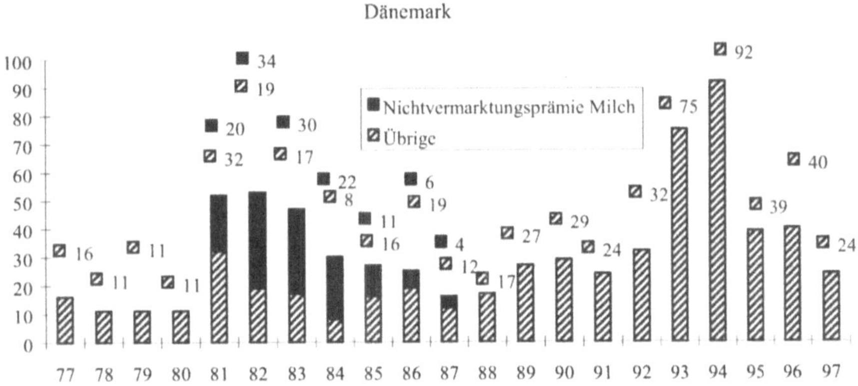
Dänemark
Nichtvermarktungsprämie Milch
Übrige
0
10
20
30
40
50
60
70
80
90
100
77 78 79 80 81 82 83 84 85 86 87 88 89 90 91 92 93 94 95 96 97
16
11
11
11
20
32
34
19
30
17
22
8
11
16
6
19
4
12
17
27
29
24
32
75
92
39
40
24

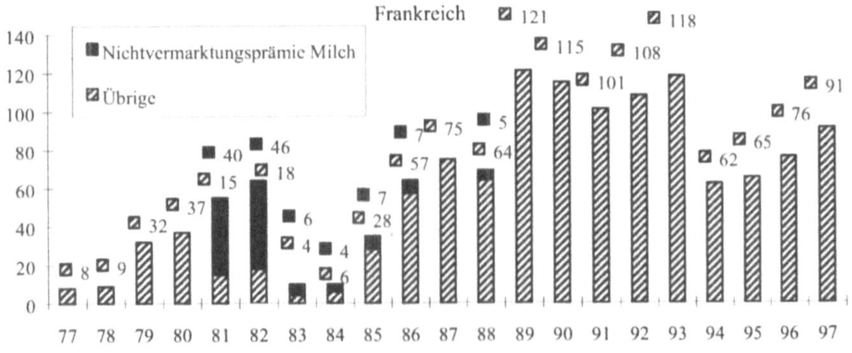
Frankreich
Nichtvermarktungsprämie Milch
Übrige
0
20
40
60
80
100
120
140
77 78 79 80 81 82 83 84 85 86 87 88 89 90 91 92 93 94 95 96 97
8
9
32
37
40
15
46
18
6
4
4
6
7
28
7
57
75
5
64
121
115
101
108
118
62
65
76
91

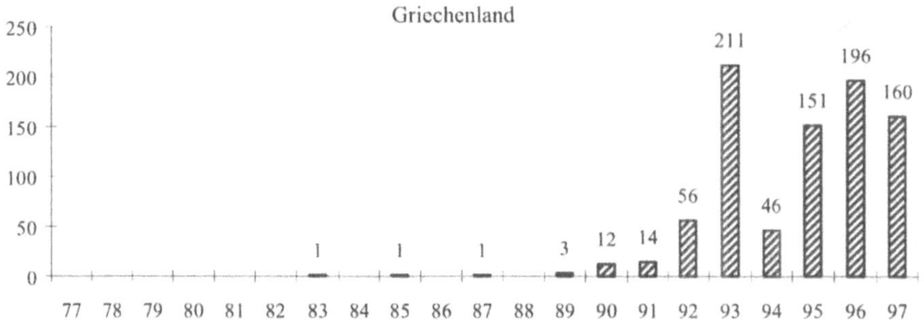
Griechenland
250
200
150
100
50
0
1 1 1 3 12 14 56 211 46 151 196 160
77 78 79 80 81 82 83 84 85 86 87 88 89 90 91 92 93 94 95 96 97

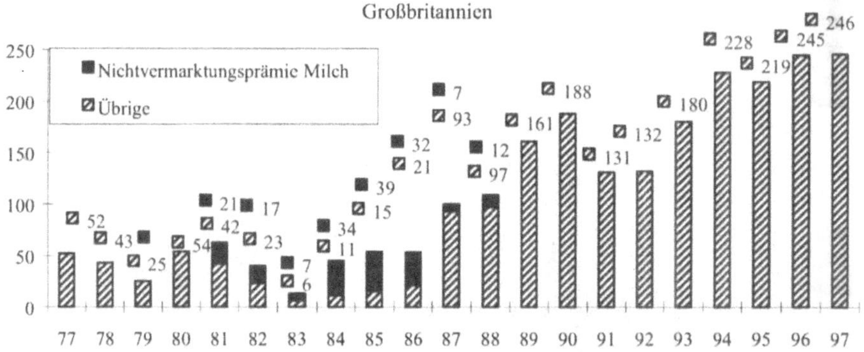
Großbritannien
Nichtvermarktungsprämie Milch
Übrige
250
200
150
100
50
0
52 43 25 54 21 42 17 23 7 6 34 11 39 15 32 21 7 93 12 97 161 188 131 132 180 228 219 245 246
77 78 79 80 81 82 83 84 85 86 87 88 89 90 91 92 93 94 95 96 97

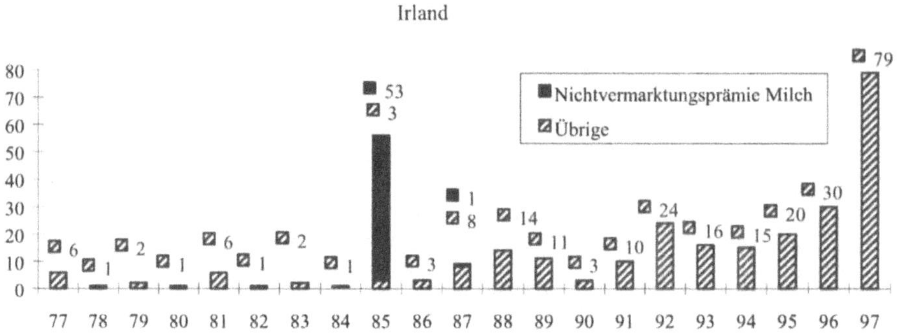
Irland
Nichtvermarktungsprämie Milch
Übrige
80
70
60
50
40
30
20
10
0
6 1 2 1 6 1 2 1 53 3 3 1 8 14 11 3 10 24 16 15 20 30 79
77 78 79 80 81 82 83 84 85 86 87 88 89 90 91 92 93 94 95 96 97

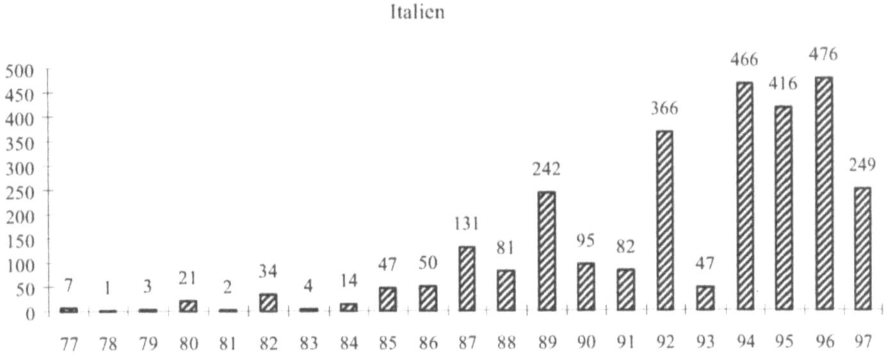
Italien
500
450
400
350
300
250
200
150
100
50
0
7
1
3
21
2
34
4
14
47
50
131
81
242
95
82
366
47
466
416
476
249
77 78 79 80 81 82 83 84 85 86 87 88 89 90 91 92 93 94 95 96 97

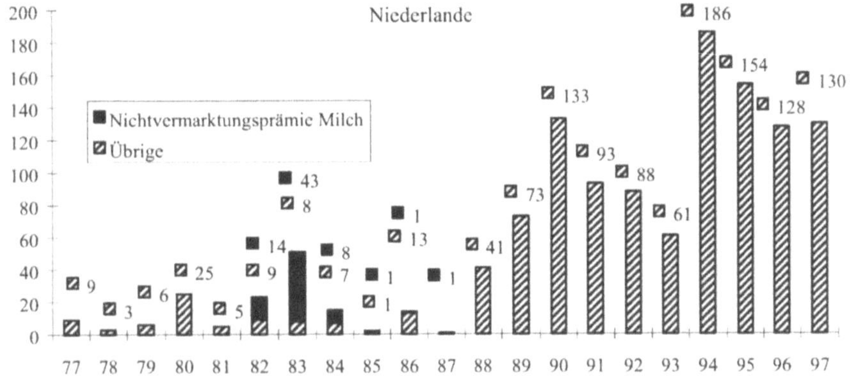
Niederlande
200
180
160
140
120
100
80
60
40
20
0
Nichtvermarktungsprämie Milch
Übrige
9
3
6
25
5
14
9
43
8
8
7
1
1
1
13
1
41
73
133
93
88
61
186
154
128
130
77 78 79 80 81 82 83 84 85 86 87 88 89 90 91 92 93 94 95 96 97

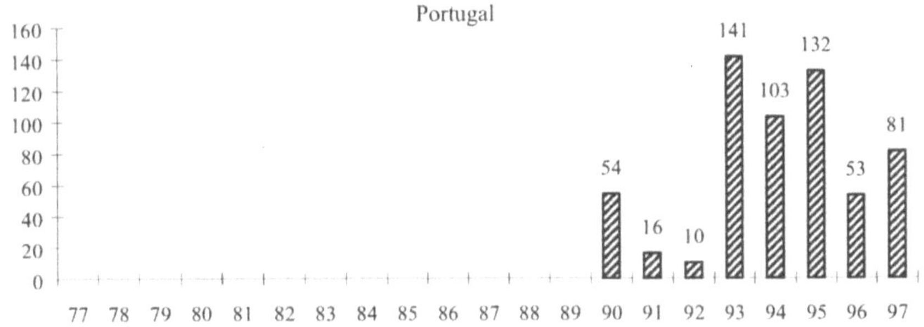
Portugal
160
140
120
100
80
60
40
20
0
54
16
10
141
103
132
53
81
77 78 79 80 81 82 83 84 85 86 87 88 89 90 91 92 93 94 95 96 97

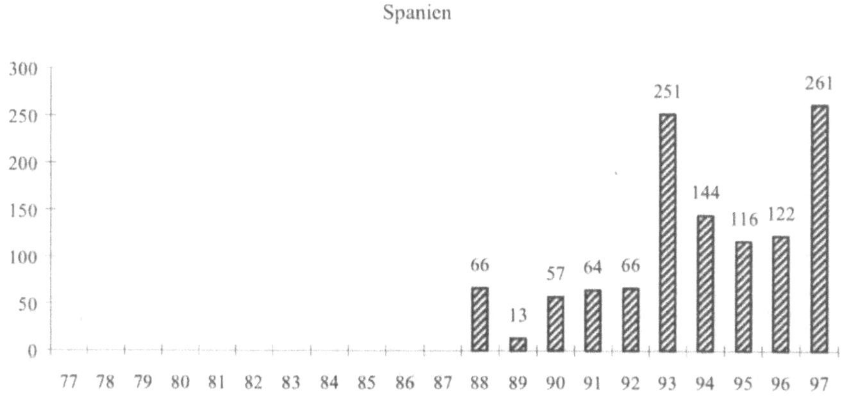

Die Gesamtzahlen stellen sich wie folgt dar :

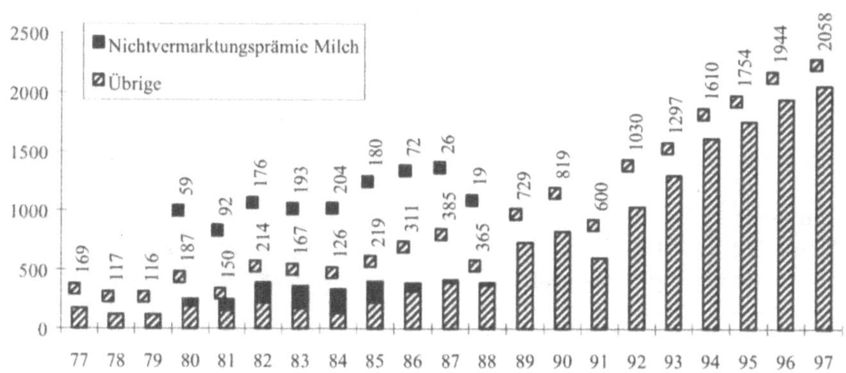

Eine Mitteilung wurde von Luxemburg im Jahr 1989 übersandt, auf Österreich entfielen 1995 : 10; 1996: 14 und 1997: 36 Fälle; Schweden meldete 1995: 48; 1996: 58 und 1997: 66 Fälle. Aus Finnland wurden 1995: 5; 1996: keine und 1997 7 Fälle von Unregelmäßigkeiten mitgeteilt.

Bei Auswertung der Meldungen der Mitgliedstaaten über Unregelmäßigkeiten im EAGFL Bereich[580] fällt auf, daß die einzelnen Mitgliedstaaten sehr unterschiedliche Mitteilungszahlen aufweisen. Dies gilt insbesondere im Zeitraum von 1977 bis 1987, in dem mit 1.399 von gesamt 3.163 Meldungen 44,2 % aller Mitteilungen von deutschen Dienststellen stammten, allein der Anteil der aus der Bundesrepublik

---

[580] Gemäß Art. 3 VO/EWG 283/72 bzw. 595/91

Deutschland gemeldeten Fälle im Zeitraum 1980-1986 beträgt 49,5 % aller mitgeteilten Fälle von Unregelmäßigkeiten zum Nachteil des gesamten EAGFL. Demgegenüber wurden beispielsweise von Italien in den Jahren 1973 bis 1979 insgesamt 20 und von 1980 bis 1989 insgesamt 721 Fälle von Unregelmäßigkeiten gemeldet. Seit der Aufnahme Griechenlands in die EG wurden von 1982 bis 1989 sechs Fälle von Unregelmäßigkeiten im gesamten EAGFL Bereich Garantie durch griechische Stellen mitgeteilt.

In den Jahren 1988 bis 1997 ist ein Ansteigen der Mitteilungen der Mitgliedstaaten insgesamt festzustellen. Der Anteil der Meldungen deutscher Stellen beträgt in dieser zeit 18,6 % und war bis auf 11,7 % im Zeitraum von 1988 bis 1993 (567 Fälle von gesamt 4.859) gesunken. In den letzten Jahren liegt der Anteil der Meldungen über Unregelmäßigkeiten aus der Bundesrepublik Deutschland bei 21 % (1993-1997).

3.1.1.1. Betroffene Ausgabenbereiche

Neben den Fallzahlen der jeweiligen Mitgliedstaaten hat die Kommission in ihren jährlichen Berichten über die Ausgaben des EAGFL die im Sonderdienst der Generaldirektion VI der Kommission vorgenommene Auswertung zu den von Unregelmäßigkeiten betroffenen Haushaltsposten zusammengefaßt. Hierdurch kann in Bezug auf die gemeldeten Fälle abgeschätzt werden, welche Subventionsausgaben stärker als andere von Unregelmäßigkeiten betroffen sind.

Nachfolgend sollen diese Angaben nach Subventionsarten in Zeitabschnitten dargestellt werden. Bei der Angabe der betroffenen Maßnahme wird dabei die innerhalb der Kommission verwendete Einteilung der verschiedenen Ausgaben verwendet. Die Angaben der Mitgliedstaaten zu den betroffenen Maßnahmen sind den jeweiligen Meldungen nach Art. 3 VO/EWG 283/72 bzw. 595/91 zu entnehmen.

Was die einzelnen Marktordnungsbereiche betrifft, wurden die Meldezahlen den jeweils jährlich vorgelegten Finanzberichten der Kommission über den EAGFL-Garantie[581] und für die Haushaltsjahre 1991 und 1994 den jährlichen Betrugsberichten der Kommission entnommen. Zusätzlich wurden für die Jahre 1993 bis 1997 die Datensätze zu Art. 3 der EG-Datenbank IRENE bei der Betrugsbekämpfungsdienststelle der Kommission für die vorliegende Arbeit nochmals im März 1999 ausgewertet.

[581] Die vollständige Bezeichnung: Finanzbericht über den Europäischen Ausrichtungs- und Garantiefonds für die Landwirtschaft Abteilung Garantie und den Rechnungsabschluß der Nahrungsmittelhilfe.

Die Gesamtzahl der Meldungen nach Art. 3 beläuft sich im Zeitraum 1977 bis 1997 auf 15.375 einschließlich der Fälle für Nichtvermarktungsprämien Milch (1.021). Nachfolgend ist die Darstellung der Fallzahlen auf ausgewählte Ausgabenbereiche beschränkt, die einen auffallend hohen bzw. niedrigen Anteil an den Fallzahlen im Auswertungszeitraum haben, in denen insgesamt jedoch über 95% aller Unregelmäßigkeiten festgestellt wurden.

Im Zeitraum 1977 bis 1997 (N=11.106) ergibt sich aus den Meldungen der Mitgliedstaaten hinsichtlich der ausgewählten Ausgabenbereiche folgendes Bild:

	abs.	in %
Milch	2.476	22,3
Rindfleisch	2.222	20,0
Fette	2.129[582]	19,1
Getreide	1.642	14,8
Nicht Anh. II	655	5,9
Wein	635	5,7
Obst u. Gemüse	601	5,4
Schweinefleisch	382	3,4
WAB	231	2,0
Eier/Geflügel	109	1,0
Fisch	24	0,2

Die Entwicklung der Meldezahlen in einzelnen Bereichen, nämlich Rindfleisch, Milch, Getreide und Obst/Gemüse wird auf den nachfolgenden Seiten dargestellt.

[582] Von den gesamt erfaßten Fällen beruhen 462 auf Meldungen italienischer Behörden in den Jahren 1989 -125 und 1992- 337 Diese Meldungen wurden im Anschluß an groß angelegte Reihenüberprüfungen italienischer Stellen bei Empfängern von Beihilfen für die Verarbeitung von Olivenöl übermittelt. Durchschnittlich entfielen ohne diese Meldungen im Berichtszeitraum 17 Meldungen über Unregelmäßigkeiten nach Art. 3 auf den Ausgabenbereich Fette und Öle.

Rindfleisch

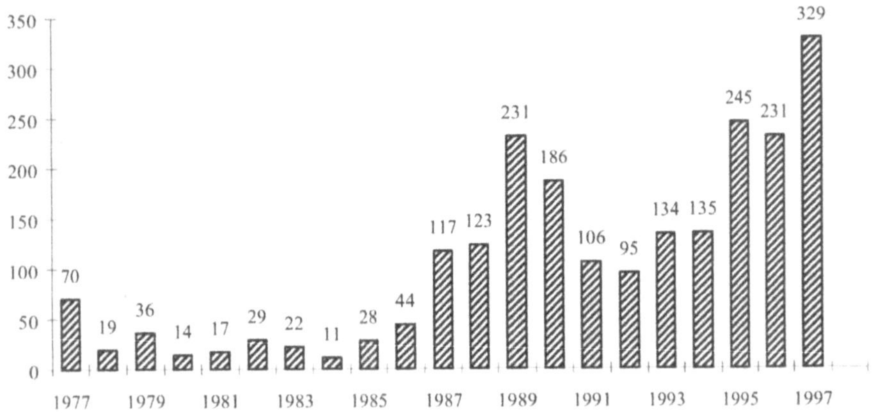

Milch

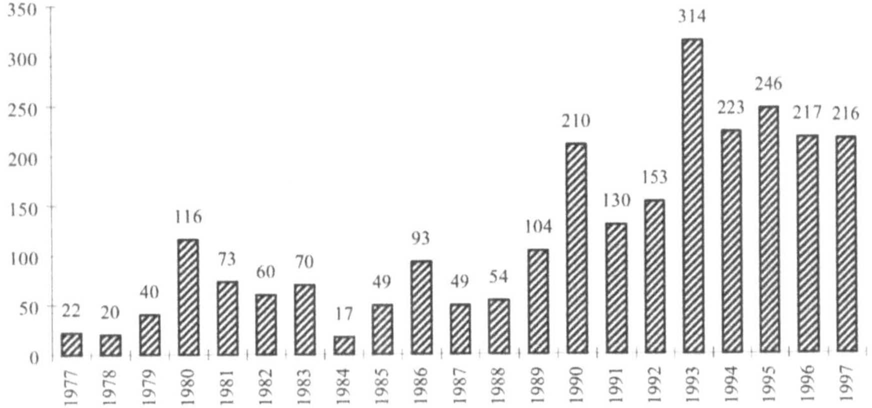

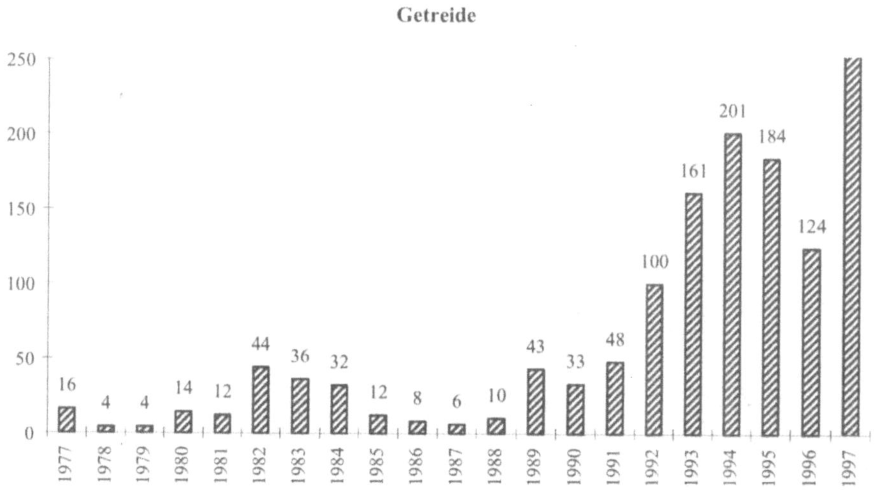

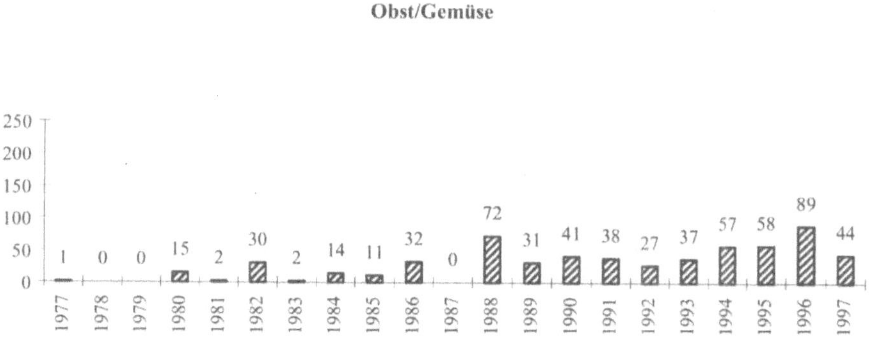

Die jährliche Zahl der Meldungen ist im Beobachtungszeitraum stetig gewachsen. Während 1977 insgesamt 169 Fälle, betreffend alle Ausgabenbereiche, gemeldet wurden, waren dies 1997 1.901 Fälle. Nähere Aufschlüsse über die Verteilung der Unregelmäßigkeiten auf bestimmte Marktbereiche lassen sich daher eher bei Betrachtung der relativen Anteile der Mitteilungen aus den Marktbereichen am jährlichen Aufkommen der Meldungen insgesamt gewinnen.

Die Schwankungen der relativen Anteile der Fallzahlen sind nachfolgend dargestellt:

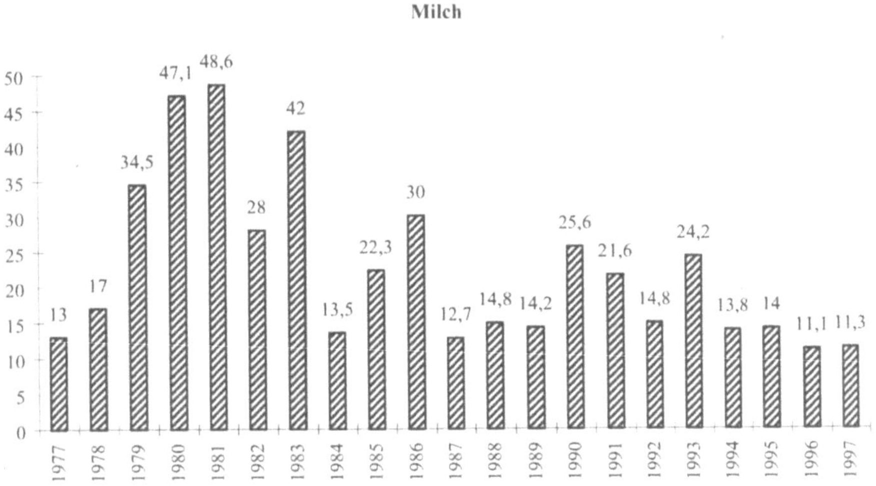

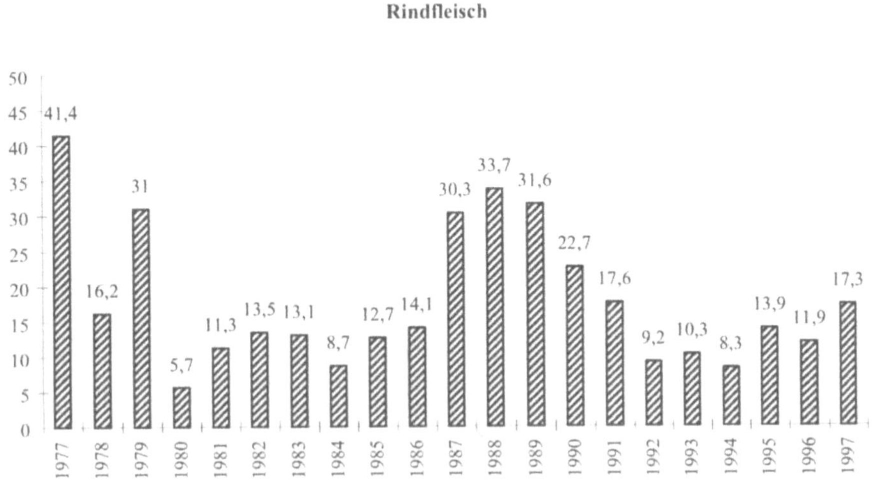

Getreide

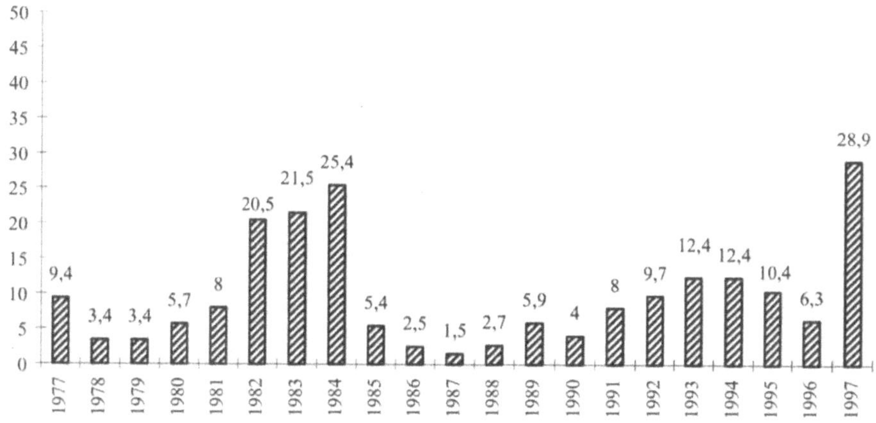

Fette

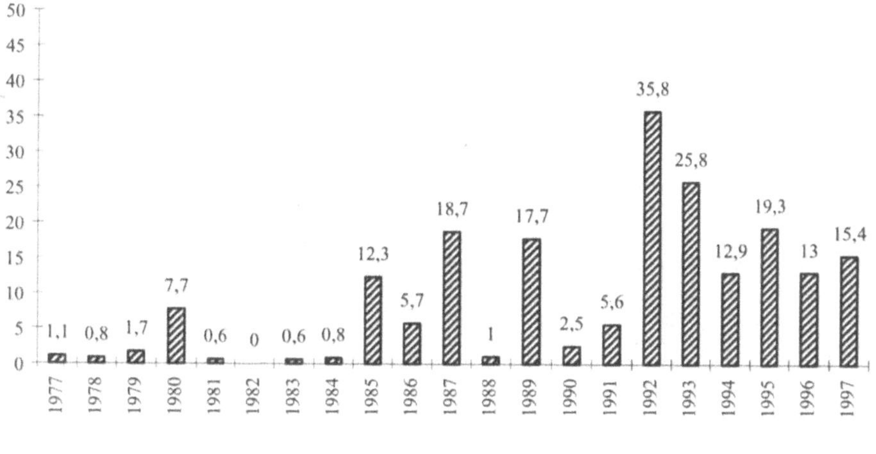

Wein

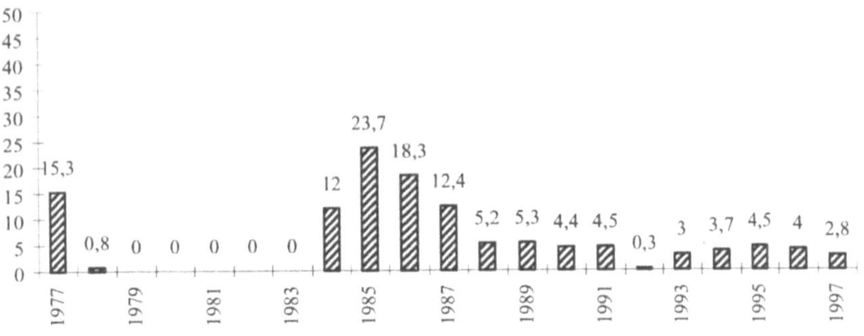

Obst/Gemüse

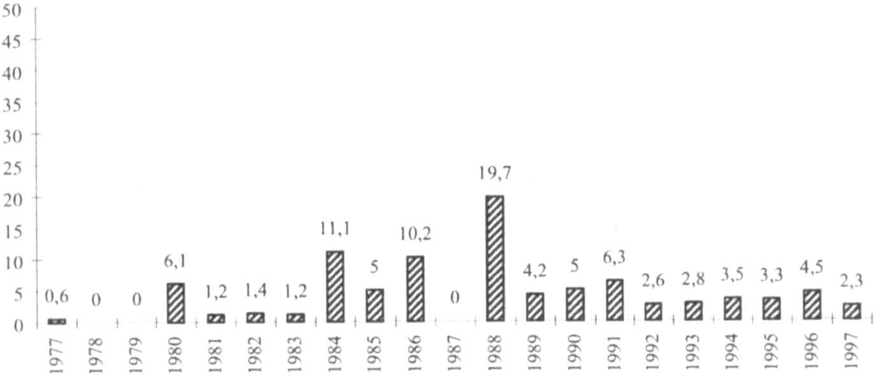

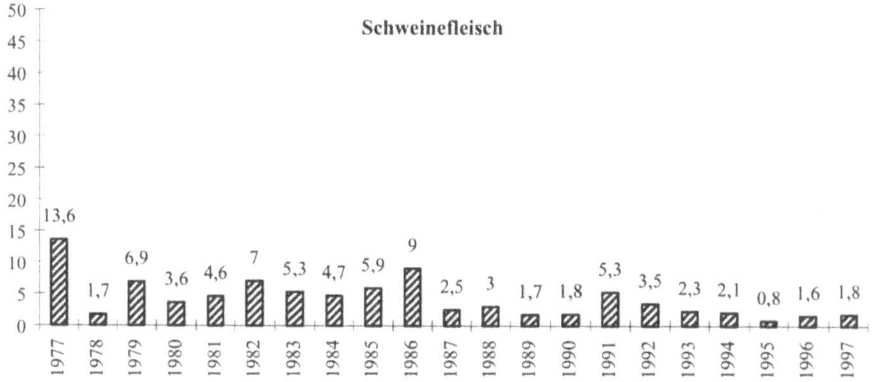
Schweinefleisch
50
45
40
35
30
25
20
15
10
5
0
13,6
1,7
6,9
3,6
4,6
7
5,3
4,7
5,9
9
2,5
3
1,7
1,8
5,3
3,5
2,3
2,1
0,8
1,6
1,8
1977
1978
1979
1980
1981
1982
1983
1984
1985
1986
1987
1988
1989
1990
1991
1992
1993
1994
1995
1996
1997

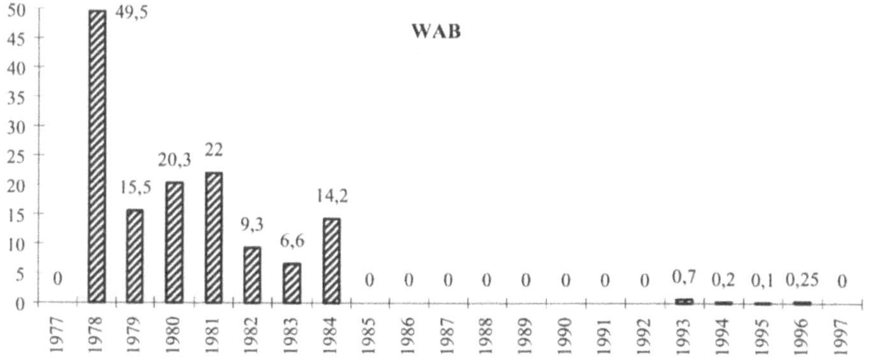
WAB
50
45
40
35
30
25
20
15
10
5
0
0
49,5
15,5
20,3
22
9,3
6,6
14,2
0
0
0
0
0
0
0
0
0,7
0,2
0,1
0,25
0
1977
1978
1979
1980
1981
1982
1983
1984
1985
1986
1987
1988
1989
1990
1991
1992
1993
1994
1995
1996
1997

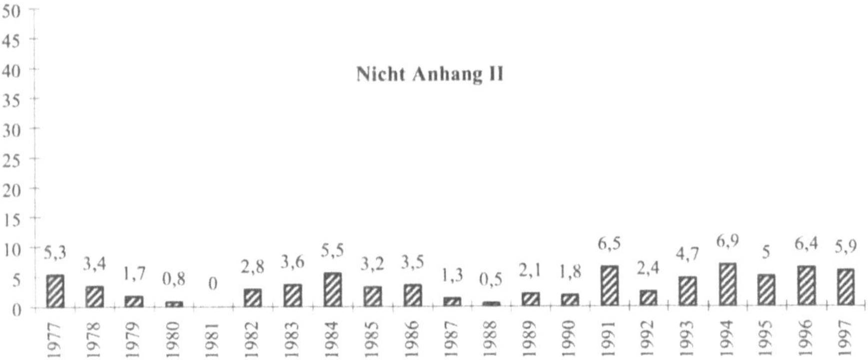

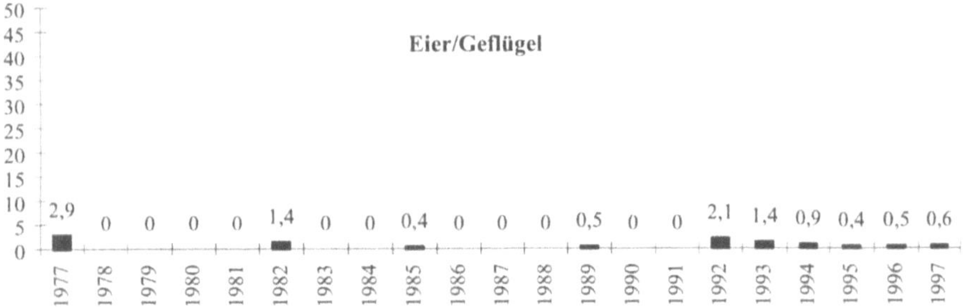

Angaben in % nach Fallmeldungen gem. Art. 3 nach Marktbereichen an der Gesamtzahl aller Mitteilungen gem. Art. 3 für das jeweilige Jahr[583].

Hier ergibt sich bei Bewertung in zeitlicher Hinsicht, daß die relativen Anteile der in den verschiedenen Ausgabenbereichen gemeldeten Unregelmäßigkeiten starken Schwankungen unterworfen sind, wie die Fallzahlen im Bereich der Ausgaben für Fette in den Jahren 1989 und 1992 (21 % bzw. 44,5 %) oder Wein 1985 und 1986 (26 % und 19,6 %) oder für Milch 1980 und 1981 (48,5 % bzw. 50,3 %) belegen. Die Ausgaben für Währungsausgleichsbeihilfen im Landwirtschaftsbereich werden während befristeter Übergangszeiträume gewährt und deshalb nur in bestimmten Jahren, dann jedoch mit hohen Fallzahlen Gegenstand von Unregelmäßigkeiten.

[583] jeweils bis 1992 nach Finanzberichten EAGFL-Garantie ab 1993 Datenbestand DG VI Abt. G 4 System IRENE

Die Zusammenfassung der Fallzahlen in Zeiträumen von jeweils vier Berichtsjahren für die erwähnten Marktbereiche zeigt das nachfolgende Bild:

Milch	198	220	245	597[584]	1.000
Rindfleisch	139	79	312	618	745
Fett	24	3	121	553	1.134
Getreide	38	124	36	224	670
Wein	27	15	176	105	258
Obst u. Gemüse	16	48	115	137	241
Schweinefleisch	42	37	62	96	110
WAB	126	82	0	0	22
Nicht Anh. II	17	19	25	95	387
Eier/Geflügel	5	3	1	26	52
Fisch	6	2	0	1	11
	1977-1980	1981-1984	1985-1988	1989-1992	1993-1996

Die meisten Meldungen im Gesamtzeitraum betreffen die Ausgaben in den Marktordnungsbereichen für Milch, Rindfleisch und Getreide (1977 - 1992: 2.830 + 1.021 Nichtvermarktungsprämie = 3.851). Diese Marktordnungen sind danach in 79,81 % aller Fälle von gemeldeten Unregelmäßigkeiten im Bereich des EAGFL betroffen[585]. Die Mitteilungen über Unregelmäßigkeiten im Ausgabenbereich für Milch und Milchprodukte enthalten zudem auch 1.021 Fälle an Meldungen im Bereich der Nichtvermarktungsprämien für Milch die nur bis 1981 beantragt werden konnten, deren Abwicklung jedoch noch mehrere Jahre dauerte[586].

Anhand der Einzelmeldungen wurde von den Kommissionsdienststellen auch die Verteilung der Unregelmäßigkeiten auf die Ausgabensektoren für Erstattungen und sonstige Ausgaben erfaßt, die in den Berichten der Kommission als Interventionen bezeichnet werden.

3.1.1.2. Jahresberichte der Kommission

Besondere Erwähnung finden in den Finanzberichten der Kommission die jeweils in besonderen Umfang betroffenen Einzelmaßnahmen, wie 1977 Erstattungen für Rind- und Schweinefleisch sowie Getreide und Erstattungen für Schiffsproviant, 1978 Interventionskäufe für Rindfleisch und Olivenöl sowie Zuschüsse für die private Lagerhaltung für Rindfleisch und die Erstattungen für Rindfleisch. 1978 und 1979 be-

---

584 Milch ohne Nichtvermarktungsprämien

585 unter Einbeziehung der Nichtvermarktungsprämien Milch

586 diese Ausgaben wurden zu 60 % aus Mitteln des Garantiebereichs des EAGFL und zu 40 % von der Abteilung Ausrichtung finanziert, Finanzbericht EAGFL-Garantie 1980 S. 33

trafen insgesamt 30 Fälle die Beihilfen für die Produktion und die Verwendung Magermilchpulver. 1980 wurden allein 41 Fälle betreffend die Beihilfe für die Verarbeitung von Magermilchpulver zu Futtermitteln[587] und 19 Fälle im Bereich der Beihilfen für die Erzeuger von Olivenöl gemeldet. Im Jahr 1981 werden besonders die Beihilfen für die Verwendung von flüssiger Magermilch und Magermilchpulver zur Mischfutterherstellung erwähnt, auf die 33 Fälle entfielen.

1985 werden besonders die in diesem Jahr gemeldeten Fälle von Unregelmäßigkeiten bei Ausfuhrerstattungen für Rindfleisch nach Nordamerika, für Getreide und Interventionen im Bereich Obst und Gemüse erwähnt. Auch im Jahresbericht 1986 finden Interventionskäufe im Marktordnungsbereich Obst und Gemüse und die Erstattungen für Rindfleisch bei der Ausfuhr nach Nordamerika wiederum besondere Erwähnung.

Im Jahr 1987 wird von der Kommission besonders auf Fälle von Unregelmäßigkeiten und Betrügereien im Zusammenhang mit Beihilfen für Weinbaubetriebe und die Erstattungen bei der Ausfuhr von Rindfleisch, u.a. nach Südafrika bzw. Anrainerstaaten, hingewiesen[588].

Im Jahresbericht für 1988[589] verweist die Kommission auf besondere Prüfungen bei Erzeugerbeihilfen für Soja an Marktteilnehmer in Italien, bei Interventionszahlungen für Magermilchpulver in Irland und Ausfuhrerstattungen für Hartweizen aus Frankreich. Besonders werden die Überprüfungen der Beihilfen für Olivenöl aufgeführt. Im Jahr 1988 entfallen 58 % der von Unregelmäßigkeiten betroffenen Ausgaben auf den Bereich Obst und Gemüse, weitere 38 % auf den Sektor der Ausgaben für Rindfleisch.

Als betroffene Ausgabenbereiche werden für 1989 besonders die Interventionsausgaben für Olivenöl in Spanien und Italien genannt, bei denen die Kommission die Kostenübernahme für die Haushaltsjahre 1987 und 1988 zu Lasten des Gemeinschaftshaushalts wegen der bei Kontrollen festgestellten Mängel der Mittelverwaltung fast vollständig ablehnte[590]. Dementsprechend werden im Marktbereich Fette 129 Fälle von Unregelmäßigkeiten mit einem wiedereinzuziehenden Betrag von 50,1 Mio. ECU, 32,5 % des Gesamtbetrages aller Fälle in der EG im Jahr 1989, registriert. Auffällig war im Jahr 1989 eine drastische Zunahme von Prämienanträgen für Schaffleischerzeuger, die Anlaß zu Überprüfungen durch Kommissionsdienststellen gab, bei denen zahlreiche Unregelmäßigkeiten festgestellt wurden. Ferner werden in diesem Jahr wieder die Erstattungsleistungen beim Export von Rindfleisch erwähnt, bei denen 220 Fälle von Unregelmäßigkeiten mit einem Ausgabenbetrag von 45,2 Mio.

[587] Finanzbericht EAGFL-Garantie 1980 S. 34
[588] Finanzbericht EAGFL-Garantie 1987 S. 46
[589] Finanzbericht EAGFL-Garantie 1988 S. 46 ff.
[590] Finanzbericht EAGFL-Garantie 1989 S. 51

ECU (29,3% des Gesamtbetrages aller Meldungen) im Bereich des EAGFL für 1989 ermittelt wurden.

Für 1990[591] wurden besonders Unregelmäßigkeiten im Zusammenhang mit den Qualitätsanforderungen von Olivenöl, das durch italienische Interventionsstellen eingekauft worden war, erwähnt, desweiteren Qualitätsabweichungen bei Interventionslagerbeständen an Rindfleisch sowie die unberechtigte Antragstellung für Erzeugerprämien im Bereich Schaffleisch, insbesondere Mutterschafprämien in Spanien und Griechenland. Besondere Untersuchungen sind von der Kommission im Bereich von Rindfleischeinfuhren aus Brasilien sowie im Zusammenhang mit Ausfuhrerstattungen für Rindfleisch nach Rumänien, Mauritius und Zaire für erforderlich gehalten worden.

Im Kommissionsbericht für 1991[592] werden neu aufgedeckte Fälle insbesondere im Zusammenhang mit der Ausfuhrerstattung für Tabak sowie den Ausfuhrerstattungen für Rindfleisch bei der Ausfuhr nach der Elfenbeinküste, nach Jugoslawien und in den Libanon erwähnt. Desweiteren wurde auf vermutete Unregelmäßigkeiten im Zusammenhang mit Ausfuhren von Olivenöl aus Griechenland und bei Ausfuhrerstattungen für die Ausfuhr von Magermilchpulver hingewiesen. Festgestellt wurden zudem zahlreiche Unregelmäßigkeiten im Zusammenhang mit Prämien für Mutterschafe in Spanien, Griechenland, Großbritannien und Portugal[593].

Der Kommissionsbericht für 1992 weist ebenfalls auf eine Vielzahl (366 Fälle) von Unregelmäßigkeiten im Zusammenhang mit Beihilfen für Olivenölerzeuger in Italien hin, die ein mehrfaches der jeweils gemeldeten Fallzahlen in den nachfolgend am häufigsten betroffenen Marktbereichen Milcherzeugnisse, Getreide und Rindfleisch beträfen[594]. Im weiteren wurden auf erstmals festgestellten Unregelmäßigkeiten im Zusammenhang mit Magermilchpulver verwiesen, das im Rahmen der Nahrungsmittelhilfe nach Bulgarien geliefert, von dort jedoch weiter exportiert worden war. Ferner wurden Untersuchungen im Zusammenhang mit der Ausfuhr von Rindern aus dem Gemeinschaftsgebiet nach Osteuropa aufgeführt[595]. Der Bericht erwähnt zudem zu Unrecht gewährte Erstattungen im Zusammenhang mit der Ausfuhr von Magermilchpulver aus der Bundesrepublik in die frühere UdSSR im Betrag von 44 Mio. Ecu.

---

[591] Jahresbericht Betrugsbekämpfung 1990 S. 28 ff.
[592] Jahresbericht Betrugsbekämpfung 1991 S. 35 ff
[593] Jahresbericht Betrugsbekämpfung 1991 S. 32
[594] Jahresbericht Betrugsbekämpfung 1992 S. 9 f
[595] aaO Seite 21

Für das Jahr 1993[596] nennt die Kommission im einzelnen Unregelmäßigkeiten im Zusammenhang mit Interventionsbeständen für Hartweizen und Olivenöl, wonach in Italien 25 % der von der Intervention angekauften Hartzweizenmengen nicht in den Lagern vorhanden waren und 93 % des in die Intervention gelangten Olivenöls minderwertiger, nicht interventionsfähiger Qualität war. Die in Griechenland kontrollierten Interventionsbestände von Trockenfeigen waren, nach Feststellung der Kommission insgesamt zum menschlichen Verzehr nicht geeignet. Im Bereich von Ausfuhrerstattungen wird wiederum besonders auf festgestellte Betrügereien durch Karussellgeschäfte bei Rindfleisch hingewiesen.

Für 1994[597] wird auf Karussellgeschäfte im Zusammenhang mit Milchpulver aus verschiedenen Gemeinschaftsländern nach Osteuropa hingewiesen, die nach Schätzung der Kommission einen Schaden von 4,5 Mio. Ecu im Bereich der Ausfuhrerstattungen und 45 Mio. Ecu im Bereich der umgangenen Einfuhrabgaben verursacht habe. Zudem wird auf erhebliche Unregelmäßigkeiten im Zusammenhang mit der Ausfuhr von Zucker, Milcherzeugnissen und Rindfleisch hingewiesen. Kontrollen der Kommission ergaben 1994, daß beim größten Teil der gestellten Anträge für Prämien, die auf Korsika an Bergbauern geleistet wurden, unzutreffende Angaben gemacht worden sind. Erhebliche Unregelmäßigkeiten bei Mutterkuhprämien die Frankreich ausgezahlt worden waren, veranlaßten die Kommission zu einer pauschalen Kürzung dieser Ausgaben um 50 %[598]. Die bereits 1992 und 1993 festgestellten Unregelmäßigkeiten bei der Ausfuhr von Tabak aus dem Gemeinschaftsgebiet, so die Kommission, haben zur vollständigen Einstellung dieser Ausfuhrerstattung geführt[599].

Im Jahresbericht 1995[600] wird auf einen in den letzten Jahren feststellbar zunehmenden Organisationsgrad der Täter und einen zahlenmäßig relativ geringen Anteil von Einzelfällen mit außerordentlich hohen Schadensbeträgen von mehr als 1 Million Ecu hingewiesen. Im einzelnen habe man solche Fälle im Bereich des Handels mit Zucker und der Ausfuhr von Rindfleisch sowie von Molkereierzeugnissen/Käse festgestellt. Als betroffene Drittstaaten wurden dabei einerseits Staaten des Nahen Ostens und in Nordafrika, im anderen jedoch insbesondere Länder in Ost- und Süd-Ost-Europa festgestellt. In einem Fall eines Fleischkarussells seien aufwendig organisierte Einfuhren von Lebendvieh aus Osteuropa nach Italien und die Ausfuhr minderwertiger Fleischteile nach Malta gegen Ausfuhrerstattung festgestellt worden, wodurch ein Schaden von rund 30 Mio. Ecu verursacht worden ist.

---

[596] Jahresbericht Betrugsbekämpfung 1993 S. 30 ff
[597] Jahresbericht Betrugsbekämpfung 1994 S. 43 ff
[598] Jahresbericht Betrugsbekämpfung 1994 S. 30
[599] aaO S. 50
[600] Jahresbericht Betrugsbekämpfung 1995 S. 54

Im Bericht für 1996[601] wird auf ein weiter angestiegenes Schadensvolumen und eine weiter erheblich angestiegene Anzahl von Einzelfällen im Bereich des EAGFL-Garantie verwiesen. Besonders erwähnt werden Unregelmäßigkeiten bei der Ausfuhr von Olivenöl und von Rindfleisch, während bei Verarbeitungsbeihilfen und Interventionszahlungen Einzelfälle mit besonders großen Schadensbeträgen im Bereich der Getreidemarktordnung festzustellen seien und zudem eine große Zahl von über 500 Einzelfällen kleineren Umfanges gemeldet wurde.

Nach den Feststellungen der Kommission im Jahresbericht 1997[602] steigt die Zahl der Einzelfälle bei einem gleichbleibenden Schadensvolumen, wobei im Bereich der Ausfuhrerstattungen 32 % des Gesamtschadens gemeldet wurde, während deren Anteil am Gesamthaushalt insgesamt weiter zurückgegangen ist. Als besonders anfällig wurden wiederum Zahlungen für den Marktbereich Olivenöl, diesmal Zahlungen von Verbraucherbeihilfen und Erzeugerbeihilfen genannt. Eine größere Zahl von Fällen entfiel auf Mitteilungen bei Prämien für Getreideerzeuger. Weitere Fälle wurden im Zusammenhang mit Ausfuhrerstattungen bei Ausfuhren von Milcherzeugnissen mit dem angegebenen Bestimmungsland Albanien erwähnt.

3.1.1.3. Schadenumfang / finanzielle Auswirkungen

Die Angabe der Fallzahlen läßt lediglich erkennen, in wie vielen Einzelfällen Unregelmäßigkeiten von den Mitgliedstaaten gemeldet werden. Eine Aussage über die Höhe des jeweils eingetretenen Schadens könnte anhand der Mitteilungen über die Höhe der wieder einzuziehenden Beträge getroffen werden, um so Anhaltspunkte für eine verstärkte Bekämpfung von Unregelmäßigkeiten in den besonders schadenträchtigen Ausgabenbereichen zu erhalten.

Die von den Mitgliedstaaten an die Kommission abgegebenen Mitteilungen nach Artikel 3 VO/EWG 283/72 bzw. 595/91 enthalten auch Angaben dazu, welcher Betrag im Einzelfall wiedereingezogen werden muß. Dieser Betrag ist nicht unbedingt identisch mit dem Ausgabenbetrag, der von der gemeldeten Unregelmäßigkeit betroffen ist, sondern enthält u.U. auch im Zusammenhang mit der Unregelmäßigkeit entstandene weitere Zahlungsansprüche. Dies betrifft nicht unrechtmäßig erlangte Subventionsanteile die dennoch zurück zu zahlen sind, da nach gemeinschaftsrechtlichen Regelungen der gesamte Subventionsbetrag zurück zu zahlen ist, wenn die Ausgabenvoraussetzungen auch nur für einen Teil des Sachverhalts nicht gegeben sind[603].

[601] Jahresbericht Betrugsbekämpfung 1996 S. 21
[602] Jahresbericht Betrugsbekämpfung 1997 S. 12
[603] z.B. bei Erstattung der Mitverantwortungsabgabe Getreide VO/EWG 915/89, ABl. 1989 L Nr. 97

Diese Mitteilungspflicht erfaßt auch Zuschläge zu Rückforderungen[604] oder ebenfalls im Zusammenhang mit der Unregelmäßigkeit verfallene Kautionen[605]. Daher ist auch der gesamte Betrag der einzuziehen ist, bei den nachfolgenden Meldungen gem. Art. 5 VO/EWG 283/72 bzw. 595/91 anzugeben.

Die im Bereich des EAGFL-Garantie gemeldeten Unregelmäßigkeiten betreffen einen Gesamtbetrag von gesamt 2.170,5 Mio. Ecu im Zeitraum von 1977 bis 1997, der sich innerhalb des Zeitraums im einzelnen wie folgt darstellt:

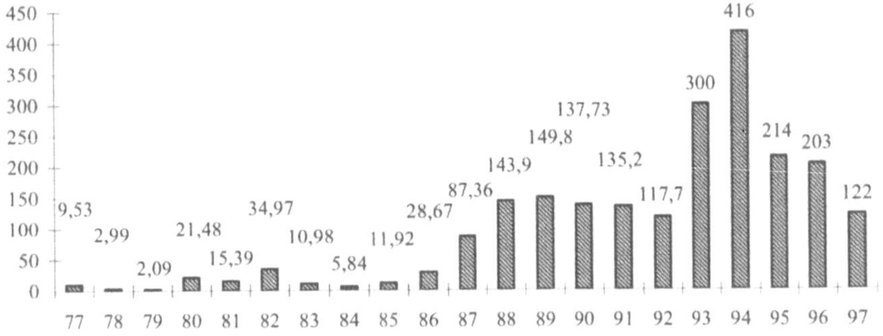

Wieder einzuziehende Beträge / Schadensummen EG gesamt EAGFL-Garantie (in Mio. ERE/ECU) jeweils nach den Mitteilungen der Mitgliedstaaten[606].

Die von den Mitgliedsstaaten ohne Beteiligung der Kommission ermittelten Beträge betragen gemäß Mitteilungen der Mitgliedstaaten : 1994 412 Mio Ecu, 1995 214, 1996 204, 1997 165.

---

[604] z.B. Art. 13 III lit. b VO/EWG 3813/89, s.a. EuGH U. v. 27.10.1992 Rs. C 240/90, Slg. 1992 S. I-5383 zur Zulässigkeit von gemeinschaftsrechtlich vorgesehenen Zuschlägen; 30 % bei Unregelmäßigkeiten bei Beihilfen u.a. VO/EWG 1279/90, ABl. L Nr. 371 S. 17, bei Ausfuhrerstattungen Art. 11 VO/EG 2945/94 ABl. 1994 L Nr. 310, S. 57 i.V. m. VO/EWG 3665/87, ABl. 1987 L Nr. 351 S. 1; krit. Schrömbges, ZfZ 1995 S. 130, 136

[605] z.B. Art. 48 VO/EWG 3665/87 ABl. L Nr. 351 S. 1 ff; s.a. Heitzer S. 47 ff

[606] bis 1992 nach den jeweiligen Finanzberichten EAGFL Garantie- ohne Nichtvermarktungsprämie Milch, ab 1993 gem. den Jahresberichten Betrugsbekämpfung, Ab 1994 Gesamtbeträge einschließlich der wiedereinzuziehenden Beträge, die Gegenstand gemeinsamer Ermittlungen der Mitgliedstaaten und der Kommission sind.

Die durchschnittlich je Unregelmäßigkeit betroffenen Ausgaben sind in der nachfolgenden Darstellung aufgeführt (in Tausend ERE/ECU) :

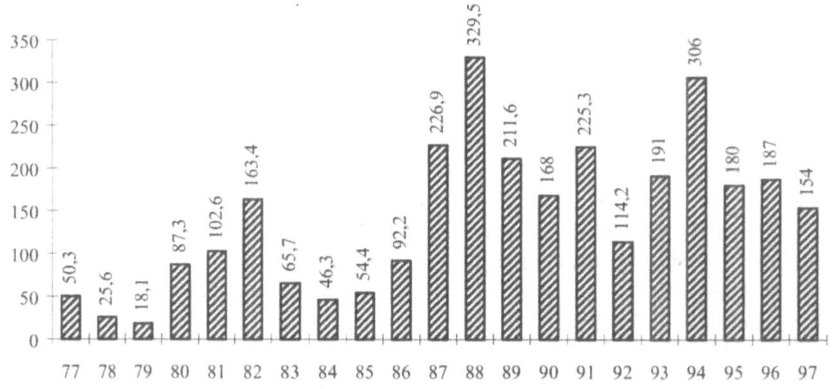

3.1.1.4. Veränderungen im Erfassungszeitraum 1977 - 1997

1976-1978 waren die Interventionsmaßnahmen zu weniger als 50 % am Schadenumfang beteiligt, während 1979 der Schadenbetrag in diesem Bereich 71 % des Gesamtschadens betrug[607]. Der Gesamtbetrag der zu Unrecht ausgezahlten Beträge, die nach Art. VO/EWG 283/72 gemeldet wurde, belief sich im Zeitraum 1971 - 1978 auf 41,52 Mio. Ecu[608]. Der gemeldete Betrag im Zeitraum von 1972 bis 1978, der die Erstattungsausgaben für die Lieferung von Schiffsproviant betraf, belief sich auf 5 Mio. ECU[609]. Magermilchpulver 1978 und 1979 30 Fälle mit einem Schaden von 7,4 Mio. ECU. 1981 entfielen 91,1 % der Schadenbeträge auf lediglich die zwei Marktordnungsbereiche Getreide (37,8 %) und Milcherzeugnisse (53,5 %), wobei diesbezüglich in den Berichten der Kommission auf eine geringe finanzielle Bedeutung der zahlreichen Fälle im Bereich der Nichtvermarktungsprämie für Milch verwiesen wird[610]. 1981 werden im Kommissionsbericht 33 Fälle von Unregelmäßigkeiten im Zusammenhang mit Verwendungsbeihilfen für Magermilch oder Magermilchpulver zur Mischfutterherstellung erwähnt, wobei hier 13 Fälle insgesamt einen Betrag von 3,8 Mio Ecu betrafen[611]. 91,1 % der von Unregelmäßigkeiten betroffenen Zahlungen sind 1981 in den Marktordnungsbereichen Getreide (37,8 %) und Milch (53,5 %) gemeldet worden.

---

[607] Finanzbericht EAGFL Garantie 1979 S. 35
[608] Finanzbericht EAGFL Garantie 1978 S. 51
[609] Finanzbericht EAGFL Garantie 1980 S. 35
[610] Finanzbericht EAGFL Garantie 1980 S. 33
[611] Finanzbericht EAGFL Garantie 1981 S. 37

Die Aufteilung der Schadenssummen zwischen Erstattungsleistungen und Interventionen 1971 - 1981 ergibt Anteile von 48,5 % für Unregelmäßigkeiten bei Erstattungen und 34,6 % für solche bei Interventionen. 1981 waren von den gemeldeten Beträgen 54,8 % Erstattungs- und 36,8 % Interventionsausgaben, die sonstigen Beträge entfielen auf zu Unrecht geleistete Währungsausgleichszahlungen. Bei den zu Unrecht geleisteten Erstattungen sind die unterschiedlichen Erstattungen für verschiedene Warengruppen nach Angaben der Kommission für 1982 mit 41,2 % den Zahlungen für Getreide, 28,4 % denjenigen für Schweinefleisch und 28,5 % solchen für Rindfleisch zuzuordnen.

78 % der betroffenen Zahlungen entfallen nach den Meldungen 1982 auf den Sektor für Obst und Gemüse, in dem 30 Fälle gemeldet wurden (gesamt 214).Der Gesamtbetrag der finanziellen Auswirkungen der in diesem Jahr gemeldeten Unregelmäßigkeiten beträgt 30,83 Mio. Ecu[612].

1983 werden von den Mitgliedstaaten Unregelmäßigkeiten im Betrag von gesamt 7,32 Mio. Ecu [613] mitgeteilt, deren Ausgaben mit 13 % dem Bereich der Erstattungen und zu 69,9 % dem der Interventionsleistungen zuzuordnen sind (WAB 17,1, %). Im Jahr 1984 betragen die Erstattungsausgaben 48 %, die Interventionen 42 %, WAB 9 % der Beträge von gesamt 7,70 Mio. Ecu, die von den Mitgliedstaaten als zu Unrecht ausgegeben gemeldet werden.

1985 werden als zu Unrecht gezahlt 11,57 Mio. Ecu gemeldet, davon in den Bereichen Rindfleisch 30 % und für Obst und Gemüse 35,5 % der zu Unrecht getätigten Ausgaben. Nach den Mitteilungen im Jahr 1986 entfallen von dem Gesamtbetrag von 23,5 Mio. Ecu zu Unrecht ausgezahlter Mittel 35,1 % der Beträge der gemeldeten Unregelmäßigkeiten auf den Bereich Obst und Gemüse, 22,2 % auf Rindfleisch und 20,7 % auf Milch und Milcherzeugnisse.

1987 werden insgesamt 87,3 Mio. Ecu als finanzielle Auswirkungen von Unregelmäßigkeiten gemeldet[614], wobei allein 79 % des Gesamtbetrages 69,14 Mio. Ecu auf 61 Fälle von Unregelmäßigkeiten im Bereich Fette bei durchschnittlich 1,31 Mio. Ecu entfällt[615]. Auf 49 Fälle im Bereich Milcherzeugnisse entfällt ein Betrag von 2,5 Mio. Ecu (2,86 % des Gesamtbetrages bei durchschnittlich 51.000 Ecu / Fall), auf 48 Fälle im Bereich Wein entfallen 0,77 Mio. Ecu (15.700 Ecu / Fall durchschnittlich), was 0,88 % des Gesamtbetrages entspricht. Auf die Fälle im Bereich Rindfleisch entfallen 7,7 % der finanziellen Auswirkungen der gemeldeten Unregelmäßigkeiten.

---

[612] Interventionsausgaben sind mit 59 % an den Zahlungen in diesem Marktordnungsbereich beteiligt.
[613] Finanzbericht EAGFL Garantie 1987, ohne Nichtvermarktungsprämie Milch
[614] Finanzbericht EAGFL Garantie 1987 S. 128
[615] davon 58 Fälle mit einem Betrag von 69,031 Mio. Ecu aus Italien.

1988 entfallen von den Beträgen der in diesem Jahr gemeldeten Unregelmäßigkeiten von gesamt 120,3 Mio. Ecu 38,5 % (46,311 Mio. Ecu) auf den Bereich Rindfleisch und 58,1 % auf den Sektor Obst und Gemüse (69,99 Mio. Ecu). In ihrem Finanzbericht weist die Kommission besonders darauf hin, daß 7 % der Fälle 90 % der finanziellen Auswirkungen verursachen, während auf 69 % der Fälle 1 % der zu Unrecht geleisteten Zahlungen entfallen[616]. 1988 wurden 60 Fälle gemeldet, die Beträge über 100.000 Ecu betrafen und mit über 117 Mio. Ecu 97 % des Gesamtbetrages ausmachten, wobei diese Fälle nach Kommissionsangabe meist eindeutige Betrügereien darstellten[617].

Die im Jahr 1989 gemeldeten 729 Unregelmäßigkeiten hatten in Höhe von 154,3 Mio. Ecu finanzielle Auswirkungen auf den EAGFL. Hiervon entfielen auf die Bereiche Fette 50,1 Mio. Ecu (32,5%), Rindfleisch 45,2 Mio. Ecu (29,3 %) und Obst und Gemüse 35,5 Mio. Ecu (23%). Auf 118 Fälle, die 93 % des Gesamtbetrages aller Meldungen betrafen, entfielen jeweils mehr als 100.000 Ecu Ausgaben, wobei diese Fälle als überwiegend eindeutige Betrugsfälle bezeichnet wurden[618].

Im Haushaltsjahr 1990 entfielen auf 819 Fälle gemeldeter Unregelmäßigkeiten 137,7 Mio. Ecu Ausgaben gesamt und 37 Mio. Ecu auf 145 Fälle im Zusammenhang mit Erstattungen. Dabei entfielen auf die Marktordnungsbereiche Obst und Gemüse (44,9 Mio. Ecu; 32,6 %), Fette (33,5 Mio. Ecu; 24,3 %), Rindfleisch (28,9 Mio. Ecu 21 %) und Milcherzeugnisse (17,3 Mio. Ecu; 12,5 %) über 90 % der gemeldeten Ausgaben[619]. Bei 80 Fällen (9,8 % der Gesamtfallzahl) waren über 100.000 Ecu Ausgaben betroffen, wobei der Anteil dieser Fälle am Gesamtbetrag der betroffenen Ausgaben mit 125,8 Mio. Ecu 91 % entspricht.

Die Auswertungen der Kommission für die im Haushaltsjahr 1991 gemeldeten 600 Fälle von Unregelmäßigkeiten zum Nachteil des EAGFL-Garantie, davon 181 Erstattungsfälle mit 81 Mio. Ecu, weisen den Betrag der finanziellen Auswirkungen von Unregelmäßigkeiten mit 135,2 Mio. Ecu aus[620]. Von diesen Ausgaben waren 77,15 Mio. Ecu (57,1 %) dem Bereich Getreide (48 Fälle mit durchschnittlich 1,6 Mio. Ecu), 17,9 Mio. Ecu (13,2 %) dem Bereich Obst und Gemüse (38 Fälle mit durchschnittlich 471.000 Ecu) und 13,9 Mio. Ecu (10,3 %) dem Bereich Fette (34 Fälle mit durchschnittlich 411.000 Ecu) zuzuordnen. Demgegenüber entfielen auf die gemeldeten 108 Fälle im Bereich Rindfleisch 8 Mio. Ecu (5,9 %) und auf 130 Fälle im Bereich Milch 8,9 Mio. Ecu (6,6 %) Ausgaben.

---

[616] Finanzbericht EAGFL Garantie 1988 S. 50

[617] aaO

[618] Finanzbericht EAGFL Garantie 1989 S. 55

[619] Finanzbericht EAGFL Garantie 1989 Anhang 20, S. 136

[620] Jahresbericht Betrugsbekämpfung 1992 S. 62 f.

Durch die Änderung der Meldeverordnung 1991 sind ab 1992 nur noch Fälle zu melden in denen der zu Unrecht gewährte Betrag 4.000 Ecu, gegenüber zuvor 1.000 Ecu, übersteigt. Im Jahr 1992 wurden von den Mitgliedstaaten 1.030 Fälle, hiervon 213 bei Erstattungsleistungen, mit einem Gesamtvolumen von 117, 8 Mio. Ecu[621] und 20 Mio. Ecu bei Erstattungen mitgeteilt. Auf den Sektor Fette entfallen dabei mit 75,1 Mio. Ecu 63,75 % der betroffenen Gesamtausgaben. (369 Fälle mit durchschnittlich 203.000 Ecu). Die Bereiche Milch, 7,4 Mio. Ecu (6,28 %) und Rindfleisch 7,6 Mio. Ecu (6,4 %) folgen mit erheblichem Abstand auch im Hinblick auf den durchschnittlichen Ausgabenbetrag je Fall von 48.500 bzw. 80.000 Ecu.

1993 wurden 1.284 Fälle von Unregelmäßigkeiten, davon 304 im Zusammenhang mit Erstattungen, von den Mitgliedstaaten mitgeteilt, die ein Ausgabenvolumen von 300 Mio. Ecu betrafen, wovon jedoch in diesem Jahr 168 Mio. Ecu auf die Erstattungsfälle entfielen. Die als wiedereinzuziehend gemeldeten Beträge betreffen zu 36 % Interventionsmaßnahmen bei Getreide, zu 13,5 % Ausgaben für Olivenöl und zu 8 % Ausfuhrerstattungen für Rindfleisch.

Die 1.610 Unregelmäßigkeiten, davon 365 im Zusammenhang mit Erstattungen, die 1994 gemeldet wurden, umfaßten ein Ausgabenvolumen von 489 Mio. Ecu[622], die Erstattungsfälle 233 Mio Ecu. Die größten Ausgabenbeträge gemeldet wurden in den Bereichen Ausfuhrerstattung Getreide mit 142 Mio. Ecu, Lagerbeihilfen Getreide 65 Mio. Ecu, Verbrauchsbeihilfen Olivenöl 60 Mio. Ecu, Ausfuhrerstattungen Rindfleisch 53 Mio. Ecu und Erstattungen Wein 20 Mio. Ecu. Auf diese Bereiche entfallen 1994 83 % der zu Unrecht geleisteten Zahlungen, wobei der gemeldete Betrag für Erstattungen bei der Ausfuhr von Getreide auf 26 Einzelfälle entfällt, die ein Durchschnittsvolumen von 5,47 Mio. Ecu aufweisen. Nach Kommissionsangabe betrug der Schaden der sieben umfangreichsten Fälle mehr als 200 Mio. Ecu[623]. Demgegenüber entfielen auf 127 Unregelmäßigkeiten (8 % aller Fälle) bei Prämienzahlungen für Mutterschafe und Ziegen 1,5 Mio. Ecu, entsprechend nur 0,36 % der 1994 von Unregelmäßigkeiten betroffenen Ausgaben des EAGFL-Garantie.

Im Jahr 1995 wurden 1.754 Einzelfälle gemeldet, die einen Ausgabenbetrag von 214 Mio. Ecu nach den Mitteilungen der Mitgliedstaaten bzw. 316 Mio. Ecu gesamt betrafen[624]. Eine Aufschlüsselung der Schadensbeträge wurde für 1995 von der Kommission nicht veröffentlicht.

---

[621] Finanzbericht EAGFL Garantie 1992,

[622] Jahresbericht Betrugsbekämpfung 1994, KOM (95) 98 endg

[623] Jahresbericht Betrugsbekämpfung 1995, S. 92

[624] Jahresbericht Betrugsbekämpfung 1995, wobei die Gesamtzahl die von Kommissionsdiensten mit geführten Ermittlungen erfaßt

Im Jahr 1996 sind von den Mitgliedstaaten gem. Art. 3 VO/EWG 595/91 1.944 Unregelmäßigkeiten gemeldet worden, die Ausgaben im Gesamtbetrag von knapp 204 Mio. Ecu betrafen, wobei die Gesamtsumme der betroffenen Ausgaben unter Einschluß der Fälle, in denen die Kommissionsdienststellen in die Ermittlungen eingeschaltet wurden mit 365 Mio. Ecu angegeben wurde[625]. 21 % des Schadensvolumens betraf dabei Ausfuhrerstattungen. Die betroffenen Ausgaben waren vor allem in den Marktordnungen für Getreide (62 Mio. Ecu = 30,3 % des von den Mitgliedstaaten gemeldeten Gesamtbetrages), Olivenöl (32 Mio. Ecu = 15,6 %), Milch und Milchprodukte (22,8 Mio. Ecu = 11,1 %) und Rindfleisch (19,9 Mio. Ecu = 9,75 %) getätigt oder beantragt worden. Bezüglich der Durchschnittsschäden ist auf eine Reihe von 15 umfangreichen Fällen im Zusammenhang mit Getreideinterventionen in Italien hinzuweisen, auf die über 55 Mio. Ecu (über 3,68 Mio. Ecu durchschnittlich je Fall) entfielen. Die durchschnittlichen Schadenssummen bei Erzeugerbeihilfen werden von der Kommission mit 15.000 Ecu angegeben, was deutlich unter den Schadensbeträgen bei Marktstützungsausgaben mit 220.000 Ecu und Ausfuhrerstattungen mit 90.000 Ecu je Fall liegt.

Der Jahresbericht der Kommission für 1997 erwähnt 2.058 Fälle von Unregelmäßigkeiten mit einem von den Mitgliedstaaten gemeldeten Schadensvolumen von 165 Mio. Ecu (318 Mio. Ecu unter Einschluß der unter Kommissionsbeteiligung ermittelten Fälle), davon 32 % (53 Mio. Ecu) für Erstattungsausgaben und 17 % des Schadens für Erzeugerbeihilfen[626]. Betroffen waren insbesondere die Marktordnungen für Olivenöl (27,8 % des Schadens) und Rindfleisch, sowie Beihilfen für Getreide.

3.1.1.5. Entwicklung Fallzahlen / Ausgabenbereiche

Die durchschnittlich je Fall betroffenen Ausgaben sind seit Beginn der Mitteilungen in ganz erheblichem Umfang bis Mitte der neunziger Jahre gestiegen und sind seitdem etwas zurückgegangen. Aus den Jahresberichten der Kommission ist jedoch auch ersichtlich, daß mit steigender Tendenz erhebliche Teile der insgesamt zu Unrecht ausgegebenen oder beantragten Mittel des EAGFL-Garantie auf eine kleine Zahl von Fällen konzentriert sind.

3 % der ermittelten Betrugsfälle betreffen Schadensummen von über 1 Mio. Ecu, die insgesamt über zwei Drittel des Gesamtbetrages ausmachen[627]. Die Auswertung der Mitteilungen bezüglich der Garantieausgaben aus dem Jahr 1994 ergab, daß auf 277 Unregelmäßigkeiten (von 1.597) in nur fünf Maßnahmen[628] des EAGFL ein Betrag

---

[625] Jahresbericht Betrugsbekämpfung 1996 S. 69

[626] Jahresbericht Betrugsbekämpfung 1997 S. 13

[627] Jahresbericht Betrugsbekämpfung 1995 aaO

[628] Erstattungen für Wein, Rindfleisch und Getreide, sowie Verbrauchsbeihilfen für Olivenöl und Lagerbeihilfen für Getreide

von gesamt 341.732.000 ECU entfiel, daß also 17 % der Schadenfälle rund 83 % der wiedereinzuziehenden Beträge betreffen[629]. Die Fälle mit besonders hohen Schadenssummen betreffen danach vor allem Ausfuhrerstattungen und Marktstützungsmaßnahmen[630]. Nach den Berichten der Kommission zeigt sich eine ähnliches Bild auch bei Betrachtung aller gemeldeten Unregelmäßigkeiten einschließlich der Fälle bei den Einnahmen. So werden in den Bereichen Eigenmittel und Garantieausgaben der EG insgesamt 12.000 Fälle von Unregelmäßigkeiten im Zeitraum 1991-1995 gemeldet. Hierbei machen jedoch 1 % der Fälle (120) 50 % des Schadenvolumens aus[631].

Gerade bei den Fällen mit hohen Schadensbeträgen handelt es sich nach Kommissionsangaben um grenzüberschreitende, komplexe Großbetrügereien, die der gewerbsmäßigen Kriminalität zuzuordnen sind[632]. Seit Anfang der neunziger Jahre vermerken die Kommissionsdienststellen in ihren Berichten die Tätigkeit so bezeichneter krimineller Vereinigungen oder von Tätergruppen, die der organisierten Kriminalität zugeordnet werden[633]. Dabei wird organisierte Kriminalität anhand der nachfolgenden Kriterien definiert: Zusammenarbeit von mehr als zwei Personen; jede Person hat ihren eigenen Aufgabenbereich; Vorgehen auf internationaler Ebene; Anwendung von Gewalt oder anderen zur Einschüchterung geeigneter Mittel; Beteiligung an Geldwäsche; Einschaltung gewerblicher oder geschäftsähnlicher Strukturen; Gewinnstreben; Einflußnahme auf Politik, Medien, öffentliche Verwaltung, Justizbehörden oder die Wirtschaft[634]. Diese Kriminalitätsform ist danach bei der Umgehung von Eingangsabgaben u.a. für Zigaretten und Spirituosen festzustellen, bei den Gemeinschaftsausgaben besonders betroffen sind diesen Angaben zufolge die Ausfuhrerstattungen[635]. Nach den Kommissionsberichten steigen die von Unregelmäßigkeiten in diesem Bereich insgesamt betroffenen Ausgabenbeträge (1997 32 % der gesamten Unregelmäßigkeiten bei den EAGFL-Garantie Ausgaben), obwohl der Ausgabenanteil der Ausfuhrerstattungen an den Agrarausgaben zurückgeht. Auch der durchschnittlich je gemeldetem Fall betroffene Betrag hat sich danach in den neunziger Jahren stetig erhöht. Angesichts der erheblichen Beträge, die mit Ausfuhrerstattungen erlangt werden können, gehen die Kommission und mit diesem Problemkreis

---

629 Jahresbericht Betrugsbekämpfung 1994 S. 72

630 Jahresbericht Betrugsbekämpfung 1996 S. 24

631 Jahresbericht Betrugsbekämpfung 1995 S. 55

632 Jahresbericht Betrugsbekämpfung 1993 S. 25

633 Jahresberichte Betrugsbekämpfung 1994 S. 48; 1995, S. 54; 1996, S. 23; 1997 S.17, Hierauf hingewiesen wurde bereits vom Parlament, Ausschuß f. Haushaltskontrolle Bericht v. 30.01.1984, PE 80/370 Ziff.27 f.

634 Jahresbericht Betrugsbekämpfung 1997 S. 74 unter Hinweis auf den Bericht des Rates zu Aktivitäten der organisierten Kriminalität in der Europäischen Union.

635 Jahresberichte Betrugsbekämpfung 1996 S. 24; 1997, S. 13 ; Lettieri, in: Sieber, Internationale Organisierte Kriminalität, S. 87-104

befaßte Praktiker von einer weiteren Zunahme der Unregelmäßigkeiten zum Nachteil der Gemeinschaft aus, die der organisierten Kriminalität zu zurechnen ist[636].

3.1.1.6. Aufdeckungsmethoden

Die Mitteilungen der Mitgliedstaaten enthalten auch Angaben zu den Umständen der Aufdeckung der gemeldeten Unregelmäßigkeit, insbesondere ob die ersten Feststellungen anläßlich einer Warenkontrolle, bei der Zollabfertigung oder bei nachträglichen Überprüfungen der Buchhaltungsunterlagen gemacht wurden.

Die Mitgliedstaaten waren zunächst im Bereich des EAGFL aufgrund der Richtlinie Nr. 77/435/EWG des Rates[637], der Buchprüfungs - oder Kontrollrichtlinie, seit 1.7.1979 verpflichtet, Buchprüfungen bei einer bestimmte Mindestzahl von Unternehmen durchzuführen, die Zahlungen aus Gemeinschaftsmitteln oberhalb eines Schwellenwertes erhalten haben. Diese Richtlinie wurde ersetzt durch die später ergänzte Verordnung Nr. 4045/89 EWG des Rates vom 21.12.1989[638], durch die die Mitgliedstaaten zusätzlich verpflichtet wurden, eine größere Anzahl Subventionsempfänger zu kontrollieren und besondere Dienststellen für die Koordinierung der Buchprüfungen einzurichten oder zu benennen, wofür die Gemeinschaft die zusätzlich entstehenden Kosten übernimmt.

Bereits im Zeitraum von 1972 bis 1977 wurden nach den Mitteilungen der Mitgliedstaaten zufolge über 80 % der Unregelmäßigkeiten bei Kontrollen der Geschäftsunterlagen in den Empfängerbetrieben aufgedeckt[639]. Auch in den nachfolgenden Jahren blieb der Anteil der durch nachträgliche Buchprüfungen bei den Subventionsempfängern entdeckten Unregelmäßigkeiten auf diesem Niveau[640], wobei darauf zu verweisen ist, daß -außer Griechenland- erst 1982 alle anderen Mitgliedstaaten die erforderlichen Einrichtungen und rechtlichen Regelungen zur Umsetzung der Richtlinie geschaffen hatten[641]. Nach Ausweitung der Überprüfungspflichten ergab eine Auswertung der Meldungen durch die Kommissionsdienststellen, daß im Zeitraum von 1988 bis 1991 von gesamt 2.556 gemeldeten Fällen 1.016, also 40 %, bei nachträglichen Belegprüfungen aufgedeckt wurden. Der entsprechende Wert im Zeitraum 1994 beträgt 42 % aller Fälle[642]. Der aufgrund so aufgedeckter Unregelmäßigkeiten zu Unrecht gezahlte Betrag entsprach jedoch 66 % (337 Mio. Ecu) des auf alle Mel-

---

[636] Kommission, aaO; de Groot, in: Dannecker, Die Bekämpfung des Subventionsbetrugs, S. 63; Lettieri, aaO S.99; Rump in: Dannecker, Die Bekämpfung des Subventionsbetruges, S, 38
[637] Richtlinie des Rates vom 27.06.1977 ABl. L 172 v. 12.07.1977 S. 17 ff
[638] ABl. L 388 v. 30.12.1989 S. 18; geändert durch VO/EWG 1863/90 ABl. L 170 v. 03.07.1990 und VO/EWG 2995/95 v. 19.12.1995 ABl. L 312 v. 23.12.1995
[639] Finanzbericht EAGFL Garantie, 1977 S. 41; Reinke in: BKA (Hrsg.) Wirtschaftskriminalität S. 34
[640] über 80 % im Jahr 1981 gem. Finanzbericht EAGFL Garantie 1981, S. 38
[641] Finanzbericht EAGFL Garantie 1982 S. 48
[642] Jahresbericht Betrugsbekämpfung 1994 S. 72

dungen entfallenden Betrages (514,4 Mio. Ecu)[643]. Die im Zeitraum 1988 bis 1991 aus der Bundesrepublik (291 gesamt) mitgeteilten Unregelmäßigkeiten waren in 67 % (196) der Fälle auf diese Weise aufgedeckt worden, wobei auf diese Fälle ein Anteil von 94 % (85,2 Mio. Ecu von gesamt 90,9 Mio. Ecu) der betroffenen Ausgaben entfiel[644]. Soweit den Mitteilungen der Mitgliedstaaten andere Aufdeckungsformen zu entnehmen waren, betrafen diese die Mitteilungen im Jahr 1994. Nach diesen Angaben (1.280) waren Ursache der Feststellung in rund 6,5 % der Fälle Warenkontrollen bei der Zollabfertigung, in 4,3 % der Fälle physische Kontrollen im Lager- und Herstellerbetrieb und bei 23 % der Fälle nicht näher beschriebene Routineuntersuchungen.

3.2. Zwischenergebnis

In den ersten Jahren nach Einführung der Melderegelungen für den EAGFL wurden von den Mitgliedstaaten nur wenige Unregelmäßigkeiten, z.B. 1973 lediglich 49 Fälle mitgeteilt. Die Zahl der Unregelmäßigkeiten, die von allen Mitgliedstaaten der Gemeinschaften gesamt gemeldet wurde, überschreitet bis 1984 in keinem Jahr die Zahl von 200 Fällen, ausgenommen 246 Fälle im Jahr 1980. Die Gesamtzahlen steigen ab 1988 bis 1997 deutlich von 365 auf über 2.000 Fälle an. Auffallend ist im gesamten Beobachtungszeitraum, daß einige Mitgliedstaaten, insbesondere die Bundesrepublik Deutschland, wie auch die Niederlande deutlich mehr Fälle gemäß Art. 3 VO/EWG 283/72 bzw. 595/91 mitteilten, als Frankreich oder Belgien. Einige Mitgliedstaaten wie zunächst Italien, nachfolgend jedoch insbesondere auch Griechenland, meldeten keine oder nur sehr wenige Unregelmäßigkeiten, was in einem auffälligen Mißverhältnis zum Gesamtbetrag der in diesen Mitgliedstaaten jeweils getätigten Garantieausgaben stand. Soweit die Mitteilungen Angaben zum Anlaß der Feststellung einer Unregelmäßigkeit enthielten, geht hieraus hervor, daß rund die Hälfte der Unregelmäßigkeiten mit einem Anteil von über 60 % des gemeldeten Schadens im Rahmen nachträglicher Buchprüfungen ermittelt worden ist.

Bei Betrachtung der betroffenen einzelnen Marktorganisationen des EAGFL-Garantie entfallen rund 80 % aller gemeldeten Fälle auf die Marktordnungen für Getreide, Milch und Rindfleisch, in denen jedoch auch der überwiegende Anteil der Garantieausgaben getätigt wird. Der Anteil der Meldungen in Bezug auf bestimmte Marktordnungen unterliegt starken Schwankungen, die insbesondere durch die Mitteilung umfangreicher Fallkomplexe mit zahlreichen Einzelfällen verursacht wer-

[643] Finanzbericht EAGFL Garantie 1992, S.62: 40% der mitgeteilten Fälle mit 66 % der zu Unrecht getätigten Ausgaben wurden bei nachträglichen Buchprüfungen aufgedeckt

[644] Bericht der Kommission über die Anwendung der Verordnung VO (EWG) Nr. 4045/89 des Rates im Zeitraum 1.1.1990 bis 30.6.1991 Dok. SEK (92) 2361 endg. v. 16.12.1992.

den[645]. Die Fallzahlen im Getreidebereich liegen bis 1992 stets unter 50 Fälle, was jedoch Anfang der 80-iger Jahre einem Durchschnittsanteil der Fallzahlen von 20 - 25 % entsprach. Nach 1993 sind in diesem Ausgabenbereich stets über 100 Fälle jährlich mitgeteilt worden. Garantieausgaben für Milch und Milchprodukte waren zu Beginn des Beobachtungszeitraums, vor allem zwischen 1979 und 1983 in größerem Umfang als gegenwärtig Gegenstand von Unregelmäßigkeiten, deren Anteil an den Gesamtmeldungen bisweilen auf 48 % stieg. Während die Fallzahlen bis zu Beginn der 80-iger Jahre unter 100 Fälle jährlich lagen, bewegten sie sich anschließend bis 1990 zwischen 50 und 100 Fällen (außer 1984), um ab 1990 ebenfalls auf jeweils deutlich über 100 Fälle im Jahr (1990 = 210 Fälle) zu steigen, währen der relative Anteil der diesbezüglichen Mitteilungen zurückging. Nicht enthalten sind darin zahlreiche Fälle von Unregelmäßigkeiten im Zusammenhang mit Nichtvermarktungsprämien für Milch, die in einigen Jahren des Beobachtungszeitraumes über 50 % aller Gesamtmeldungen von Unregelmäßigkeiten bei den Ausgaben des EAGFL betrafen. Die Ausgaben für Rindfleisch waren während der ersten 10 Jahre des Beobachtungszeitraums durchschnittlich von unter 50 Fällen jährlich betroffen, ab 1987 jedoch steigend von durchschnittlich über 100 Fällen im Jahr. In den Zeiträumen von 1977 bis 1979 und 1987 bis 1991 lagen die relativen Prozentanteile der Mitteilungen in diesem Haushaltsbereich über den langjährigen Durchschnittswerten. Seit Beginn der 90-iger Jahre sind die Fallzahlen wieder im Steigen begriffen, zuletzt im Jahr 1996 auf 231 Fälle, worunter nunmehr jedoch zunehmend Unregelmäßigkeiten im Zusammenhang mit Erzeugerprämien fallen. Seit Ende der 80-iger Jahre werden erhebliche Fallzahlen von Unregelmäßigkeiten im Bereich der Marktordnung für Fette und Olivenöl mitgeteilt, wobei diese Fallzahlen erheblichen Schwankungen unterliegen und insbesondere im Nachgang zu umfangreichen Kontrollen erhebliche Umfänge, von bis zu 35,8 % sämtlicher Meldungen annehmen. Nennenswerte Unregelmäßigkeiten im Bereich der Weinmarktordnung waren lediglich zwischen 1984 und 1991 zu verzeichnen, während der Durchschnittsanteil von Unregelmäßigkeiten im Zusammenhang mit Schweinefleisch und von Verarbeitungserzeugnissen im Beobachtungszeitraum stabil blieb.

Die nach den Jahresberichten der Kommission über den Beobachtungszeitraum wiederholt in besonderem Maße betroffenen Einzelmaßnahmen sind zunächst die Ausfuhrerstattungen für Rindfleisch, wobei dies hier Unregelmäßigkeiten mit lebenden Tieren, wie auch Fleischausfuhren betrifft. Obwohl insgesamt die Ausgaben für Ausfuhrerstattungen und ihr relativer Anteil an den Garantieausgaben zurückgegangen sind, war in diesem Bereich, insbesondere bei Ausfuhrerstattungen im Zusammenhang mit Rindfleisch, in den vergangenen Jahren ein Ansteigen der durchschnittlich gemeldeten Schadensbeträge zu verzeichnen. Aufgrund umfangreicher Kontrollen, insbesondere in Italien, sind vor allem in den 90-iger Jahren zahlreiche Unregelmä-

[645] z.B. entfielen 1988 38,5 % der gemeldeten Beträge auf die Marktordnung für Rindfleisch und 58,1 % auf die Marktordnung für Obst und Gemüse, wonach 96,6 % aller zu Unrecht ausgegebenen oder beantragten Mittel in diesen zwei Marktordnungen zu verzeichnen waren.

ßigkeiten im Bereich der Marktordnung für Olivenöl festgestellt worden, wobei hier Erzeugerbeihilfen, wie auch die Verarbeitungsbeihilfen oder die Vermarktungsbeihilfen und auch die Interventionskäufe betroffen waren, was zu einer großen Anzahl von Mitteilungen in diesem Bereich führte. Erheblich zurückgegangen sind dagegen Unregelmäßigkeiten im Zusammenhang mit Verarbeitungsbeihilfen für Magermilch oder Magermilchpulver, vorzugsweise zur Herstellung von Tierfutter, die zu Beginn der 80-iger Jahre wiederholt in größerem Umfang betroffen waren. Über den gesamten Beobachtungszeitraum wiederholt betroffen waren Verarbeitungsbeihilfen und Interventionskäufe und Prämien auf dem Getreidesektor, wie auch Erstattungsausgaben für Zucker.

Der Gesamtbetrag der von Unregelmäßigkeiten betroffenen Ausgaben lag bis 1986, ausgenommen 1982, stets unter 30 Mio. ERE/ECU, im Jahresdurchschnitt zwischen 1977 und 1986 bei 14,4 Mio. ECU, während der entsprechende Durchschnittsbetrag zwischen 1987 und 1992 mit 125,4 Mio. ECU anzugeben ist und nachfolgend im Zeitraum von 1993 bis 1997 auf sogar 347 Mio. ECU durchschnittlich je Berichtsjahr gestiegen ist. Zu beachten ist dabei, daß bis 1991 Fälle zu melden waren, bei denen der wiedereinzuziehende Betrag über 1.000 Ecu lag, ab 1992 bei mindestens 4.000 Ecu. Die Gesamtbeträge, die aufgrund von Unregelmäßigkeiten wieder einzuziehen sind, belaufen sich seit 1988 jedes Jahr auf über 120 Mio. ECU, seit 1994 stets auf über 300 Mio. ECU. Während die Ausgaben des EAGFL zwar in absoluten Zahlen bis Mitte der 90-iger Jahre stets gestiegen sind und erst seitdem nahezu stabil blieben, ist hier darauf zu verweisen, daß der relative Anteil der Garantieausgaben am Gesamthaushalt der Gemeinschaften von über 2/3 im Jahre 1988 auf rund 45 % 1997 zurückgegangen ist.

Die durchschnittlichen Schadensbeträge sind im genannten Zeitraum ganz erheblich gestiegen. Die Entwicklung zeigt ein Anwachsen des durchschnittlichen Ausgabenbetrages je Fall im Zeitraum 1977 bis 1988 von rd. 50.000 ERE auf 329.000 ECU an, wobei dieser Wert von in der Spitze zwischen 1987 und 1991 bei durchschnittlich über 150.000 ECU lag. Im Zeitraum 1989 bis 1996 bewegt sich der Durchschnittswert zwischen 105.000 ECU und 306.000 ECU und sinkt ab 1994 leicht ab. Bezüglich der einzelnen Maßnahmen ist auf den relativ geringen Durchschnittsbetrag bei Unregelmäßigkeiten im Zusammenhang mit Erzeugerprämien, anfänglich auch den Nichtvermarktungsprämien Milch hinzuweisen.

Insbesondere seit Ende der achtziger Jahre folgt aus den Mitteilungen der Mitgliedstaaten und den eigenen Feststellungen der Kommission, daß ein wesentlicher Anteil der zu Unrecht erlangten Mittel des EAGFL-Garantie einer nur geringen Zahl von Unregelmäßigkeiten zuzuschreiben ist, wobei diese Konzentration insbesondere bei Ausfuhrerstattungen und Marktstützungsmaßnahmen festzustellen ist. Bei den besonders umfangreichen Fällen von Unregelmäßigkeiten handelt es sich nach Kommissionsangaben stets um Straftaten, die zudem sehr häufig grenzüberschreitend und gewerbsmäßig begangen werden. Mit zunehmender Tendenz werden solche Subventionsbetrügereien von der für die Betrugsbekämpfung zuständigen Kommissionsdienststelle, wie von Praktikern aus einigen Mitgliedstaaten dem Bereich der organisierten Kriminalität zugeordnet.

3.3. Mitteilungen Bundesrepublik Deutschland

3.3.1. Zahlenentwicklung

Die jeweils in den einzelnen Haushaltsjahren von den Mitgliedstaaten für den EAGFL, Bereich Garantie, abgegebenen Meldungen und die hieraus erkennbare Zahlenentwicklung ist oben dargestellt worden. Die Meldungen betreffend Ausgaben die von Stellen innerhalb der Bundesrepublik verwaltet werden, sind nachfolgend nochmals zusammengefaßt :

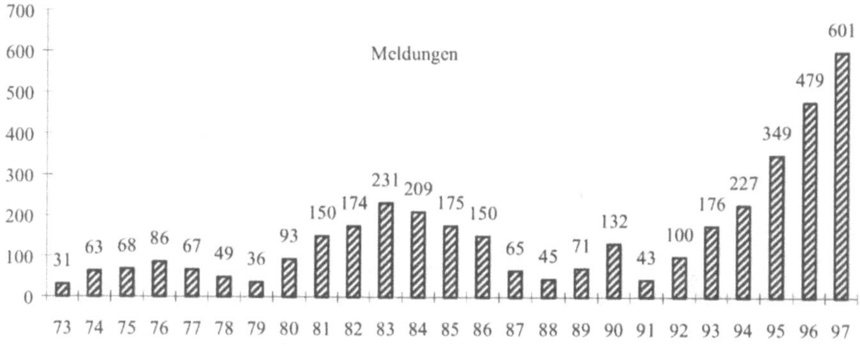

Die Meldezahlen aus Deutschland und ihre relativen Anteile, jeweils ohne die Meldungen betreffend die Nichtvermarktungsprämien Milch, ergeben in Abschnitte von vier Jahren geteilt das nachfolgende Bild :

Meldungen					
- Zahl	245	420	325	346	1.231
-% Anteil	27,4	31,5	20,6	10,9	18,6
Jahre	1977-1980	81 - 84	85 - 88	89 - 92	93 - 97

Bei Einbeziehung der Meldungen über Fälle im Zusammenhang mit der Nichtvermarktungsprämie Milch ergäbe sich im Zeitraum 1981-1984 ein relativer Anteil von 57,3 % bzw. von 27,6 % im Zeitraum 1985-1988.

3.3.2. Betroffene Ausgabenbereiche

Aus den Meldeunterlagen der Kommission und den Kommissionsberichten wurden auch die nach den Meldungen gemäß Art. 3 VO/EWG 283/72 bzw. 595/91 in der Bundesrepublik betroffenen Marktordnungen gesondert aufgeführt. Als Datengrundlage wurden dabei wiederum die für das jeweilige Haushaltsjahr in den nachträglich erstellten Berichten angegebenen Zahlen verwendet, in späteren Jahren eingetretenen Zahlenänderungen blieben unberücksichtigt. Im Zeitraum von 1977 bis 1990 und 1993 bis 1997 entfielen auf die Marktordnungen die folgenden Meldungen:

Zeitraum	1977-1990	1993-1997	gesamt ohne 91/92
Milch	465[646]	411	876
Getreide	149	394	543
Wein	147	1	148
Rindfleisch	122	444	566
WAB	36	--	36
Schweinefleisch	34	35	69
Nicht-Anhang II	29	164	193
Fette	3	18	21

Die Entwicklung der vier Bereiche mit den meisten Meldungen im genannten Zeitraum wird nachfolgend dargestellt

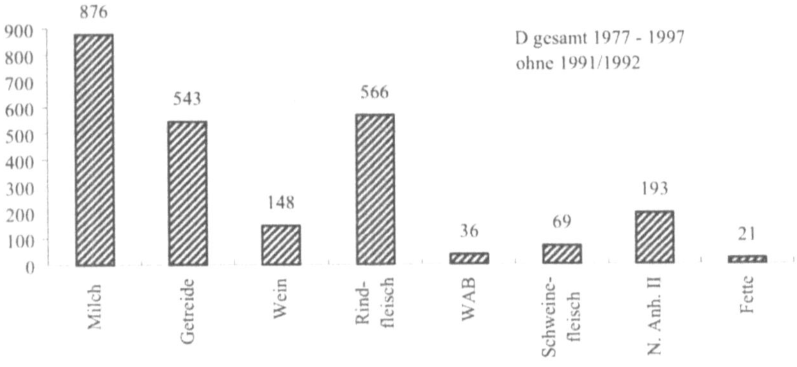

646 einschließlich Nichtvermarktungsprämie Milch, ohne 343

Auf die vorstehend genannten Marktordnungsbereiche (1977-1997) Milch, Getreide, Wein und Rindfleisch entfallen danach von den Fallzahlen her 53,6 % der Meldungen über Unregelmäßigkeiten betreffend die von deutschen Stellen verwalteten EAGFL Mittel. Die vier genannten Bereiche werden im EG - Durchschnitt im gleichen Zeitraum in 65,3 % der Meldungen als betroffen genannt.

Die Anteile der einzelnen Sektoren betragen an der Gesamtzahl der Meldungen bezüglich der Garantieausgaben in Deutschland: Milch 27,7 % (EG - Durchschnitt 26,1%), Getreide 9 % (8,75%), Wein 8,93 % (6,7%) und Rindfleisch 7,4 % (23,8%). Der Marktordnungsbereich Fette, dessen Hauptproduktgruppe Olivenöle sind, wird in den Meldungen aus der Bundesrepublik nur drei Mal genannt (0,18 %), während im EG Durchschnitt 14,5 % der Fallzahlen diesen Marktbereich betreffen.

3.3.3. Schadenshöhe

Den Meldungen über Unregelmäßigkeiten bei den von Stellen in der Bundesrepublik verwalteten Mittel des EAGFL-Garantie ist auch zu entnehmen, welcher Ausgabenbetrag von der Unregelmäßigkeit betroffen und deshalb wieder einzuziehen ist. Im Zeitraum von 1977 bis 1997 sind insgesamt die nachfolgend aufgeführten Beträge nach Art. 3 und Art. 5 der jeweiligen Meldeverordnung als wiedereinzuziehender Betrag (in Mio. ERE/Ecu)[647] angegeben worden:

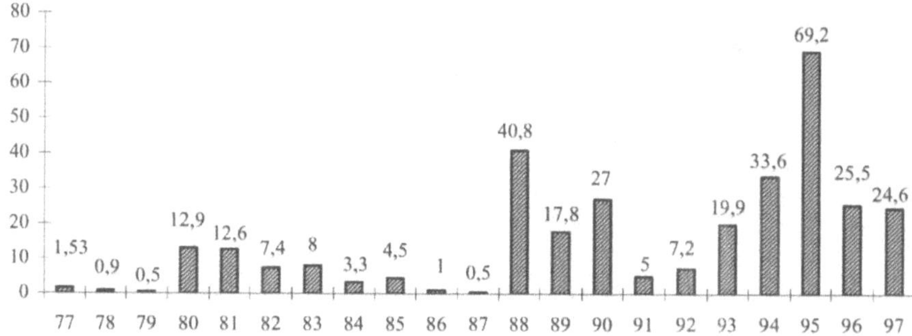

[647] für 1977, 1978 und 1979 Angaben in ERE, nachfolgend in Ecu

Die Durchschnittshöhe des wiedereinzuziehenden Betrages in den Ausgabenbereichen Getreide, Rindfleisch und Milch ist nachfolgend dargestellt:[648]

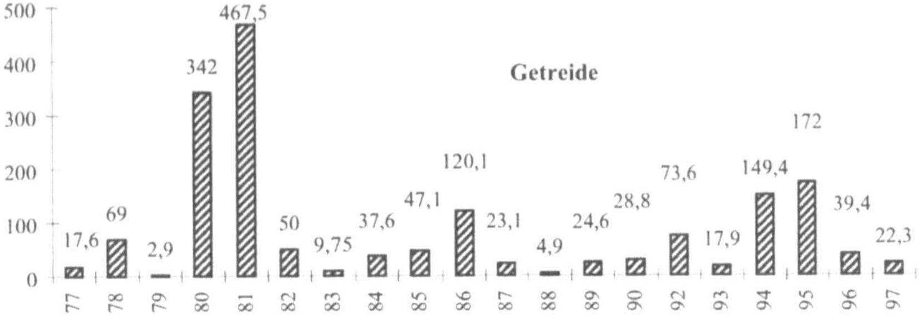

in 1000 Ecu

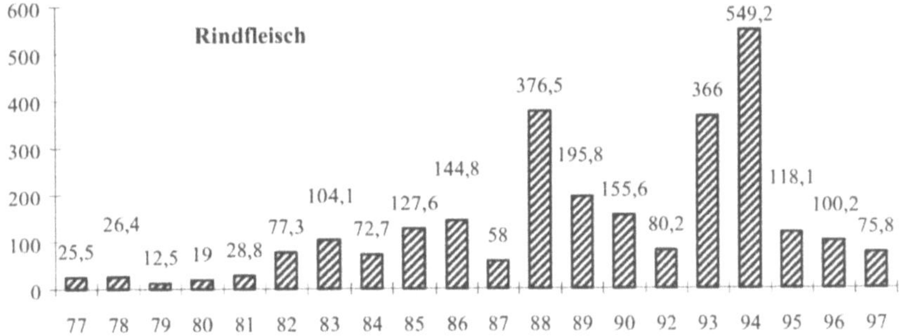

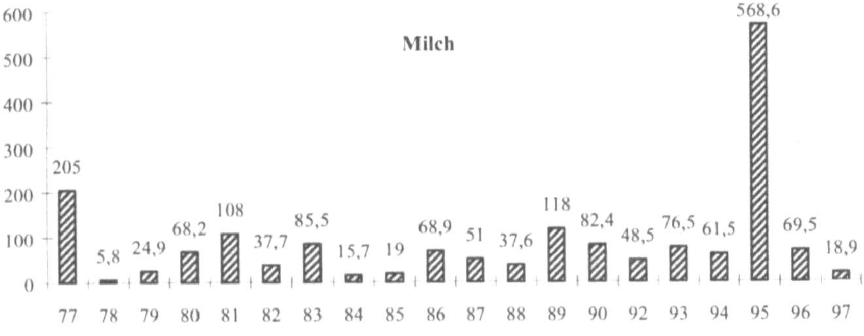

648 gem. Angaben Jahresberichte der Kommission über den EAGFL-Garantie, jeweils in Tausend Ecu/ERE (1977-1979)

Die Durchschnittsbeträge der im Bereich der Nichtvermarktungsprämien Milch gemeldeten 1.076 Fälle, VO/EWG 1078/77, 1041/78, 1391/78, im Zeitraum von 1979-1987 fallen wesentlich niedriger aus. Angegeben wurde insgesamt ein Betrag von 8,75 Mio. Ecu, durchschnittlich 8.131 Ecu / Fall.[649].

Ausweislich der jährlichen Berichte der Kommission zur Betrugsbekämpfung ist allerdings in den Jahren ab 1988 zunehmend ein erheblicher Anteil der zu Unrecht getätigten Ausgaben nur einer kleinen Anzahl von Fällen zuzuordnen, deren Schaden als außerordentlich hoch bezeichnet wird[650]. Die Schadensumme der 1989 gemeldeten 6 Fälle aus Deutschland mit Einzelsummen über 1 Mio. Ecu beläuft sich auf 13.460.000 Ecu, entsprechend 74,5 % des aus der Bundesrepublik gemeldeten Gesamtbetrages[651].

3.4. Begehungsweise

Die Meldungen der Mitgliedstaaten sollen zu den jeweiligen Unregelmäßigkeiten auch Angaben zur entdeckten Begehungsweise enthalten. Diese Angaben sind bei den Kommissionsdienststellen ebenfalls mittels EDV[652] dokumentiert, werden aber nicht gesondert in den Berichten über die Betrugsbekämpfung und den Finanzberichten des EAGFL ausgewiesen. Die Dokumentation der Begehungsformen erfolgt dabei durch Zuordnung des jeweiligen Sachverhalts zu einer, als sog. T-Zahl verschlüsselten standardisierten Sachverhaltsangabe. Die Zuordnung ist dabei zu 93 verschiedenen Sachverhaltsvorgaben möglich. Die einzelnen Begehungsweisen werden in Gruppen unterteilt, die den von der Unregelmäßigkeit betroffenen Sachverhaltskomplexen oder Abschnitten der Verwaltungsverfahren und den hierfür benötigten Nachweisen zur Mittelauszahlung entsprechen. Dies sind Buchhaltungsunterlagen, Einzeldokumente, die Marktordnungsware, die Be- oder Verarbeitung, Warenbewegung oder weitere Zahlungsvoraussetzungen[653].

Die einzelnen Klassifikationen lassen zunächst keinen Rückschluß darauf zu, ob die gemeldete Unregelmäßigkeit auch nach dem Recht des meldenden Mitgliedstaates als Straftat zu werten ist. Dies gilt insbesondere für die Angaben, nach denen als Ursache der Unregelmäßigkeit "Buchhaltung / Rechenfehler", "Dokumente/ Beihilfeantrag unzutreffend oder unvollständig", "Produkt / Zusammensetzung (oder z.B.:

---

[649] lt. EAGFL Finanzbericht 1982 und 1987 Anhang 19

[650] Jahresbericht Betrugsbekämpfung 1994, S. 72; Finanzbericht EAGFL Garantie1989 S. 55

[651] Finanzbericht EAGFL Garantie 1989, Anhang 22 S. 121

[652] Datenbank "IRENE", Abkürzung für : "IRégularités, ENquêtes, Exploitation" - Unregelmäßigkeiten, Untersuchungen, Auswertung

[653] Die Arbeitssprache des Systems ist französisch, dort sind die Gruppen bezeichnet als Comptabilité, Documents, Produits, Opérateur ou Exploitation, Mouvements, Droit à l' aide - lt. Manuel Utilisateur

Wert; Herkunft; Herstellungsangaben) ungenau" bezeichnet werden. Eine Zuordnung der jeweiligen Unregelmäßigkeit zu schlicht kriminellen Verhaltensweisen wird jedoch in der Regel dort möglich sein, wo als Ursache der zu Unrecht getätigten Ausgabe "Buchhaltung / gefälscht", "Dokumente/Zollpapiere (oder: Handelspapiere; Beihilfeanträge) gefälscht" oder "Be- und Verarbeitung / nicht vorhandene Ware" angegeben werden.

Um die Häufigkeit der verschiedenen Angabevarianten festzustellen wurde daher ein eigene Datenerhebung anhand der im EDV System Irene der Kommission bis Ende 1987 gespeicherten Daten, betreffend die Meldungen aus der Bundesrepublik im Zeitraum 1980 bis 1987 vorgenommen. Von den erfaßten 1356 Fällen waren die nachfolgenden Bezeichnungen am häufigsten genannt :
338 Fälle nicht ordnungsgemäße (Betriebs-) Aufgabe, Verkauf oder Verringerung, wobei diese Angabe fast ausschließlich den Bereich der Nichtvermarktungsprämien Milch betrifft (336 Fälle)[654],
94 Fälle: nicht den Vorschriften gemäße Produktqualität oder -anteile[655]
89 Fälle: sonstige Unregelmäßigkeiten bei der Beihilfeberechtigung [656]
76 Fälle: in denen die Produkte nicht erlaubte Zusätze enthielten [657]
62 Fälle: "sonstige Unregelmäßigkeiten" im Zusammenhang mit der Verarbeitung[658]
55 Fälle: "Sonstige Unregelmäßigkeiten" im Zusammenhang mit den jeweiligen Produkten[659].

Die in den Meldungen gemäß Art. 3 und 5 der Meldeverordnungen 283/72 aufgeführten Begehungsarten lassen in der Regel nicht erkennen, ob der einzelnen Unregelmäßigkeit eine Straftat zugrunde liegt oder nicht. Bei der größten Fallgruppe kann die unzulässige Produktionsaufgabe darin begründet sein, daß der Betriebsinhaber verstirbt oder den Betrieb veräußert, oder darin, daß Tiere entgegen der Prämienregelung vorzeitig zur Schlachtung veräußert werden. Angaben, die eindeutig Rückschlüsse auf Straftaten ermöglichen, finden sich demgegenüber nur wenig. In drei Fällen war ausdrücklich als Begehungsweise die Verwendung gefälschter Zolldokumente[660] angegeben, in einem Fall ein gefälschter Beihilfeantrag, in sieben Fällen eine nur vorgetäuschte Denaturierung und in zwei Fällen die nicht existierende Verarbeitung von Produkten. In 15 Fällen wurde die Falschangabe des Bestimmungsortes[661] und in 12 Fällen die Angabe fiktiver Warenbewegungen genannt.

---

654 Cessation, Vente ou Reduction irrégulière
655 Produits / Qualité ou Teneur non conforme
656 Autres irrégularités du droit à l` aide
657 Produits/ Adjonction non autorisée
658 Autres irrégularités de l' opérateur
659 Autres Cas de Produits irréguliers
660 Documents douaniers falsifies
661 Detournement de Destination

Die mit dem Begehungsmerkmal "Fälschung" (Zolldokumente, Produkte, Handelsbücher, Beihilfeanträge) gespeicherten 7 Fälle wurden auf die hier gemeldeten Schadensummen, bzw. die als zu Unrecht gewährten Ausgaben untersucht. Zu fünf Fällen waren Angaben gespeichert, die einen Gesamtbetrag der zu Unrecht getätigten Ausgaben von 5.109.000 Ecu ergaben. Dies entspricht einem Durchschnittsbetrag pro Fall der oben genannten Fallgruppe von 1.021.000 Ecu. Zum Vergleich wurden die gespeicherten Angaben, den Sektor Nichtvermarktungsprämie Milch betreffend ebenfalls abgefragt. Auf die erwähnten 336 Fälle der unzulässigen Aufgabe, Verringerung oder des Verkaufs in diesem Bereich entfallen als zu Unrecht getätigte Ausgaben 2.800.000 Ecu (DM 5.825.000)[662], entsprechend einem Durchschnittsbetrag von 8.360 Ecu je Fall.

Auch die später bei Mitteilung von Unregelmäßigkeiten verwendeten Angaben im EDV System der Kommission[663] lassen, außer bei den Erfassungsmerkmalen „Diebstahl“ und „Beihilfenantrag gefälscht“ keinen Rückschluß auf das Vorliegen einer Straftat zu. Die von 1993 bis 1997 übermittelten Meldungen geben an, daß die größten Beträge bei Unregelmäßigkeiten auf nicht den Subventionsregelungen entsprechende Produkte, Falschtarifierungen und unzulässige Warenbewegungen entfallen. Die Durchschnittswerte der Schäden je Fall betragen im Zeitraum 1993-1996 292.000 Ecu[664], 176.000 Ecu[665] und 1.300.000 Ecu[666]. Eine Zuordnung der unterschiedlichen Unregelmäßigkeiten anhand der angegebenen oder bei der Auswertung durch die UCLAF erfaßten Angaben zu Straftaten oder anderen strafrechtlich unrelevanten Sachverhalten ist jedoch in der Regel nicht möglich.

---

662 Umrechnung nach Durchschnittskurs 1987: 1 Ecu = DM 2,07396

663 Documents manquants ou incomplets; Vol total; Quantite inexacte; Qualite ou teneur non conforme; Declaration de production inexacte; Demande d´aide falsifiee; Certificats insuffisants, falsifies ..; Reimportattion ou reexportation; Destination finale non atteinte

664 Produit non conforme

665 Position tarifaire incorrecte

666 Mouvements non conformes

4. Die Erfüllung der Mitteilungspflichten durch die Mitgliedstaaten

Die Fallzahlen nach den Mitteilungen der Mitgliedstaaten, insbesondere bis Ende der achtziger Jahre, wichen in einem Umfang voneinander ab, der erklärungsbedürftig war. Die gemeldeten Unregelmäßigkeiten sind nicht nur im Hinblick auf die absoluten Zahlen auffallend ungleichmäßig auf die Mitgliedstaaten verteilt. Auch die relative Verteilung der Mitteilungen im Verhältnis der jeweiligen Anteile der Mitgliedstaaten an den Ausgaben des EAGFL-Garantie war auffällig. Nach dem Finanzbericht für 1979 wurden in vier Jahren 75 % der Mitteilungen von der Bundesrepublik und dem Vereinigten Königreich Großbritannien gemacht, während auf diese Länder lediglich 34,5 % der Garantieausgaben der EG entfiel. Im Gegensatz dazu wurden aus Frankreich und Italien, auf die 45 % der EAGFL Mittel entfielen, nur 10 % der Unregelmäßigkeiten gemeldet[667]. Die Kommission hat daher wiederholt in verschiedenen Berichten zum einen auf die auffallend unterschiedliche Zahl der gemeldeten Unregelmäßigkeiten hingewiesen[668] und mitgeteilt, daß es wenig wahrscheinlich ist, daß die mitgeteilten Unregelmäßigkeiten ein getreues Bild über den tatsächlichen Umfang der begangenen Betrügereien und Unregelmäßigkeiten geben[669]. Mit den von den Mitgliedstaaten gemeldeten Unregelmäßigkeiten werde die Kommission nur unzureichend über die festgestellten Unregelmäßigkeiten zum Nachteil des EAGFL Garantie unterrichtet[670].

Für diese unbestrittenen, auffälligen Unterschiede bei den Mitteilungen der Mitgliedstaaten über Unregelmäßigkeiten wurden verschiedene Erklärungen gesucht[671]. Zunächst könnte aus der unterschiedlichen Häufigkeit gefolgert werden, daß in einigen Mitgliedstaaten zahlreiche Unregelmäßigkeiten begangen werden, in anderen Staaten jedoch so gut wie keine. Die Annahme, die tatsächliche Begehungsrate von Unregelmäßigkeiten sei im dargestellten Ausmaß unterschiedlich, wurde als unwahrscheinlich bezeichnet, da die Kriminalitätsrate für andere Delikte in allen Mitgliedstaaten als vergleichbar bezeichnet wird[672]. Auch kann aufgrund vorliegender kriminologischer Erkenntnisse von einer tendenziellen Übereinstimmung in den europäischen Ländern bei den Steigerungsraten der als bedeutsam beurteilten Erscheinungen von Wirtschaftskriminalität gesprochen werden[673]. Als Ursache der festgestellten Unterschiede könnten auch unterschiedliche Empfängerstrukturen in den Mitglied-

---

[667] Finanzbericht EAGFL Garantie 1979, S. 79, 80
[668] Jahresbericht Betrugsbekämpfung 1989. S. 7; Jahresbericht Betrugsbekämpfung 1991, S. 12
[669] Finanzbericht EAGFL Garantie 1990, S. 60
[670] Jahresbericht Betrugsbekämpfung 1992,. S. 26; 22. Finanzbericht EAGFLGarantie 1992, S. 71
[671] Flaesch-Mougin , Revue de Droit pénal et de criminologie, 1984, 422;
Europäischen Parlaments: EP Parlamentsbericht zum neunten Finanzbericht des EAGFL Prot. 1-174/81 v. 04.05.1981; zur Empfängerstruktur in den einzelnen Mitgliedstaaten, Rechnungshof, Sonderbericht über die Durchführung der Richtlinie 77/435/EWG; ABl. C Nr. 336 v. 17.12.1984 S. 1
[672] Bawly, S. 156
[673] Kaiser, Kriminologie 10. Aufl. 1997 S. 187

staaten, eine unterschiedliche Kontrolldichte im Bereich der EAGFL Ausgaben, oder die unterschiedliche Auslegung des Begriffs "Unregelmäßigkeit" in Frage kommen[674]. Eine Untersuchung der Kommission bezüglich der absoluten Meldezahlen der Mitgliedstaaten von 1980 bis 1988 ergab, daß die festgestellten Unterschiede durchgängig in allen Marktbereichen festzustellen sind. Die unterschiedliche Zahl von Mitteilungen und auch die mitgeteilten Beträge zu Unrecht ausgegebener Mittel aus den Mitgliedstaaten konnten auch nicht auf den möglicherweise unterschiedlichen Anteilen der Mitgliedstaaten an den verschiedenen Maßnahmen beruhen. Auch sei eine theoretisch unterschiedliche Empfängerstruktur der Mittel nicht als Ursache der Disparitäten erkennbar, da bei einigen Ausgaben, wie z.B. den Exporterstattungen an große Exporteure, in allen Mitgliedstaaten eine vergleichbare Anzahl an Subventionsempfängern mit ähnlichen durchschnittlichen jährlichen Zahlungsbeträgen, tätig ist und auch in diesem Bereich auffallend unterschiedliche Zahlen von Unregelmäßigkeiten gemeldet wurden[675]. Eine unterschiedliche Auslegung des Begriffs der Unregelmäßigkeit kann nicht Ursache dafür sein, daß manche Mitgliedstaaten überhaupt keine oder nur sehr wenige Fälle mitteilen, da zumindest die schlicht kriminellen Verhaltensweisen, wie die Verwendung gefälschter Dokumente ohne Zweifel als Unregelmäßigkeit i. S. der VO/EWG 283/72 bzw. 595/91 bezeichnet werden kann.

Aus der Annahme, daß die Häufigkeit von Betrügereien zum Nachteil der Gemeinschaftsfinanzen, insbesondere zum Nachteil des EAGFL, in den verschiedenen Mitgliedstaaten der anderer Straftaten entspricht, folgt, daß die Zahl der mitgeteilten Unregelmäßigkeiten nicht den tatsächlichen Verhältnissen entsprechen konnte. Die unterschiedliche Anzahl der von den Mitgliedstaaten gemeldeten Unregelmäßigkeiten kann danach nicht allein auf unterschiedliche tatsächliche Verhältnisse in den Mitgliedstaaten oder statistische Effekte zurückgeführt werden. Ursache der festgestellten Unterschiede dürfte vielmehr eine unterschiedliche Behandlung des Problems von Unregelmäßigkeiten in den Mitgliedstaaten sein.

Diese unterschiedliche Behandlung kann in einer geringeren Kontrollintensität, in einer geringeren Aufdeckungs- und Verfolgungsintensität, oder im Unterlassen der Mitteilung aufgedeckter Fälle bestehen[676]. Die auffälligen Differenzen wären dann Ergebnis der unterschiedlichen Erfüllung der Mitteilungspflichten durch die Mitgliedstaaten. Eine solche Erklärung findet eine Stütze auch in der Haltung einiger Mitgliedstaaten in der Vergangenheit zu diesem Problemkreis. Mitgliedstaaten haben sich in der Vergangenheit wiederholt gegen die Einführung von Kontrollpflichten

---

[674] Flaesch - Mougin, Révue de Droit pénal et de criminologie, 1984, 422

[675] Ein Vergleich der Mitteilungen der Mitgliedstaaten über die Anzahl von Subventionsempfängern, die im Rahmen der Buchprüfungsrichtlinie EWG 435/77 prüfungspflichtig sind, ergab im Bereich der Großempfänger keine erheblichen Abweichungen der Empfängerstruktur; s.a. Jahresbericht Betrugsbekämpfung 1991 S. 49 zur Anzahl prüfungspflichtiger Unternehmen gem. VO/EWG 4045/89.

[676] Tiedemann FS Pfeiffer, S. 104 f.

bezüglich der von ihnen getätigten Gemeinschaftsausgaben gewandt oder ihre Mitteilungspflichten nicht oder nur widerstrebend erfüllt. Beispielsweise erfolgte die Schaffung der entsprechenden verwaltungsinternen Voraussetzungen zur Anwendung der Melderichtlinie VO/EWG 283/72 durch Belgien und Italien erst, nachdem die Kommission ein Klageverfahren nach Artikel 169 des EWG Vertrages vor dem EuGH eingeleitet und dem anderen säumigen Mitgliedstaat angedroht hatte[677]. Die nationalen Regelungen für die Durchführung von Buchprüfungen bei Subventionsdestinatären gem. Richtlinie 435/77 waren bis spätestens 1. Juli 1979 von den Mitgliedstaaten zu schaffen, dennoch waren diese Voraussetzungen in Griechenland noch 1983 nicht erfüllt[678].

Vom Rechnungshof wurden verschiedene Haushaltsbereiche des EAGFL und die Mittelverwaltung durch die Mitgliedstaaten untersucht[679], wobei der Rechnungshof u.a. bemängelte, daß ihm von nationalen Verwaltungsstellen keine ausreichenden Auskünfte erteilt, oder unter Hinweis auf Datenschutzregelungen sogar verweigert wurden[680]. Bei Kontrollen der Mittelverwaltungen wurde vom Rechnungshof zudem beanstandet, daß die Kontrollen der Warenbestände in Interventionslagern und der Subventionsempfänger durch die Mitgliedstaaten in einigen Fällen unzureichend sind, insbesondere zu selten oder nur wenig gründlich durchgeführt werden[681]. Die Verfolgung der festgestellten Verstöße, so der Rechnungshof erfolge in vielen Fällen besorgniserregend langsam und bezüglich der Wiedereinziehung der zu Unrecht erfolgten Ausgaben sprach der Rechnungshof in seinem Bericht über die Weiterverfolgung des Sonderberichts über Ausfuhrerstattungen an Großhändler im Milchsektor von offensichtlicher Lethargie bei den Mitgliedstaaten[682].

---

[677] Flaesch - Mougin, Révue de Droit pénal et de criminologie, 1984, 422

[678] Zwölfter Finanzbericht EAGFL Garantie 1982 v.15.09.1983

[679] Sonderbericht des Rechnungshofes über die Verwaltung und Kontrolle der öffentlichen Lagerhaltung, Nr. 5/88, ABl. C Nr. 274 v. 24.10.1988, S. 1; Sonderbericht des Rechnungshofes über das System zur Zahlung der Ausfuhrerstattungen für landwirtschaftliche Erzeugnisse, ABl. C Nr. 215 v. 26.08.1985, S. 15 ff; Sonderbericht Nr. 2/92 über die Prüfung der an ausgewählte Großhändler im Sektor Milcherzeugnisse gezahlten Ausfuhrerstattungen, ABl. C Nr. 101 v. 22.04.1992 S. 1; Sonderbericht Nr. 1/94 Weiterverfolgung des Sonderberichts Nr. 2/92 ABl. C Nr. 75 v.12.03.1994 S. 1; Sonderbericht Nr. 3/94 über die Durchführung der Interventionsmaßnahmen im Rahmen der Gemeinsamen Marktorganisation für Rindfleisch, ABl. C Nr. 356 v. 14.12.1994 S. 1; weitere Berichte: Nr. 3/95 ABl. C Nr. 285, S. 1; 5/95 ABl. C Nr. 345, S. 1.

[680] Rechnungshof Sonderbericht 2/92 über die Prüfung v. Ausfuhrerstattungen f. Milcherzeugnisse an Großhändler, ABl. C Nr. 101 v. 22.04.1992, S.2 und Sonderbericcht 1/94 ABl. C Nr. 75 v.12.03.1994 Ziff. 2.29, S. 10

[681] Rechnungshof aaO Sonderbericht Nr. 2/92 S. 5

[682] Rechnungshof Sonderbericht Nr. 1/94 ABl. C Nr. 75 v. 12.03.1994, S. 11

Die dargestellten Beispiele zeigen, daß einige Mitgliedstaaten nicht oder nur zögerlich bereit waren, die für die Aufdeckung und Mitteilung von Unregelmäßigkeiten gemeinschaftsrechtlich vorgesehenen Einrichtungen überhaupt zu schaffen. Die Zahl gemeldeter Fälle aus den verschiedenen Mitgliedstaaten läßt insbesondere im Zeitraum bis Ende der achtziger Jahre auf eine geringe Verfolgungsintensität einiger Mitgliedstaaten schließen. Desweiteren sind von Mitgliedstaaten aufgedeckte Fälle von Unregelmäßigkeiten tatsächlich nicht oder nicht ordnungsgemäß der Kommission mitgeteilt worden[683]. Darüber hinaus wurde im Fall des "Griechischen Maisskandals" sogar festgestellt, daß ein Mitgliedstaat nicht nur Unregelmäßigkeiten nicht aufdeckte und meldete, sondern aktiv durch Regierungsstellen an der Begehung und Vertuschung der Hinterziehung von Eingangsabgaben beteiligt war[684].

Zu den Ursachen dieser Probleme, wie auch denjenigen bei der strafrechtlichen Bekämpfung von Unregelmäßigkeiten gibt es verschiedene Erklärungsansätze. So wurde auf die Unübersichtlichkeit und Komplexität des anzuwendenden Gemeinschaftsrechts, mangelnde Kooperationsbereitschaft und unzureichende Koordination zwischen den Verwaltungen oder schwerfällige Rechtshilfeprozeduren hingewiesen[685], insbesondere jedoch auch auf das Fehlen des strafrechtlichen Schutzes der Gemeinschaftsfinanzen in einigen Ländern[686]. Der letztgenannten Begründung kann jedoch entgegen gehalten werden, daß die Kommission schon seit den sechziger Jahren versucht hat, einen strafrechtlichen Schutz der Gemeinschaftsfinanzen zu erreichen[687] und konkrete Vorschläge der Kommission hierzu bereits seit Mitte der siebziger Jahre dem Rat vorlagen, aber nicht weiter verfolgt wurden[688], obwohl das Europäische Parlament dies wiederholt scharf kritisierte[689]. Erst 1995 wurden die oben Ziff. III 1. dargestellten Regelungen zur strafrechtlichen Bekämpfung von Unregelmäßigkeiten verabschiedet, was belegt, daß die Schaffung strafrechtlicher Instrumente zum Schutz der Gemeinschaftsfinanzen von einigen Mitgliedstaaten über einen langen Zeitraum wenn nicht blockiert, so zumindest jedoch nicht als dringlich angesehen worden ist[690].

---

683 EP Ausschuß f. Haushaltskontrolle, Bericht öff. Anhörung v. 02.05.1986 S. 20; Dumont in Dannecker S. 118

684 Rs 68/88 Kommission/Griechenland, Urteil v. 21.09.1989, EuZW 1990, S. 99 m. Anm. Tiedemann

685 Schmidhuber, in Dannecker Hrsg. Die Bekämpfung S.110; Schübel, Eva, Wie gut funktioniert die Strafverfolgung innerhalb Europas ?, NStZ 1997, S. 108-110

686 Schmidhuber aaO S. 107

687 Johannes H., Revue Internationale de Droit Pénal 1971, S. 89 ff.; ders. Das Strafrecht im Bereich der Europäischen Gemeinschaften EuR, 1968, S. 63-126; Pache s. 226, Bruns S. 79

688 s. EP, Ausschuß f. Haushaltskontrolle, Bericht öff. Anhörung v. 2.5.86 , S. 4, 18; Rechnungshof, Jahresbericht 1986, ABl. 87 C. 336/65; Reinke Siegfried, Wirtschaftskriminalität und Europäische Gemeinschaft, in Wirtschaftskriminalität, BKA Vortragsreihe Bd. 29 Hrsg. Bundeskriminalamt, Wiesbaden, 1984 S. 40

689 in seiner Entschließung PE 80/370 sprach das Parlament von „unzumutbaren Zeiträumen die der Ministerrat bei der Verabschiedung von Vorschriften für die Bekämpfung der Betrügereien benötigt".

690 s. auch Gröblinghoff S. 88 m.w. N.

Das Zögern der Mitgliedstaaten bei der Einführung eines Strafschutzes der Gemeinschaftsausgaben kann mit der herrschenden Auffassung erklärt werden, Kriminalstrafrecht dem Kernbereich nationaler Souveränität zuzuordnen, der einer Beeinflussung durch die Europäischen Gemeinschaften entzogen sei[691]. Die unzureichenden Mitteilungen der Mitgliedstaaten über Unregelmäßigkeiten könnte mit der Befürchtung negativer finanzieller Folgen von Mitteilungen über Unregelmäßigkeiten erklärt werden[692], da nach Art. 8 Abs. 2 der VO/EWG 729/70 die Mitgliedstaaten für solche Unregelmäßigkeiten aufkommen müssen, die Einrichtungen der betroffenen Mitgliedsstaaten anzulasten sind und die Meldung von Unregelmäßigkeiten an die Kommission birgt damit die Gefahr einer solchen Anlastung. Zudem hatten die Mitgliedstaaten die gem. Art. 3 und 5 VO/EWG 283/72 als zu Unrecht ausgegebenen Mittel wieder für die Gemeinschaften einzuziehen, ohne daß sie hiervon profitierten, was ebenfalls die nationalen Verwaltungen in Versuchung bringen könnte, gegen Unregelmäßigkeiten nicht einzuschreiten[693]. Um diese Ursache unzureichender Mitarbeit der Mitgliedstaaten zu beseitigen, wurde in der Neuregelung der Meldeverordnung VO/EWG 595/91 die Beteiligung der Mitgliedstaaten mit einem Anteil von 20 % an den von ihnen wiedereingezogenen Geldern und die Erstattung von Rechtsverfolgungskosten durch die Kommission für die Ausgabe des EAGFL-Garantie vorgesehen[694]. Ob diese finanziellen Anreize dazu führen, daß die Mitgliedstaaten ihren Mitteilungspflichten zumindest in diesem Bereich vollständig nachkommen, läßt sich allerdings bislang nicht ermitteln. Grundsätzlich ist jedoch darauf zu verweisen, daß ein Verstoß gegen die bestehenden Mitteilungspflichten gegenwärtig keine unmittelbar negativen Folgen hat, da die einschlägigen Regelungen des Sekundärrechts keine Sanktionen bezüglich der Einhaltung dieser Pflichten durch die Mitgliedstaaten, wie auch deren Beamte, enthalten.

---

[691] s. Pache S. 229; Sieber, Ulrich, Entwicklungsstand und Perspektiven des europäischen Wirtschaftsstrafrechts, in: Schünemann, Bernd, Suàrez Gonzàlez, Carlos (Hrsg.) Bausteine des europäischen Wirtschaftsstrafrechts S. 349 ff, 364

[692] Scherer, EuR 1986 S. 59 m.w.N.

[693] s.a. Tiedemann EuZW 1990, 99 m.w.N.; ders. in EP Ausschuß f. Haushaltskontrolle Sitzungsbericht v. 22-24.04.1986, Anhang PE 105.844 v. 12.08.1986 S. 69,79; Dumont, in: Dannecker, Die Bekämpfung des Subventionsbetruges S. 118

[694] Die Einführung einer solchen Belohnung der nationalen Verwaltungen hatte bereits Tiedemann gegenüber dem Haushaltsausschuß des EP in dessen öffentlicher Anhörung im April 1986 vorgeschlagen - PE 105.844/Ann.

4.1. Mitteilungen nach Art. 4 VO/ EWG 283/2 und VO/EWG 595/91

Im Bereich des EAGFL Garantie sieht Artikel 4 VO/EWG 595/91 vor, daß jeder Mitgliedstaat unverzüglich den in Betracht kommenden anderen Mitgliedstaaten wie der Kommission festgestellte oder vermutete Unregelmäßigkeiten mitteilt, bei denen zu befürchten ist, daß sie sehr schnell Auswirkungen außerhalb seines Hoheitsgebiets haben können oder bei denen eine neue betrügerische Vorgehensweise zu erkennen ist. Die gleiche Regelung gilt auch im Bereich der Strukturfonds gem. Artt. 4 VO/EG 1681/94 und VO/EG 1831/94.

Die Regelung entspricht im wesentlichen der Vorgängerregelung Art. 4 VO/EWG 283/72, lediglich wurde nun klargestellt daß sowohl festgestellte, wie auch vermutete Unregelmäßigkeiten mitzuteilen sind, die bestimmte Voraussetzungen erfüllen. Während die Mitteilungen nach Art. 3 der Verordnung die Unterrichtung der Kommission über die Wiedereinziehung zu Unrecht ausgegebener Mittel betrifft, soll durch Mitteilungen nach Artikel 4 weiteren Unregelmäßigkeiten durch eine schnelle Information der Kommission bzw. der anderen in Betracht kommenden Mitgliedstaaten vorgebeugt werden[695]. Schwerpunkt dieses Informationsaustauschs ist nicht die Unterrichtung der Kommission über aufgetretene Unregelmäßigkeiten und die Wiedereinziehung von Geldern, sondern die Verhütung solcher Fälle durch vorbeugende Unterrichtung. Obwohl ein bestimmter Inhalt von Mitteilungen nach Art. 4 nicht vorgesehen ist, hat die Kommission ab 1978 Formblätter für derartige Mitteilungen eingeführt.

Im Zeitraum von 1972 bis 1994 sind nach Artikel 4 von der Kommission und den Mitgliedstaaten insgesamt 232 Mitteilungen im Bereich des EAGFL gemacht worden, davon 16 Mitteilungen in 21 Jahren von Dienststellen aus der Bundesrepublik. Die Kommission gab aufgrund selbst gewonnener Erkenntnisse von sich aus 46 Meldungen an verschiedene Mitgliedstaaten ab. Ohne diese Meldungen der Kommission wurden in diesem Zeitraum von 22 Jahren von sämtlichen (sechs, neun, zehn bzw. ab 1986 zwölf) Mitgliedstaaten im Jahresdurchschnitt weniger als 9 Mitteilungen gemacht. Seit 1994 werden die Mitteilungen nach Artikel 4 nicht mehr in den Berichten der Kommission aufgeführt. Nach Mitteilung der Kommission 1999 hat es seit 1993 keine Mitteilungen der Mitgliedstaaten gem. Art. 4 mehr gegeben.

Eine Studie, die 1988 im Auftrag der Kommission gefertigt wurde, ergab u.a. daß die Meldungen zumeist Betrügereien bei der Warenausfuhr Rindfleisch, Milch und Butter betrafen. Selten wurden neue Betrugspraktiken, wie z.B. das Auftauchen eines als "Wein" deklarierten Kunstproduktes mitgeteilt. Die Weitergabe der Mitteilungen z.B. über das Abhandenkommen von Zollsiegeln, durch die Kommission erfolgte unter

[695] So bereits die Erläuterung zum Entwurf der ersten Verordnung VO/EWG 283/72 DOC / T 103/71 des Rates AGRI FIN

den Arbeitsbedingungen einer schwerfälligen Großbehörde. Die Bearbeitungszeiten der Kommission für die Weitergabe der Meldungen im Rahmen des Systems „schneller Information" wurde mit 34 Kalendertagen durchschnittlich ermittelt, lag jedoch in Einzelfällen bei über 60 Tagen.

Die Unterrichtung der Kommission und anderer Mitgliedstaaten über Unregelmäßigkeiten im Marktordnungsbereich gemäß Artikel 4 der Meldeverordnung hat zu keinem Zeitpunkt einen nennenswerten Umfang erreicht. Die Mitgliedstaaten kommen in diesem Bereich ihren bestehenden Informationspflichten so gut wie nicht nach. Die Unterrichtung von Verwaltungen jeweils anderer Mitgliedstaaten dürfte auch in den Fällen, in denen eine Verpflichtung der Mitgliedstaaten zur Mitteilung nach Artikel 4 besteht, tatsächlich über andere Informationssysteme, wie sie zwischen den Verwaltungen, insbesondere den Zollverwaltungen der Mitgliedstaaten eingerichtet sind, geschehen. Das System der schnellen Information zwischen Kommission und den Mitgliedstaaten, wie es aufgrund der Regelungen der Artikel 4 der Meldeverordnungen seit 1972 für den EAGFL geschaffen werden sollte, ist praktisch nicht vorhanden.

5. Strukturpolitik und direkte Ausgaben der EG

5.1 Regelungen zu Mitteilungspflichten bei Unregelmäßigkeiten

Der nach den Agrarausgaben des EAGFL-Garantie größte Haushaltsanteil der Gemeinschaften entfällt auf die Mittel für strukturpolitische Maßnahmen, deren Betrag und relativer Haushaltsanteil seit Ende der achtziger Jahre ständig angewachsen ist[696]. 1988 wurden die Einzelfonds für regionale Entwicklung (EFRE), der Europäische Sozialfond (ESF) und die Abteilung Ausrichtung des EAGFL unter der Sammelbezeichnung Strukturfonds zusammengefaßt und neu organisiert[697].

Zuvor waren die einzelnen Fonds verschiedenen Verwaltungsstellen innerhalb der Kommission zugeordnet, was auch dazu führte, daß Unregelmäßigkeiten, die Ausgaben der Strukturfonds betrafen bei der Kommission nicht einheitlich erfaßt wurden. Lediglich für einzelne Maßnahmen des EAGFL-Ausrichtung bestand vor 1988 eine Mitteilungspflicht im Rahmen der Verordnung VO/EWG 283/72.

5.2. EAGFL Ausrichtung

[696] s. o. Ziff. I 3.0.1.

[697] VO/EWG 2052/88 und der Ausführungsregelung VO/EWG 4253/88 hinsichtlich der Koordinierung der Interventionen der verschiedenen Strukturfonds einerseits und zwischen diesen und den Interventionen der Europäischen Investitionsbank und der sonstigen vorhandenen Finanzinstrumente andererseits, ABl. L Nr 374 v. 31.12.1988; für die Einzelfonds: VO/EWG 4254/88 betr. EFRE; VO/EWG 4255/88 betr. ESF; VO/EWG 4256/88 betr. EAGFL-Ausrichtung; sämtlich vom 19.12.1988 ABl. aaO

Eine Verpflichtung zur Meldung von Unregelmäßigkeiten[698] bestand zunächst nur im Bereich des EAGFL Abteilung Ausrichtung gemäß VO/EWG 283/72, wobei erhebliche Ausgabenbereiche von einer Ausnahmeregelung betroffen waren. Dies betraf insbesondere die mit EG-Mitteln geförderten Einzelprojekte[699] und Ausgaben im Bereich der Beihilfen für die Verbesserung der Verarbeitungs- und Vermarktungsbedingungen für landwirtschaftliche Erzeugnisse[700], sowie Ausgaben im Zusammenhang mit der Infrastrukturförderung in benachteiligten ländlichen Gebieten der Bundesrepublik[701]. Im Bereich des EAGFL Ausrichtung wurden nachfolgend ab 1972 bis 1988 gesamt 74 Fälle gemeldet.

Nachfolgend sind die Fallzahlen gemeldeter Unregelmäßigkeiten nach VO/EWG 283/72 betr. den EAGFL-Ausrichtung bis 1988 wiedergegeben :

Gesamtzahl	280	67	52	42	15	49	21	117	118	134	63	179	156
davon "D"	46	4	11	4	-	2	3	-	-	1	1	1	1
	1971-1976	77	78	79	80	81	82	83	84	85	86	87	88

Die Fallzahlen betr. den Ausrichtungsfonds ab 1989 sind nachfolgend unter Ziff. III 5.3.1. dargestellt.

Betroffen waren von den gemeldeten Unregelmäßigkeiten im Zeitraum 1977-88 insbesondere Ausgaben für die Modernisierung landwirtschaftlicher Betriebe nach VO/EWG 159/72[702] und der Förderungen für Agrarbetriebe und Verarbeitungsbetriebe nach VO/EWG 355/77 bzw. VO/EWG Nr. 797/85[703]. Diese Mitteilungen erfolgten gemäß Art. 3 und 5 VO/EWG 283/72. Die Nachfolgeregelung VO/EWG 595/91 bezieht sich nicht mehr auf die Ausgaben im Ausrichtungsbereich des EAGFL.

Die Mitteilungspflichten werden auch in diesem Bereich nunmehr nach der einschlägigen Regelung für die StrukturfondsVO/EG 1681/94 bestimmt.

[698] Der Begriff der Unregelmäßigkeit ist hier der selbe, wie für den Bereich der Garantieausgaben; Jahresbericht Betrugsbekämpfung 1989, S. 24

[699] Vorhaben i.S. Art 13 VO/EWG 17/64 ABl 1964 L 36, S. 1

[700] VO/EWG Nr. 355/77 v. 15.02.1977, ABl. L 51, S. 1

[701] VO/EWG Nr. 1938/81, ABl. L 288, S. 1

[702] VO/EWG Nr. 159/72 d. Rates v. 17.04.1972 ABl. Nr. L 096 v. 23.04.1972 S. 1

[703] VO/EWG Nr. 797/85 d. Rates v. 12.03.1985 ABl. Nr. L 093 v. 30.03.1985 S. 1, zur Verbesserung der Effizienz der Agrarstruktur

5.3. Europäischer Sozialfonds und Regionalfonds

Im Bereich des Sozialfonds wurden zunächst nur Kontrollrechte der Kommission in Bezug auf die Überprüfung der ordnungsgemäßen Mittelverwaltung durch die Mitgliedstaaten vorgesehen[704] Sowohl in diesem Bereich, wie auch den anderen Ausgabenbereichen für Regionalentwicklung, Forschungsförderung und den Gemeinschaften für Kohle und Stahl und Atomenergie waren gesonderte Vorschriften über die Mitteilung von Unregelmäßigkeiten durch die Mitgliedstaaten nicht vorhanden. Hier war die Kommission auf eigene Prüfungen angewiesen. Bezüglich der Ausgaben des Regionalfonds wurden im Zeitraum 1975 bis 1977 bei 253 von 2.720 geförderten Vorhaben Kontrollbesuche und Buchprüfungen bei den Verwaltungsstellen der Mitgliedstaaten durchgeführt, ohne daß hierbei Unregelmäßigkeiten festgestellt wurden[705]. Im Bereich des ESF wurden der Kommission aufgrund eigener Nachforschungen ab 1987 243 Fälle von in Portugal zu Unrecht ausgezahlten Fördermitteln des ESF bekannt[706], während bis 1990 keine Fälle von Unregelmäßigkeiten im Bereich des Regionalfonds mitgeteilt oder von der Kommission ermittelt wurde.

5.3.1. Mitteilungen zu Strukturausgaben ab 1989

Mit Zusammenfassung der Strukturfonds und der Schaffung einer übergreifenden Ausführungsregelung, wurde eine grundsätzliche Verpflichtung der Mitgliedstaaten zur Mitteilung von Unregelmäßigkeiten in allen Fonds ab 1988 vorgesehen. Nach Art. 23 der VO/EWG 4253/88 haben die Mitgliedstaaten Unregelmäßigkeiten zu verhindern, zu ahnden und verlorengegangene Beträge zurückzufordern. Nach dieser Vorschrift ist zudem die Kommission über die zum Zweck der Rückforderung getroffenen Maßnahmen, insbesondere vom Verlauf gerichtlicher und administrativer Maßnahmen zu unterrichten. Nach Art. 2 dieser Verordnung kann die Kommission überprüfen, ob die Mitgliedstaaten den hieraus folgenden Verpflichtungen nachkommen.

Nach Mitteilung der Kommission waren von den Mitgliedstaaten für den Zeitraum vom 01.11.1990 bis 31.12. 1991, bezogen auf den Zeitraum seit Inkrafttreten der VO/EWG 4253/88, insgesamt 41 Fälle von Unregelmäßigkeiten mit einem betroffenen Ausgabevolumen von 1.485.000 ECU gemeldet worden[707]. Aufgrund des EuGH-Urteils, das den Verhaltenscodex für nichtig erklärte, stellte rund die Hälfte der Mitgliedstaaten seine Mitteilungen über Unregelmäßigkeiten im Bereich der Strukturfonds zunächst wieder ein. Die Verwaltungsstellen in der Bundesrepublik machten

---

[704] Art. 7 VO/EWG Nr. 2950/83 des Rates v. 17.10.1983 ABl. L 289 v. 22.10.1983 S. 1

[705] Kommission, 11. Gesamtbericht über die Tätigkeit der europäischen Gemeinschaften 1977, S.161

[706] Jahresbericht Betrugsbekämpfung 1990, S. 18

[707] Jahresbericht Betrugsbekämpfung 1991, S. 38

auf Bitte der Kommission jedoch weiterhin entsprechend des Verhaltenscodex` Mitteilung[708].

1993 wurde dann mit Ratsverordnung VO/EWG 2082/93[709] die Regelung in Art. 23 VO/EWG 4253/88 dahin verändert, daß gemäß Absatz 2 die Kommission für den Erlaß der Ausführungsregelungen zuständig ist, worauf von der Kommission mit Verordnung VO/EWG 1681/94[710] Melderegelungen entsprechend denjenigen im Bereich des EAGFL-Garantie[711] erließ. Für den Kohäsionsfonds wurde in der Verordnung VO/EG 1831/94 eine Meldeverpflichtung geschaffen[712], die im wesentlichen mit den Regelungen im Bereich EAGFL Garantie und den Strukturfonds übereinstimmt. Die Unterrichtung der Kommission über Unregelmäßigkeiten im Bereich der Strukturfonds wird jedoch von ihr selbst als weiterhin unzureichend bezeichnet[713].

5.3.2. Mitteilungszahlen

Die Entwicklung der Mitteilungen über Unregelmäßigkeiten, betreffend die Strukturfonds, stellt sich ab 1989 wie folgt dar :

Meldungen und von der Kommission ermittelte Fälle gesamt[714]

67	56	41	8	5	113	194	297	309
1989	1990	1991	1992	1993	1994	1995	1996	1997

Die Meldungen bis 1990 beziehen sich auf Unregelmäßigkeiten im Bereich des EAGFL-Ausrichtung mit einem Schadenbetrag über 1000 ECU und wurden nach VO/EWG 283/72 mitgeteilt. Die Mitteilungen ab 1.11.1990 beziehen sich auf sämtliche Strukturfonds und betreffen Fälle mit Schadenbeträgen über 4000 ECU, die gemäß Art. 23 bzw. 23 Abs. 1 VO/EWG 4253/88 und den jeweiligen Ausführungsregelungen, ab 1994 gem. VO/EWG Nr. 1681/94 und 1831/94, an die Kommission übermittelt wurden.

---

708 Jahresbericht Betrugsbekämpfung 1992, S. 10

709 VO/EWG 2082/93 des Rates v. 20.07.1993 ABl. L 193 v. 31.07.1993, S. 20

710 ABl. Nr. L 178 v. 12.07.1994

711 Jahresbericht Betrugsbekämpfung 1994, S. 10

712 VO/EG Nr. 1831/94 der Kommission ABl. Nr. L 191 v. 27.07.1994

713 Jahresbericht Betrugsbekämpfung 1995, S. 90

714 1989 Quartale 1-3; Angaben für1990 enthalten Meldungen des 4. Quartals 1989

Davon entfielen jeweils auf den Bereich[715]

ESF	1	4	1	2	(33)	112	139	123
EFRE	0	4	1	0	(3)	38	36	10
EAGFL	55	33	6	3	(43)	39	121	100
	1990	1991	1992	1993	1994	1995	1996	1997

Nicht ausgewiesen sind 339 Fälle von Unregelmäßigkeiten die aus Portugal im Zeitraum 1986 bis 1989 nach Art. 7 der Entscheidung Nr. 86/673/EWG mitgeteilt wurden. Es handelte sich dabei um die erschlichene Gewährung von Lohnkostenzuschüssen aus dem Europäischen Sozialfonds mit einem Gesamtbetrag von rund 125 Mio. ECU[716] in die nach Komissionsangaben etliche kleine und mittlere Unternehmen verwickelt waren.

5.3.3. Betroffene Ausgabenbereiche

Im Rahmen des jeweiligen Rechnungsabschlusses durch die Kommissionsdienststellen sind im Bereich des EAGFL-Ausrichtung vor 1990 wiederholt nicht ordnungsgemäß abgerechnete Vorhaben festgestellt worden, bei denen u. a. Rechnungsbelege der Beihilfenempfänger fehlten oder nicht beihilfefähige Ausgaben betrafen. Wegen fehlender Mitteilungspflichten der Mitgliedsländer über Strafverfahren bei Taten zum Nachteil des EAGFL-Ausrichtung wurden die Kommissionsdienststellen auch nur vereinzelt über strafrechtliche Ermittlungsverfahren im Zusammenhang mit diesen Ausgaben unterrichtet. Der umfangreichste Einzelfall in Deutschland betraf 1987 einen Fall, in dem ein in Baden-Württemberg ansässiger Konservenhersteller Mittel der Projektförderung des EAGFL-Ausrichtung[717] von über 2 Millionen DM zweckwidrig verwendet hatte bzw. als Nachweis für tatsächlich nicht getätigte Ausgaben fingierte oder überhöhte Einkaufsrechnungen vorlegte. Der Haupttäter wurde 1990 u. a. wegen Subventionsbetruges zu einer mehrjährigen Haftstrafe verurteilt.

Die Mitteilungen im Bereich des EAGFL- Ausrichtung betrafen ab 1990 nach Angaben der Kommission insbesondere die Prämien für die endgültige Aufgabe von Reb-

[715] Die Angaben für 1991 enthalten alle Fälle die für die Bereichen ESF und EFRE seit Inkrafttreten der VO/EWG 4253/88 gemeldet wurden; Jahresbericht Betrugsbekämpfung 1991, S. 38. Die Angaben für 1992 betreffen die Meldungen aus Dänemark, der Bundesrepublik Deutschland, Griechenland, Italien, den Niederlanden und Großbritannien; Jahresbericht Betrugsbekämpfung 1992, S. 10.
[716] Jahresbericht Betrugsbekämpfung 1990 S. 38 und Jahresbericht Betrugsbekämpfung 1992 S. 11
[717] VO/EWG 355/77

flächen[718] und die oben für die Vorjahre schon genannten Förderungen zur Modernisierung und Effizienzsteigerung landwirtschaftlicher Betriebe[719].

Ebenfalls betroffen waren Ausgaben für die Verbesserung der Verarbeitung und Vermarktung landwirtschaftlicher Erzeugnisse[720], die als Zuschüsse bei der Errichtung und Modernisierung für Lager- und Verarbeitungsbetriebe gewährt wurden. Desweiteren wurden bei der Überprüfung geleisteter Ausgleichsentschädigungen für Viehzuchtbetriebe auf Korsika[721] Unregelmäßigkeiten in einem solchen Umfang festgestellt, daß diese Förderung eingestellt wurde[722].

In den Jahren 1993[723] und 1994[724] wurden bei Überprüfungen erhebliche Unregelmäßigkeiten bei Einzelprojekten verschiedener italienischer Erzeugergemeinschaften festgestellt. Dies betraf Erzeugergemeinschaften für Olivenöl und mehrere Erzeugergemeinschaften für Obst und Gemüse in Süditalien. In diesen Fällen wurden für Lager- und Verpackungszentren fiktive oder weit überhöhte Abrechnungen vorgelegt, wofür Fördermittel ausgezahlt wurden. Kontrollen durch Kommissionsbedienstete ergaben, daß ganze Verpackungszentren die gefördert wurden, zu keinem Zeitpunkt in tatsächlicher Hinsicht funktionsfähig hergestellt worden sind, was den örtlichen Behörden eigentlich nicht entgangen sein konnte. In der Folgezeit[725] wurden, ebenfalls auf Betreiben der Kommission nach Hinweisen des Rechnungshofes und der Dienststellen die für den Rechnungsabschluß zuständig sind, Projektförderungen des EAGFL-Ausrichtung in Spanien, Portugal, Italien und Irland überprüft. An sämtlichen Projekten war eine Gruppe miteinander verflochtener Unternehmen beteiligt. Die Überprüfungen ergaben, daß zwischen den in den verschiedenen Mitgliedstaaten sowie weiteren Drittstaaten ansässigen Gesellschaften in großem Stil fiktive bzw. überhöhte Abrechnungen ausgetauscht und gegenseitig Scheinlieferungen bestätigt wurden.

Im Bereich des Sozialfonds wurden Unregelmäßigkeiten insbesondere bei den Abrechnungen von Berufsbildungsmaßnahmen in Portugal, Italien, Großbritannien und in vier Fällen in der Bundesrepublik festgestellt, wobei zwei Fälle nach 1994 auf die Abrechnung von Fördermaßnahmen (FLATHUS Programm) in den Neuen Bundesländern entfiel[726]. Bei den ab 1986 in Portugal aufgedeckten Fällen zu Lasten des

---

[718] f. d. Weinwirtschaftsjahre 1985/86 bis 1989/90 VO/EWG Nr. 77/85 d. Rates v. 26.03.1985, ABl. L 088 v. 28.03.1985 S. 8

[719] Jahresbericht Betrugsbekämpfung 1990, S. 37

[720] VO/EWG 355/77 d. Rates v. 15.12.1977, ABl. L 51 v. 23.02.1977

[721] Art. 17-19 VO/EWG Nr. 2328/91, ABl. L 218 v. 06.08.1991

[722] Jahresbericht Betrugsbekämpfung 1994, S. 49 und 63

[723] Jahresbericht Betrugsbekämpfung 1993, S. 38

[724] Jahresbericht Betrugsbekämpfung 1994, S. 65

[725] Jahresbericht Betrugsbekämpfung 1997, S. 34

[726] Jahresbericht Betrugsbekämpfung 1995, S. 64

ESF handelt es sich durchweg um Fälle, in denen portugiesische Arbeitgeber in Wirklichkeit nicht durchgeführte Berufsbildungsmaßnahmen abrechneten[727]. Nach 1988 wurden wiederholt aus Portugal, wie auch Großbritannien, Belgien oder Italien weitere Unregelmäßigkeiten im Zusammenhang mit Berufsausbildungs- oder Fortbildungsmaßnahmen mitgeteilt, bei denen die Beihilfenempfänger nicht abgehaltene Maßnahmen abrechneten oder in die Abrechnungen nicht angefallene bzw. anderweitig gedeckte oder weit überhöhte Ausgaben einstellten[728]. Wiederholt wurde festgestellt, daß die Unregelmäßigkeiten auch in diesem Bereich mit Kenntnis, zuweilen sogar mit Duldung oder gar Beteiligung von Mitarbeitern der für die Ausgabenkontrolle zuständigen Verwaltungsstellen des jeweiligen Mitgliedstaates begangen wurden.

Fälle von Unregelmäßigkeiten im Zusammenhang mit Regionalförderungen des EFRE wurden von der Kommission und den Mitgliedstaaten erst seit 1991 mitgeteilt, wobei erst seit 1994 eine Mitteilungspflicht für die Mitgliedstaaten besteht. Im Bereich des Regionalfonds betroffen waren nach den ersten Mitteilungen an die Kommission Förderprogramme in Italien und Frankreich sowie Belgien[729]. In Frankreich wurden im Rahmen der Beihilfen für die Fischerei an ein Unternehmen drei Fangschiffe mit einem Betrag von ca. 6 Millionen Ecu bezuschußt. Bevor diese überhaupt in Betrieb gingen, wurden die Boote an ein Unternehmen in einem Drittland veräußert. Betroffen waren zudem Vergaben von Bauaufträgen in französischen Überseedepartements[730] oder Maßnahmen aus dem RENAVAL Programm zur Umstellung von Gebieten mit starker Abhängigkeit vom Schiffsbau und den Programmen zur Strukturanpassung in Industrieregionen (1992/1993), RESIDER[731] und KONVER (1993)[732], bei denen umfangreiche Bauaufträge aufgrund von Submissionsbetrügereien zu überhöhten Preisen vergeben wurden.

5.3.4. Schadenshöhe

Wie im Bereich des EAGFL werden bei den Dienststellen der Kommission keine gesonderten Daten über die in den einzelnen Fällen zu Unrecht oder rechtmäßig ausgegebenen Beträge erhoben, zumal in vielen Fällen die teilweise unredliche Erlangung von Beihilfeteilbeträgen den Verlust der gesamten Förderung zur Folge hat. In den Unterlagen der Kommission und den Mitteilungen der Mitgliedstaaten werden

---

[727] Jahresberichte Betrugsbekämpfung 1991 S. 33; 1996 S. 37

[728] Jahresberichte Betrugsbekämpfung (Jg./ Seite) 1992 S. 10; 1993 S. 38; 1994 S. 63; 1995 S. 84; 1996 S. 37; 1997 S. 34

[729] Jahresberichte Betrugsbekämpfung 1992 S. 10; 1995 S. 84, 1996 S. 38

[730] Jahresbericht Betrugsbekämpfung 1994 S.64

[731] Umstellung von Regionen mit Stahlindustrie

[732] Konversion von Rüstungsbetrieben und besonders betroffenen Militärstandorten; Betrugsbekämpfung Bericht 1995, S. 87f

daher lediglich die wieder einzuziehenden Beträge ausgewiesen. Für die Strukturfonds ergibt sich ab 1990 folgendes Bild :

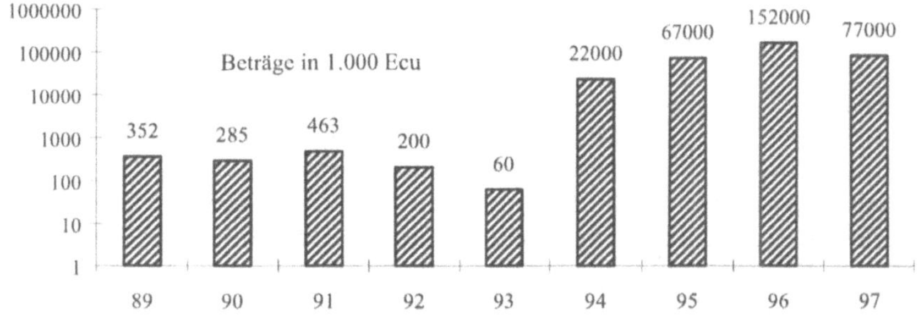

Die Schadenbeträge im Zeitraum 1990 - 1993 verteilen sich auf den EAGFL mit 939.000, den ESF mit 680.000 und den EFRE mit 370.000 Ecu[733]. Die Angaben für 1994 weisen einschließlich der von der Kommission ermittelten Fälle einen Schadenbetrag von 22 Mio. Ecu und für 1995 einen Betrag von 67 Mio. Ecu aus[734]. In den Angaben betreffend 1994 sind auch wenige Fälle enthalten, auf die ganz erhebliche Beträge entfallen. So entfielen 2,7 Mio. Ecu auf die unberechtigte Auszahlung von Fördermitteln des Sozialfonds an eine Firma in Belgien, die nicht ordnungsgemäße Verwendung von Beihilfen des EAGFL für die Modernisierung von zwei Obsthandelsgesellschaften in Kalabrien und Kampanien (Italien) im Betrag von 1,8 und 3,2 Mio. Ecu, die Vorlage gefälschter Abrechnungen durch ein italienisches Luftfahrtunternehmen mit denen zwischen 1985 und 1992 über 5 Mio. Ecu aus dem Sozialfonds unberechtigt erlangt wurden[735]. Für 1995 werden von der Kommission Fälle von Unregelmäßigkeiten zum Nachteil des ESF gesondert erwähnt, die gefälschte Abrechnungen bei Berufsbildungsmaßnahmen in Portugal (1,5 Mio. Ecu) und die mehrfache Geltendmachung von Kosten für Förderungen im Sozialbereich durch ein britisches Unternehmen (1,73 Mio. Ecu) betreffen. Im Bereich des EFRE entfiel ein Betrag von 5 Mio. Ecu auf Unregelmäßigkeiten in Südfrankreich im Zusammenhang mit Abrechnung fiktiver Leistungen bei Straßenbaumaßnahmen.

Die Schadenssummen sind nach den Auswertungen der Kommission in den neunziger Jahren außerordentlich stark angewachsen, wobei diese Entwicklung durch die gegenüber früher häufigere Ermittlung sehr komplexer Unregelmäßigkeiten im Bereich der Regionalförderung mit beträchtlichen Einzelsummen mitverursacht sein dürfte.

---

[733] Jahresbericht Betrugsbekämpfung 1993, S. 49a
[734] Jahresbericht Betrugsbekämpfung 1995, S. 100
[735] Jahresbericht Betrugsbekämpfung 1994, S. 64 f

Wiedereinzuziehende Beträge in Mio Ecu 1990-1997[736] betr. Strukturpolitik :

0,474	1,485	0,200	0,060	21,9	67,0	152,0	77,0
1990	1991	1992	1993	1994	1995	1996	1997

Auffallend ist die Steigerung des wiedereinzuziehenden Gesamtbetrages von 60.000 Ecu auf nahezu 22 Millionen Ecu im Jahr 1994. Die genannten Beträge enthalten sowohl die von den Mitgliedstaaten gemeldeten, wie auch die von Kommissionsdienststellen gemeinsam mit den Mitgliedstaaten ermittelten Summen. Dabei ist darauf hinzuweisen, daß die mit Beteiligung der Kommissionsdienststellen festgestellten Summen im Verhältnis zu den Mitteilungen der Mitgliedstaaten einen ganz erheblichen, bisweilen (wie 1994 und 1996) sogar den größeren Anteil der Gesamtsumme zu Unrecht abgeflossener Mittel ausmachen[737].

Die Entwicklung der durchschnittlich je Fall wiedereinzuziehenden Beträge seit 1990 ergibt das nachstehende Bild :

Durchschnittsbetrag wiedereinzuziehende Mittel in Tausend Ecu :

8,3	36,2	25,0	12,0	193,8	219,0	394,0	210,0
1990	1991	1992	1993	1994	1995	1996	1997

Auch der Durchschnittsbetrag der zu Unrecht abgeflossenen Mittel je Fall steigt von 12.000 Ecu im Jahr 1993 auf über 193.000 Ecu im Jahr 1994 an und bleibt in den Folgejahren stets über 200.000 Ecu.

Die offensichtliche Steigerung der Anzahl von den Mitgliedstaaten gemeldeten Unregelmäßigkeiten und der von diesen Unregelmäßigkeiten betroffenen Ausgaben ab 1994 dürfte hauptsächlich auf die 1994 erfolgte Einführung von Meldeverordnungen auch bezüglich der Strukturausgaben zurückzuführen sein. Dies belegt, daß die Mitgliedstaaten zuvor ihrer, bereits aus Art. 23 Abs. 1 VO/EWG 4253/88 herrührenden, Mitteilungspflicht ohne ausdrückliche Detailregelung nicht ausreichend nachgekommen sind.

---

[736] Gemäß den Mitteilungen der Mitgliedstaaten und Angaben der Kontrolldienste der Kommission jeweils nach Jahresbericht Betrugsbekämpfung

[737] Jahresbericht Betrugsbekämpfung 1997, S. 64

5.4. Zwischenergebnis

Die Fördermittel der Gemeinschaften im Rahmen ihrer Strukturpolitiken sind seit Ende der achtziger Jahre beträchtlich erhöht worden, die Anzahl der bekannt gewordenen Unregelmäßigkeiten in diesem Bereich ist seither überproportional gestiegen. Seit Mitte der achtziger Jahre wurden einzelne Fälle von Unregelmäßigkeiten auch zum Nachteil des Sozialfonds gemeldet, nachdem zuvor fast ausschließlich Mitteilungen über Unregelmäßigkeiten zu Lasten des EAGFL-Ausrichtung an die Kommission gegangen waren. Zu Lasten des Sozialfonds werden insbesondere Mittel für Aus- und Fortbildungsmaßnahmen beantragt, die tatsächlich dann nicht oder nicht im angegebenen Umfang und nicht mit dem behaupteten Kostenaufwand durchgeführt, aber bei der Förderstelle abgerechnet werden. Unregelmäßigkeiten zu Lasten des EAGFL-Ausrichtung werden zunehmend durch länderübergreifend tätige Gruppen von Firmen, größeren Einzelbetrieben und Erzeugergemeinschaften begangen. In diese Unregelmäßigkeiten, wie auch in die seit Mitte der neunziger Jahre festgestellten Unregelmäßigkeiten zu Lasten des Regionalfonds waren wiederholt Mitarbeiter der für die Mittelverwaltung und -kontrolle zuständigen nationalen Verwaltungsstellen verwickelt. Die Schadensbeträge sind ab 1994 ganz erheblich gestiegen, was insbesondere auf festgestellte Unregelmäßigkeiten bei Regionalfördermaßnahmen zurückzuführen ist. Dort haben Unregelmäßigkeiten aufgrund ihres Umfanges bereits zur völligen Einstellung von Einzelprogrammen geführt.

Vor der Einführung verbindlicher Regelungen, mit denen die Mitgliedstaaten zur Mitteilung von Unregelmäßigkeiten verpflichtet wurden, erhielt die Kommission im wesentlichen nur durch eigene Prüfungen im Rahmen des Rechnungsabschlusses Kenntnis von Subventionserschleichungen. Für Teilbereiche des EAGFL-Ausrichtung bestand zwar bereits seit 1972 eine Mitteilungspflicht, gleichwohl gingen nur wenige Mitteilungen bei der Kommission ein. Dem Versuch der Kommission im Jahr 1990 durch einen Verhaltenscodex wenigstens einen Mindeststandard für die Erfassung von Unregelmäßigkeiten zu schaffen, führte sofort zu einer hiergegen gerichteten Klage Frankreichs vor dem EuGH. Seit Schaffung der Meldeverordnungen 1994 sind die Zahlen der gemeldeten Fälle von ganzen fünf Fällen im Jahr 1993 auf über 300 Fälle 1997 angestiegen. Da jedoch ein erheblicher Anteil der angegebenen Fälle von Dienststellen der Kommission ermittelt wird, ist zweifelhaft, ob die Mitgliedstaaten tatsächlich ihrer Verpflichtung entsprechend alle ihnen bekannt gewordenen Fälle von Unregelmäßigkeiten mitteilen.

6. Direkte Ausgaben der Europäischen Gemeinschaften

Die direkten Ausgaben des EG Haushalts werden unmittelbar von den Kommissionsdienststellen, nicht von den Verwaltungen der Mitgliedstaaten getätigt. Die Überwachung der ordnungsgemäßen Mittelverwendung durch die Zahlungsempfänger ist daher primär Aufgabe der Gemeinschaften.

Seit 1994 werden in den Jahresberichten der Kommission auch die im Zusammenhang mit direkten Ausgaben bekannt gewordenen Unregelmäßigkeiten aufgeführt. Die Kommission ist in diesem Bereich mit ganz erheblichen Ausgaben verpflichtet, bei den Zahlungsempfängern eigene Verwendungs- und Abrechnungskontrollen vorzunehmen und mangels eigener Ermitttlungsbefugnisse die jeweiligen Mitgliedstaaten im Wege des Amtshilfeersuchens nach Artikel 280 Absatz 2 des EGV in Verdachtsfällen um Ermittlungen zu bitten. Die andere Möglichkeit, Kenntnis von Unregelmäßigkeiten zu erlangen, ist die Unterrichtung der Kommission durch Verwaltungsstellen der Mitgliedstaaten, wofür feste Regelungen, wie oben für andere Haushaltsbereiche dargestellt, nicht vorgesehen sind. Solche Kenntnisse können die Verwaltungsstellen der Mitgliedstaaten etwa anläßlich strafrechtlicher Ermittlungsverfahren im Zusammenhang mit gleichzeitig gewährten nationalen Beihilfen erlangen. In diesen Fällen ergibt sich jedoch bereits aus Art. 280 Abs. 2 S. 2 EGV die Verpflichtung für die Mitgliedstaaten im Wege der Amtshilfe, die Kommission über die getroffenen Feststellungen bezüglich der Gemeinschaftsmittel zu unterrichten, da die dort genannte Amtshilfeverpflichtung nicht allein die Amtshilfe unter den Mitgliedstaaten verlangt, sondern Amtshilfe unter Einschluß der Kommission insgesamt zur Bekämpfung von Betrügereien zum Nachteil der Gemeinschaften betrifft[738].

6.1. Betroffene Ausgaben und Schadensbeträge

Dem Jahresbericht der Kommission für 1994 zufolge wurden in diesem Jahr 16 Fälle von Unregelmäßigkeiten festgestellt. So betraf ein Fall die Förderung einer Wiederaufarbeitungsanlage für Polyurethanlacke und Holzabfälle in Italien aus Mitteln des Medspa-Programms[739]. Zudem wurde die Kommission 1994 von deutschen Behörden über Unregelmäßigkeiten im Zusammenhang mit der Durchführung von zwei Entwicklungshilfeprojekten unterrichtet, die von einer privaten Hilfsorganisation unter Finanzierungsbeteiligung deutscher Behörden und der Kommission im Betrag von 480.000 Ecu durchgeführt werden sollten. Ein weiterer Fall betraf die Abrechnung von nicht erstellten Fachgutachten im Rahmen der Förderung der griechischen

---

[738] Prieß in: Von der Groeben/Thiesing, Art. 209 a Rd. Nr. 59 f. und 75
[739] VO/EWG 563/91, ABl. L 63 v. 09.03.1991

Tourismusindustrie, in die auch Kommissionsbedienstete verwickelt waren[740] und der im Zeitraum 1989-1994 einen Schaden von 1,4 Mio. Ecu verursachte. Der Betrag der betroffenen Ausgaben wird mit 23 Mio. Ecu angegeben[741].

Im Jahr 1995 wurden bei direkten Ausgaben 31 Fälle von Unregelmäßigkeiten festgestellt[742]. Dem Jahresbericht zufolge betrug der Gesamtbetrag der betroffenen direkten Ausgaben in diesem Jahr 28 Mio. Ecu[743], was einem Anteil von 0,3 % der direkten Ausgaben der Gemeinschaften entsprach. Betroffen waren demnach u.a. das RACE-Programm[744], bei dem von einem belgischen und britischen Unternehmen um 0,5 Mio. Ecu überhöhte Abrechnungen für tatsächlich nicht erbrachte Leistungen vorgelegt worden waren. Unregelmäßigkeiten seien auch bei der Überprüfung von Empfängern von Fördermitteln der Programme JOULE I und II[745] in Deutschland festgestellt worden[746]. Hier wurden über 2,1 Mio. Ecu aufgrund unrichtiger Kostenaufstellungen, die nicht angefallene Lohn-, Sach- und Beratungskosten auswiesen, an den Empfänger zu Unrecht ausgezahlt. Gegen die Verantwortlichen wurde ein Ermittlungsverfahren u.a. wegen Subventionsbetruges eingeleitet[747]. In einem weiteren Fall sei ein Fördermittelbetrag von 1,25 Mio. Ecu für eine Windkraftanlage auf Sardinien nicht bestimmungsgemäß verwendet worden[748].

1996 ermittelten die Kommissionsdienststellen 42 Fälle, die einen Gesamtbetrag von 16 Mio. Ecu betrafen, die zu Unrecht ausgegeben wurden[749]. Erwähnt werden im Jahresbericht ein Betrugsfall in dem eine Firma in Irland mit gefälschten Bewerbungsunterlagen einen Forschungsauftrag im Umfang von über 3,9 Mio Ecu erhielt und teilweise abgerechnet hat, ohne in tatsächlicher Hinsicht Forschungsarbeiten durchführen zu können. Nach ersten Kontrollen der Kommission und des Rechnungshofes wurden 1996 in allen Ausgabenbereichen, in denen Fördermittel von Kommissionsdienststellen direkt vergeben werden, Ermittlungen wegen festgestellter oder vermuteter Unregelmäßigkeiten eingeleitet. Als betroffen bezeichnet die Kommission die Bereiche Kultur / audiovisuelle Medien, Energie, Forschung, Umwelt, Binnenmarkt und Industrie, Fremdenverkehr und die Kooperationsprogramme mit den mittel- und osteuropäischen Staaten (PHARE), den Mittelmeerländern (MED), den Nachfolgestaaten der UdSSR (TACIS), Ländern in Lateinamerika und Asien und dem Entwicklungsfonds (EEF)[750].

---

[740] Jahresbericht Betrugsbekämpfung 1994, S. 66; Bericht 1995 S. 65
[741] Jahresbericht Betrugsbekämpfung 1995, S. 101
[742] Jahresbericht Betrugsbekämpfung 1995, aaO S . 101
[743] Jahresbericht Betrugsbekämpfung 1995, S. 6
[744] Research and development programme in Advanced Communication technologies for Europe
[745] Joint Opportunities for Unconventional Long-term Energy supply
[746] Jahresbericht Betrugsbekämpfung 1995, S. 87
[747] Jahresbericht Betrugsbekämpfung 1996, S. 39
[748] aaO.
[749] Jahresbericht Betrugsbekämpfung 1996, S. 63
[750] Jahresbericht Betrugsbekämpfung 1996, S. 25

Ebenfalls 42 Fälle von Unregelmäßigkeiten wurden 1997 festgestellt, das Schadensvolumen ging auf 11 Mio. Ecu zurück. Als betroffen werden von den Kommissionsdiensten die Ausgaben für Forschungsvorhaben, für den Energiebereich, und Bildungsmaßnahmen genannt[751]. Unregelmäßigkeiten sind danach in allen Ausgabenbereichen direkter Fördermaßnahmen festgestellt worden.

6.2. Feststellungen zu direkten Ausgaben in Deutschland

Unregelmäßigkeiten im Bereich der Strukturfonds, ausgenommen den EAGFL Bereich Ausrichtung sind der Kommission im Zeitraum vor 1990 nur vereinzelt und mit einem geringen Schadenvolumen bekannt geworden. Unregelmäßigkeiten im Bereich des EAGFL-Ausrichtung wurden von 1976 bis 1986 in 42 Fällen mit einem Volumen der wiedereinzuziehenden Beträge von 485.000,- DM mitgeteilt. Betroffen waren hiervon Ausgaben zur Förderung kleinerer landwirtschaftlicher Betriebe[752].

Eine Mitteilungspflicht bestand allerdings für die Mitgliedstaaten nicht in Ausgabenbereichen des EAGFL-Ausrichtung in denen für Einzelprojekte oftmals erhebliche Fördermittel verwendet wurden. Im Zeitraum vor 1990 wurden der Kommission aus der Bundesrepublik zwei Fälle von Unregelmäßigkeiten im Zusammenhang mit der Erweiterung und Modernisierung von Betrieben der Lebensmittelindustrie in Süddeutschland bekannt, bei denen betrügerisch Subventionen in Höhe von 0,6 und 3,8 Mio. DM erlangt worden sind.

Der Anteil der in der Bundesrepublik Deutschland im Rahmen der Strukturfonds ausgegebenen Gemeinschaftsmittel kann im Zeitraum vor 1991 als gering bezeichnet werden. Eine erhebliche Steigerung dieser Ausgaben erfolgte ab 1991 im Hinblick auf die Förderung der Neuen Länder, wobei insbesondere Mittel aus dem ESF und dem EFRE Verwendung finden. Im Zeitraum 1.11.1990 bis 31.12.1991 wurde aus der Bundesrepublik (ohne EAGFL-Ausrichtung) eine Unregelmäßigkeit im Bereich der Strukturfonds mitgeteilt, deren Schaden mit ca. 11.500 Ecu angegeben wurde[753]. Im Jahr 1992 wurde ebenfalls ein Fall mit einem Schaden in Höhe von 180.000 Ecu mitgeteilt[754]. Die Ausgaben des EAGFL-Ausrichtung in der Bundesrepublik betrugen 1992 181 Mio. Ecu. Im Jahr 1993 wurden vier Fälle mit einem Schadenumfang von 40.000 Ecu, betreffend Ausgaben des ESF in den Neuen Ländern mitgeteilt[755]. Diese Ausgaben[756] werden auch in den Berichten der Kommission für 1994 und 1995 er-

---

751 Jahresbericht Betrugsbekämpfung 1997, S. 34
752 Angaben laut Datenbank UCLAF
753 Dumont, Anhang 5, in Dannecker: Die Bekämpfung des Subventionsbetruges, S. 123
754 Jahresbericht Betrugsbekämpfung 1992, S. 8
755 Jahresbericht Betrugsbekämpfung 1993, S. 41
756 z.B. das Programm FLATHUS in Thüringen

wähnt[757]. Im Jahr 1995 wurden aus der Bundesrepublik im gesamten Bereich der Strukturfonds 21 Fälle mit einem Schadenvolumen von 12,7 Mio. Ecu gemeldet[758]. Im Jahr 1996 werden bereits 52 Fälle gemeldet, bei denen Ausgaben in Höhe von 14 Mio. Ecu zu Unrecht erfolgt und daher wiedereinzuziehen sind [759]. Für das Jahr 1997 wurden aus Deutschland 47 Einzelfälle zu Lasten der Strukturfonds gemeldet, von denen 27 auf den EAGFL-Ausrichtung, 10 auf den ESF und weitere 10 auf den Regionalfonds entfielen. Der Gesamtbetrag der zu Unrecht ausgezahlten Mittel beträgt 11,6 Mio. Ecu. Erhebliche Unterschiede sind bei den jeweils angegebenen Schadenssummen zu vermerken. Danach betrug der Durchschnittsschaden bei Unregelmäßigkeiten zu Lasten des EAGFL-Ausrichtung 56.000 Ecu, im Bereich des ESF 172.000 Ecu und 361.000 Ecu bei Fördermitteln aus dem Regionalfonds[760].

Trotz der erheblichen Fördermittel die ab 1991 in den Neuen Ländern vergeben wurden, sind die Zahl und der Anteil festgestellter Unregelmäßigkeiten in Deutschland gering. Wie oben dargestellt[761], werden die meisten Fördermittelausgaben der Strukturfonds von nationalen Behörden verwaltet. Zusätzlich sind erhebliche Ausgabenbeträge nur Teil von nationalen Förderprogrammen, so daß im Fall der Aufdekkung von Unregelmäßigkeiten die Betroffenheit der Strukturfonds und damit die Meldepflicht verkannt werden können. Zudem ist auf die früher geäußerte Rechtsansicht offizieller Stellen in der Bundesrepublik hinzuweisen, daß die Zahlung von Fördermitteln an Gebietskörperschaften nicht dem materiellen Subventionsbegriff des § 264 StGB a.F. unterfalle und daher eine Meldepflicht nicht bestehe[762], wobei jedoch übersehen wird, daß die Meldepflicht für Unregelmäßigkeiten unabhängig vom Vorliegen einer Straftat nach § 264 StGB besteht. Als weitere Ursache der geringen Anzahl gemeldeter Unregelmäßigkeiten kommt zudem gerade bei Struktursubventionen ein Zielkonflikt der Bewilligungsstelle in Betracht, die einerseits als Teil staatlicher Regional- oder Wirtschaftsförderung und andererseits als Kontrollbehörde auftreten muß[763]. Zudem dürfte aufgrund der vorgenannten Faktoren mit einer noch geringeren Kontrollintesität und Kontrolldichte gerechnet werden, als bei Subventionen die nur aus Bundes- oder Landesmitteln vergeben werden[764].

[757] Jahresbericht Betrugsbekämpfung 1995, S. 64
[758] Jahresbericht Betrugsbekämpfung 1995, S. 103
[759] Jahresbericht Betrugsbekämpfung 1996, S. 73
[760] Jahresbericht Betrugsbekämpfung 1997, S. 69
[761] Ziff. I 3.0.1.
[762] Müller / Wabnitz S. 28
[763] Müller/Wabnitz aaO
[764] Müller/Wabnitz aaO S.29

7. Kontrollregelungen zur Feststellung von Unregelmäßigkeiten

7.1. Gemeinschaftsrechtliche Vorgaben für Kontrollen der Mitgliedstaaten

Der weitaus größte Anteil der Gemeinschaftsausgaben wird von Verwaltungsstellen der Mitgliedsstaaten[765] getätigt, da die Vollziehung des Gemeinschaftsrechts nach primärem Gemeinschaftsrecht Aufgabe der Mitgliedstaaten ist. Insofern richten sich die Vergabe, wie auch die Kontrolle von Gemeinschaftsausgaben, grundsätzlich nach dem Verwaltungsverfahrensrecht des jeweiligen Mitgliedstaates, wobei jedoch auch anerkannt ist, daß die Gemeinschaften die Regelungskompetenz für solche verfahrensrechtlichen Vorschriften besitzt, die zum Vollzug materiellen Gemeinschaftsrecht erforderlich sind. Aus Art. 189 läßt sich jedoch nicht ableiten, welche Vollzugshandlungen von den Mitgliedstaaten zur Umsetzung entsprechender Vorgaben des Gemeinschaftsrechts vorzunehmen sind[766].

Die wesentlichen Kontrollmöglichkeiten der Mittelverwendung im Einzelfall bestehen zum einen in der tatsächlichen, physischen Kontrolle des fraglichen Sachverhalts, zum anderen in der Prüfung geeigneter Belege, wie z. B. Handelsbüchern des Mittelempfängers. Die tatsächliche Kontrolle, insbesondere die Warenbeschau und Entnahmen von Stichproben im Marktordnungsbereich stellt die traditionelle Art der Kontrolle dar. Gemeinschaftsrechtlich bestehen hierzu Vorgaben in den Regelungen z. B. Art. 3 VO/EWG 386/90[767]. Danach sind im Bereich der Ausfuhrerstattungen 5 % der abgegebenen Erklärungen mit einem Umfang von mindestens 2 % der tatsächlichen Ausfuhren des jeweiligen Sektors als Umfang der Stichproben vorgesehen. Der Prozentsatz tatsächlicher Kontrollen für Erzeugerprämien für Rindfleisch ist mit 10 % der Anträge[768] festgesetzt. Dieser Anteil physischer Kontrollen am Warenverkehr wird jedoch als zu gering angesehen[769], wobei hinzuzufügen ist, daß auch diese vorgesehene Kontrolldichte nach Einschätzung von Beteiligten tatsächlich nicht erreicht wird[770], den Stichprobenkontrollen bisweilen eher symbolische Wirkung zukommt[771]. Besondere Bedeutung hat die tatsächliche Kontrolle naturgemäß in den

---

[765] Schweitzer / Hummer, 5. Aufl. S. 129; Pache S. 54 ff.

[766] EuGH RS 240/90; Pache S. 128; Grabitz, NJW 1989, 1776, 1780 m. w. N.

[767] Art. 3 VO EWG Nr. 386/90 des Rates vom 12.02.1990 ABl. L 42 v. 16.2.1990, S. 6 i. d. F. VO/EWG 163/94; mit DurchführungsVO /EWG 2221/95 v. 20.09.1995 i. d. F. VO/EWG 1167/97

[768] Art. 6 Abs. 3 VO/EWG Nr. 3887/92

[769] Smeets, in: Dannecker, Die Bekämpfung des Subventionsbetrugs, S. 196; Rump, in Dannecker, Die Bekämpfung des Subventionsbetrugs, S. 35, 43; Schrömbges, ZfZ 1995 S.131

[770] So Rump in: Dannecker, Die Bekämpfung des Subventionsbetrugs S. 43; Rieger, in: Dannecker Die Bekämpfung des Subventionsbetrugs S. 53; Leigh, in Dannecker, Die Bekämpfung des Subventionsbetrugs, S. 80, verweist für Großbritannien auf einen durchschnittlichen Kontrollanteil von 7 % der Ausfuhren, der 1990 mit 8 % übertroffen wurde

[771] Tiedemann, FS Spendel S. 592

Fällen, in denen der tatsächliche Sachverhalt zu einem späteren Zeitpunkt aus buchmäßigen Belegprüfungen nicht oder nur schwer nachgewiesen werden kann, wie z.B. das angegebene Gewicht oder die Zusammensetzung von Waren bei der Ausfuhr[772].

Eine andere Möglichkeit der Ausgabenkontrolle stellen Belegkontrollen und Buchprüfungen von Geschäftsunterlagen dar. Hierbei werden die Zahlungsvorgänge und Warenbewegungen der Empfänger von Zahlungen aus Gemeinschaftsmitteln im Rahmen nachträglicher Kontrollen von Belegen, insbesondere Handelsbüchern, Lagerlisten, Transport- und Verarbeitungsdokumenten sowie technischen Aufzeichnungen überprüft. Nachdem zwischen 1973 und 1977 drei Viertel der von den Mitgliedstaaten gemeldeten Unregelmäßigkeiten aufgrund solcher Kontrollen aufgedeckt worden waren[773], erschien es erforderlich, sämtliche Mitgliedstaaten zu verpflichten, derartige Überprüfungen vorzusehen, die in Deutschland bereits lange zuvor eingeführt worden waren[774]. Für den Landwirtschaftsbereich wurde daher auf Grundlage von Art. 189 EWGV eine Richtlinie über die von den Mitgliedstaaten durchzuführenden Buchprüfungen im Bereich des EAGFL-Garantie verabschiedet[775].

Danach waren die Mitgliedstaaten verpflichtet, sowohl eine bestimmte Anzahl von Zahlungsempfängern, wie auch Zahlungsvorgängen durch Buchprüfungen zu kontrollieren und die hierfür erforderlichen Voraussetzungen bis 1979 zu schaffen. Dieser Verpflichtung sind jedoch die Mitgliedstaaten, die derartige Kontrollen nicht ohnehin schon eingeführt hatten, nur zögernd, im Fall von Italien und den Niederlanden sogar mit mehr als 3-jähriger Verspätung, nachgekommen[776]. Diese Prüfungsrichtlinie wurde nachfolgend durch eine Kontrollverordnung (VO/EWG 4045/89 des Rates v. 21.12.1989) ersetzt, die ebenfalls die regelmäßige Überprüfung solcher Unternehmen vorschreibt, die aus Gemeinschaftsmitteln Zahlungen erhalten haben, die einen bestimmten Schwellenwert überschreiten. Auch die Kontrollmaßnahmen im Bereich der Strukturpolitik waren nach Auffassung der Kommission in einigen Mitgliedstaaten, wie z. B. Portugal unzureichend[777]. Hier konnte erst 1997 eine vergleichbare Regelung zur Überprüfung der von den Strukturfonds getätigten Ausgaben verabschiedet werden[778]. Aufgrund dieser Verordnung sind von den Mitgliedstaaten mindestens 5 % der jeweils mit Beteiligung der Strukturfond finanzierten Ausgaben zu

---

[772] Sieber, SchwZStrR Bd. 114, S. 365

[773] Kommission, Seminarbericht zu RL 435/77, S. 2

[774] z.B. Prüfungs- und Überwachungsrichtlinien EWG-Marktordnungen des BMF v. 25.10.1965 (BZBl. 1965 S. 932)

[775] Richtlinie EWG-Nr. 435/77, Beschluß des Rates v. 27.06.1977, ABl. L Nr. 172 v. 12.07.1977, S. 17

[776] Rechnungshof Sonderbericht über die Durchführung der Richtlinie 77/435/EWG in ABl. C Nr. 336 v. 17.12.1984, S. 3 ff.

[777] Jahresbericht Betrugsbekämpfung 1997, S. 34

[778] VO/EG 2064/97 d. Kommission v. 15.10.1997, ABl. L Nr. 290 v. 23.10.1997, S. 1 mit Durchführungsvorschriften zu VO/EWG Nr. 4253/88 d. Rates

kontrollieren, wobei sich diese Kontrollen auf eine repräsentative Stichprobe der genehmigten Projekte beziehen muß.

Nach den Angaben der Kommission, stellen die nachträglichen Belegkontrollen durch die Mitgliedstaaten die häufigste Form der Aufdeckung von Unregelmäßigkeiten sowohl im Landwirtschaftssektor, wie auch bei den Strukturfonds dar. Gleichwohl reichen die alleine von Mitgliedstaaten veranlaßten Kontrollen angesichts der zunehmend grenzüberschreitenden Tätigkeit von Zahlungsempfängern innerhalb der Gemeinschaft nicht aus, um eine effektive und hinreichend umfassende Kontrolle zu gewährleisten[779].

7. 2. Sektorale verwaltungstechnische Kontrollen durch die Gemeinschaft

Die Unterrichtung der Kommission über Unregelmäßigkeiten durch die Mitgliedstaaten war bisher nicht ausreichend, so daß eigene Kontrollrechte der Kommission im Hinblick auf eine ordnungsgemäße Mittelverwendung der von den Mitgliedstaaten verwalteten Ausgaben wiederholt gefordert wurden[780]. Dies gilt auch für die Eigenmitteleinnahmen der Gemeinschaft, wo von der Kommission unter Hinweis auf fehlende Regelungen ebenfalls darauf verwiesen wird, daß die Unterrichtung der Kommission über Unregelmäßigkeiten, die in diesem Bereich sehr unvollständig sei[781]. Nachfolgend soll dargestellt werden, welche rechtlichen Möglichkeiten der Kommission zur Verfügung stehen, im Rahmen eigener Kontrollkompetenzen Unregelmäßigkeiten aufzudecken.

Die nach Art. 5 EGV bestehende Pflicht der Mitgliedstaaten, alle Maßnahmen zur Erfüllung ihrer Verpflichtungen aus dem EG Vertrag und aus den Handlungen der Gemeinschaftsorgane zu treffen, erstreckt sich natürlich auch auf den Bereich der von den Mitgliedstaaten wahrgenommenen Mittelverwaltung. Im Rahmen der Verwaltung der Ausgaben sind auch die Überwachungs- und Mitteilungspflichten aus Art. 8 der VO/EWG 729/70 im Bereich des EAGFL und Art. 23 § 1 VO/EWG 4253/88 betr. die Strukturfonds als?solche Verpflichtungen i. S. Art 5 EGV anzusehen. Diese Mitteilungspflichten, wie auch die in Art. 213 EGV genannten Auskunfts- und Prüfungsrechte betreffen zum einen das Verhältnis zwischen Gemeinschaftsorganen und den Mitgliedstaaten und stehen zum anderen unter dem Vorbehalt der Ausgestaltung durch den Ministerrat[782]. Eigene allgemeine Kontrollrechte der Kom-

---

779 Heine, S. 149; Lettieri, in Sieber, Organisierte Kriminalität, S. 90 bis 104, 91; Rieger, in: Dannec??ker, Die Bekämpfung des Subventionsbetrugs S. 59

780 Rechnungshof ABl. C Nr. 336 v. 17.12.1984, S. 4; Heine, WiVerw 1996, S. 149,166; Mennens, Emile , S.E.W. Tijdschrift voor Europees en economisch recht, 1986, 624, 627

781 Jahresbericht Betrugsbekämpfung 1992, S. 26; Betrugsbekämpfung Arbeitsprogramm 1998/1999, S. 11

782 Dumont, in: Dannecker, Die Bekämpfung des Subventionsbetrugs S. 113

mission folgen hieraus nicht. Die Möglichkeiten, eigene Kontrollen vorzunehmen, müssen nach der bisherigen Rechtslage jeweils dem Grunde nach einzeln vom Ministerrat bestimmt werden.

Eine weitere Regelung über die Unterrichtung der Mitgliedstaaten bei Betrugstaten zum Nachteil der finanziellen Interessen der Gemeinschaften enthält Art. 10 des Übereinkommens über den Schutz der finanziellen Interessen der Europäischen Gemeinschaften vom 26. Juli 1995[783], das aufgrund eines Vorschlages der Kommission[784] nach Art. K. 3 Abs. 2 SS 1 i. V. m. K. 1 Nr. 5 EUV vom Rat der Europäischen Union[785] angenommen wurde. Dieses Übereinkommen völkerrechtlicher Natur schafft, nach Annahme durch alle Mitgliedstaaten, die Verpflichtung zur innerstaatlichen Umsetzung, hier der gegebenenfalls Änderung bzw. Ergänzung materiellen Strafrechts, ohne verfahrensrechtliche Regelungen, etwa im Hinblick auf Kontroll- oder Ermittlungszuständigkeiten, zu enthalten. Gemäß Art. 10 Abs. 1 haben die Mitgliedstaaten die Kommission über den Wortlaut der zur Erfüllung ihrer Verpflichtungen geschaffenen oder bestehenden Normen. Nach Art. 10 Abs. 2 legt der Rat der EU fest, welche Informationen zwischen den Mitgliedstaaten oder zwischen ihnen und der Kommission zu übermitteln oder auszutauschen sind und nach welchen Verfahrensregeln dies geschieht. Die Regelungsbefugnis des Rates bezieht sich hierbei jedoch nur auf den Zweck der Anwendung des Abkommens, so daß auch Informationspflichten über Strafverfahren in den Mitgliedstaaten hieraus nicht begründet werden können. Eigenständige Verfahrensrechte oder Kontrollrechte der Kommission werden durch das Abkommen ebenfalls nicht begründet. Kontrollmöglichkeiten in Bezug auf die Mittelverwaltung durch die Mitgliedstaaten hat die Kommission zudem im Rahmen des Rechnungsabschlußverfahrens im Bereich des EAGFL, in dem die von den Mitgliedstaaten getätigten Ausgaben zu Lasten der Gemeinschaften nach Art. 5 Abs. 2 b VO/EWG 729/70 durch die Kommission auf ihre Übereinstimmung mit den Regelungen der gemeinsamen Agrarpolitik überprüft werden. Die aufgrund der Angaben der Mitgliedstaaten und der Überprüfungen durch Kommissionsbedienstete getroffenen Feststellungen werden hinsichtlich der einzelnen Marktordnungen und Mitgliedstaaten zusammengefaßt und den Mitgliedstaaten zur Stellungnahme zugeleitet. Auf die schriftliche Stellungnahme der Mitgliedstaaten und gegebenenfalls einer mündlichen Anhörung hin erläßt die Kommission jeweils die Entscheidung zum Rechnungsabschluß[786] gegen die die Mitgliedstaaten die Möglichkeit der Klage zum EuGH haben[787]. Die mögliche Entscheidung, daß gemeinschaftsrechtswidrige Ausgaben der Mitgliedstaaten nicht als ordnungsgemäß anerkannt bzw. als vom EAGFL zu tragen eingestuft werden, hat aus Sicht der Mitgliedstaaten zweifels-

[783] ABl. C 316, 49 (51) v. 27.11.1995
[784] vom 07.07.1994 ABl. 1994 C 216, 11
[785] Beschluß 95/C 316/03; ABl. 1995 C 316, 48
[786] Für die Jahre 1989 und 1990 s. Entscheidung v. 23.09.1992, ABl. L 298/23 v. 14.12.1992 und Entscheidung vom 25.11.1993, ABl. L 301/13 v. 8.12.1993
[787] Karpenstein, S. 451

frei erhebliche negative Wirkungen[788], die, wie oben dargelegt auch dazu führen können, daß Unregelmäßigkeiten von den Mitgliedstaaten nicht mitgeteilt werden.

Im Bereich des EAGFL-Garantie kann die Kommission nach Art. 9 § 1 VO/EWG 729/70 mit eigenen Bediensteten von ihr für zweckmäßig erachtete Kontrollen vornehmen, die sich auf die Abwicklung der EAGFL Finanzierung beziehen, was auch Kontrollen vor Ort umfaßt[789]. Diese Kontrollen, die sich insbesondere auch auf die Mittelverwaltung durch die Mitgliedstaaten erstrecken, haben wiederholt zur Feststellung erheblicher Unregelmäßigkeiten geführt, deren Folge in Einzelfällen die einstweilige und bisweilen sogar die völlige Einstellung der betroffenen Fördermaßnahme war[790]. Ein weiteres Prüfungsrecht für die Kommission hinsichtlich der Ausgaben des EAGFL besteht nach Art. 9 § 2 VO/EWG 729/70, wobei an diesen Überprüfungen vor Ort jeweils Bedienstete des Mitgliedstaates teilnehmen können. Liegen der Kommission konkrete Anhaltspunkte für Unregelmäßigkeiten im Bereich des EAGFL-Garantie vor, kann sie gemäß Art. 6 Abs. 1 VO/EWG 595/91 einen Mitgliedstaat zur Vornahme bestimmter Ermittlungen anhalten, wobei diese Kontrollen gem. Art. 6 § 4 der Verordnung nur die verwaltungstechnische Überprüfung, ausdrücklich nicht aber strafrechtliche oder gerichtliche Ermittlungen beinhalten und ausschließlich vom Mitgliedstaat durchgeführt werden[791]. Ein vergleichbares Recht, Überprüfungen durch den Mitgliedstaat zu verlangen, hat die Kommission gemäß Art. 23 § 2 S. 3 der VO/EWG 4253/88 im Bereich der Strukturfonds. Auch hier bezieht sich die Möglichkeit der Kommission, Kontrollen zu verlangen nicht auf die Einleitung gerichtlicher oder strafrechtlicher Ermittlungen, sondern nur auf die verwaltungsmäßige Überprüfung durch die zuständigen nationalen Behörden. Mit VO/EG Nr. 2067/97 der Kommission v. 15.10.1997[792] wurde für die Strukturfonds eine weitere Konkretisierung der durchzuführenden Kontrollen der Mitgliedstaaten eingeführt, ohne daß damit weitgehend selbständige Kontrollmöglichkeiten der Kommission geschaffen wurden.

Allein bei den direkten Gemeinschaftsausgaben, die vor allem bei den Forschungsprogrammen der Gemeinschaft anzutreffen sind, konnte die Kommission von Beginn an eigene Prüfungskriterien bestimmen und Ausgabenkontrollen unmittelbar veranlassen, die in der Regel durch beauftragte Prüfungsgesellschaften für die Gemeinschaft durchgeführt werden[793].

---

[788] Pache S. 286

[789] Dumont, in: Dannecker, Die Bekämpfung des Subventionsbetrugs S. 114

[790] Jahresbericht Betrugsbekämpfung 1994 , S. 49 f

[791] Dumont in: Dannecker, Die Bekämpfung des Subventionsbetrugs S. 114; Lettieri ebda. S. 103; Vervaele, Les competences de contrôle.. (i. Tulkens.) S. 47-72, 55

[792] ABl. L 290 v. 23.10.1997

[793] So wurden z.B. 1990 die Ausgaben bei 300 Forschungsverträgen mit Vorhabenträgern in den Programmen ESPRIT I und II, sowie RACE überprüft, Jahresbericht Betrugsbekämpfung 1990, S. 49;

7. 3. Kontrollverordnung VO (Euratom, EG) Nr. 2185/96

Nachdem zunächst nur sektorale Regelungen über Kontrollen von Ausgaben aus Gemeinschaftsmitteln vorhanden waren, wurde 1996 eine Ratsverordnung verabschiedet, die ein allgemeines Kontrollrecht mit der Möglichkeit Überprüfungen vor Ort für die Kommission vorsieht[794]. Die Verordnung Nr. 2185/96 beruht auf einem entsprechenden Kommissionsvorschlag[795], dem das Europäische Parlament mit Entschließung vom 30.11.1995[796] im Zusammenhang mit dem Verordnungsvorschlag für die Verordnung Nr. 2988/95 zugestimmt hatte. Zuvor waren bereits mehrfach von wissenschaftlicher Seite, wie auch vom Europäischen Parlament eigene Kontrollrechte der Kommission empfohlen worden[797]. Auch der Rechnungshof hat schon 1992 im Zusammenhang mit der Überprüfung von Ausfuhrerstattungen im Bereich der Milcherzeugnisse die Schaffung einer unabhängigen Kontrolleinheit der Gemeinschaften für die Durchführung von Kontrollen vor Ort empfohlen[798].

Die Kontrollverordnung VO Nr. 2185/96 stellt sich als ergänzende Regelung zur Rahmenverordnung VO Nr. 2988/95 über den Schutz der finanziellen Interessen der Europäischen Gemeinschaften dar (Ziffer 3 der Erwägungsgründe) und schafft erstmals Kontrollrechte der Kommission als originäre gemeinschaftsrechtliche Befugnis, die gemäß Artikel 1 für alle Tätigkeitsbereiche der Gemeinschaften Geltung hat. Es handelt sich hierbei jedoch ausdrücklich wiederum um Überprüfungen, die ausschließlich im Rahmen verwaltungsrechtlicher Überprüfungen liegen und die den Mitgliedsstaaten obliegende Verpflichtung zum strafrechtlichen Schutz der finanziellen Gemeinschaftsinteressen aus Artikel 209 a EGV bzw. dem Übereinkommen über den Schutz der finanziellen Interessen vom 26.07.1995[799] unberührt lassen, was in den Erwägungsgründen[800] und in Art. 1 Abs. 2 der Verordnung ausdrücklich wiederholt wird. In den Erwägungsgründen wird zudem darauf verwiesen, daß der Umfang der nach dieser Verordnung durchgeführten Kontrollen nicht über das Maß hinauszugehen hat, das notwendig ist, um eine ordnungsgemäße Anwendung des Gemeinschaftsrechts sicherzustellen, womit allerdings keine inhaltliche Beschränkung

---

[794] VO/EURATOM, EG Nr. 2185/96 des Rates vom 11.11.1996; ABl. L 292 v. 15.11.1996, S. 2

[795] DOC-KOM (95) 690 endg. vom 20.12.1995

[796] ABl C Nr. 339 vom 18.12.1995

[797] Tiedemann, in Europäisches Parlament, Ausschuß f. Haushaltskontrolle öffentliche Anhörung, Bericht v. 02.05.1986 PE 105 844, S. 19; Lettieri, Franco in: Dannecker, Die Bekämpfung des Subventionsbetrugs, S. 102; Europäisches Parlament, Entschließung v. 11.03.1994 zur Harmonisierung des strafrechtlichen Schutzes der finanziellen Interessen der Union in der Rechtsordnung der Mitgliedstaaten und die dort geforderte eigenständige Ermittlungs- und Untersuchungsbefugnis, über die die Union im Rahmen des rechtlichen Schutzes ihrer finanziellen Interessen verfügt soll, ABl. 1994 C 91, 334

[798] Rechnungshof, Sonderbericht Nr. 2/92 über die Prüfung der an ausgewählte Großhändler im Sektor Milcherzeugnisse gezahlten Ausfuhrerstattungen im Zusammenhang mit Antwort d. Kommission; ABl. C Nr. 101 v. 22.04.1992 Ziff. 4.6, S. 6

[799] ABl. C 316 vom 27.11.1995, Seite 48 ff

[800] Erwägungsgründe Nr. 16 Seite 3

der Kontrollbefugnisse auf die Überprüfung alleine der Anwendung gemeinschaftsrechtlicher Regelungen durch die Behörden der Mitgliedstaaten verbunden ist.

Der Anwendungsbereich der Vorortkontrollen ist jedoch insofern eingegrenzt, als diese im Zusammenhang mit bestimmten, insbesondere grenzüberschreitenden Unregelmäßigkeiten stehen müssen oder einen Antrag des betroffenen Mitgliedstaates voraussetzen. Allerdings sind diese Kontrollen nicht alleine auf die Verfolgung bereits festgestellter Unregelmäßigkeiten beschränkt, sondern können auch durchgeführt werden, um Unregelmäßigkeiten aufzudecken[801]. Nach Auffassung der Kommission sollen die Vorortkontrollen Teil der innergemeinschaftlichen Maßnahmen zur Betrugsbekämpfung sein und insofern ein anderes Ziel haben, als die Überprüfung der ordnungsgemäßen Umsetzung des Gemeinschaftsrechts durch die Mitgliedstaaten im Rahmen anderer, rein verwaltungsrechtlicher Kontrollen[802]. Die Durchführung von Verdachtskontrollen ist allerdings nur dann möglich, wenn ihre Durchführung aufgrund der Lage in einem Mitgliedsstaat erforderlich ist, also das Vorliegen konkreter Hinweise auf Unregelmäßigkeiten auch in anderen Mitgliedstaaten verlangt. Sämtliche Empfänger von Zahlungen aus Gemeinschaftsmitteln oder mögliche Abgabenschuldner können im Rahmen der Kontrollen nach Art. 7 VO/EG Nr. 2988/95 überprüft werden, wobei Vorbereitung und Durchführung der Kontrollen in alleiniger Verantwortung der Kommission stehen, die jedoch den jeweils betroffenen Mitgliedsstaat vor Durchführung der Kontrollen hiervon zu unterrichten hat (Art. 4).

Die auf die Vorortkontrollen anzuwendenden Verfahrensregelungen sind die des jeweils betroffenen Mitgliedstaates (Art. 6 Abs. 1 S. 3), wobei die „Kontrolleure der Kommission" genannten Kontrollbeauftragten die gleichen Befugnisse, wie die Kontrollbediensteten der jeweiligen nationalen Verwaltungen haben (Art. 7 Abs. 1 S. 1). Die Durchführung von Sicherungsmaßnahmen, gemäß Art. 7 Abs. 2 der Verordnung obliegt jedoch jeweils den Mitgliedstaaten, wobei für Sicherungsmaßnahmen beispielhaft die Sicherung von Beweisstücken genannt wird. Unmittelbaren Zwang können die Kontrollbeauftragten der Kommission nicht ausüben, Artikel 9 der Verordnung bestimmt für den Fall, in dem sich die zu kontrollierenden Wirtschaftsteilnehmer einer Kontrolle widersetzen, daß der betreffende Mitgliedstaat den Kontrolleuren der Kommission in Übereinstimmung mit seinen nationalen Rechtsvorschriften die zur Durchführung der Kontrolle erforderliche Unterstützung zu gewähren hat. Diese kann in verfahrensrechtlicher Hinsicht jedoch keine weiteren Rechte zugunsten der Kontrolleure begründen, als sie ohnehin den Bediensteten der jeweiligen nationalen Kontrollstellen zukommen.

Die tatsächliche Durchführung der Kontrollen nach Verordnung Nr. 2185/96 obliegt innerhalb der Kommission einer Dienststelle, die der zentralen Betrugsbekämpfungs-

[801] Artikel 2 2. Alt.
[802] Jahresbericht Betrugsbekämpfung 1995, S.13

stelle UCLAF untersteht und somit unabhängig von den anweisungsbefugten Dienststellen der einzelnen Generaldirektionen der Kommission arbeitet und gegenwärtig rund 60 Mitarbeiter umfaßt. Eigene allgemeine Kontrollrechte die von Kommissionsdienststellen wahrgenommen werden können, bestehen danach erst seit Einführung der Verordnung EG 2185/96. Ansonsten kann die Kommission in einzelnen vom Ministerrat bestimmten Fällen die Mittelverwendung in verwaltungstechnischer Hinsicht prüfen, wobei sich dies jedoch ausdrücklich nicht auf strafrechtliche oder gerichtliche Verfahren bezieht.

IV. Statistische Angaben zu Straftaten nach § 264 StGB

Die umfassendsten regelmäßigen Sammlungen statistischer Daten zu Straftaten gem. § 264 StGB liegen für die Bundesrepublik in der polizeilichen Kriminalstatistik und der Rechtspflege - bzw. Strafverfolgungsstatistik vor. In einem Zeitraum von 1977 - 1985 wurde eine gesonderte Statistik zu Wirtschaftsstraftaten, die sogenannte Freiburger Statistik[803], im Auftrag der Justizministerkonferenz und des BMJ vorgenommene Bundesweite Erfassung von Wirtschaftsstrafsachen nach einheitlichen Gesichtspunkten, kurz BWE erstellt. Diese statistischen Sammlungen sollen im Folgenden hinsichtlich der in ihnen enthaltenen Ergebnisse zu Taten bzw. Ermittlungs- und Strafverfahren gem. § 264 StGB dargestellt werden.

1. Die Polizeiliche Kriminalstatistik

Die Polizeiliche Kriminalstatistik (PKS) registriert zunächst lediglich die polizeilich bekanntgewordenen und die aufgeklärten Straftaten und die im Ergebnis der polizeilichen Ermittlungen festgestellten Tatverdächtigen. Sie wird jährlich bundeseinheitlich für das Bundesgebiet erstellt und vom Bundeskriminalamt (auf die Länder bezogen von den Landeskriminalämtern) veröffentlicht. Zu den Zahlenangaben der Tatverdächtigen in der PKS ist anzumerken, daß diese nach 1983 geringere Werte ausweisen als zuvor, da ab diesem Zeitpunkt die Echttätererfassung[804] eingeführt wurde. Ab 1991 sind die in den neuen Bundesländern ermittelten Straftaten erfaßt, was ebenfalls die Vergleichbarkeit mit Werten aus weiter zurückliegenden Jahren einschränkt[805].

Die PKS enthält lediglich die von den Polizeidienststellen durchgeführten Ermittlungsverfahren wegen Subventionsbetruges, ohne die von den Staatsanwaltschaften oder in deren Auftrag von den Dienststellen der Zollfahndung durchgeführten Ermittlungsverfahren, wobei im Zusammenhang mit der Bundesweiten Erfassung von Wirtschaftsstrafsachen, der Anteil der ohne die örtlichen Polizeidienststellen ermittelten Fälle mit 75 % angegeben wurde[806]. Die statistische Erfassung der Taten erfolgt durch die jeweils bearbeitende Polizeidienststelle im Zeitpunkt der Abgabe des

---

[803] Damm, wistra 86, 43

[804] Eisenberg, Kriminologie, 4. Aufl., § 17 Rz. 29-32

[805] Göppinger, Kriminologie, 5. Aufl. S. 467

[806] Damm, wistra, 1988, S. 43,44

Verfahrens. Die jährliche Zusammenfassung der Daten weist demnach im Hinblick auf den angegebenen Zeitpunkt das Ermittlungsende aus, nicht aber den Tatzeitraum. Hierdurch kann es zu Verzerrungen, insbesondere bei längerer Ermittlungsdauer, kommen.

Auch die strafrechtliche Bewertung der erfaßten Taten wird bei Erstellung der PKS durch die jeweiligen Polzeidienststellen vorgenommen. Eine später durch die Staatsanwaltschaft oder die Gerichte vorgenommene andere Subsumtion des Sachverhalts ist auf die in der PKS angegebene Zuordnung zu einzelnen Straftatbeständen ohne Einfluß. Bei der Einordnung der Taten durch die Polizeidienststellen dürfte jeweils das im Ergebnis der Ermittlungen schwerste Delikt angegeben werden, so daß im Laufe der weiteren Verfahren häufig eine Herabstufung der jeweiligen Tat vorgenommen wird[807]. Im Rahmen der PKS wird Subventionsbetrug als Wirtschaftsstraftat erfaßt, die Einzelangaben in den Summenschlüssel für Wirtschaftskriminalität eingestellt. Welche Subvention im einzelnen Gegenstand der erfaßten Taten war, läßt sich der PKS ebensowenig entnehmen, wie die für die Subventionsvergabe zuständige Stelle.

1.1. Fallzahlen

Seit Einführung des Tatbestandes erfolgt die Erfassung der jeweils von den Polizeidienststellen abgeschlossenen Ermittlungsverfahren für den Tatbestand des § 264 StGB gesondert, wobei eine Differenzierung hinsichtlich der betroffenen Subvention nicht vorgenommen wird.

Die Entwicklung der Fallzahlen im Auswertungszeitraum 1977 - 1997 ergibt folgendes Bild:

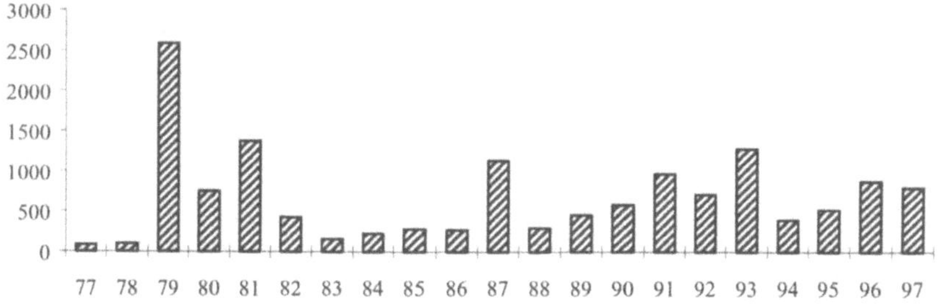

Einzelangaben : 1977: 83; 1978: 99; 1979: 2.587; 1980: 749; 1981: 1.375; 1982: 428; 1983: 158, 1984: 228; 1985: 280; 1986: 270; 1987: 1.130; 1988: 297; 1989: 461; 1990: 584; 1991: 975; 1992: 716; 1993: 1.284; 1994: 395; 1995: 522; 1996: 878; 1997: 800

[807] Göppinger, Kriminologie, 5. Aufl. S. 485

Im Zeitraum von 1977 bis 1997 weist die PKS insgesamt 14.299 erfaßte Fälle aus (1977-93: 11.577), wobei im Jahr 1979 2.587 Fälle gemeldet wurden, von denen 2.154 Fälle auf eine Fallreihe entfielen, weshalb die in 1979 erfaßte Fallzahl bei der Auswertung der Einzeldaten unberücksichtigt bleibt. Nicht verfügbar sind die Einzeldaten der im Jahr 1983 ausgewiesenen 158 Fälle, da in diesem Jahr die statistische Umstellung der Tatverdächtigenerfassung dahin erfolgte, daß Mehrfacherfassungen desselben Tatverdächtigen ausgeschlossen wurden und daher nur eine Grundtabelle erstellt wurde.

Der Anteil der erfaßten Fälle nach § 264 StGB betrug an der Gesamtkriminalität gemäß PKS, mit Ausnahme 1979 (0,1 %), stets weniger als 0,1 %. Außer im Jahr 1979 wurden lediglich 1981, 1987 und 1993 über 1000 Fälle gemeldet. Die durchschnittliche Zahl erfaßter Fälle beläuft sich im Jahresdurchschnitt von 1977 bis 1997 auf 680, zwischen 1990 und 1997 auf 560.

1.2. Schadenshöhe

Bezüglich der Höhe des laut PKS entstandenen Schadens ist auf die erhebliche Anzahl von Fällen mit einer Schadenhöhe von unter 25.- DM hinzuweisen. Diese Gruppe umfaßt mit 1.805 Nennungen 15,84 % aller in der PKS von 1977 bis 1997, ohne 1983, erfaßten 11.391 Fälle. Hierzu ist jedoch anzumerken, daß es sich hierbei ausnahmslos um Fälle handeln dürfte, in denen es zu einer Auszahlung der Subvention nicht gekommen ist, da bei Taten ohne Schaden bzw. mit einem nicht bezifferbaren Schaden ein Schadensbetrag von DM 1,- angegeben wird[808]. Die Angaben für 1979 wurden hier ebenfalls nicht mit einbezogen[809]. Auch die Anzahl der Fälle mit einem Schaden von 100 - 500 DM ist mit 12,89 % erheblich. Allein auf Taten mit Schadenbeträgen unter 500 DM beziehen sich 30,12 % aller Fälle im obengenannten Auswertungszeitraum. Die größte Gruppe der erfaßten Taten nach der PKS verursachte Schäden im Bereich von 1000 bis 5000 DM (3.618 Fälle = 31,76 %). Die Gesamtschadenshöhe wird erst seit 1984 in der PKS für Taten gem. § 264 StGB ausgewiesen, wobei sich dieser bis 1997 einschließlich auf DM 878.464.000 belief. Der laut PKS im Zeitraum 1984 - 1997 erfaßte Durchschnittsschaden je Fall beziffert sich auf 99.600,- DM.

---

[808] Hauf, S. 91

[809] Für 1979 werden 2.587 Fälle genannt, mit einem Schadenbetrag von 100 - 500 DM in 1.495 und von 500 - 1.000 DM in 708 Fällen

Die Daten der PKS ergeben zur Schadenshöhe folgende Verteilung der erfaßten Fälle auf Schadensklassen:

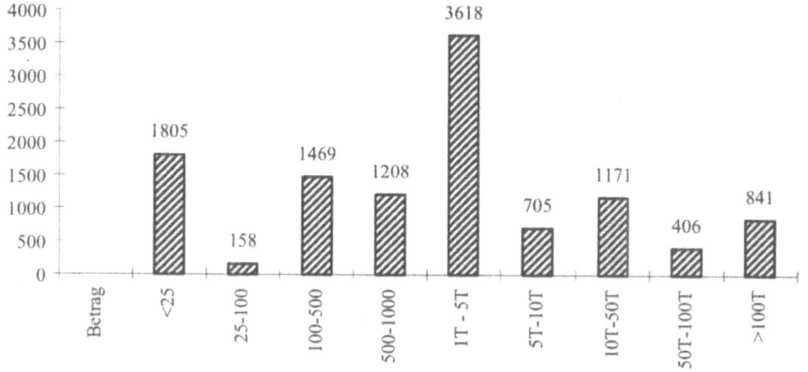

Schadensklassen in DM / Gesamtzahl Fälle 11.391 (1977-1997)

Nachfolgend wird der Verlauf der Entwicklung der Schadensklassen mit ihren Anteilen am Fallaufkommen der PKS von 1977 bis 1997 dargestellt:

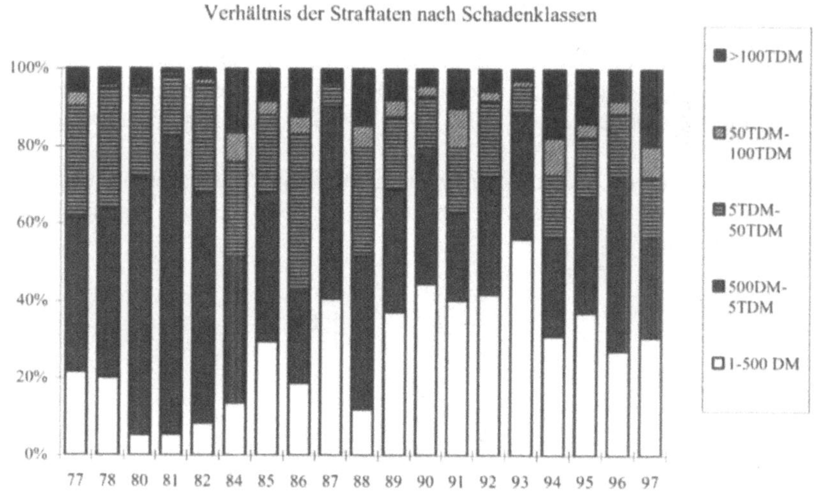

1.3.Täterstruktur

Die Anzahl der ermittelten Tatverdächtigen bewegt sich zwischen 82 im Jahr 1977 und 1.235 Personen 1987. Die Jahresangaben weisen jeweils folgende Tatverdächtigenzahl aus:

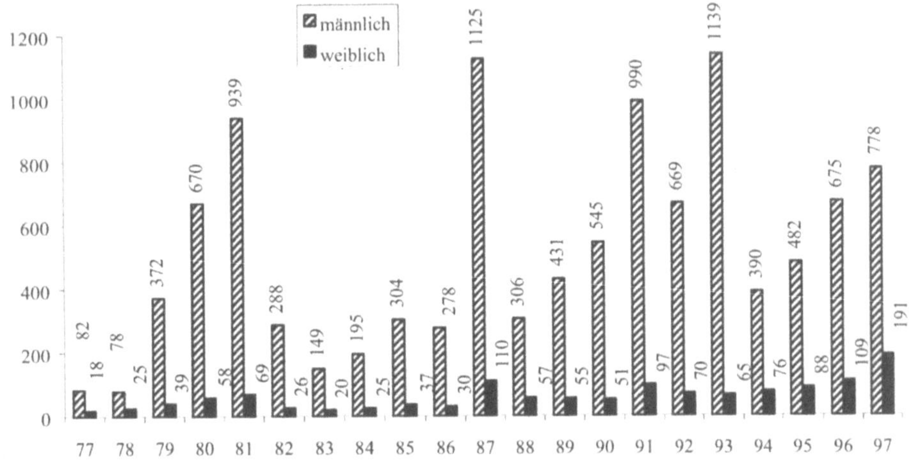

Im Gesamtzeitraum 1977-1997 sind in der PKS 12.177 Tatverdächtige erfaßt. Von den Tatverdächtigen nach PKS werden 182 Personen als nichtdeutsche Tatverdächtige aufgeführt, was einem Anteil von 1,49 % aller Tatverdächtigen entspricht.

Die Altersstruktur der Tatverdächtigen wird im Beobachtungszeitraum nach PKS durchschnittlich wie folgt ausgewiesen, wobei für 1983 keine Angaben verfügbar sind : (N=10.896)

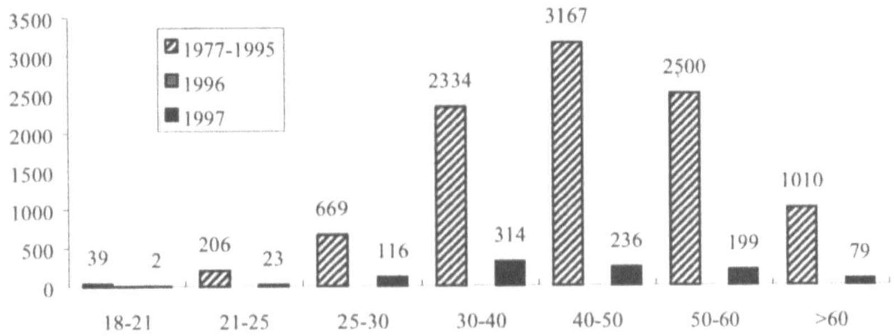

% Anteil:	0,35	2,15	7,20	24,30	31,23	24,70	9,99

Die Gesamtzahl der in der vorherigen Grafik erfaßten Tatverdächtigen beträgt 10.896[810]. Danach ist die Altersgruppe von 40 bis 50 Jahre am stärksten vertreten, gefolgt von der Gruppe der 50-60jährigen.

1.4. Tatortverteilung

Die Verteilung der Tatorte laut PKS im Zeitraum von 1977 bis 1997 stellt sich wie nach Größenklassen der Tatorte geordnet wie folgt dar:

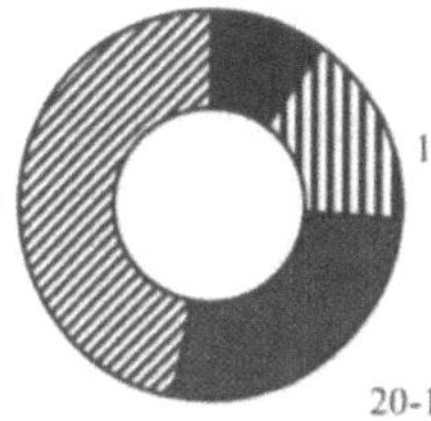

jeweils Tatortgröße in 1000 Einwohnern und prozentualer Anteil, N = 10.030

Bezüglich der ebenfalls in der PKS ermittelten Tatortverteilung ist auf den über den gesamten Erfassungszeutraum ganz erheblichen Anteil der Tatorte mit unter 20.000 Einwohnern zu verweisen. 4.673 Fälle oder 46,59 % (77-93: 4.162 Fälle oder 46,2 %) der von 1977 - 1995 (ohne 1979) erfaßten Fälle betrafen solche Tatorte[811]. Großstädte mit mehr als 500.000 Einwohnern wurden demgegenüber nur in 1.020 Fällen (77-93: 938 von 8.990 Fällen (10,4 %) (10,16 %) angegeben.

Bezüglich der Wohnortverteilung betrifft mit geringen Abweichungen, ausgenommen das Jahr 1987, im gesamten erfaßten Zeitraum ein hoher Anteil der Fälle den Wohnort der Verdächtigen als Tatort, der seit 1989 stets über 70 % liegt, wie die nachfolgende Grafik zeigt[812].

---

[810] ohne 1983

[811] Die vorstehende Grafik enthält nicht das Jahr 1979, in dem auf eine sehr umfangreiche Fallreihe zahlreiche Einzelfälle entfielen - 1979 werden 2.188 Fälle in Städten über 500.000 Einwohner ausgewiesen

[812] Aufgrund der statistischen Umstellung sind von 1983 bis 1985 keine Angaben verfügbar

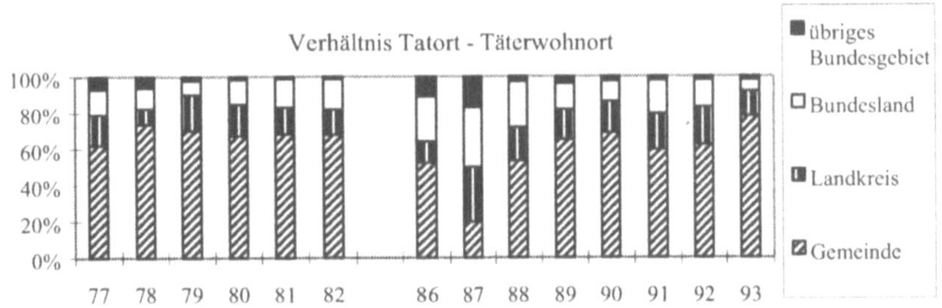

Mit Ausnahme der Jahre 1986 und 1987 ist die Anzahl der Täter mit Wohnort außerhalb des Bundeslandes des Tatortes sehr gering. Die Zahl der Täter mit Wohnsitz außerhalb der Bundesrepublik beläuft sich in 16 Jahren auf insgesamt 67 Personen. Die Angaben zur Beziehung zwischen Wohnort und Tatort sind ab 1994 nicht mehr ausgewiesen.

2. Die Strafverfolgungsstatistik

2.1.Datenerhebung, statistische Merkmale

In der Strafverfolgungsstatistik sind die von den Gerichten im Laufe des Berichtsjahres abgeschlossenen Strafverfahren enthalten, die über Staatsanwaltschaften, das Bundeszentralregister und die Landesjustizverwaltungen gemeldet und vom statistischen Bundesamt erfaßt werden[813]. Einzelangaben in der Strafverfolgungsstatistik zu § 264 StGB beschränken sich nach 1985 auf die Altersstruktur der Abgeurteilten, während die weiteren Angaben jeweils für die Deliktgruppe Betrug und Untreue nach §§ 263 - 266b bzw. 263 StGB zusammengefaßt erscheinen, so daß nähere Angaben der jeweiligen Arbeitsunterlage entnommen wurden[814]. Eine besondere Differenzierung nach dem betroffenen Subventionsgeber oder der betroffenen Subvention wird in dieser Statistik nicht vorgenommen, so daß in den entsprechenden Nennungen sowohl die Taten zum Nachteil der EU, wie auch zum Nachteil anderer Subventionsgeber enthalten sind.

---

813 Statistisches Bundesamt Wiesbaden, Rechtspflege Fachserie 10 Reihe 3, Strafverfolgung mit Jahresangabe; zit.: Strafverfolgung - Jahrgang; Förster S. 20 f.

814 Statistisches Bundesamt Wiesbaden, Rechtspflege Fachserie 10 Reihe 3 Strafverfolgung mit Jahresangabe, Vollständiger Nachweis der einzelnen Straftaten Arbeitsunterlage, zit.: Strafverfolgungsstatistik Arbeitsunterlage - Jahrgang

Die Strafverfolgungsstatistik bezieht sich jedoch bis einschließlich 1996 nur auf die alten Bundesländer[815]. Als Abgeurteilte werden in der Strafverfolgungsstatistik Angeklagte erfaßt, gegen die Strafbefehle erlassen wurden, bzw. Strafverfahren nach Eröffnung des Hauptverfahrens durch Urteil oder Einstellungsbeschluß rechtskräftig abgeschlossen worden sind. Hierin enthalten sind danach die Verurteilten und die Personen gegen die andere Entscheidungen einschließlich Freispruch ergangen sind[816].

2.2. Täterstruktur

Aus der Strafverfolgungsstatistik ergeben sich die nachfolgenden Angaben zur Altersstruktur der Verurteilten:

Die Altersstruktur der von 1977 bis 1997 insgesamt 3.311 Verurteilten ist insofern auffällig, als lediglich 11,8 % der Verurteilten unter 30 Jahre alt sind, während der Anteil der über 60-jährigen 7,37 % beträgt. Die Auswertung von Veränderungen der Anteile der Altersklassen im Beobachtungszeitraum ergibt beim Vergleich des Zeitraums von 1977 bis 1986 und den Jahren 1987 bis 1996 eine Abnahme des Anteils jüngerer Täter, insbesondere der Täter zwischen 30 und 40 Jahren, bei Zunahme der Anteile von Verurteilten über 50 Jahre. Besonders deutlich wird diese Altersverschiebung beim Vergleich der Altersklassenverteilung Ende der siebziger und Mitte der neunziger Jahre.

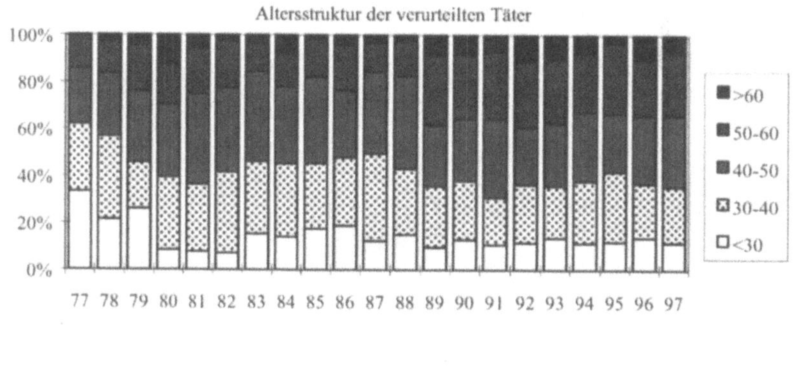

[815] Statistisches Bundesamt Strafverfolgung 1996 S. 5
[816] Statistisches Bundesamt Strafverfolgung 1997 S. 6

2.3. Anzahl der Verfahren / Abgeurteilten

Unter der Nennung Subventionsbetrug sind im Zeitraum von 1977 bis 1997 5.444 Abgeurteilte erfaßt . Davon entfallen auf den Zeitraum 1977 bis 1986 1.764 und von 1987 bis 1997 3.680. Die durchschnittliche Zahl der Aburteilungen ist im zweiten Zehnjahresabschnitt nahezu auf die doppelte Zahl gestiegen.

Der Verlauf des Verhältnisses von Aburteilungen und Verurteilungen nach § 264 StGB im Zeitraum 1977 - 1997 stellt sich wie folgt dar:

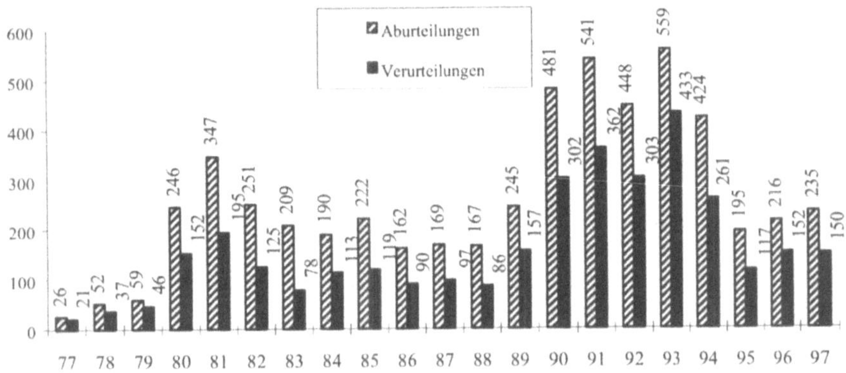

Der durchschnittliche Anteil der Verurteilungen an den Aburteilungen beträgt im Erfassungszeitraum 62,5 %.

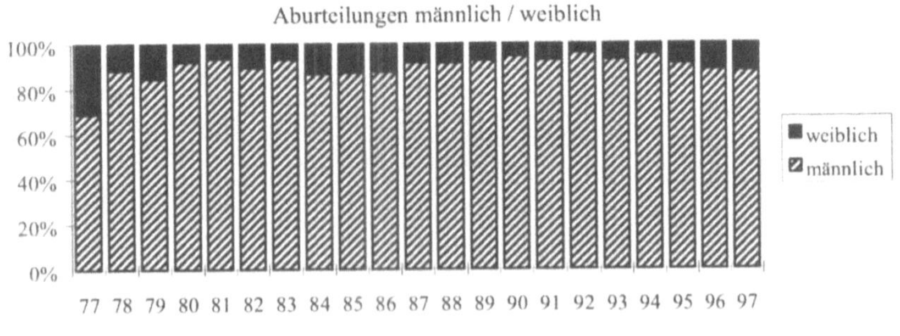

Der Anteil weiblicher Täter an den Abgeurteilten ist mit durchschnittlich 7,97 % im Gesamtzeitraum 1977-1997 sehr gering. In der ersten Dekade liegt dieser Wert bei 10,03 %, während er im Zeitraum 1987 - 1997 nur 6,98 % beträgt.

Die durchschnittliche Anzahl weiblicher Abgeurteilter liegt bei jährlich 20,6, während im Durchschnitt jährlich gesamt 259 Aburteilungen in Verfahren erfolgten, in denen Anklage nach § 264 StGB erhoben worden war.

2. 4. Verurteilungen und Sanktionen

Von den Aburteilungen sind im erfaßten Zeitraum von 1977 bis 1997 3.311 Verurteilungen (1977-1986: 976) ausgewiesen. Hieraus ergibt sich eine Steigerung der im Durchschnitt jährlich erfolgten Verurteilungen von 97 im Zeitraum von 1977 bis 1986 auf durchschnittlich 212 im Zeitraum 1987 bis 1997.

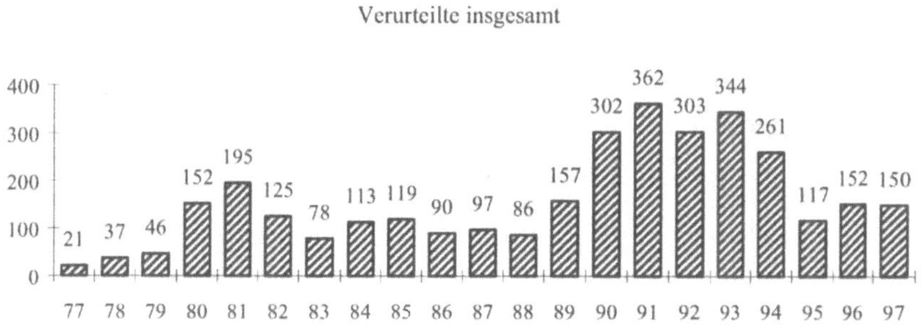

N = 3.311

Der Anteil der Verurteilungen an den Aburteilungen liegt im Erfassungszeitraum danach von 1977 -1996 bei durchschnittlich 60,6 %, wobei lediglich 1982 mit 49 % und 1983 34 % eine unter 50 % liegende Verurteilungsquote ausgewiesen ist. Die Verurteilungsquote ist im Zeitraum 1977-1986 von durchschnittlich 55,3 % auf 69,1 % gestiegen.

Den verfügbaren Einzelangaben 1977-1997 (außer 1986 und 1987) zufolge sind bei 3.311 Verurteilungen in 378 Fällen Haftstrafen verhängt worden. 2.185 Verurteilungen sind zwischen 1987 und 1997 ausgesprochen worden, bei denen in 278 Fällen Haftstrafe verhängt wurde, also in einem Anteil von 12,7 % an allen Verurteilungen in diesem Zeitraum. Im Zeitraum von 1977 bis 1997 ist die Verbüßung von Haft nur in 31 Fällen nicht ausgesetzt wurde. Dies entspricht einem Anteil von 0,93 % aller Verurteilungen und 0,56 % aller Abgeurteilten.

Nachfolgend das Verhältnis von Verurteilungen nach § 264 StGB zwischen 1977 und 1997 zu Geldstrafe bzw. Haftstrafe:

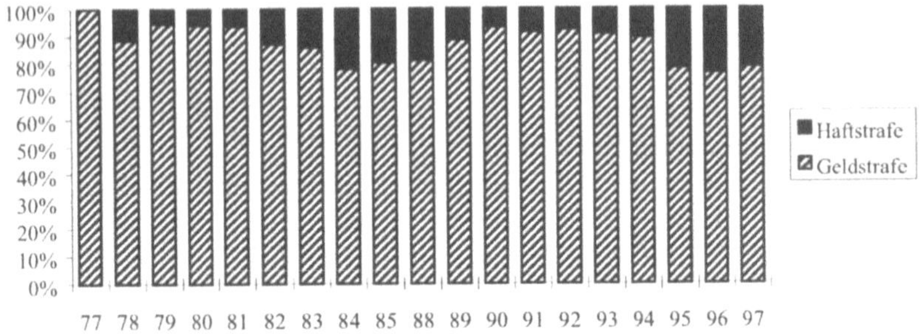

Die Aussetzung der Verbüßung von Freiheitsstrafe und die Verhängung von Haftstrafen über zwei Jahren ist nachfolgend dargestellt:

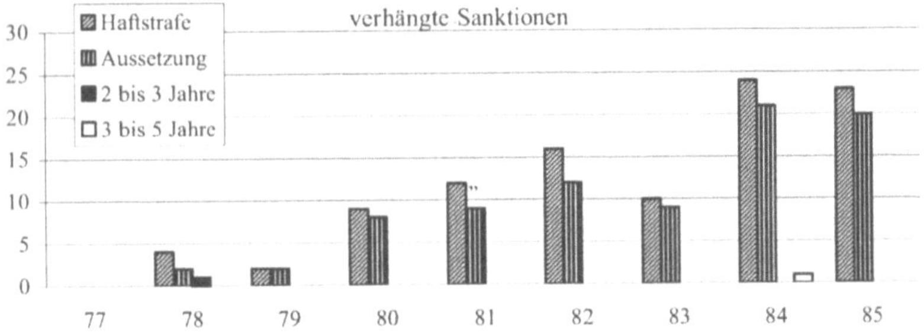

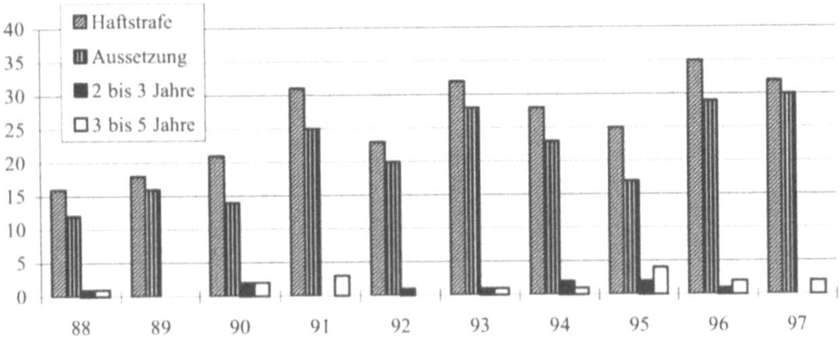

Aus der Strafverfolgungsstatistik geht danach hervor, daß nur ein geringer Teil der Verurteilten nicht zu Geldstrafe, sondern zu Haftstrafe verurteilt wurde, deren Verbüßung nur in sehr wenigen Fällen nicht ausgesetzt wurde. Allerdings ist auch eine Zunahme der absoluten Zahl von Verurteilungen zu Freiheitsstrafen über zwei Jahren und auch von mehr als drei Jahren im Beobachtungszeitraum zwischen 1977 und 1997 festzustellen.

3. Die BWE Erhebung

Die polizeiliche Kriminalstatistik und die Strafverfolgungsstatistik ermöglichen keine nähere Betrachtung solcher Taten die als Wirtschaftsstraftaten anzusehen sind. Zur Erfassung von Wirtschaftsstraftaten wurde auf Anregung des 49. DJT 1972[817] im Auftrag der Justizministerkonferenz der Länder eine Auswertung von Fallakten der Wirtschaftskriminalität zwischen 1974 und 1985 durch die Forschungsgruppe Kriminologie des Max Planck Instituts für ausländisches und internationales Strafrecht in Freiburg vorgenommen. Für die Daten aus dem Zeitraum 1974 bis 1981 wurden die Ergebnisse in einer umfangreichen Studie zusammengefaßt 1984 veröffentlicht[818], die Einzelergebnisse zu verschiedenen Tatbeständen in weiteren Forschungsarbeiten dargestellt[819]. Soweit im Zuge der BWE Fallakten zu Verfahren nach § 264 StGB ausgewertet worden sind, wurden die Ergebnisse im Rahmen der Anschluß- und Vertiefungsuntersuchungen zur BWE veröffentlicht, eine gesonderte Studie zum Subventionsbetrug, anders als zum Kreditbetrug, erschien jedoch nicht.

---

[817] Der 49. Deutsche Juristentag vom 19. - 22. 09.1972 in Düsseldorf beschäftigte sich vorrangig mit der besseren strafrechtlichen Bekämpfung der Wirtschaftskriminalität, s.a. Tiedemann, Gutachten zum 49. DJT, München, 1972

[818] Liebl, Karlhans, Die Bundesweite Erfassung von Wirtschaftsstraftaten nach einheitlichen Gesichtspunkten, Ergebnisse und Analysen für die Jahre 1974 bis 1981, Freiburg 1984, s.a. ders. in, Bundesministerium der Justiz, Hrsg., Anschluß- und Vertiefungsuntersuchungen zur Bundesweiten Erfassung von Wirtschaftsstraftaten nach einheitlichen Gesichtspunkten, Freiburg, 1984

[819] z.B. Leßner, Johanna, Betrug als Wirtschaftsdelikt, Pfaffenweiler, 1984; Kießner, Ferdinand, Kreditbetrug - § 265 b StGB: eine Untersuchung zur Einführung und Anwendung des Sondertatbestandes zur Bekämpfung der betrügerischen Erschleichung von Krediten, Freiburg, 1985; Sickenberger, Markus, Wucher als Wirtschaftstraftat. Eine dogmatisch-empirische Untersuchung, Freiburg 1985

3.1. Die in der BWE erfaßten Verfahren

Innerhalb der BWE wurden alle in der Bundesrepublik Deutschland von den Staatsanwaltschaften im Erhebungszeitraum erledigten Verfahren erfaßt, die dem Bereich der Wirtschaftskriminalität angehörten. Als Wirtschaftskriminalität wurden dabei Taten angesehen, die der Definition in § 74 c GVG in seiner jeweiligen Fassung unterfielen. Die Erfassung wurde in zwei Hauptgruppen von Variablen, den Verfahrensdaten und den Daten zur Erledigung des Ermittlungsverfahrens vorgenommen, während personenbezogene Angaben, wie Alter, Geschlecht, Familienstand, Ausbildung, Berufstätigkeit oder Wohnort nicht ermittelt wurden.
Zwischen 1977 und 1985 wurden Daten zu 31.355 Ermittlungsverfahren wegen Wirtschaftsstraftaten gegen 57.971 Beschuldigte erhoben. Im Zeitraum 1977-1985 stieg die Zahl der erfaßten Einzelfälle von 59.547 auf knapp 405.000. Die Rechtsform schädigender Firmen war in über 40 % der Fälle die einer GmbH, während im Verlauf der Untersuchung die Anteile anderer Gesellschaftsformen, etwa der Einzelfirma, der OHG oder der KG rückläufig waren.

Die durchschnittlichen Schäden je Verfahren beliefen sich 1977 auf 1,5 Mio. DM, 1978 auf 1,9 Mio. DM und 1985 auf 1,3 Mio. DM, während der erfaßte Gesamtschaden der BWE Fälle zwischen 2,6 Mrd. DM 1980 und 6,9 Mrd. DM 1983 stark schwankte. 30 % der Verfahren in der BWE betrafen Tatschäden von 10.000 DM bis 100.000 DM, 20 % Tatschäden zwischen 100.000 DM und 500.000 DM und bei rund 10 % der Verfahren bewegte sich der Tatschaden über 500.000 DM[820].

Die Dauer der Verfahren wurde in Abhängigkeit von der Zahl der Betroffenen und der Höhe des Tatschadens länger, so daß ein Verfahren mit mehr als einem Beschuldigten und einem Tatschaden von mehr als 338.000,00 DM eine durchschnittliche Ermittlungsdauer von 2 Jahren und sechs Monaten aufwies. Die Ermittlungsdauer bei Wirtschaftsstraftaten in den Jahren 1982-1985 betrug durchschnittlich 495 Tage gegenüber 595 Tagen im Zeitraum 1974-1981, wobei die Durchschnittsdauer bei Ermittlungsverfahren der Staatsanwaltschaften von 430 Tagen zwischen 1974 und 1981 auf 397 Tage von 1982 bis 1985 zurückging[821].

Die Anklagequote bei den BWE Delikten stieg während des Untersuchungszeitraums an und lag 1985 bei 70,7 % gegenüber 53,6 % 1975. Einen deutlichen Anstieg verzeichnete die Untersuchung auch bei dem Anteil der Erledigung der Verfahren durch Strafbefehle auf 24 % im Jahr 1985.

---

[820] Liebl, in: Anschluß - u. Vertiefungsuntersuchungen zur BWE S. 32
[821] Liebl, wistra 1988, S.86

Die Erledigung aller BWE Verfahren in den Jahren 1982-1985 stellt sich wie folgt dar (Angaben in %):

	1982	1983	1984	1985
Strafbefehl	12 %	18 %	21 %	24 %
Anklage zu Strafrichter	2 %	1 %	3 %	2 %
Schöffeng.	60 %	56 %	49 %	49 %
Strafkammer	23 %	21 %	25 %	21 %

Neben der Anklagehäufigkeit wurden insbesondere auch Angaben zu Einstellungen und den zugrundeliegenden Vorschriften erhoben. Für die letzten Jahre der BWE ergibt sich bezüglich der Einstellungen folgendes Bild: (Einstellungen in % aller Einstellungen/Vorschrift)

		1982	1983	1984	1985
§ 170 II StPO		52,8	55,8	54,1	47,6
§ 153		9,2	8,6	10,0	10,8
§ 153 a	12,3	15,4	17,5	22,3	

3.2. Die Anschluß- und Vertiefungsuntersuchung zur BWE (§ 264 StGB)

Bezüglich der mit dem 1. WiKG neu geschaffenen Tatbestände des Kredit- und Subventionsbetruges sollten weitere Untersuchungen im Rahmen eines Forschungsauftrages des Bundesministers der Justiz vom 17.10.1979 durchgeführt werden. Die Ergebnisse dieser Arbeiten sind hinsichtlich des Tatbestandes des Subventionsbetruges im Rahmen des Forschungsberichts zu den Anschluß- und Vertiefungsuntersuchungen zur BWE veröffentlicht worden[822].

Die Anzahl der in der BWE erfaßten Ermittlungsverfahren nach § 264 StGB ergibt für den Erfassungszeitraum folgendes Bild:

1976	1977	1978	1979	1980	1981	1982	1983	1984
1	12	25	39	---*	120	71	63	86

(*Keine Auswertung in der BWE für Verfahren nach § 264 StGB /1980)

[822] Anschluß- und Vertiefungsuntersuchungen zu Bundesweiten Erfassung von Wirtschaftsstraftaten nach einheitlichen Gesichtspunkten, Hrsg. Bundesministerium der Justiz, Freiburg, 1984

Von den zwischen 1976 und 1979 mitgeteilten 77 Verfahren der BWE wurden für die Abschluß- und Vertiefungsuntersuchung 73 Verfahrensakten mit 132 Betroffenen zur Auswertung herangezogen[823].

Der Anteil der Ermittlungsverfahren nach § 264 StGB an allen Ermittlungsverfahren der BWE betrug in % : 1982: 3,5; 1983: 1,9; 1984: 1,8; 1985: 2,2 und ist damit als gering zu bezeichnen.

In der Vertiefungsuntersuchung wurde festgestellt, daß der größte Teil der Ermittlungsverfahren wegen Subventionsbetruges ohne Beteiligung der Polizei und auch ohne Befassung der Staatsanwaltschaften abgeschlossen wird, wobei dies insbesondere durch die bei den Finanzbehörden geführten Verfahren bewirkt wurde[824]. Neben den Fällen der BWE sollten deshalb Vergleichsstichproben aus den in der PKS registrierten Ermittlungsverfahren und zusätzlich aus den Akten der Straf- und Bußgeldstellen der OFD's und den Akten der Zollfahndung ausgewertet werden. Hierzu wurden weitere Akten betreffend 200 Beschuldigte aus den PKS-Fällen, 175 Beschuldigte aus Akten der Zollverwaltung und 605 Beschuldigte aus den Akten der Finanzverwaltung ermittelt. Eine Überprüfung der Fälle der Finanzverwaltung ergab, daß es sich dabei ausnahmslos um die Erschleichung von Investitionszulagen[825] oder Berlinförderungen[826] handelte, eine Akteneinsicht erfolgte in 200 Akten. Im übrigen wurde Akteneinsicht häufig unter Hinweis auf das Steuergeheimnis nach § 30 AO abgelehnt[827]. Die Finanzverwaltung führte hierzu 559 der insgesamt ermittelten 925 Verfahren. Bezüglich der PKS Fälle wurde festgestellt, daß von 200 Beschuldigten 51 Personen im Verdacht standen, Sozialleistungen erschlichen zu haben, was einem Anteil von rund 25 % der PKS Fälle entsprach[828]. Diese Fälle wurden nicht in der Stichprobe ausgewertet, da derartige Leistungen von vorne herein nicht zu den nach § 264 Abs. 6 StGB a.F. geschützten Subventionen gehörten.

3.2.1. Betroffene Subventionen

Die größte Zahl der Verfahren, (559 = 60% der Verfahren zu § 264 StGB) betraf solche, die von den Finanzbehörden wegen der unrechtmäßigen Beantragung von Investitionszulagen oder von Zulagen nach dem Berlinfördergesetz gegen 605 (54%) der Beschuldigten eingeleitet worden waren. Mit erheblichem Abstand folgten sodann Verfahren im Zusammenhang mit Gasölbetriebsbeihilfen für Landwirte und Krafttransportunternehmen (137 Beschuldigte = 12 %) und anschließend Verfahren im

---

823 Liebl, in: Anschluß- und Vertiefungsuntersuchungen zur BWE , S. 10
824 Liebl, in: Anschluß- und Vertiefungsuntersuchungen zur BWE S. 12
825 InvZulG i.d.F. v. 02.01.1979, BGBl. I S.24 ff
826 BerlinFG i.d.F. v. 22.12.1979, BGBl. I 1979, S. 1 ff.
827 Liebl, in: Anschluß - u. Vertiefungsuntersuchungen zur BWE S. 13
828 Scherer, in: Anschluß- und Vertiefungsuntersuchungen zur BWE, S. 41

Zusammenhang mit Ausfuhrerstattungen aus Mitteln des EAGFL-Garantie (62 Beschuldigte = 6 %) und Nichtvermarktungsprämien für Milch (35 Beschuldigte = 3 %), sowie schließlich wegen Taten zur unberechtigten Erlangung von Winterbauhilfe[829]. Ferner wurden durch die BWE Anschlußuntersuchung u.a. Ermittlungsverfahren im Zusammenhang mit Schlachtprämien für Rinder (9 Beschuldigte), Beihilfen zur privaten Lagerhaltung für Rindfleisch (8), Verarbeitungsbeihilfen für Magermilchpulver (7), Verarbeitungsbeihilfen für Butterfett zur Herstellung von Backwaren (3) und Übergangsvergütungen für Weichweizen und Roggen (8) ermittelt.

Von den insgesamt erfaßten 1.112 Tatverdächtigen waren 136 Personen, entsprechend 12,2 %, von Ermittlungsverfahren betroffen, die wegen des Verdachts des Subventionsbetruges zum Nachteil der Europäischen Gemeinschaften eingeleitet worden sind.

Zur Herkunft der ausgewerteten Ermittlungsverfahren ist anzugeben, daß für 97 Beschuldigte Angaben zur Ursprungsstichprobe veröffentlicht wurden. Die Verfahren gegen 60 Beschuldigte stammten aus den Fallakten der Zollverwaltung (25 Nichtvermarktungsprämie Milch; 35 Ausfuhrerstattung). Fünf Beschuldigte gehörten zur Aktenstichprobe der PKS-Fälle und 32 Beschuldigte zu den Verfahren der BWE. Von den Verfahren gegen insgesamt 62 Beschuldigte im Zusammenhang mit der Erschleichung von Ausfuhrerstattungen wurden 35 Verfahren von der Zollverwaltung geführt und 27 Verfahren den BWE-Fällen entnommen, allerdings war kein einziges diesbezügliches Verfahren von der Polizei geführt.

3.2.2. Tatbegehung

Im Rahmen der Anschluß- und Vertiefungsuntersuchungen zur BWE wurden auch Angaben zur Tatbegehung veröffentlicht, die im Zusammenhang mit der Überprüfung von Verfahrenseinstellungen, Strafbefehlsanträgen und Verurteilungen nach § 264 StGB erhoben wurden, wobei solche Angaben nicht für alle Beschuldigten veröffentlicht sind, die von der seinerzeitigen Studie erfaßt wurden.

Angesichts der Überproduktion von Milch und Milchprodukten in der EWG seit den 70-iger Jahren wurden aus den Mitteln des EAGFL Prämien an Landwirte für die Einschränkung bzw. Einstellung der Milcherzeugung gewährt[830]. Dafür verpflichteten sich die Prämienempfänger 5 Jahre lang keine Milch und Milcherzeugnisse mehr zu vermarkten. Die Höhe der gezahlten Prämie hing von der erzeugten Menge Milch

---

[829] Scherer, aaO, S. 39

[830] VO/EWG Nr. 1078/77 des Rates vom 17.05.1977; in der Bundesrepublik Deutschland Verordnung des BML vom 22.07.1977 über die Gewährung einer Prämie für die Nichtvermarktung von Milch und Milcherzeugnissen und die Umstellung von Milchkuhbeständen zur Fleischerzeugung, BGBl. I S. 1006

in einem bestimmten Zeitraum vor Antragstellung ab. Die Tiere, für die Prämien beantragt wurden, waren mit Ohrmarken zu kennzeichnen. Vier Beschuldigte hatten Prämien für die Nichtvermarktung von Milch sogenannter Hochleistungskühe beantragt. Die Höhe der Prämie richtete sich nach der Milcherzeugung dieser Tiere vor der Antragstellung. Nach Antragstellung, jedoch vor Prämienauszahlung wurden die Hochleistungskühe verkauft und durch minderwertige Kühe ersetzt, die dann mit Ohrmarken gekennzeichnet wurden. Ein Beschuldigter hatte Milcherzeugnisse kostenlos abgegeben, was jedoch der Prämienverordnung widersprach, nach der Milcherzeugnisse auch nicht unentgeltlich in den Verkehr gebracht werden durften. Zwei Beschuldigte hatten bei Beantragung der Nichtvermarktungsprämie eine überhöhte Milchmenge für die Prämienberechnung angegeben. Zwei Beschuldigte hatten Umstellungsprämien für die Haltung von Schlachtrindern anstelle der Haltung von Milchkühen beantragt und später die zu haltende Zahl von Schlachtrindern nicht erfüllt.

Bei vier Ermittlungsverfahren waren bei der Antragstellung für die Ausfuhrerstattung falsche Qualitätsangaben zu den ausgeführten Waren gemacht worden. In Wirklichkeit war jeweils nicht erstattungsfähige Waren minderer Qualität ausgeführt worden. Sechs Beschuldigte wurden verdächtigt, Ausfuhrerstattungen für dieselbe Warenmenge doppelt beantragt zu haben.

Zwei Beschuldigte standen im Verdacht, bei Beantragung der Übergangsvergütung für Getreide fälschlich höhere, als tatsächlich eingelagerte Getreidemengen zum Stichtag angegeben zu haben. Ermittlungsverfahren wegen des Verdachts des Subventionsbetruges im Zusammenhang mit Beihilfen für die Verarbeitung von Magermilchpulver zu Futtermitteln wurden gegen vier Beschuldigte geführt. Diese hatten bei der Beantragung der Beihilfe angegeben, das Futtermittel, für das Beihilfe beantragt wurde, enthalte mehr als 60 % Magermilchpulver, was jedoch unzutreffend war.

In einem Verfahren stand der Beschuldigte im Verdacht, bei der Antragstellung für die Erzeugerprämie für Schlachtrinder unzutreffende Angaben zum Gewicht der für die Prämie maßgeblichen Tiere gemacht zu haben. Zwei Beschuldigte hatten ebenfalls bei Beantragung der Erzeugerprämie für Schlachtrinder unzutreffend angegeben, die betroffenen Tiere länger als 3 Monate im eigenen Betrieb gehalten zu haben.

Ein Beschuldigter hatte bei Antragstellung für die Gewährung einer Verarbeitungsprämie für Butterfett zur Herstellung von Backwaren unrichtig die Beihilfenvoraussetzungen bejaht, obwohl das Butterfett, für das die Beihilfe gewährt wurde, nicht zur Herstellung von Backwaren, sondern von Pralinen verwendet worden ist.

Zwei Beschuldigte sollten beim Antrag für Zuschüsse zur privaten Lagerhaltung nicht vorhandene Warenbestände als eingelagert angegeben haben, zwei Beschuldigte standen im Verdacht unzutreffende Lagerbescheinigungen zur Beantragung der Beihilfe in Kenntnis des vorgesehenen Verwendungszwecks ausgestellt zu haben.

3.2.3. Erledigung der Ermittlungsverfahren

Im Rahmen der Anschluß- und Vertiefungsuntersuchung zur BWE wurden auch Daten zur Erledigung der Ermittlungsverfahren aus den gemeldeten BWE Fällen und den Fällen der Stichproben aus den PKS-Fällen und den Fällen der Zollverwaltung erhoben. Die Erledigung der Ermittlungsverfahren nach Einstellungen gem. § 153 a I StPO, Strafbefehlsanträgen und Verurteilungen in Beziehung zu den betroffenen Ausgaben, soweit erhoben, stellt sich wie folgt dar [831]:

	Einstellung § 153 a I	Strafbefehl	Verurteilung
Nichtvermarktungsprämie Milch	4	5	9
Exporterstattungen	5	4	-
Beihilfe Magermilchpulver	3	-	1
Beihilfe Lagerung.	4	-	-
Übergangsbeihilfe	1	-	-

Bei Taten zum Nachteil der EG erfolgte eine Einstellung gem. § 153 a StPO in 47,2 % der oben erfaßten Fälle (N=36).

Die Erledigung aller Ermittlungsverfahren gegen Tatverdächtige nach § 264 StGB laut Vertiefungsuntersuchung/BWE ergibt sich aus der folgenden Darstellung:

Ermittlungsverfahren 1976-1980 / Erledigung in % d. Verfahren gem. § 264 (Tatverd.)

	Totaleinstellung	Anklage	Strafbefehl
BWE-Fälle	37 % (49)	54 % (71)	9 % (12)
PKS-Fälle	57 % (86)	28 % (41)	15 % (22)
Zoll-Fälle	49 % (84)	20 % (34)	29 % (51)

[831] Scherer Liebl, in: Anschluß - u. Vertiefungsuntersuchungen zur BWE S. 63 f., 73

Bezüglich der Einstellungen von Verfahren nach § 264 StGB durch die Staatsanwaltschaften ergibt sich aus der BWE-Anschlußuntersuchung das nachfolgende Bild:

Einstellung gem. §	170 II	153 I	153 a I	154 StPO
BWE-Fälle	62 %	12 %	16 %	2 %
PKS-Fälle	52 %	12 %	24 %	1 %
Zoll-Fälle	49 %	9 %	25 %	1 %

Sofern wegen Taten nach § 264 StGB Anklage erhoben wurde, erfolgte die Erhebung zu den verschiedenen Spruchkörpern wie nachfolgend dargestellt:
(in % aller Anklagen)

	Strafrichter	Schöffeng.	Strafkammer	Wi.-Strafkammer
BWE-Fälle	2 %	43 %	2 %	53 %
PKS-Fälle	46 %	49 %	5 %	0 %
Zoll-Fälle	30 %	55 %	0 %	11 %

Die Häufigkeit der Anklageerhebung in den BWE Fällen ist nachfolgend von 1982 bis 1985 weiter gestiegen: 1982 50,4 %, 1983 63,9 %, 1984 71,9 %, 1985 63,2 %[832].

Die Durchschnittswerte aller sonstigen BWE Verfahren lagen für die Anklagehäufigkeit geringfügig höher. Die Anklagehäufigkeit bei Verfahren wegen Subventionsbetrug lag jedoch bei Abschluß des Ermittlungsverfahrens durch die Staatsanwaltschaften über dem Durchschnittswert, während überdurchschnittlich häufig Einstellungen (64 %) erfolgten, wenn das Verfahren von den Finanzbehörden, hier wegen Investitionszulagen, geführt wurde[833]. Handelte es sich bei den betroffenen Subventionen jedoch um Mittel der Europäischen Gemeinschaften, wurde eine Anklagehäufigkeit von 98 % bei nur 2 % Strafbefehlsanträgen festgestellt[834].

Die Häufigkeit von Freisprüchen wurde bei den wegen einer Tat nach § 264 Angeklagten (44 insgesamt) mit 7 Angeklagten, entsprechend 16 %, ermittelt. Demgegenüber wurden bei den in der BWE untersuchten Anklagen nach anderen Tatbeständen eine Verurteilungswahrscheinlichkeit von 92 % und eine Freispruchquote von 8 % festgestellt[835]. Die Verurteilungswahrscheinlichkeit war nach dem Ergebnis der Vertiefungsuntersuchung zur BWE zwischen 1976 und 1980 geringer als bei den anderen Wirtschaftsstraftaten.

---

[832] Liebl, wistra, 1988, S. 83
[833] Scherer Liebl, in: Anschluß - u. Vertiefungsuntersuchungen S. 39
[834] Scherer aaO, S. 97
[835] Scherer aaO, S. 104

4. Bewertung von Statistiken bezüglich Subventionsbetrug zum Nachteil der EG

Die Auswertung der vorhandenen statistischen Unterlagen ergibt, daß diese nur sehr eingeschränkt Aussagen über Straftaten zum Nachteil der Europäischen Gemeinschaften und dort insbesondere Subventionsbetrug gem. § 264 StGB enthalten. Wie ausgeführt, werden in der PKS nur die von den Polizeidienststellen bearbeiteten Ermittlungsverfahren erfaßt. Nicht enthalten sind die von anderen Ermittlungsbehörden wie Finanzbehörden oder Zollfahndungsämtern, oder den Staatsanwaltschaften direkt geführten Ermittlungsverfahren. Die Anzahl dieser Verfahren ist jedoch erheblich, insbesondere gilt dies für den Umfang der Subventionsbetrügereien, die nicht von Polizeidienststellen bearbeitet werden.

Die Kenntnisse der EG Kommission beziehen sich den Melderegelungen gemäß lediglich auf Unregelmäßigkeiten, worunter sowohl Straftaten, wie auch Ordnungswidrigkeiten, aber auch lediglich verwaltungsrechtswidrige Sachverhalte verstanden werden können. Die Verpflichtung der Mitgliedstaaten zur Mitteilung solcher Unregelmäßigkeiten ist zudem nur in Einzelsektoren geregelt. Die Mitteilungen der Mitgliedstaaten lassen in der Regel keine Rückschlüsse auf strafrechtliche Ermittlungsverfahren bzw. Strafverfahren zu.

Die Strafverfolgungsstatistik Arbeitsunterlage enthält Angaben zum Tatbestand des § 264 StGB ohne Angaben zum Geschädigten bzw. den betroffenen Haushalt. Die Angaben erstrecken sich in der Strafstatistik allerdings sowohl auf die in der PKS bereits erfaßten Tatverdächtigen, wie die übrigen Tatverdächtigen, soweit eine Anklageerhebung erfolgt.

Daten über Straftaten gem. § 264 StGB zum Nachteil der Europäischen Gemeinschaften lassen sich anhand der Justizstatistik und der PKS nicht gewinnen. Auch lassen sich die Daten der einzelnen Statistiken wegen der unterschiedlichen Datenbasis ebenfalls nicht untereinander vergleichen. Zu einzelnen Verfahrensmerkmalen bei Straftaten nach § 264 zum Nachteil der EG lassen sich für einen begrenzten Zeitraum von vier Jahren nach Einführung des Straftatbestandes Angaben aus der Anschluß- und Vertiefungsuntersuchung zur BWE entnehmen. Für eine Beurteilung von Straftaten nach § 264 StGB zu späteren Zeitpunkten sind diese Daten nur sehr begrenzt verwertbar, da alleine die verschiedenen Subventionen aus Gemeinschaftsmitteln und damit die Subventionssachverhalte, Subventionsdestinatäre, -verfahren und Verwaltungen erhebliche Veränderungen erfahren haben.

V Eigene Aktenstichprobe

1. Materialauswahl

1.1. Möglichkeiten der Aktenrecherche

Wie ausgeführt, beziehen sich die bisher in der Bundesrepublik erstellten Datensammlungen über Taten gem. § 264 StGB auf sämtliche Subventionsbetrügereien ohne besondere Berücksichtigung der Taten zum Nachteil der Europäischen Gemeinschaften. Demgegenüber soll hier weitergehend überprüft werden, welche Erscheinungsformen der Subventionsbetrug zum Nachteil der EG aufweist, insbesondere welche Subventionen besonders häufig Gegenstand von Subventionsbetrug sind, welche Begehungsweisen vorzufinden sind und welche Merkmale bezüglich Schadenshöhe, Täterstruktur, Tatortverteilung oder der Auslandsberührung festgestellt werden können. Zudem sollen, soweit verfügbar, Angaben über die Verfolgung dieser Taten im Ermittlungs- und Hauptverfahren erhoben werden.

Eine Auswertung von Ermittlungsakten wegen Subventionsbetrug zum Nachteil der EU wurde in Deutschland bisher nicht vorgenommen. Auch die BWE-Untersuchung im Zeitraum 1974 bis 1985 erfaßte lediglich die Nennung des Straftatbestandes § 264 ohne nähere Differenzierung, wobei eine Vertiefungsuntersuchung, wie sie für die Tatbestände wie z.B. des Kreditbetruges[836] vorgenommen wurde, zum Subventionsbetrug geplant aber nicht veröffentlicht wurde. Wie oben dargelegt, wird Subventionsbetrug zum Nachteil der EG durch die Polizeiliche Kriminalstatistik wahrscheinlich nur zu einem sehr geringen Teil erfaßt. Da zudem Feststellungen über die Herkunft der tatgegenständlichen Subvention in der Datenbasis der PKS, wie auch der Justizstatistik nicht enthalten sind, könnten einschlägige Ermittlungsakten lediglich im Rahmen der Akteneinsicht ermittelt werden. Eine Aktenrückverfolgung anhand der Strafverfolgungsstatistik ist wegen der anonymisierten Meldung der Verfahren ebenfalls nicht direkt möglich. Die Gewinnung einer Aktenstichprobe mit Verfahren zu Subventionsbetrügereien zum Nachteil der EG hätte daher die Erhebung einer sehr großen Anzahl nicht spezifiziert, oder nur unter der Angabe der Strafvorschrift registrierten Akten erfordert. Ein Zugang zu einschlägigen Verfahrensakten setzt entweder einen tatbestandsspezifischen Bestand an Informationen voraus, anhand dessen eine Ermittlung von Verfahren möglich ist, oder die Auswertung solchen Materials, das bei den zuständigen Stellen und den dortigen Sachbearbeitern vorhanden und bekannt ist, was hier im Rahmen einer Nachfrage bei Schwerpunktstaatsanwaltschaften geschehen ist.

---

[836] Kießner, Kreditbetrug

Da die Mitteilungen über Unregelmäßigkeiten an die EU Kommission regelmäßig keine Angaben zu Strafverfahren enthalten und diese Mitteilungen auch nicht ausschließlich Straftaten betreffen, kann auch eine Aktenermittlung strafrechtlicher Verfahren über diese Meldungen nicht unmittelbar vorgenommen werden, zumal die Meldungen, insbesondere im Garantiebereich des EAGFL nach VO/EWG 595/91 auf einem mehrere Stationen umfassenden Dienstweg über das BMF der Kommission zugeleitet werden.

Die Meldezahlen der Bundesrepublik an die EU Kommission im Rahmen der gemeinschaftlichen Betrugsbekämpfung legen allerdings die Vermutung nahe, daß der weitaus größte Teil der Subventionskriminalität zum Nachteil der EG im Bereich des EAGFL und dort wiederum innerhalb des Garantiebereichs stattfindet. Die vorgeschriebene Angabe der sachbearbeitenden Dienststelle in den Meldungen an die EG Kommission betrifft die für die Wiedereinziehung zuständige Stelle. Soweit den Mitteilungen jedoch Angaben zu strafrechtlichen Ermittlungsverfahren zu entnehmen waren, konnten nach Mitteilung des Sonderdienstes zur Betrugsbekämpfung der Kommission und der übermittelnden Stelle beim BMF die meisten Vorgänge den Zollfahndungsämtern als ermittelnden Dienststellen zugeordnet werden.

1.2. Erhebung ZKA/ZFÄ, Landwirtschaftsverwaltung/Staatsanwaltschaften

Die Rückverfolgung führte über die Fachministerien zum Zollkriminalamt und von dort zu den Dienststellen der Zollverwaltung im Erstattungsbereich und der Bundesanstalt für Landwirtschaft und Ernährung im Bereich von Interventionsausgaben. Strafrechtlich relevante Sachverhalte im Interventionsbereich werden über die Interventionsstelle der örtlich zuständigen Staatsanwaltschaft mitgeteilt, die ihrerseits entweder Polizeidienststellen oder häufiger Stellen des Zollfahndungsdienstes mit der Durchführung von Ermittlungen beauftragt, wie auf Nachfrage bei der BALM für den Zeitraum vor 1991 und der BLE im Jahr 1998 mitgeteilt wurde. Dies gilt auch für die von den Landwirtschaftsverwaltungen der Bundesländer vergebenen Beihilfen und Prämien.

Wegen der Ermittlungsmöglichkeiten und der Erfahrung bei Sachverhalten im Bereich des MOG werden auch bei Interventionen, Beihilfen und Prämien zumeist die Ermittlungen durch die Dienststellen des Zollfahndungsdienstes geführt[837]. Dies deckt sich mit den im Rahmen der BWE-Anschlußuntersuchung festgestellten Ergebnissen. Danach waren soweit feststellbar 62 % der Beschuldigten in Ermittlungsverfahren der Zolldienststellen erfaßt worden. Die Begründung hierfür dürfte in der Sachnähe der Zollbehörden zu Ausfuhrtatbeständen liegen, weshalb auch bei anderen Marktordnungsdelikten gemäß § 37 MOG die Möglichkeit der Übertragung der Er-

[837] Rump, in Dannecker, Bekämpfung des Subventionsbetruges, S.93

mittlungen auf den Zollfahndungsdienst vorgesehen ist, wovon die Staatsanwaltschaften nach Mitteilung der bei den Zollfahndungsämtern damit betrauten Mitarbeiter in der Regel Gebrauch machen. Die bei den 20 Zollfahndungsämtern und ihren Zweigstellen geführten Ermittlungsverfahren im Marktordnungsbereich werden im Datenverarbeitungssystem der Zollverwaltung nach Marktordnungsbereichen, Schadenshöhe und Strafvorschrift mit der Aktennummer geordnet erfaßt. Über die übergeordnete Dienststelle, das Zollkriminalamt in Köln, ist es somit möglich durch eine Datenbestandsauswertung des INZOLL-Systems eine Trennung innerhalb der Ermittlungsverfahren im Marktordnungsbereich danach vorzunehmen, ob sich die Tat gegen Vorschriften richtet die die Erhebung von EU-Eigenmitteln (dann Meldung gem. § 370 AO) oder die Ausgaben aus EU-Mitteln (dann Erfassung gem. § 264 StGB) regeln.

Die aussichtsreichste Vorgehensweise war insofern die Aktenrecherche über die Bundesanstalt für Landwirtschaft und Ernährung und das Zollkriminalamt. Dabei muß jedoch darauf hingewiesen werden, daß insbesondere die Ermittlungsakten der Zollfahndungsämter jeweils vor Ort geführt werden und in aller Regel wegen ihres Umfangs und der notwendigen Verfügbarkeit für die Dienststelle nur dort zu Auswertungszwecken zur Verfügung gestellt werden können. Eine Aktenerfassung im Hinblick auf Ermittlungs- und Strafverfahren mit der Möglichkeit des Zugriffs auf Aktenzeichen ist im Bereich der Bundesanstalt für Landwirtschaft nicht vorhanden, so daß die Nennung von Verfahren nur die jeweils in dem zuständigen Referat bekannten und dort vorliegenden Vorgänge betroffen hat.

Die Aktenauswertung von Verfahren, die diesen Dienststellen bekannt sind, berührt aber nicht diejenigen Vorgänge in anderen Bereichen in denen Subventionen aus EU-Mitteln vergeben werden. Zwar lassen die jeweiligen Berichte der EU-Kommssion darauf schließen, daß außerhalb des Landwirtschaftsbereichs nur sehr vereinzelt Fälle von Unregelmäßigkeiten auftreten, andererseits sind seit 1992 einige Fälle von Unregelmäßigkeiten in Deutschland gemeldet worden, die die Strukturfonds betreffen, zudem ist nicht sicher, daß auch alle aufgedeckten Fälle von Subventionserschleichungen zum Nachteil der EU auch zur Kenntnis der EU-Dienststellen gelangen, selbst wenn der wieder einzuziehende Betrag über dem Schwellenwert der jeweiligen Melderegelung liegt.

Aus diesen Gründen wurde eine Umfrage zu einschlägigen Ermittlungs- bzw. Strafverfahren bei fünf Schwerpunktstaatsanwaltschaften[838] für Wirtschaftskriminalität durchgeführt. Die dort geführten Aktenverzeichnisse weisen lediglich den Straftatbestand § 264 StGB aus, ohne die betroffene Subventionsart zu nennen. Eine Anfrage bei den jeweils mit diesen Verfahren befaßten Sachbearbeitern ergab, daß die bei den Schwerpunktstaatsanwaltschaften geführten Verfahren, die Ausgaben aus Gemein-

---

[838] Stuttgart, Frankfurt, Mannheim, Düsseldorf und Chemnitz

schaftsmitteln betrafen, Taten im Bereich der Marktordnungen und dort Fälle im Zusammenhang mit Erzeugerprämien zum Gegenstand hatten. Ein Ermittlungsverfahren betraf einen Fall im Zusammenhang mit Mitteln des Regionalfonds für kleine und mittelständische Unternehmen. Dies Verfahren wurde nach Akteneinsicht und -erfassung ebenfalls in die Stichprobe aufgenommen.

1.3. Auswertungsmerkmale

Die Auswertung der Verfahrensakten erfolgte nach einem Fragebogen , der sich an die in den bereits vorhandenen Statistiken enthaltenen Variabeln der PKS, der Justizstatistik und der BWE Erfassung anlehnt. Die Fragebögen gliedern sich in einen fallbezogenen Teil der die Tatmerkmale betrifft und einen personenbezogenen Teil, der die persönlichen Angaben des Tatverdächtigen und die ihn betreffenden Verfahrensangaben enthält. Dazu wurde zu jedem Fragebogen ein Vermerk über die Vorgehensweise, die Aufdeckung und die Verfahrensangaben gefertigt. Da einige Verfahren eine Vielzahl von Verdächtigen bzw. Beschuldigten aufwiesen, die z.T. unterschiedlicher Taten verdächtigt wurden, sind auch die Tat- und Verfahrensangaben personenbezogen erhoben worden.

Die Datenerhebung mußte, insbesondere im Hinblick auf die Wahrung berechtigter Datenschutzinteressen, jeweils anonymisiert erfolgen. Angegeben wurde zunächst, ob die herangezogene Verfahrensakte während des Ermittlungsverfahrens oder nach Abschluß des Hauptverfahrens ausgewertet wurde. Die Angabe der Tatzeit bezieht sich auf den im Abschlußbericht der Ermittlungsbehörde angegebenen Tatzeitraum. Die ausgewiesene Schadenshöhe bezieht sich auf den zuletzt im Verfahren bezeichneten zu Unrecht beantragten Subventionsbetrag. Hiervon abweichend sind in den Ermittlungsakten als Tatschaden diejenigen Beträge angegeben, die aufgrund der Tat insgesamt verwaltungsrechtlich zu Unrecht erlangt wurden, da die unberechtigte Beantragung von Subventionen, selbst wenn diese nur Teile des in Frage stehenden Geschäftes betrifft, oftmals die Verpflichtung zur vollständigen Rückzahlung der gesamten gewährten Subventionsmittel zur Folge hat. Die Auswertung erfolgte hinsichtlich der Schadenshöhen jeweils nach Beschuldigten, da innerhalb eines Tatkomplexes verschiedenen Beschuldigten oft verschiedene Tatbeiträge und Tatschäden zugeordnet waren. Die Angabe der Einzelfälle bezieht sich auf die jeweils zuletzt, also im Ermittlungsverfahren, der Anklage oder einem Strafurteil genannten Einzelfälle. Sofern die Tat im Zusammenhang mit einem Unternehmen begangen wurde, war jeweils die Rechtsform des Unternehmens festzuhalten, sofern es sich um inländische Unternehmen handelte.

Festgehalten wurde zudem die jeweils betroffene Haushaltsmaßnahme und die hierfür zuständige Vergabestelle. Zur Tat wurden, sofern in den verschiedenen Stufen des Verfahrens unterschiedlich, gesondert die Anzahl der Tatverdächtigen, Beschuldigter oder Angeklagter festgehalten. Im Hinblick auf die Tat wurde neben der Begehungsweise auch die Tatortverteilung, entsprechend den Angaben der PKS ermittelt, wobei hierbei auf den Ort abgestellt wurde, in dem die Tathandlung durch die Verdächtigen begangen wurde, nicht der Ort an dem durch Auszahlung von Subventionsmitteln der Schadenseintritt erfolgte bzw. bewirkt wurde. Bei einer solchen Erfassung wären lediglich die Dienstorte der mit der Subventionsvergabe befaßten Verwaltungsstellen als Tatorte erfaßt worden. Im Fall der Zahlung von Ausfuhrerstattungen in der Bundesrepublik Deutschland ist dies ausschließlich der Sitz des Hauptzollamtes Hamburg-Jonas. Bezüglich der festgestellten Auslandsberührung sind sämtliche im Rahmen der Ermittlungsverfahren betroffenen anderen Staaten, zumeist angegebene Ausfuhrländer bei Exporten erfaßt worden.

Zu den tatbezogenen Angaben wurden gesondert für jeden Beschuldigten personenbezogene Auswertungsbögen angelegt, die wiederum anonymisiert, jeweils den zuvor erhobenen tatbezogenen Erfassungsbögen zugeordnet waren. Erfaßt wurde darin die Gesamtzahl der im ausgewerteten Ermittlungsverfahren betroffenen Personen und jeweils einzeln die Angabe des Geschlechts und des Familienstandes sowie des Alters bzw. des Geburtsjahrganges. Die jeweilige Altersangabe bezog sich auf den Tatbeginn bzw. auf die erste Tat, die Gegenstand des Ermittlungsverfahrens war. Hinsichtlich der Ausbildung der Beschuldigten wurde die Schulausbildung in der Form erfaßt, daß die höchste vom Betroffenen besuchte Schulform eingetragen wurde. Bezüglich der Berufsausbildung wurde erhoben, ob die Betroffenen keine Berufsausbildung, eine Lehre oder eine Hochschulausbildung erhalten haben und ob diese gegebenenfalls abgeschlossen wurde.

Zur beruflichen Stellung der Beschuldigten wurde zunächst der ausgeübte Beruf zum Zeitpunkt des Tatbeginns erfaßt, wobei hier in vier Gruppen, ohne Berufstätigkeit, kaufmännische oder handwerkliche bzw. sonstige Berufstätigkeit unterteilt wurde. Unter die kaufmännische Berufstätigkeit wurden dabei auch die Verwaltungstätigkeiten in Unternehmen eingeordnet, während unter sonstige Berufstätigkeiten Beamte oder Angehörige freier Berufe fielen.

Zur Stellung der Beschuldigten im Unternehmen wurde zum einen die in der Akte angegebene Bezeichnung übertragen und dann einer der möglichen Nennungen Geschäftsführer/Inhaber, Angestellte/Arbeiter oder sonstige Personen eingeordnet. Der ersten Gruppe wurden dabei selbständige Kaufleute und Handwerker, Geschäftsführer von GmbH's und Vorstandsmitglieder von AG's zugeordnet, während der zweiten Gruppe weisungsgebundene Beschäftigte, Angestellte oder Arbeiter zugeordnet wurden. Als Sonstige ohne Stellung innerhalb eines Unternehmens wurden Angehörige freier Berufe, Mitarbeiter von öffentlichen Dienststellen und Beamte eingeordnet.

Soweit möglich, wurden Angaben zum Einkommen erhoben, wobei die mögliche Nennung Gruppen von bis zu 1.500,00 DM, von 1.500,00 DM bis 3.000,00 DM und über 3.000,00 DM netto monatlich vorsah. Bezüglich dieser Gruppierung wurde nochmals unterteilt in Einkommensgruppen von DM 3.000,00 bis DM 5.000,00 DM und über 5.000,00 DM. Die erhobene Angabe zum Wohnort entspricht den in der PKS enthaltenen Angaben zur Wohnort-/Tatortverteilung.

Neben den tatbezogenen Angaben und den Angaben über die persönlichen Verhältnisse der Beschuldigten wurden in einem weiteren Bogen gesondert Verfahrensangaben erhoben. Diese betrafen zum einen den Zeitpunkt der Aufdeckung bzw. Einleitung des Ermittlungsverfahrens und dessen Anlaß sowie die Behörde, die die Feststellungen getroffen hat, die zur Aufdeckung der Tat führten.

Bezüglich des strafrechtlichen Ermittlungsverfahrens wurde dessen Einleitungszeitpunkt und der bei Einleitung überprüfte Straftatbestand angegeben. Ebenfalls erhoben wurde der Zeitpunkt des Abschlusses des staatsanwaltschaftlichen Ermittlungsverfahrens und die Art der Erledigung, wobei zum einen die verschiedenen Einstellungsmöglichkeiten[839] erfaßt wurden. Bei Erledigung durch Anklage wurde das Gericht, zu dem Anklage erhoben wurde, festgehalten. Diese Angaben wurden, sofern bei mehreren Beschuldigten unterschiedliche Erledigungen festzustellen waren, gesondert ausgewiesen. Hinsichtlich der weiteren Verfahrenserledigung wurde gegebenenfalls der Erlaß eines Strafbefehls mit Zeitpunkt und Angaben zur Höhe und Zahl der Tagessätze festgehalten. Bei der Durchführung von Hauptverfahren wurde neben dem Zeitpunkt der Eröffnung und der Anzahl der betroffenen Angeklagten wiederum die Verfahrenserledigung festgehalten. Hierbei wurde gegebenenfalls die Verfahrenseinstellung mit angewandter Vorschrift je Beschuldigten bzw. etwaige Aburteilungen bzw. Verurteilungen mit dem Ergebnis aufgenommen.

2. Fallakten der Zollverwaltung zu Prämienzahlungen

Die für eine Untersuchung in Frage kommenden Akten wurden über das Datenverarbeitungssystem der Zolldienststellen, das Rechenzentrum der Bundesfinanzverwaltung bei der OFD Berlin, mit Hilfe des Zollkriminalamts im Wege einer Zufallsstichprobe ermittelt. Hierzu wurden vorab die Nennungen von Verfahren zwischen 1989 und dem dritten Quartal 1993 im Marktordnungsbereich nach den einschlägigen Vorschriften separiert. Dazu wurden zunächst sämtliche Ermittlungsverfahren aufgerufen, die im Ermittlungsbereich Marktordnungswaren angefallen und registriert waren. Anschließend wurden diese Fälle darauf untersucht, welche Akten unter Hinweis auf

[839] Leßner, S. 214 f.

Verstöße nach § 370 AO angelegt worden sind. Hier zeigte sich, daß der überwiegende Anteil der Ermittlungsverfahren bei den Zollfahndungsämtern im Bereich Marktordnung Taten nach § 370 AO, also die Eigenmittelerhebung durch Eingangsabgaben und Abschöpfungen, betraf (4.339 von gesamt 6.064 Ermittlungsverfahren, entsprechend 71,5 %). Die registrierten weiteren Ermittlungsvorgänge wurden dann auf die Tatbestandsangabe „264 StGB" und das weitere Merkmal „Marktordnung" überprüft, wobei sich zunächst eine Menge von 1.725 Meldungen ergab. Diese Verfahren nach § 264 StGB wurden bezüglich der betroffenen Haushaltsstellen und der regionalen Verteilung untersucht. Keine Verfahren nach § 264 StGB waren im fraglichen Zeitraum von 16 der insgesamt 52 Zollfahndungsdiensstellen bearbeitet worden. Die Meldungen der übrigen Dienststellen ergaben, soweit Angaben gemacht wurden, folgende Verfahrenszahl in den einzelnen Marktordnungen: Getreide 19, Fleisch 166, Prämien 1.414, Wein 3, Zucker 12, Nicht-Anhang II-Waren (Nahrungsmittel) 23 und keine in den Marktordnungen für Fisch und Obst. Die Zahl der Prämienfälle, mit einem Anteil von 82 % an allen Fällen, überstieg die der anderen Subventionserschleichungen soweit, daß die Ziehung von Akten für eine Zufallsstichprobe ohne Gruppenbildung in Prämienfälle und Übrige voraussichtlich kaum Aktenfälle der zweiten Gruppe ergeben hätte.

2.1. Ermittlungsverfahren Marktordnungen

Die Auswertung der EDV Anfrage ergab zudem die Berechnungsgrundlage dafür, wie groß der Anteil der Ermittlungsverfahren wegen Taten zum Nachteil der Europäischen Gemeinschaften an den in Deutschland von der Polizei und den Zolldienststellen geführten Ermittlungsverfahren nach § 264 StGB ist. Für die nach 1992 liegenden Zeiträume wurde im Januar 1998 nochmals eine Abfrage der Datenbank vorgenommen

Der Vergleich der jeweils erfaßten Ermittlungsverfahren ergibt im Zeitraum von 1989 bis 1997 folgendes Bild:

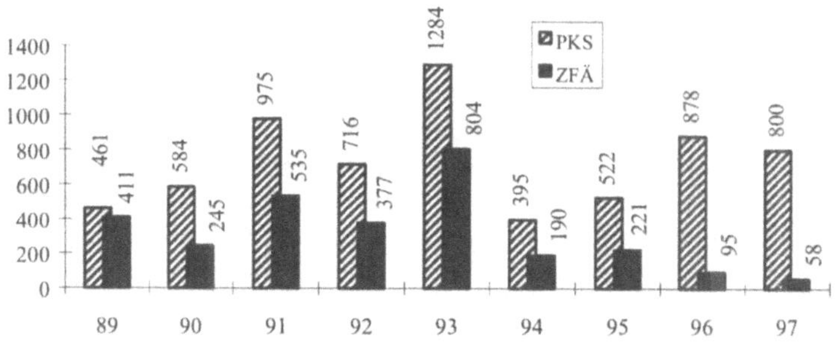

Die vorstehenden Fallzahlen der Zollverwaltung betreffen die Zahl der bei den Zollfahndungsämtern geführten Ermittlungsverfahren, die sich auf Straftaten gemäß § 264 StGB in Verbindung mit Normen des Marktordnungsrechts beziehen[840]. Während zwischen 1989 und 1997 laut PKS 5.815 Fälle von Subventionsbetrug in der Bundesrepublik ermittelt wurden, belief sich die Zahl der von den Zolldienststellen bearbeiteten Verfahren auf 2.936, im Zeitraum von 1989 bis 1991 auf 1.191. Dies ergibt im genannten Zeitraum einen Anteil von 30,7 % an den Ermittlungsverfahren von Polizei und Zoll nach § 264 StGB die von den Zollfahndungsämtern bearbeitet wurden, wobei sich die Taten auf Subventionen aus Gemeinschaftsmitteln und hier wiederum auf den Marktordnungsbereich bezogen.

Aus der Gesamtzahl der im EDV-System der Zollverwaltung erfaßten Ermittlungsverfahren mit den gemeinsamen Merkmalen „MOG“ und „§ 264“ wurde 1995 zunächst eine Stichprobe mit 225 Fallakten ermittelt. Diese Fallakten betrafen in 171 Fällen die Erschleichung von Prämienzahlungen durch Landwirte und in 38 Fällen andere Subventionsarten (Keine Angaben hierzu in 18 Fällen). Der Anteil, der in dieser Stichprobe ermittelten Prämienfälle belief sich auf 76 % der Fälle. Aufgrund der großen Anzahl von Ermittlungsverfahren im Bereich der Erzeugerprämien wurde zunächst eine Stichprobe gebildet, die Ermittlungsverfahren aus dieser Fallgruppe betraf. Hierzu wurden 669 Fälle betreffend die Erzeugerprämien, Mutterkuhprämie, Sonderprämie für Rindfleischerzeuger und Mastprämie für Kälber zur Ermittlung einer zweiten Stichprobe herangezogen.

Die Fallzahlen belegen, daß der größte Teil von Taten gem. § 264 StGB zum Nachteil der EU im Zeitraum 1990 bis 1994 auf den Bereich der Prämien entfällt, die als

---

[840] Die Auswertung erfolgte im Februar 1994 (bis 1991) und September 1998 durch die Rechenzentren des Zollkriminalamtes und der Zollverwaltung, wobei ab 1992 auch die in Neuen Ländern geführten Verfahren einbezogen werden konnten.

Erzeugerbeihilfen oder Sonderprämien über die Landwirtschaftsverwaltungen der Länder an Landwirte vergeben werden. Im Folgenden soll daher auch eine getrennte Auswertung der Verfahrensdaten nach Prämien und sonstigen Subventionen vorgenommen werden. Zur Bildung der ersten Stichprobe wurden aus den beim ZKA bis Dezember 1993 eingegangenen 669 Abschlußberichten 115 Ermittlungsverfahren zufällig herausgesucht. Nachdem bei 8 Verfahren die Ermittlungen noch dauerten, oder andere Taten als Subventionsbetrug betrafen, verblieben 107 Akten. Diese wurden anhand der beim ZKA vorliegenden Ermittlungsakten und Abschlußberichte ausgewertet. In allen Fällen hatten Kontrollen der Landwirtschaftsbehörden nach Eingang der Anträge zur Feststellung unberechtigter Zuschußanträge geführt. Die Verfahren waren daraufhin an die Zolldienststellen abgegeben worden.

3. Stichprobe Prämienfälle

3.0.1. Prämienregelungen

Bei den oben genannten Prämien handelt es sich um verlorene Zuschüsse die gem. Art. 4, 4a und 4 d der VO(EWG) 805/68 und Art. 3 VO(EWG) 468/87 i.V.m. Rinder- und Schafprämienverordnung gewährt werden. Hierbei werden je Tier z.B. für die Sonderprämie und die Erzeugerprämie 40 ECU (ca. 94.- DM) oder die Mutterkuhprämie 86 ECU (ca.176.- DM) gezahlt. Die Erzeugerprämie (Art. 4 a der VO/EWG 805/68) wird für mindestens neun Monate alte männliche Rinder bezahlt, die im Erzeugerbetrieb gemästet werden, die Sonderprämie einmalig für sechs Monate im Betrieb gehaltene männliche Rinder. Nach den Ausführungsvorschriften sind die Rinder für die Zuschüsse beantragt werden, vor Antragstellung mit einer Ohrmarke zu kennzeichnen. Für jedes Tier kann nur einmal eine Prämie gewährt werden. Die Kennzeichnungsmarken sind bei den Tieren jeweils im linken oder rechten Ohr zu befestigen, was ebenfalls in den Ausführungsbestimmungen geregelt ist (z.B. im Antragszeitraum September 1990 rechts, Januar 1991 links, Mai 1991 rechts, Dezember 1991 links usw). Von den Landwirtschaftsverwaltungen wurden u.a. in den Antragszeiträumen Januar 1990 und Januar 1991 ca. 40% der gestellten Anträge vor Prämienzahlung überprüft, die angemeldeten Tiere untersucht. In 52 % der überprüften Antragsverfahren wurden aufgrund der getroffenen Feststellungen strafrechtliche Ermittlungsverfahren eingeleitet.

3.0.2. Unregelmäßigkeiten bei Prämienzahlungen

Unregelmäßigkeiten im Zusammenhang mit Erzeugerprämien haben auch nach den Mitteilungen der Mitgliedstaaten an die Kommission einen erheblichen Anteil an den Fallzahlen. So entfielen 1996 37,4 % (772 von gesamt 1.927) der gemeldeten Fälle von Unregelmäßigkeiten zum Nachteil des EAGFL-Garantie[841] auf die geleisteten Prämien. Bereits seit 1989 werden von der Kommission wiederholt Kontrollen der Mittelverwaltung durch die Mitgliedstaaten in diesem Ausgabenbereich vorgenommen, da sich wiederholt gezeigt hatte, daß bei Erzeugerbeihilfen bzw. -prämien ein erheblicher Anteil der Prämien zu Unrecht geleistet worden war. Dies betraf nach Kommissionsangaben insbesondere Prämien für Schaf- und Rindfleischerzeuger, Olivenölerzeuger und Getreideanbaubetriebe. Dem entspricht die gefundene Verteilung der Ermittlungsverfahren auf Prämien und andere Subventionen in der Stichprobe insofern nicht, als vorliegend der Prämienanteil rund doppelt so hoch ausgewiesen ist. Dies dürfte jedoch, wie noch zu zeigen ist, auf die Schadenshöhe bei Subventionsbetrug im Zusammenhang mit Prämien und den Mindestbetrag für die Meldung von Unregelmäßigkeiten an die Kommission zurückzuführen sein.

Demgegenüber waren in den für die BWE Vertiefungsuntersuchung zwischen 1976 und 1980 herangezogenen 136 Fallakten betreffend Subventionsbetrug zum Nachteil der Europäischen Gemeinschaften, 62 von 136 Beschuldigten (45,5 %) verdächtig, Subventionsbetrug im Zusammenhang mit Ausfuhrerstattungen begangen zu haben, während gegen 43 Beschuldigte (31,6%) im Zusammenhang mit Nichtvermarktungsprämien für Milch und Rindfleischerzeugerprämien ermittelt worden war. Im Zeitraum 1976-1980 wurden allerdings mit rund 18,5 Mrd. Ecu nahezu die Hälfte der Garantieausgaben des EAGFL für Ausfuhrerstattungen getätigt, während der Anteil der Ausfuhrerstattungen an den Garantieausgaben im Zeitraum der hier erhobenen Stichprobe 1990-1992 mit 27,2 Mrd. Ecu noch knapp 30 % der Garantieausgaben betrug.

3.1. Tatangaben Stichprobe I

3.1.1. Quote nicht zuschußfähiger Tiere

Bezüglich der 107 Verfahren aus der Stichprobe wurden folgende Feststellungen zur regionalen Verteilung und beantragten Prämien und der Häufigkeit falscher Angaben getroffen:

Aus dem Bereich des ZFA Düsseldorf enthielt die Stichprobe 64 Ermittlungsverfahren. betreffend Prämienanträge für 932 Tiere (durchschnittlich 14,5 Tiere je Antrag).

[841] Finanzbericht EAGFL Garantie 1996, S. 24

In Bezug auf 633 Tiere sind zu Unrecht Anträge gestellt worden, also für 68 % aller Tiere. Im Bereich des ZFA Münster, 30 Ermittlungsverfahren betreffend Anträge für 407 Tiere (durchschn. 13,5 Tiere je Antrag) waren 373 Tiere zu Unrecht in den Anträgen aufgeführt (= 91,6 % aller Tiere). Im Bereich des ZFA Hannover betraf die Überprüfung 9 Ermittlungsverfahren, in denen von 464 Tieren die angemeldet worden waren (51,5 Tiere je Antrag durchschn.) dies bei 444 Tieren zu Unrecht geschehen ist, also bei 95,7 %. Eine Quote von jeweils 100 % zu Unrecht gestellter Anträge ergaben Überprüfungen von je zwei Ermittlungsverfahren in den Bereichen Freiburg mit 26 antragsgegenständlichen Tieren und Kiel mit 18 Tieren.

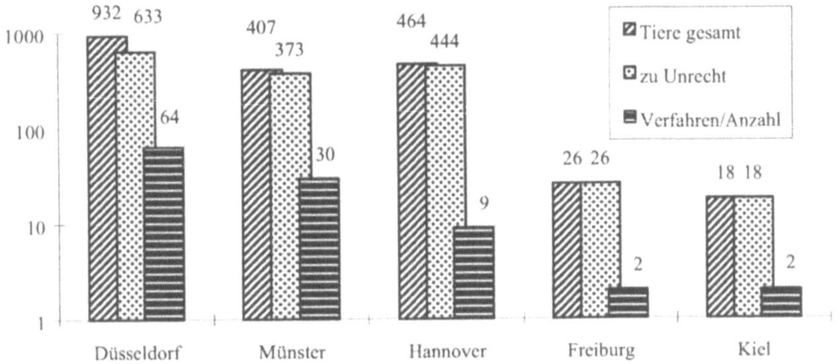

Die Anzahl der Einzelfälle betrug in 103 Fällen je einen Fall, in drei Fällen zwei Einzelfälle, da hier bei zwei Prämienanträgen nachweislich unrichtige Angaben vorlagen. Allerdings ist hier darauf zu verweisen, daß sich die Kontrolle der Landwirtschaftsverwaltungen auf jeweils einzelne Prämienanträge bzw. die in einem Jahr von einem Betrieb abgegebenen Anträge beschränkte. In der Stichprobe der Prämienfälle waren in 96,2 % der Ermittlungsverfahren Einzeltaten Gegenstand des Verfahrens. Zur Anzahl der Einzelfälle, die Gegenstand von Ermittlungsverfahren wegen Betruges waren, ermittelte Leßner bei allgemeinen Betrugstaten einen Anteil von 56,8 %, bei Wirtschaftsbetrug (BWE-Stichprobe) einen Anteil von 23,3 %.

3.1.2. Tatfeststellung und Tatbegehung

Die Anträge auf Zahlung der Erzeuger-, Sonder- und Mutterkuhprämien werden von den Landwirtschaftsverwaltungen bearbeitet, die auch die Kontrolle der Fördervoraussetzungen durchzuführen haben. In den untersuchten Fällen wurden die Angaben der Antragsteller durch physische Kontrollen in den Betrieben überprüft. Dies beinhaltete den Abgleich der vorhandenen Tiere und ihre Merkmale in Bezug auf die

Förderfähigkeit, wie auch die vorgefundenen Ohrmarkenkennzeichnungen mit den Angaben der Subventionsempfänger.

Von den untersuchten Akten enthielten 56 Abschlußberichte genauere Angaben zu den bei der Kontrolle vor Ort getroffenen Feststellungen. In 23 Fällen waren die Kennzeichnungen überhaupt nicht oder nicht am vorgeschriebenen Ohr bzw. an beiden Ohren (8 Fälle) angebracht worden. In drei Fällen erfüllten die Tiere nicht die Fördervoraussetzungen, waren zu alt oder zu jung bzw. des falschen Geschlechts. 189 der zur Bezuschussung angemeldeten Tiere existierten überhaupt nicht (30 Fälle). Die häufigste Tatbegehung besteht danach darin, für nicht vorhandene Tiere die Gewährung einer Prämie zu beantragen oder für vorhandene Tiere mehrfach Prämien zu erhalten, wie in den Fällen, in denen doppelte Kennzeichnungen festgestellt wurden. Nachfolgend häufig wurden die Kennzeichnungsregelungen nicht beachtet, insbesondere Ohrmarken nicht oder nicht in Übereinstimmung mit den Kennzeichnungsregelungen angebracht. Im ersten Fall wäre es möglich, später erneut Prämien zu beantragen. Im zweiten Fall besteht die Möglichkeit, daß die Tiere bereits zu einem früheren Zeitpunkt bereits Gegenstand eines Prämienantrages waren. Diese Arten der Tatbegehung sind auch in den Berichten der Kommission zu Unregelmäßigkeiten mehrfach erwähnt, wobei insbesondere bei Mutterschafprämien von einer „Aufblähung" von Prämienanträgen einiger Erzeuger zwischen 10 und 40 % der Antragstellung für nicht existente Schafherden oder die Mehrfachbeantragung für dieselbe Herde berichtet wurde[842].

Die Begehungsweise der Taten ist kriminalphänomenologisch als einfach zu bezeichnen. Die in landwirtschaftlichen Betrieben vorhandenen Rinder werden für die Gewährung einer Prämie mit Ohrmarken gekennzeichnet was der Subventionsstelle im Antrag mitgeteilt wird. Die Tatbegehung beschränkt sich zumeist darauf, entgegen den Tatsachen mehr Tiere als vorhanden anzugeben oder eine Kennzeichnung zu unterlassen und so für ein Tier mehrfach Prämien zu beantragen. Eine Beteiligung mehrerer Unternehmen oder die Zuhilfenahme besonderer wirtschaftlicher Kenntnisse zur Erlangung der Prämien war für die Täter nicht erforderlich. Auch in seiner Expertenbefragung gelangte Sieber zum Ergebnis, daß bei landwirtschaftlichen Erzeugerprämien einfache Manipulationstechniken festzustellen seien[843].

In den Ermittlungsverfahren wurden die Tatverdächtigen auch zu Erklärungen für die festgestellten Falschangaben befragt. Soweit hierzu in den Akten Angaben der Tatverdächtigen enthalten sind, beziehen sich diese auf nicht oder nicht richtig gekennzeichnete Tiere. Hierzu wurden einige Erklärungen besonders häufig vorgebracht. Danach wurde die Kennzeichnung der Tiere aus unterschiedlichen Gründen, wie Arbeitsüberlastung oder Krankheit, lediglich versäumt, sollte bzw. würde jedoch noch

---

842 Jahresbericht Betrugsbekämpfung 1990, S. 30; bzgl. Mutterkuhprämien Jahresbericht Betrugsbekämpfung 1994, S. 49

843 Sieber, SchwZStr. Bd. 114 (1996) S. 357, 367

erfolgen. In mehreren Fällen unterblieb die Kennzeichnung, weil die Betroffenen Angst hatten, von den Tieren verletzt zu werden[844]. Die Falschkennzeichnung von Tieren wurde bisweilen auch mit einer Verwechslung von rechts und links beim Anbringen der Ohrmarken erklärt.

Bei Bewertung der Vorgehensweise der Täter ergibt sich, daß in aller Regel nicht das Erscheinungsbild eines raffinierten Täters anzutreffen ist. Die Tatbegehung ist auf die schlichte Falschangabe der Zahl von Tieren beschränkt, für die bei den Landwirtschaftsverwaltungen Prämienzahlungen beantragt werden. Die Verwendung gefälschter oder unrichtiger Belege, die Verschleierung von Zahlungen oder ein arbeitsteiliges Vorgehen mehrerer Tatbeteiligter sind hier nicht festzustellen. Diese Fälle können den verhältnismäßig einfachen Erscheinungsformen von Betrugskriminalität zugeordnet werden. Sie ragen insofern nicht in den Deliktsbereich hinein, der anhand bisheriger Definitionen als Wirtschaftskriminalität bezeichnet werden kann.

3.1.3. Tatortverteilung

Aus den erhobenen Angaben wurden jeweils die Wohnorte der Tatverdächtigen zur Bestimmung des Tatortes herangezogen, da dieser Ort, mit Ausnahme von drei Fällen, zugleich auch der Betriebsort ist, der als Standort der antragsgegenständlichen Tiere angegeben war. Für keinen Tatverdächtigen wurden Tatort oder ein Wohnsitz außerhalb der Bundesrepublik Deutschland angegeben.

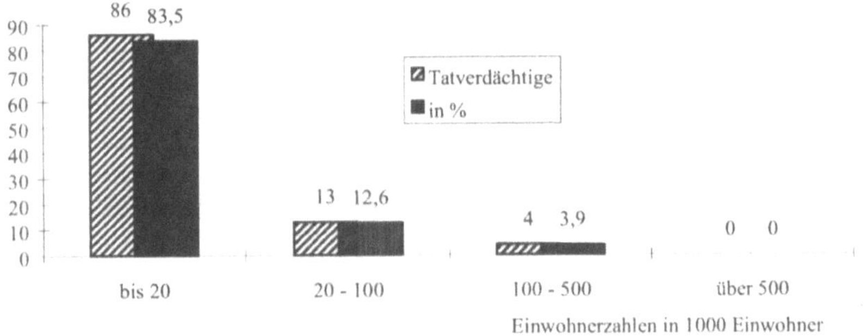

Danach war bei 86 von 103 Tatverdächtigen als Wohn- und Betriebsort eine Gemeinde mit weniger als 20.000 Einwohnern angegeben (83,49 %), in 13 Fällen eine Stadt mit 20.000 - 100.000 Einwohnern (12,62 %) und in vier Fällen eine Stadt mit 100.000 - 500.000 Einwohnern (3,88 %). Keine Angabe zum Wohnort, sondern lediglich ein Hinweis auf den Betriebsort gab es in 7 Fällen. Demgegenüber weist die

844 Rump, in: Dannecker, Die Bekämpfung des Subventionsbetruges, S. 40

Tatortverteilung der PKS bei Taten nach § 264 StGB lediglich bei 47 % der Fälle einen Tatort mit weniger als 20.000 Einwohner aus, während in 26 % der Fälle Städte mit über 100.000 Einwohner und in 27 % der Fälle Mittelstädte zwischen 20.000 und 100.000 Einwohner als Tatort ermittelt werden. Die Tatortverteilung bei Prämienfällen weist deutlich auf kleinere Orte als Tatorte hin, als die in der PKS erfaßte Subventionskriminalität, was jedoch angesichts der möglichen Empfänger der fraglichen Prämien zu erwarten stand. Erhebliche Abweichungen bei der Größe der Tatorte ergeben sich beim Vergleich der hier festgestellten Tatortverteilung mit der für Wirtschaftsbetrügereien und normalen Betrugstaten ermittelten Tatortverteilung, wonach bei 17,2 % der Taten normaler Betrugskriminalität und 22,6 % der Wirtschaftsbetrügereien der Tatort in Gemeinden unter 20.000 Einwohner lag.

3.1.4. Tatschaden

Zur Verteilung der Ermittlungsverfahren auf die verschiedenen Prämien, Mutterkuhprämie, Erzeugerprämie Rindfleisch und Sonderprämie, wurden die Angaben in den Abschlußberichten der Zollfahndungsämter herangezogen. Danach waren in 59 von 107 Fällen Angaben zur genauen Bezeichnung der Prämienregelung gemacht worden. In den übrigen Fällen wurde nicht näher differenziert auf die Grundverordnung VO/EWG 805/68 oder die Ausführungsregelung und die Rind- und Schaffleischerzeuger Prämien-Verordnung verwiesen. Die so ausgewerteten Angaben ergaben, daß Erzeugerprämien in 23 Fällen, Sonderprämien in 31 Fällen und Mutterkuhprämien in 16 Fällen zu Unrecht beantragt worden waren. In elf Fällen gab es Mehrfachnennungen, wonach die Tatverdächtigen neben der Erzeugerprämie auch Sonderprämien zu Unrecht beantragt hatten. Die Zahlen der Tiere, für die zu Unrecht Prämien beantragt waren, konnten mangels entsprechender weitergehender Aufteilung nicht in allen Fällen der Mehrfachnennungen einzelnen Prämienregelungen zugeordnet werden. Wo dies möglich war (N= 742 Tiere) ergab sich folgendes Bild: Erzeugerprämien 294 Tiere, Sonderprämie 320 Tiere, Mutterkuhprämie 128 Tiere. Danach sind die Erzeuger- und Sonderprämien stärker von Betrugstaten betroffen gewesen, als die Mutterkuhprämien.

Zur Ermittlung der Höhe des jeweiligen Tatschadens wurden die zu Unrecht in den Prämienanträgen aufgeführten Tiere festgestellt, insgesamt 1.528. Die Gesamthöhe der zu Unrecht beantragten Prämien betrug 184.630,00 DM. Hieraus folgt ein verfahrensgegenständlicher Durchschnittsschaden von DM 1.725,52.

Die Verteilung der Schadensbeträge stellt sich wie folgt dar :

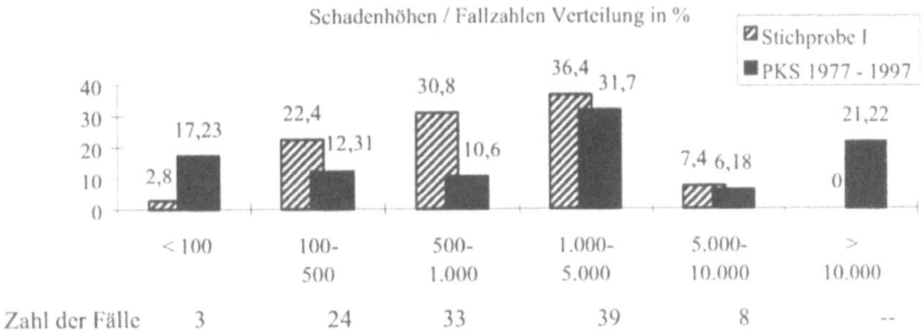

Gegenüber den PKS Fällen ergibt sich, daß über die Hälfte der Fälle einen Schaden unter 1000 DM verursachten, während dies bei den PKS Fällen auf rund 40 % der Verfahren zutraf. In beiden Statistiken entfallen jedoch die größten Anteile auf Taten mit einem Schaden zwischen 1000 und 5000 DM. Die von Leßner ausgewiesenen Tatbestandsschäden je Verfahren stellen sich demgegenüber wie folgt dar[845]:

Schaden in DM	bis 1000	1000 - 10.000	über 10.000
Anteile in %			
allgemeine Betrugstaten	52	28,7	13,6
BWE - Verfahren	3,7	16,2	58,4

Die Verteilung der Schadensbeträge auf Schadensklassen zeigt, daß die bei den untersuchten Prämienfällen ermittelten Schäden im Durchschnitt ganz erheblich von den für Wirtschaftsbetrug ermittelten Werten abweichen und noch deutlich unter den in der PKS für Taten nach § 264 StGB ausgewiesenen Beträgen liegen. Die hier festgestellten Taten lassen sich mit ihren Schadensbeträgen eher mit allgemeinen Betrugstaten vergleichen.

Die Verteilung der Schäden auf die Amtsbezirke der ermittelnden Zollfahndungsämter zeigt, daß der Durchschnittsschaden je Ermittlungsverfahren im Amtsbezirk Hannover über 5.400,00 DM beträgt, gegenüber 1.820,00 DM im Bezirk Freiburg, 1.390,00 DM im Bezirk Münster, 1.140,00 DM im Bezirk Düsseldorf und 945,00 DM im Bezirk Kiel. Diese Verteilung wird allerdings durch den unterschiedlich hohen Anteil von Tieren für die Mutterkuhprämien beantragt wurden, beeinflußt. Deutlich ist jedoch, daß in der Stichprobe besonders im Amtsbezirk des ZFA Hannover große Betriebe zu einer signifikanten Steigerung der Schadensbeträge beigetragen haben.

[845] Leßner, S. 150

Bei einem Vergleich der Angaben der Kommission zu den gem. Art. 3 VO/EWG 283/72 und VO/EWG 595/91 gemeldeten Unregelmäßigkeiten zeigt sich, daß die Schadensbeträge der Prämienfälle ganz wesentlich unter den Betragsangaben liegen, die sich aus den Angaben zu den wiedereinzuziehenden Mitteln errechnen. Die bei Unregelmäßigkeiten durchschnittlich als wiedereinzuziehend gemeldeten Beträge betrugen seit 1990 stets über 100.000 Ecu. Allerdings entsprechen die im Rahmen der vorliegenden Auswertung ermittelten Schadensbeträge tendenziell den Angaben der Kommission, wonach die Schadenssummen bei Unregelmäßigkeiten im Zusammenhang mit Erzeugerprämien erheblich unter den Schadenssummen bei den übrigen Garantieausgaben liegen. Als wiedereinzuziehender Durchschnittsbetrag waren im Prämienbereich zuletzt 1996 15.000 Ecu ermittelt worden. Dieser Wert liegt über dem hier ermittelten Durchschnittsschaden, wobei darauf hinzuweisen ist, daß nach der Melderegelung nur Unregelmäßigkeiten mit einem Betrag von mehr als 4.000 Ecu mitzuteilen sind, was für 1996 einem Betrag von 7.568,90 DM entspricht[846]. Zudem sind nicht allein die zu Unrecht gewährten Prämien, sondern darüber hinaus die aufgrund desselben Prämienantrages insgesamt gewährten Prämien zurückzuzahlen und folglich als wiedereinzuziehend zu melden.

3.2. Tatverdächtige

3.2.1. Weibliche Tatverdächtige

Die Ermittlungsverfahren richteten sich gegen 110 Tatverdächtige, davon 5 weibliche, was einem relativen Anteil von nur 4,5 % entspricht. Demgegenüber weist die PKS für Taten nach § 264 StGB zwischen 1977 und 1997 einen Frauenanteil von 12,09 % aus, laut Strafverfolgungsstatistik beträgt dieser Anteil zwischen 1987 und 1997 6,98 %. Für Wirtschaftsstraftaten wurden mit 13,4 % für Betrugstaten in der BWE Erhebung noch höhere Werte ermittelt, während sich der Frauenanteil an der sonstigen Betrugskriminalität 1976-1980 nach Leßner auf 20,2 % belief[847].

Der Anteil von Frauen liegt bei allgemeinen Betrugstaten deutlich höher als bei Wirtschaftsbetrug, während der Frauenanteil bei Subventionsbetrug und dabei insbesondere im Zusammenhang mit den hier untersuchten Prämienfällen nochmals geringer ausfällt. Eine Erklärungsmöglichkeit hierfür könnte in der Annahme liegen, daß die Antragstellung für landwirtschaftliche Erzeugerprämien durch die Betriebsleiter bzw. i.d.R. die Betriebsinhaber erfolgt, bei denen es sich in der Regel um Männner handelt.

---

[846] Mittlerer Umrechnungskurs 1996 1 Ecu = 1,89222 DM; zit.: Finanzbericht EAGFL-Garantie 1996 Tab. 1

[847] Leßner, S. 56; Göppinger, 5: Aufl., S. 547; Kaiser, Kriminologie 3. Aufl., § 73 Rn 5

3.2.2. Tatbeteiligte

Aus den untersuchten Ermittlungsakten ergab sich auch die jeweilige Anzahl der Tatverdächtigen je Ermittlungsverfahren. In drei der ausgewerteten 107 Verfahren wurde jeweils gegen zwei Personen ermittelt, ansonsten nur jeweils gegen einen Tatverdächtigen. Die Täter handelten danach in über 97 % der Fälle als Einzeltäter[848]. In den restlichen Fällen betrafen die Ermittlungen Familienangehörige bzw. den Lebenspartner, also Personen, die in häuslicher Gemeinschaft lebten. Es kann danach festgehalten werden, daß die untersuchten Prämienfälle fast ausschließlich von Einzeltätern begangen worden waren. Im Rahmen der BWE Untersuchung zur Häufigkeit von Einzeltätern erhobene Werte ergaben, daß sich 63,9 % der von Schwerpunktstaatsanwaltschaften und 72 % von allgemeinen Staatsanwaltschaften geführten Ermittlungsverfahren gegen einen Beschuldigten richteten[849]. Die der BWE Gruppe und damit der Wirtschaftskriminalität zugeordneten Verfahren zeigten danach eine deutlich geringere Einzeltäterquote.

3.2.3. Familienstand

Über den Familienstand wurden in 77 Fällen Angaben erhoben. 68 der Tatverdächtigen waren verheiratet, 6 ledig und 3 geschieden oder verwitwet. Die relativen Anteile belaufen sich (N=77) auf 88,3 % verheiratete, 7,8 % ledige und 3,9 % geschiedene oder verwitwete Tatverdächtige. Diese Verteilung weicht erheblich von der für Betrugstaten im übrigen ermittelten Verteilung ab, wonach bei allgemeinem Betrug 31,6 % ledige, 41,8 % verheiratete und 20,5 % geschiedene oder verwitwete Täter ermittelt wurden[850]. Der Anteil verheirateter Täter bei Wirtschaftsbetrug wurde demgegenüber mit 62,3 %, der Geschiedener mit 12,3 und der Anteil Lediger mit 9 % ermittelt. So wie danach Wirtschaftsbetrüger seltener geschieden und häufiger verheiratet sind, als Beschuldigte anderer Betrugstaten, gilt dies verstärkt im Verhältnis der Prämienfälle zu Wirtschaftsbetrug[851]. Die Täter der hier untersuchten Deliktsgruppe sind ganz überwiegend verheiratet.

---

[848] Auch Sieber, SchwZStr. Bd. 114 (1996), S. 357, 373, verweist auf die Prämienkriminalität, bei der noch der unorganisierte klassische Einzeltäter anzutreffen sei.

[849] Liebl, in: Anschluß - u. Vertiefungsuntersuchungen zur BWE S. 38

[850] Leßner S. 68

[851] Berckhauer, 1981, ermittelt für Wirtschaftsstraftäter einen Anteil von 72,2 % Verheirateter

3.2.4. Ausländeranteil

Ausweislich der Ermittlungsakten war ein Tatverdächtiger ausländischer Staatsangehöriger (0,90 %). Dieser Wert wird in der PKS für Ermittlungsverfahren nach § 264 StGB mit 1,49 % (1977-1997) ausgewiesen. Die Beteiligung ausländischer Tatverdächtiger an Subventionskriminalität im Zusammenhang mit Erzeugerprämien kann danach als sehr selten bezeichnet werden, während der Anteil von Ausländern bei Wirtschaftsbetrügereien (BWE Untersuchung 1975-1980) mit 3,5 % und 7 % bei den übrigen Betrugstaten angegeben wurde[852].

3.2.5. Altersstruktur

Zur Altersstruktur wurde festgestellt, daß nur je ein Tatverdächtiger zum Tatzeitpunkt unter 21 bzw. zwischen 21 und 25 Jahren alt war. 5 Tatverdächtige waren zwischen 25 und 30, 23 zwischen 30 und 40, 28 zwischen 40 und 50 Jahre alt. Die größte Gruppe der Tatverdächtigen (35) war zwischen 50 und 60 Jahre alt. 6 Verdächtige waren zwischen 60 und 70 und 2 Tatverdächtige älter als 70 Jahre.

Die relative Verteilung der Altersklassen auf die Tatverdächtigen stellt sich wie folgt dar :

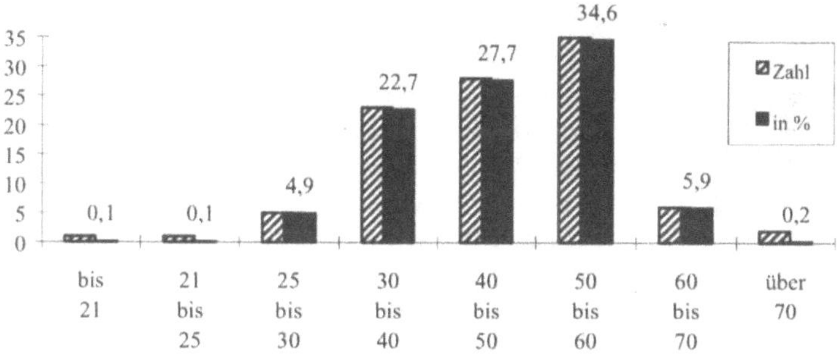

(N=101)

Alter	bis 21	21-25	25-30	30-40	40-50	50-60	60-70	über 70
Zahl	1	1	5	23	28	35	6	2
in %	0,1	0,1	4,95	22,7	27,7	34,6	5,9	0,2

[852] Leßner S. 59

Die Angaben zu Verurteilten § 264 StGB aus der Strafverfolgungsstatistik ergeben eine abweichende Altersstruktur, derzufolge die größte Gruppe der Verurteilten zwischen 40 und 50 Jahre alt war, wobei der relative Anteil dieser Tätergruppe im Zeitraum 1977-1986 bei 29,91 % lag und zwischen 1987 und 1997 noch 24,79 % betrug. Der Anteil der 50 bis 60-jährigen Verurteilten stieg von 17,11 % im Zeitraum 1977-1986 auf 26,21 % zwischen 1987 und 1997. Vergleichbar gestiegen ist beim Vergleich der Zeiträume 1977-1986 und 1987-1997 auch der Anteil der Täter über 60 Jahre von 5,53 % auf 8,15 %, während der Anteil der Verurteilten unter 30 Jahre von 13,31 % auf 11,15 % zurückgegangen ist. Im Vergleich zu den für Taten nach § 264 StGB in der PKS von 1977 bis 1997 gesammelten Daten ist der Anteil der wegen Taten nach § 264 StGB Verurteilten im Alter unter 30 Jahren an allen Verurteilten höher, als der Anteil unter dreißig Jahre alter Tatverdächtiger nach PKS mit 9,70 %. Ähnliche Werte zeigen die Strafverfolgungsstatistik und die PKS für die Altersgruppen von 30-40, 40-50 und 50-60 Jahren.

Alter in Jahren	bis 30	30-40	40-50	50-60	über 60
Strafverfolg.					
1977-1986	13,31	29,91	34,11	17,11	5,53
1986-1997	11,15	24,79	28,70	26,21	8,15
PKS					
1977 - 1997	9,70	24,30	31,32	24,70	9,99

(Anteile in %)

Relativ stärkste Gruppe ist danach bei Straftaten nach § 264 StGB allgemein diejenige der zwischen Dreißig- und Vierzigjährigen. Dies deckt sich auch mit den von Leßner erhobenen Werten der Altersgruppen bei Wirtschaftsbetrug. Danach waren von den Tätern der BWE-Stichprobe 0,7 % unter 21 Jahre, 15,3 % 21-30 Jahre, 38,8 % 31-40 Jahre, 24,5 % 41-50 Jahre, 15,4 % 51-60 Jahre und 5,3 % über 60 Jahre alt. Deutliche Unterschiede ergaben sich demgegenüber bei Betrachtung allgemeiner Betrugstaten, wonach 11,8 % der Täter unter 21 Jahre, aber nur 6,4 % über 50 bis 60 Jahre und lediglich 3,0 % über 60 Jahre alt waren[853]. Die Anteil der Altersgruppen von 21-30 Jahren, 31-40 und 41-50 Jahren betrugen hier 29,1 %, 32,3 % und 17,4 %.

Das Durchschnittsalter aller erfaßten Tatverdächtigen lag bei 44,68 Jahren. Dieser Wert liegt über dem im Rahmen der BWE Stichprobe zu Wirtschaftsbetrügern und von Berckhauer ermittelten Durchschnittswerten von knapp 40[854] bzw. 41 Jahren[855], der sich mit den anderweitig erhobenen Altersangaben für Wirtschaftsstraftäter von durchschnittlich rund vierzig Jahren[856] ungefähr deckt. Das Durchschnittsalter der Tatverdächtigen aus der Stichprobe zu Prämienfällen übersteigt diese Werte dagegen

853 Leßner S. 55
854 Berckhauer, Die Strafverfolgung bei schweren Wirtschaftsdelikten, S. 73
855 Leßner S. 54 m. w. N.
856 Göppinger, Kriminologie 5. Aufl., S. 547; Kaiser, Kriminologie 3. Aufl. § 73 Rn. 5

um etwa dreieinhalb Jahre. Das Durchschnittsalter von Tätern bei allgemeinen Betrugsdelikten ist mit 34,4 Jahren nach Leßner allerdings erheblich niedriger.

3.2.6. Angaben zu Ausbildung und Tätigkeit

Angaben zur Ausbildung der Tatverdächtigen waren nur in 20 Fällen erhoben worden. Danach verfügten fünf Tatverdächtige nicht über eine abgeschlossene Berufsausbildung. Neun Täter hatten eine Lehrausbildung als Landwirtschaftsgehilfe abgeschlossen. Zwei Tatverdächtige waren Landwirtschaftsmeister, drei Tatverdächtige hatten Lehrausbildungen in kaufmännischen Bereichen absolviert, ein Tatverdächtiger verfügte über einen Fachhochschulabschluß. Zur Schul- und Berufsausbildung von Betrugstätern ist nach der BWE Untersuchung für Wirtschaftsbetrügereien von einem, gegenüber allgemeinen Betrugstaten, erheblich abweichenden Bild bezüglich der Schulbildung auszugehen[857]. Während 25,9 % der Beschuldigten bei allgemeinen Betrugstaten höchstens über einen Hauptschulabschluß verfügten, war dies bei Beschuldigten im Zusammenahng mit Wirtschaftsbetrügereien in nur 3,9 % der Fall. Bei Wirtschaftsbetrügereien hatten 52,7 % und bei allgemeinen Betrugstaten 54,4 % der Beschuldigten zumindest eine Lehrausbildung begonnen. Auch wenn die Zahl der Tatverdächtigen, zu denen entsprechende Angaben hier vorliegen, nicht hoch ist, kann gefolgert werden, daß die Tatverdächtigen im Bereich der Prämienkriminalität über eine formal eher geringere schulische und einfache berufliche Ausbildung verfügen, da hier 14 (70 %) Tatverdächtige ohne oder mit abgeschlossener Lehrausbildung als höchster Qualifikation ermittelt wurden. Dieser Wert ist eher mit dem Wert der entsprechenden Gruppe von Tätern allgemeiner Betrugskriminalität (80,4 %), als mit dem Wert bei Wirtschaftsbetrügereien (56,6 %) zu vergleichen.

Die Tatverdächtigen waren in aller Regel Inhaber oder Betriebsleiter landwirtschaftlicher Betriebe, so daß ausdrückliche Berufsangaben den Ermittlungsakten nur in 23 Fällen zu entnehmen waren. Der Beruf der Tatverdächtigen war in insgesamt 18 Fällen mit „Landwirt“ angegeben, in 2 Fällen mit „Arbeiter“, in 2 Fällen mit „Hausfrau“ und in einem Fall mit „Rentner“. Die berufliche Zuordnung der Tatverdächtigen kann deshalb hier in die Gruppe manuell oder handwerklich Berufstätiger erfolgen.

Angaben zur Einkommenssituation der Verdächtigen waren den Akten in der Regel nicht zu entnehmen, da die Verfahren in den meisten Fällen gemäß § 153 a StPO eingestellt wurden. In fünfzehn Fällen (13,6 %) wurde der Einstellung nach § 153 a StPO widersprochen, wobei in fünf Fällen auf die geringen Einkommen der Betroffenen verwiesen wurde, die unter 1.500,- DM netto monatlich lägen, in sechs Fällen wurde von den Betroffenen unter Hinweis auf das geringe Einkommen um Bewilligung von Ratenzahlung bezüglich der Geldauflage gebeten. Diese Angaben zum

---

[857] Leßner S. 66

Einkommen sind allerdings vorsichtig zu betrachten, da sie nach der Bekanntgabe der Eröffnung des Ermittlungsverfahrens gemacht wurden, als den Betroffenen klar war, daß die Angaben u.U. für eine Geldstrafenbemessung von Interesse sein konnten, oder von den Betroffenen zur Begründung einer niedrigeren Geldauflage oder der Gewährung von Ratenzahlungen angeführt worden sind.

3.3. Verfahrensangaben

3.3.1. Einleitung der Verfahren

Nachdem im Jahr 1989 eine Stichprobenuntersuchung durch Landwirtschaftsämter in Schleswig-Holstein ergeben hatte, daß bei der Beantragung von Erzeugerprämien für Rindfleisch in einer Vielzahl von Fällen Unregelmäßigkeiten auftraten, wurden ab 1990 durch die Landwirtschaftsämter 40 % der im Januar 1990 und nachfolgend für Januar 1991 eingegangenen Anträge durch Kontrolle in den Betrieben überprüft. Die Kontrollen bestanden in der Regel in einer physischen Kontrolle der zur Prämienzahlung gemeldeten Tiere und ihrer Kennzeichnung durch Ohrenmarken. Soweit sich aufgrund dieser Kontrolle ein Tatverdacht für Subventionsbetrug ergab, wurden die Verfahren zur Ermittlung an die Zollfahndungsämter abgegeben, nachdem die Landwirtschaftsverwaltung im Verwaltungsverfahren Prämienbescheide aufgehoben und bereits gewährte Prämien zurückgefordert hatte. Die Abgabe der Verfahren an die ZFÄ erfolgte dabei ab Februar 1991 bis zum dritten Quartal 1993.

3.3.2. Erledigung der Ermittlungsverfahren

3.3.2.1. Einstellungen

Nach Abschluß der Ermittlungen wurde entsprechend einer Absprache zwischen den Staatsanwaltschaften zur gleichmäßigen Ahndung derartiger Verfahren in 103 Fällen vorgeschlagen das Verfahren gemäß § 153 a StPO einzustellen. In drei Verfahren erfolgte die Einstellung gemäß § 170 II StPO. In 84 Fällen sollte hierzu eine Geldbuße in Höhe von DM 100.- für jedes Tier bezahlt werden, für das zu Unrecht Zuschüsse beantragt worden war. In 19 Fällen war lediglich die Anregung der Einstellung gem. 153 a StPO mit Nennung der Höhe der Geldauflage ohne weitere Angabe vermerkt. In zwei Fällen waren nach der Abschlußverfügung weitere Ermittlungen erforderlich, in zwei Fällen war lt. Bericht Anklage zum Strafrichter erhoben, in einem Fall ein Strafbefehl beantragt worden.

Insgesamt betrug der Anteil der vorgeschlagenen Einstellung nach § 153 a StPO 96,2 %. Nach dem einheitlichen Verfahrensvorschlag sollten 78,5 % der Verfahren erledigt werden, wobei davon auszugehen ist, daß auch die Einstellungsvorschläge in den übrigen Fällen diesem Regelungsvorschlag entsprochen haben dürften. Die Einstellungshäufigkeit kann als außerordentlich hoch bezeichnet werden. Soweit im Rahmen der Vertiefungsuntersuchung zur BWE Angaben über die Verfahrenserledigung bei Subventionsbetrug zum Nachteil der Europäischen Gemeinschaften erhoben wurden, erfolgte eine Einstellung nach § 153 a StPO in 17 von 36 Fällen, also in 47,2 %. Die Einstellungsquote war bei sämtlichen Taten nach § 264 StGB im Rahmen der BWE Vertiefungsuntersuchung je nach Herkunft der Fallakte ermittelt worden. Danach wurden Einstellungen verfügt in 37 % der Fälle aus der BWE-Stichprobe, bei 57 % der PKS-Fällen und 49 % bei den Fällen der Zoll-Stichprobe. Die Quote der Verfahrensbeendigung im Wege der Totaleinstellung durch die Staatsanwaltschaft wurde bei Wirtschaftsbetrug mit 47 % und bei allgemeinen Betrugstaten mit 46 % ermittelt[858]. Soweit bei Betrug eine Totaleinstellung erfolgte, hatte das Verfahren nach Leßner in 91,6 % der Fälle eine bis fünf Taten zum Gegenstand.

88 der Verfahren, die nach § 153 a StPO eingestellt werden sollten, wurden durch Zahlung der vorgeschlagenen Geldauflage erledigt, also 85,4 %. 69 der 84 Verfahren mit bezifferter Angabe einer Geldauflage und dem Hinweis auf deren Bemessung (Einstellung bei Zahlung einer Geldbuße v. DM 100.-/ je Tier) wurden wie vorgeschlagen erledigt (82 %). In 15 Fällen lehnten die Betroffenen eine derartige Einstellung ab.

Soweit Begründungen gegeben wurden (13 Fälle) beriefen sich die Verdächtigen darauf, daß noch gar keine Zahlung der Prämie erfolgt sei (9) und/oder daß die Geldbuße eine Doppelbestrafung zur Folge hätte, da aufgrund des festgestellten Sachverhalts eine Prämie nicht gezahlt würde und darüber hinaus die Prämie selbst für die beihilfefähigen Tiere nunmehr versagt werde (6), was auch angesichts der geringen Einkommen bzw. der schlechten wirtschaftlichen Situation der Betroffenen (5 Fälle) unverhältnismäßig sei.

3.3.2.2 Hauptverfahren

Soweit den Akten Daten zum weiteren Verfahren entnommen werden konnten, wurde in einem Fall die Geldauflage reduziert. In neun Fällen wurde Anklage zum Strafrichter erhoben und in vier Fällen das Verfahren im Hauptverfahren nach § 153 a StPO eingestellt, in fünf Fällen erfolgte eine Verurteilung wegen Subventionsbe-

---

[858] Leßner, S. 208; Hierzu weist Heinz, ZStW 96 (1984) S. 448 darauf hin, daß Einstellungen nach § 153 ff StPO auch bei Wirtschaftsstraftaten mit Schäden über 100.000 DM erfolgen , s.a. Kaiser / Kerner, Kleines Kriminologisches Wörterbuch S. 593, krit. Zur Ausweitung des Anwendungsbereichs des § 153 a StPO: KK-Schoreit § 153 a Rn. 4

truges, wobei jeweils Geldstrafe verhängt wurde, in Höhe von 15 Tagessätzen in drei Fällen, zwanzig Tagessätzen in einem Fall zu dreißig Tagessätzen. In einem weiteren Fall der Anklageerhebung ohne Einstellungsvorschlag erfolgte ebenfalls die Verurteilung des Angeklagten wegen Subventionsbetruges zu einer Geldstrafe von dreißig Tagessätzen. In sechs Fällen war das Ergebnis des Verfahrens der Akte nicht zu entnehmen.

3.4. Zwischenergebnis

Die Auswertung der bei den Zolldienststellen geführten Ermittlungsverfahren wegen Subventionsbetruges zum Nachteil der Eurpäischen Gemeinschaft zwischen 1990 und 1994 ergibt, daß der größte Teil der Verfahren auf Taten im Zusammenhang mit Erzeugerprämien des EAGFL entfällt, die von den Landwirtschaftsverwaltungen gewährt werden. Dies deckt sich mit den Feststellungen der Kommission, wonach der zahlenmäßig größere Teil von Unregelmäßigkeiten im Bereich des EAGFL zunehmend auf die den Erzeugern gewährten Prämien entfällt[859].

Die Überprüfung einer größeren Zahl von Prämienanträgen durch die Landwirtschaftsverwaltung ergab in rund der Hälfte der Fälle den Verdacht auf strafrechtlich relevante Sachverhalte. Die im Rahmen der vorliegenden Zufallsstichprobe ausgewerteten 107 Ermittlungsverfahren gegen 110 Tatverdächtige ergaben, daß 80,8 % der in den Anträgen aufgeführten Tiere nicht den Vergabevoraussetzungen der jeweiligen Prämienregelung entsprachen. Die Ermittlungsverfahren hatten in der Regel jeweils Einzeltaten zum Gegenstand. Die Tatbegehung ist kriminalphänomenologisch als einfach zu beschreiben und weist keine erheblichen Ermittlungsprobleme auf, die Tatorte sind kleinere Orte mit weniger als 20.000 Einwohner. Der Tatschaden ist trotz des hohen Anteils nicht förderfähiger Tiere in den Anträgen mit 1.725,00 DM wesentlich geringer als bei den anderweitig geführten Ermittlungsverfahren nach § 264 StGB der PKS und liegt ganz erheblich unter dem von der Kommission für Unregelmäßigkeiten bei Prämien ermittelten durchschnittlichen Schadensbetrag. Subventionsbetrug im Zusammenhang mit den Erzeugerprämien verursacht Schäden, die in ihrer Höhe eher mit denen allgemeiner Betrugstaten, kaum jedoch mit der Schadenshöhe anderer Subventionsbetrügereien oder der bei Wirtschaftsstraftaten oder Wirtschaftsbetrug vergleichbar sind.

---

[859] Zu einem abweichenden Ergebnis gelangt Sieber (SchwZStr 114 (1996), S. 357, 375), der aufgrund einer Expertenbefragung ausführt, daß die direkte Subventionierung von Erzeugern sehr viel weniger von Betrügereien betroffen sei, als die Subventionierung der Handelsstufe, wobei insofern offen bleibt, ob dies die Häufigkeit oder den Umfang der Betrügereien betrifft.

Die täterbezogene Fallauswertung ergibt, daß die Täter mit sehr wenigen Ausnahmen als Einzeltäter handelten. Die Täter sind ganz überwiegend, nämlich zu 95,5 %, männlich und in der Regel (88,3 %) verheiratet. Ihr Durchschnittsalter lag bei 44,68 Jahren und damit deutlich über dem Durchschnittsalter Tatverdächtiger bei Wirtschaftsbetrug und ganz erheblich über dem Durchschnittsalter anderer Betrüger. Gleichwohl ist in Bezug auf die in der PKS und der Strafverfolgungsstatistik erfaßten Tatverdächtigen bzw. Beschuldigten im Zeitraum von 1977 bis 1997 insgesamt eine Veränderung der Altersstruktur dahin zu verzeichnen, daß die Täter zunehmend älteren Altersklassen, insbesondere den über Fünfzigjährigen zuzuordnen sind. Die Ausbildung und Berufstätigkeit der Tatverdächtigen ist grob eher formal niedriger Ausbildung und manuell-handwerklicher Tätigkeit zuzuordnen. In den Ermittlungsverfahren wurde zum größten Teil (96,2 %) eine Einstellung des Verfahrens gemäß § 153 a StPO vorgeschlagen und in 85,4 % der Fälle entsprechend erledigt. Sofern Anklage erhoben wurde erfolgte die Anklageerhebung zum Strafrichter. Die Verfahren wurden dort in knapp der Hälfte der Fälle im Hauptverfahren gemäß § 153 a StPO eingestellt. Insgesamt gegen sechs Tatverdächtige (5,45 %) wurden Geldstrafen verhängt, die höchstens dreißig Tagessätze betrugen.

Prämienkriminalität ist als einfache Betrugskriminalität anzusehen, die aufgrund der Tatmerkmale und dem Täterprofil nicht anhand der gängigen Zuordnungsmerkmale dem Bereich der Wirtschaftskriminalität zugeordnet werden kann.

4. Stichprobe II zu anderen Subventionen aus Gemeinschaftsmitteln

4.0.1. Stichprobe Aktenermittlung

Aus den beim ZKA zugänglichen Meldungen über Ermittlungsverfahren nach § 264 StGB wurde eine zweite Zufallsstichprobe ausgewählt, die solche Verfahren betraf, in denen andere als Prämienzahlungen Gegenstand von Betrügereien geworden waren. Die Auswahl erfolgte zunächst wieder über das Rechenzentrum der Bundesfinanzverwaltung bei der OFD in Berlin. Hierbei wurden nach dem Zufallsprinzip aus den Jahrgängen 1990 10, 1991 23, 1992 9, 1993 15 und 1994 5 Verfahren ausgewählt.

Dabei mußten die bereits in der ersten Stichprobe enthaltenen Verfahren im Zusammenhang mit Erzeugerprämien ausgeschieden werden. Bei Erfassung der Prämienfälle hatte sich gezeigt, daß diese jeweils zusammengefaßt nach dem schubweisen Eingang der Anzeigen der Landwirtschaftsämter fortlaufend mit Aktenzeichen versehen und später der Bundesfinanzverwaltung gemeldet worden sind. Die Stichprobe zu den anderen Subventionen wurde danach aus den vorliegenden Datensätzen der

Bundesfinanzverwaltung derart ermittelt, daß zusätzlich zu den Merkmalen für die betroffenen Rechtsnormen MOG und § 264 StGB nur Aktenzeichen gewählt wurden, die von den Zollfahndungsämtern einzeln, nicht in fortlaufenden Reihen, gemeldet worden sind.

Auf weitere Nachfrage sind ferner 1996 nochmals sechs Fallakten durch das ZKA benannt worden. Eine Auswertung der Daten durch das ZKA anhand von Zusatzkennungen in den ausgewählten Datensätzen ergab, daß 12 Verfahren lediglich Anfragen ausländischer Zolldienststellen im Rahmen der üblichen Amtshilfe betrafen, ohne daß von deutschen Stellen weitere Ermittlungen geführt worden sind. In 29 Fällen waren bei näherer Prüfung der Ermittlungsberichte trotz der dargestellten Vorauswahl der Verfahren Erzeugerprämien betroffen. Die verbliebenen 27 Verfahrensakten sollten danach anonymisiert anhand des beschriebenen Fragebogens einzeln ausgewertet werden, wobei die Auswertung der Ermittlungsakten auch wegen des Umfangs der einzelnen Vorgänge in aller Regel vor Ort bei der ermittelnden Dienststelle erfolgte. Nach Anfrage bei der BALM und dem BEF 1991, sowie der BLE 1998 wurde von dort mitgeteilt, daß Statistiken über Strafverfahren bzw. Ermittlungsverfahren bei der Zentralstelle in Frankfurt nicht geführt werden. Sofern Ermittlungsverfahren durchgeführt werden, wird dies auf Anregung der BLE durch die Staatsanwaltschaften nahezu ausnahmslos den Zollfahndungsämtern wegen deren Kenntnissen im Marktordnungsbereich übertragen. Die im Aufgabenbereich der BALM/BEF bzw. BLE aufgedeckten Straftaten werden behördenintern der für die Weitergabe der Meldungen über das Fachministerium an das BMF zuständigen Dienststelle bei der Rechtsabteilung in Frankfurt mitgeteilt. Dort waren im Zeitraum 1990 bis 1998 18 Ermittlungsverfahren bekannt geworden. Aufgrund der oben beschriebenen Sachverhaltslage wurden 1990, 1991 und 1998 zusätzlich bei der BLE die von dort auf Anfrage genannten verfügbaren Verfahrensakten mit neun Verfahren eingesehen und in die Auswertung der Subventionsbetrugsverfahren betreffend die übrigen Subventionen einbezogen.

4.0.2. Einzelne Fallbeispiele

Nachfolgend sollen einige Fälle dargestellt werden die dem Verfasser bei den Akteneinsichten und bei Gesprächen mit Mitarbeitern der verschiedenen Behörden bekannt wurden. In den geschilderten Umgehungsfällen sind förmliche Ermittlungsverfahren gegen die Verantortlichen jedoch bislang nicht eingeleitet worden.

Andienung von nicht interventionsfähigem Rindfleisch in die Intervention

Nach den Vorschriften über Interventionskäufe von Rindfleisch durch die Interventionsstellen der Mitgliedstaaten (VO/EWG 859/89) kann nur Fleisch bestimmter Handelsklassen an die Interventionsstellen veräußert werden. Die Fleischgüte wird dabei nach Fleischigkeit und der Dicke des Fettgewebes bewertet. Nach dem Handelsklassenschema für ausgewachsene Rinder (VO/EWG 1208/81; ABl. L 293/7 v. 13.10.1981) wird die Bewertung der Fleischigkeit von Schlachtrindern anhand der Buchstaben E-U-R-O-P (E=vorzüglich, P=gering) vorgenommen. Die Schlachtkörper werden im Schlachthof mit Stempelaufdruck in der jeweiligen Klassifizierung gekennzeichnet. Interventionsfähig sind nur Tiere der Handelsklassen E-U-R, nicht aber der Klassen O und P. Bei Kontrollen in Lagern der italienischen Interventionsstelle AIMA im März 1991 fanden Bedienstete der EG Kommission aus Deutschland geliefertes Rindfleisch, das sich bei genauerer Prüfung als nicht interventionsfähig herausstellte, obwohl es eine entsprechende Kennzeichnung aufwies. Nach den Feststellungen der Prüfer waren entweder unzutreffende Klassifizierungsstempel nach der Schlachtung angebracht oder die ursprünglichen Stempelabdrucke waren herausgeschnitten und daneben neue Stempelaufdrucke angebracht. Nur 1,8 % der eingelagerten und kontrollierten Ware war zutreffend klassifiziert worden.

Hierauf wurden zahlreiche Ermittlungsverfahren gegen die in Deutschland ansässigen Lieferanten des Fleisches eingeleitet. In einigen Fällen konnte die Manipulation der Stempel durch deutsche Lieferanten nachgewiesen werden, bei zahlreichen Falschklassifizierungen war es nicht möglich zu ermitteln, wo und durch wen diese erfolgt sind, oder daß die deutschen Lieferanten von der Andienung des Fleischs an die italienische Interventionsstelle Kenntnisse hatten. Trotz Nachfrage des ZKA wurde zudem von den italienischen Stellen nicht in allen Fällen mitgeteilt, ob Subventionen ausgezahlt worden waren.

Milchpulverausfuhr in die UdSSR

In den Jahren 1988 und 1989 erwarb eine deutsche Handelsgesellschaft in Rechtsform einer AG rund 70.000 Tonnen Magermilchpulver im gesamten EG-Markt und versandte dies in Lager in Österreich. Das Magermilchpulver wurde dann in die damalige Sowjetunion geliefert, wofür die AG rund 50 Millionen DM Ausfuhrerstattungen erhielt. Für die Gewährung der Ausfuhrerstattung ist es erforderlich[860], daß die Ware außerhalb der EG zum freien Verkehr abgefertigt worden ist. Da der Exporteur 108 sowjetische Verzollungsbescheinigungen über die Abfertigung in den freien Verkehr vorlegte, wurden die hinterlegten Sicherheiten freigegeben.

Nach Auflösung der Sowjetunion wurden von der Zollverwaltung direkte Auskünfte über den Verbleib des Magermilchpulvers an die Behörden der Ukraine gerichtet, auf deren Gebiet die Ware zu sowjetischen Zeiten abgefertigt worden sein soll. Hierbei stellte sich heraus, daß die Ware lediglich in der Ukraine gelagert wurde, nicht aber dort in den freien Verkehr gelangt ist. Die anderslautenden Bescheinigungen waren also unrichtig, was den verantwortlichen Mitarbeitern de Exporteurs auch bekannt

[860] gem. Art 10 I VO/EWG 2730/79 (ABl. L 317/1 v. 12.12.1979) i.V.m. Art. 5 I VO/EWG 3665/87 (ABl. L 351/1 v. 14.12.1987)

war. Am 9.8.1995 forderte die Erstattungsstelle über 48 Mio DM Ausfuhrerstattungen zurück, der Rückforderungsbescheid ist noch nicht rechtskräftig. Im Juni 1996 wurde gegen ein Vorstandsmitglied des Exporteurs und einen Geschäftsführer einer Spedition Anklage zur Wirtschaftsstrafkammer erhoben, das im Oktober 1997 mit Verurteilungen zu zwei Jahren bzw. einem Jahr und sechs Monaten Freiheitsstrafe auf Bewährung endete.

Export von lebenden Rindern nach Polen und in die CSSR

In der Bundesrepublik ist der Begriff des reinrassigen Zuchtrindtieres in Art. 2 des TierzuchtG v. 22.12.1989 definiert, demzufolge das Tier im Zuchtbuch und im Zuchtregister, seine Eltern und Großeltern im Zuchtbuch eingetragen sein müssen. Dieses Gesetz galt seit 03.10.1990 auch in den Neuen Bundesländern. Für solche Zuchttiere wurde bei der Ausfuhr in Drittländer wie Polen und die damalige CSSR eine Ausfuhrerstattung[861] von 2,26 DM / kg gewährt, während dieser Betrag für Schlachtrinder bei nur 1,30 DM/kg lag. In der DDR wurden für die Registrierung von Zuchtrindern sogenannte Herdbücher geführt. Vor 1990 belief sich der Zuchtviehbestand der DDR auf ca. 312.000 Kühe in 800 Betrieben (12 % der LPGs). Neben diesem Abstammungsnachweis (nur f. Zuchtrinder) gab es in der DDR für jede Kuh eine „Leistungskarte für Rinder“ (genannt : TZ 62) die nur zur betrieblichen Organisation der LPGs diente und auch für zuchtuntaugliche oder sogar leukosepositive Kühe ausgegeben wurde. Im Jahr 1991 stellten die Zollbehörden fest, daß im ersten Halbjahr bereits über 20.000 angeblich reinrassige Zuchttiere aus der ehemaligen DDR nach Polen und in die CSSR exportiert wurden. Mehrere Viehexporteure nutzten die Unkenntnis der Zollbeamten und legten bei der Ausfuhr von Schlachtrindern aus ehemaligen LPG Beständen nur die TZ 62 Leistungskarte vor, beantragten aber Ausfuhrerstattungen für reinrassige Zuchtrinder, die in der Regel auch gewährt wurde. In einem Fall erlangte ein 29 Jahre alter Viehhändler aus Baden-Württemberg mit 59 Ausfuhren zwischen März und Oktober 1991 zu Unrecht Erstattungen in Höhe von 2,77 Mio. DM. Die Täter machten sich hier die Unkenntnis der Abfertigungsbeamten bei den Ausfuhrzollämtern hinsichtlich der komplizierten und wenig bekannten Regelungen zur Unterscheidung von Nutzvieh und Zuchtvieh zu Nutze. Dieses Problem war jedoch bereits seit fast 20 Jahren bekannt, wies doch schon 1972 Gurski[862] im Zusammenhang mit Ausfuhrerstattungen auf die kriminogene Wirkung der Kompliziertheit der Regelungen zur Unterscheidung zwischen Zucht- und Normalvieh hin.

---

[861] Ziff. 01021000 GZT

[862] Gurski, in: Tiedemann, die Verbrechen in der Wirtschaft S. 34

Exporterstattung Käse

Im Zusammenhang mit anderen Ermittlungen gegen einen griechischen Kaufmann wurde festgestellt, daß dieser häufig Telefaxe an einen Empfänger in Mecklenburg-Vorpommern versandt hatte. Die Empfängernummer gehörte zu einer Molkerei, die in der zurückliegenden Zeit Ausfuhrerstattungen von rund 1 Mio DM für 24 Teillieferungen mit 512 Tonnen Käse nach Jordanien, Albanien und Bulgarien beantragt hatte. DM 222.000.- waren bis dahin an Ausfuhrerstattungen bereits ausgezahlt worden. Die daraufhin überprüften Einfuhrscheine, die eine Einfuhr der Ware Anfang 1993 in Jordanien belegen sollten, nannten allerdings ein Schiff, das nach Angaben des internationalen Schiffsregisters bereits 1980 gesunken war. Bei den anderen Schiffen gleichen Namens handelte es sich um einen slowenischen Schlepper, ein schwedisches Forschungsschiff und ein argentinisches Fischfangschiff. Die vorgelegten Verzollungsbescheinigungen aus Bulgarien waren Totalfälschungen, die Empfängerfirma gab es nicht. Der griechische Kaufmann hatte als Präsident namens einer ihm gehörenden Handelsgesellschaft, einer Limited corporation nach dem Recht der Isle of Man, bei der Molkerei in Deutschland den Käse gekauft. Einen Teil des Kaufpreises erhielt die Molkerei ausbezahlt, der Rest sollte durch die von der Molkerei zu beantragenden Erstattungen ausgeglichen werden, wobei der Käufer die hierzu erforderlichen Einfuhrnachweise besorgen sollte. Der Käse wurde tatsächlich nicht nach Bulgarien u.a., sondern nach Griechenland exportiert. Der griechische Einkäufer hat sich abgesetzt. Die strafrechtlichen Ermittlungen richteten sich auch gegen die verantwortlichen Molkereimitarbeiter, die unter Vorlage der gefälschten Bescheinigungen Ausfuhrerstattungen beantragt hatten.

Falschtarifierung bei Ausfuhrerstattung für Streitkräftelieferung

Eine Molkerei belieferte 1991 in der ehemaligen DDR stationierte sowjetische Streitkräfte mit Butter. Hierfür wurden Ausfuhrerstattungen gewährt, die unterschiedlich hoch waren, je nachdem welchen Fettgehalt die Butter hatte. Der Erstattungssatz lag für die unterschiedlichen Fettstufen[863] bei 395.- DM je 100 kg Butter bzw. bei 345.-DM /100 kg und 299.- DM /100 kg. Vorliegend waren für 12 Einzellieferungen rund 23.000.- DM Erstattungen bezahlt worden.

Aus den gelieferten Partien waren Proben entnommen worden, die Anfang 1992 untersucht wurden. Hierbei wurde festgestellt, daß die gelieferte gegenüber der angemeldeten Ware geringfügige Abweichungen im Fettgehalt aufwies, weshalb ein niedrigerer Erstattungssatz hätte zur Anwendung kommen müssen. Insgesamt 3.400.- DM Erstattungen waren zuviel ausgezahlt und wurden zurück gefordert, Ermittlungsverfahren gegen den Verantwortlichen eingeleitet.

[863] bei einem Fettgehalt von 82-85 GHT bzw. GHT 78-82 und GHT 62-78

Beantragung von Zuschüssen für nicht förderfähige Maschinen

Ein Druckereibesitzer veräußerte 1989 Druckmaschinen an eine Gesellschaft in Luxemburg die die Maschinen nach einer Überholung an eine Druckerei in Portugal zum Preis von etwas über 1 Mio DM weiterverkaufte. Die portugiesische Firma beantragte für den Erwerb der angeblich neu erworbenen Anlage in Portugal unter anderem auch Regionalfördermittel in Höhe von 580.000.- DM. Die Firma in Portugal gehört dem deutschen Druckereibesitzer. Das Ermittlungsverfahren wurde nach einem Hinweis der, bei Anzeigeerstattung ehemaligen, Lebensgefährtin des Druckereibesitzers 1992 eingeleitet und bis 1997 noch nicht abgeschlossen, da noch die Beantwortung einer förmlichen Anfrage der Staatsanwaltschaft an die portugiesischen Behörden aus dem Jahr 1993 aussteht, die den Anteil der Fördergelder betrifft, die neben den Geldern aus Gemeinschaftsmitteln aus portugiesischen Haushalten stammen.

Export von Paprika aus Spanien in die Tschechische Republik

Im Frühjahr 1995 wurde an der Grenze zwischen Bayern und der Tschechischen Republik zufällig ein spanischer LKW kontrolliert, der nach den Angaben des bei der Ausfuhr vorgelegten T 5 Papiers ca. 1.000 kg Paprika und 18.000 kg Orangen zur Ausfuhr in die Tschechische Republik geladen hatte. Tatsächlich hatte der LKW jedoch 18.000 kg Paprika und nur 1.000 kg Orangen geladen. Für die angegebene Menge Orangen hätte der Exporteur eine Ausfuhrerstattung von ca. 4.600,00 DM bei der Ausfuhrerstattungsstelle erhalten (25,98 DM / 100 kg). Ein weiterer, dem Exporteur vermutlich willkommener Effekt dieser Falschangabe war die Einsparung von Eingangszoll in der Tschechischen Republik, der dort bei der Einfuhr von Paprika, nicht aber bei der Einfuhr von Orangen aus der Europäischen Gemeinschaft erhoben wird. In der Folge wurden alle an dieser Zollstelle in die Tschechische Republik abgefertigten spanischen LKW mit der Fracht Orangen/Paprika kontrolliert und innerhalb von drei Wochen 27 vergleichbare Fälle entdeckt. Alle 27 spanischen und französischen LKW Fahrer wurden mit Strafbefehl abgeurteilt. Kurz nachdem die Kontrolle der besagten Fuhren begonnen hatten, wurden keine falschen Angaben zur Beladung spanischer Obst-LKW mehr festgestellt.

Gefrorene Buttermilch

Bei der Ausfuhr von Milch- und Milchprodukten aus der EU werden Ausfuhrerstattungen gezahlt. Bemessungsgröße der Zahlung ist das Gewicht der ausgeführten Ware, wobei Produkte die mit gewichtsreduzierenden Verfahren hergestellt wurden, einer anderen Tarifierung und damit einem anderen, hier höheren Erstattungssatz unterliegen, als das Ausgangsprodukt, wie z.B. Magermilchpulver gegenüber Magermilch.

Ein einheitlicher Erstattungssatz wird auch für die Ausfuhr der Milchprodukte „Joghurt und andere in Pulverform, granuliert oder *in anderer fester Form*" nach Tarifstelle 0403-9071 ff des GZT gewährt. Ein bayrischer Molkereiproduktenhändler exportierte 50.000 kg Buttermilch nach Polen, für die Ausfuhrerstattungen gemäß der vorgenannten Tarifierung beantragt und gewährt wurden, weil die Buttermilch auf dem Transport in Speziallastwagen die deutsch-polnische Grenze in festem Zustand passierte. Sie war hierzu eingefroren worden. Beim Empfänger wurde die offensichtlich nur für den Transport eingefrorene Ware sogleich wieder aufgetaut und weiterverarbeitet. Nach Prüfung des Sachverhalts wurde ein förmliches Ermittlungsverfahren nicht eröffnet, da ein hinreichender Tatverdacht für strafbare Handlungen nicht gefunden werden konnte.

Dieser Fall zeigt beispielhaft die Merkmale des Umgehungsgeschäfts, insbesondere das Auseinanderfallen von Normzweck und Sachverhalt. Der höhere Erstattungssatz folgte hier aus dem Umstand, daß für die Herstellung fester Produkte aus Milch, z.B. Milchpulver, als Ausgangsprodukt eine mehrfache Menge des Endprodukts, hier Buttermilch, benötigt wird, der im Herstellungsprozeß der Wasseranteil von rund 90 % entzogen wird. Die Formulierung „in fester Form" ließ bei wörtlicher Auslegung den Ausschluß der Erstattung gefrorener Buttermilch nicht zu, obwohl die Ausfuhrerstattung hier dem Zweck der Erstattungsregelung widersprach. Aus den oben stehenden Überlegungen ergibt sich, daß sich nach dem Zweck der Erstattungsregelung der Begriff „fest" nicht auf den Aggregatzustand der Buttermilch, sondern auf das aus Buttermilch durch Flüssigkeitsentzug erzeugte konzentrierte Produkt bezog. In der Tarifierungsregelung hätte daher anstelle des Begriffs „in fester Form", „dehydriert" verwendet werden müssen.

Zuckerkarussell

Für die Ausfuhr von Zucker aus der EG werden ebenfalls Erstattungen gewährt, sofern die Ware im Bestimmungsland für den freien Verkehr, also zum Verbleib dort, bestimmt ist. Ein Zuckerhändler lieferte Zucker in die Tschechische Republik und beantragte Erstattungen für die Ausfuhr, bisher ca. 2 Mio. DM. Entgegen den Angaben wurde die Ware jedoch nicht im Bestimmungsland veräußert, sondern lediglich verarbeitet. Die Verarbeitung des Zucker bestand darin, ihn in Wasser aufzulösen und eine winzige Menge Apfelsaft hinzuzufügen. Das Produkt das nun entstand, enthielt 65 % Zucker, 34 % Wasser und knapp 1 % Apfelsaft. Dieses Erzeugnis wurde sodann aus der Tschechischen Republik wieder in die Gemeinschaft eingeführt und in der gleichen Weise wie Flüssigzucker bei der Fruchtsaftherstellung eingesetzt. Bei der Einfuhr wurde das Gemisch jedoch nicht als Flüssigzucker, sondern als „Apfelsaftkonzentrat Zucker zugesetzt, Apfelsirup, Apfelsaft Zucker zugesetzt" tarifiert, wodurch den Gemeinschaften im Unterschied zur Tarifierung als Flüssigzucker bisher 2,2 Mio. DM Eingangsabgaben entgingen.

4.1. Fallauswertung

4.1.1. Anzahl der Verfahren

Aus der ZKA Stichprobe waren zwei Verfahrensakten nicht zur Auswertung verfügbar. Die einzeln ausgewerteten Verfahrensakten betreffen 33 Verfahren, von denen 26 abgeschlossen sind. Neun Verfahren wurden bei der BLE erhoben, eines über die Anfrage bei Wirtschaftsstaatsanwaltschaften und 23 Verfahren stammen aus der ausgewerteten Stichprobe von Verfahren der Zollfahndungsämter. In sechs Fällen waren die Strafverfahren nach Vorlage des Abschlußberichts der Ermittlungsbehörden zum Auswertungszeitpunkt noch nicht abgeschlossen, in diesen Fällen wurden die Angaben des Abschlußberichts oder der Anklageschrift für die Auswertung verwendet.

4.2. Täterstruktur

4.2.1. Anzahl Tatverdächtige und Tatbeteiligte

Die erfassten Verfahren betrafen 84 Tatverdächtige, wobei diese in 12 Fällen allein handelten. Sechs Verfahren betrafen zwei Tatverdächtige, zwei Verfahren drei und vier Verfahren vier Tatverdächtige. Je ein Ermittlungsverfahren richtete sich gegen sechs, sieben, neun und 14 Personen.

Grafik Fallakten/Tat

Tatverdächtige	1	2	3	4	5	6	7	mehr als 7
Anzahl Verfahren (N=28)	12	6	2	4	-	1	1	2

Die Quote der Einzeltäter lag damit bei 14,28 % der Tatverdächtigen bzw. 42,85 % der Verfahren. Gegen zwei Verdächtige wurden 21,4 % der Verfahren geführt, gegen drei Tatverdächtige 7,1 %, gegen vier Tatverdächtige 14,2 %.

Der Anteil allein handelnder Tatverdächtiger ist hier deutlich geringer als bei sonstigen Betrugstaten und den Wirtschaftsbetrügereien aus den BWE-Verfahren, bei denen der Alleintäteranteil an den Beschuldigten 63,9 % betrug. Ebenfalls ein höherer Anteil allein handelnder Beschuldigter wurde mit 58,6 % für Wirtschaftsbetrügereien ermittelt, während dieser Wert bei allgemeinen Betrugstaten sogar 78,4 % beträgt[864]. Ähnlich hoch wie hier (21,4 %) ist der Anteil von Verfahren gegen zwei Beschuldigte auch laut BWE Erhebung mit 21,2 % bzw. bei Wirtschaftsbetrügereien mit

[864] Liebl, in: Anschluß - u. Vertiefungsuntersuchungen zur BWE S. 32; Leßner S. 144

26,1 %. Bei allgemeinen Betrugstaten waren dagegen nach den Feststellungen von Leßner nur 15,9 % der Verfahren gegen zwei Beschuldigte geführt worden.

Ermittlungsverfahren wegen Subventionsbetrug zum Nachteil der Europäischen Gemeinschaften, Prämienkriminalität ausgenommen, richten sich also seltener gegen einen einzelnen Tatverdächtigen, als Verfahren wegen Wirtschaftsbetrügereien oder anderer Wirtschaftskriminalität.

4.2.2. Alterstruktur

Zur Altersstruktur der Tatverdächtigen kann ausgesagt werden, daß von 79 Tatverdächtigen drei Personen zum Zeitpunkt des Tatbeginns zwischen 21 und 25 Jahre alt waren, 7 Personen zwischen 25 und 30 Jahren, 25 Personen waren der Altersgruppe von 30 bis 40 Jahren, 23 der Altersgruppe von 40 bis 50 Jahren, 16 der Gruppe von 50 bis 60 Jahre und vier der Gruppe über sechzig zuzuordnen.

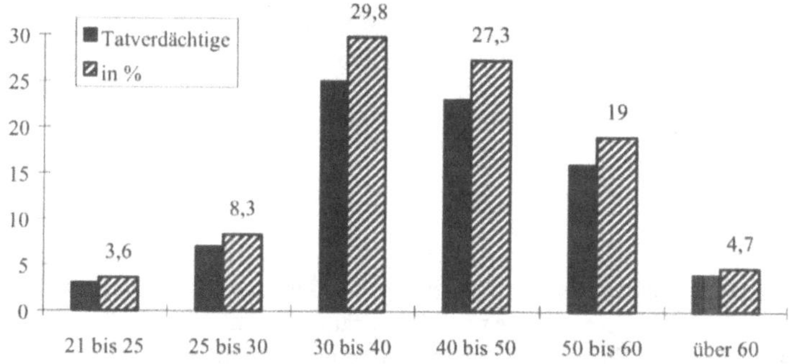

Die meisten Tatverdächtigen waren danach zwischen 30 und 40 Jahre alt, nachfolgend die Altersgruppe von 40 bis 50 Jahre und die Gruppe der Tatverdächtigen zwischen 50 und 60 Jahren. Nachfolgend werden nochmals zum Vergleich die Altersklassenverteilung der Tatverdächtigen bzw. Beschuldigten gem. § 264 StGB nach der Strafverfolgungsstatistik und der PKS, wie auch der BWE Untersuchung für Wirtschaftsbetrüger und sonstige Betrüger

Alter in Jahren (Anteile in %)	bis 30	30-40	40-50	50-60	über 60
PKS [865]	9,70	24,30	31,32	24,70	9,99
Strafverfolgung-§ 264					
1977-1986	13,31	29,91	34,11	17,11	5,53
1986-1997	11,15	24,79	28,70	26,21	8,15
Betrug BWE[866]	16,00	38,80	24,50	15,40	5,30
Betrug allg.	40,90	32,30	17,40	6,40	3,00

Ein Vergleich der unterschiedlichen Werte ergibt, daß die Tatverdächtigen bzw. Verurteilten bei Taten gemäß § 264 StGB sowohl nach der polizeilichen Kriminalstatistik, als auch nach der Strafverfolgungsstatistik durchschnittlich älter sind, als die Beschuldigten bei Wirtschaftsstraftaten, den im Rahmen der BWE erfaßten Betrugsstraftaten und allgemeinen Betrugstaten. Bei Subventionsbetrügereien gehören die Täter nach der Strafverfolgungsstatistik und der PKS am häufigsten der Altersgruppe von 40 bis 50 Jahren an. Vorliegend waren die Täter am häufigsten der Altersgruppe der 30 bis 40-jährigen zuzuordnen, nachfolgend der Gruppe von 40 bis 50 Jahren. Das Durchschnittsalter lag bei 42,41 Jahren und damit über dem bei den BWE-Taten bzw den innerhalb der BWE erfassten Betrugstaten ermittelten Wert von 41 Jahren. Das Durchschnittsalter lag jedoch unter dem Durchschnittsalter der Tatverdächtigen bei Subventionsbetrug in Zusammenhang mit Erzeugerprämien.

4.2.3. Ausländeranteil

Der Anteil nichtdeutscher Tatverdächtiger lag bei der zweiten Stichprobe EG- Subventionsbetrug deutlich über dem Anteil bei Prämienkriminalität. Vier Tatverdächtige waren ausländische Staatsangehörige, was einem Anteil von 4,76 % entspricht. Demgegenüber beläuft sich der Anteil der in der PKS von 1977 - 1997 erfassten ausländischen Tatverdächtigen bei Taten gem. § 264 StGB auf 1,49 %.

4.2.4. Geschlecht

Sieben Tatverdächtige waren weiblich, 77 männlich. Der Anteil weiblicher Tatverdächtiger beträgt damit hier 8,3 % gegenüber 91,6 % männlicher Tatverdächtiger. Der Anteil weiblicher Tatverdächtiger liegt bei den hier erfassten Subventionsbetrügereien deutlich unter den bei den BWE Straftaten allgemein mit 14,1 %, bei den Betrugstaten der BWE mit 13,4 % und den allgemeinen Betrugstaten mit 20,2 % ermittelten Prozentsätzen. Diese Werte liegen jedoch über dem in der PKS von 1977

[865] Erfasste Verdächtige gem. § 264 StGB von 1977 - 1997

[866] Leßner S. 55

bis 1997 ausgewiesenen Anteil weiblicher Tatverdächtiger von nur 12,09 %. Bei sonstigen Betrugstaten nach § 263 StGB lag der Anteil weiblicher Tatverdächtiger laut PKS im Jahr 1997 bei 28,39 %.

4.2.5. Familienstand

Bezüglich des Familienstandes konnten für 70 Tatverdächtige Angaben erhoben werden. Danach waren 9 Tatverdächtige (10,7 %), 52 waren verheiratet (61,9 %), 8 waren geschieden (9,5%) und ein Tatverdächtiger verwitwet (1,2%). Diese Verteilung entspricht in etwa derjenigen, die bei Betrugstaten aus der BWE Erhebung festgestellt wurde und gegenüber der allgemeinen Betrugskriminalität einen geringeren Anteil lediger und einen höheren Anteil verheirateter Täter aufweist.

4.2.6. Schul- / Berufsausbildung

In 66 Fällen konnten Angaben zur Schulbildung der Tatverdächtigen erhoben werden. Danach hatten 19 Personen einen Hauptschulabschluß (28,8 %), 36 die mittlere Reife (54,4 %) und 11 das Abitur (16,6 %) erworben. Die spätere Berufsausbildung war bei 49 Tatverdächtigen als Lehre, davon bei 11 Personen mit einem weiteren Fachschulabschluß und bei 11 Personen als Studium angegeben. Drei Tatverdächtige hatten keine Berufsausbildung. Die Schulausbildung ist danach bei der vorliegend ausgewerteten Stichprobe bei 71,2 % der Tatverdächtigen für die Angaben vorlagen, formal höher als der Hauptschulabschluß. Der Anteil von 58,3 % aller Tatverdächtigen die eine Lehrausbildung abgeschlossen oder begonnen haben, ist ähnlich hoch wie der bei Betrug in den BWE Verfahren von Leßner ermittelte Wert von 52,7 %. Erheblich höher liegt der Anteil der Tatverdächtigen, die einen mittleren Schulabschluß erreicht oder die weiterführende Schule begonnen haben. Dies gilt auch für den Anteil von Tatverdächtigen mit Abitur und Studium, der bei den BWE Verfahren mit 11,7 % ermittelt wurde[867]. Die Ausbildung der Tatverdächtigen in der zweiten Stichprobe EG-Subventionsbetrug ist damit besser als die der Beschuldigten der übrigen Wirtschaftskriminalität, die ihrerseits deutlich das Ausbildungsniveau von Tätern allgemeiner Betrugskriminalität übersteigt.

4.2.7. Berufstätigkeit

Zur Berufstätigkeit der Tatverdächtigen wurde eine Zuteilung zu verwaltenden Tätigkeiten in Unternehmen einerseits und handwerklich-manuellen Tätigkeiten andererseits, sowie sonstigen Berufstätigkeiten vorgenommen. Die berufliche Tätigkeit

[867] Leßner S. 62

der Tatverdächtigen im Tatzeitpunkt konnte in 56 Fällen dem kaufmännischen Bereich einschließlich verwaltender Tätigkeiten, in 12 Fällen dem technischen bzw. handwerklichen Bereich zugeordnet werden. Andere Tätigkeiten, wie Tätigkeiten in der Verwaltung oder die externer Berater wurden von 4 Tatverdächtigen ausgeübt. Der Anteil von Tatverdächtigen mit einer beruflichen Tätigkeit, die dem kaufmännischen Bereich, einschließlich verwaltender Tätigkeit, zuzuordnen ist, beläuft sich auf 77 % (66 % von allen), der Anteil handwerklicher Tätigkeit auf 16 % (14,2 % von allen), sonstige Tätigkeiten auf 7% (4,7 % von allen).

Die Mehrzahl der Tatverdächtigen war zum Tatzeitpunkt danach in Unternehmen verwaltend beschäftigt. Für die Beschuldigten wegen Betruges aus der BWE Erhebung ist der Anteil der in Unternehmen verwaltend tätigen Beschuldigten mit 75,5 % (72,4 % von allen) angegeben, während dort 10,3 % der Beschuldigten (9,9 % von allen) handwerklichen Tätigkeiten nachgingen. Der Anteil handwerklich Tätiger ist danach vorliegend etwas größer, als bei den wegen Wirtschaftbetrügereien Beschuldigten. Deutlich ist der Unterschied hinsichtlich der Berufstätigkeit beim Vergleich der Tatverdächtigen aus der zweiten Stichprobe EG-Subventionsbetrug, den Werten der BWE Erhebung und den Betrugstätern der BWE Erhebung mit den Beschuldigten wegen gewöhnlichen Betruges. Bei den Beschuldigten wegen gewöhnlichen Betruges waren nur 35 % (33,3 % von allen) verwaltenden Tätigkeiten zuzuordnen, während 21,4 % von allen keinen Beruf ausübten[868].

4.2.8. Stellung im Unternehmen

Bezüglich der Tatverdächtigen wurde weiter erhoben, welche Stellung sie innerhalb der Unternehmen einnahmen, in denen sie beschäftigt waren. Eine Gruppe umfaßt die mit Geschäftsleitung beschäftigten Personen, also Inhaber von Einzelfirmen, die Geschäftsführer von GmbH´s, Vorstandsmitglieder von Aktiengesellschaften oder Geschäftsführer von Komplementärgesellschaften bei Kommanditgesellschaften. In diese Gruppe waren 31 Tatverdächtige einzuordnen (45,5 %, N= 68). Die weitere Gruppe umfaßte leitende Angestellte, wie Prokuristen und technische oder kaufmännische Leiter bzw. Betriebsleiter. In diese Gruppe fielen 15 Personen (22 %). Die dritte Gruppe erfaßt die sonstigen Angestellten, wie Schreibkräfte, Lagermitarbeiter, Handwerker oder LKW Fahrer denen üblicherweise keine anderen Mitarbeiter untergeordnet sind. Dieser Gruppe waren 18 Tatverdächtige zuzuordnen (26,5 %). Zwei Personen waren Mitarbeiter öffentlicher Einrichtungen, also ohne Stellung in einem Unternehmen. Zwei Personen waren als außenstehende Berater selbständig. Die Tatverdächtigen bei Subventionsbetrug zum Nachteil der EG sind zu zwei Dritteln selbständig oder an leitender Position in Unternehmen beschäftigt[869].

4.2.9. Angaben zum Einkommen

---

[868] Leßner S. 65
[869] ähnl. Heinz ZStW 96 (1984) S.417, 449 für Wirtschaftsstraftäter allgemein; Kaiser / Kerner, S. 593

Die Ermittlungsakten enthielten nur in 23 Fällen bezifferte Angaben zu den Einkommensverhältnissen der Tatverdächtigen, die zudem oft von diesen selbst, bzw. deren anwaltlichen Vertretern stammen und daher im Hinblick auf ihren Zusammenhang mit einem strafrechtlichen Ermittlungsverfahren nur begrenzten Aussagewert haben und zudem oft nur Angaben zu Schwankungsbreiten enthielten. Gleichwohl betrug das monatliche Bruttoeinkommen in 5 Fällen (5,9 %, N=84) über 5.000,- DM, in 9 Fällen (10,7 %) über 3.000,- DM bis 5.000,- DM, in 6 Fällen (7,1 %) zwischen 1.500,- DM und 3.000,- DM und in drei Fällen (3,5 %) unter 1.500,- DM. Das Einkommen der Tatverdächtigen in dieser Stichprobe liegt damit über dem Durchschnittseinkommen. Auch für Wirtschaftsbetrüger wurde in den BWE Fällen ein überdurchschnittliches Bruttoeinkommen (121 % des Durchschnittseinkommens), bei den wegen sonstigem Betrug Beschuldigten ein unterdurchschnittliches Bruttoeinkommen (82 % des Durchschnitts) ermittelt[870].

4.3. Angaben zur Tat

4.3.1. Einzelfälle je Verfahren

Bezüglich der Schadenshöhe ist vorab darauf hinzuweisen, daß vier Fälle eigenständige Ermittlungsverfahren in größeren Tatkomplexen betreffen, bei denen aufgrund der Vielzahl von Vorgängen und Betroffenen mehrere getrennte Ermittlungsverfahren eingeleitet worden waren. Als Schadenshöhe wurde dabei jeweils der Gesamtbetrag des Tatkomplexes, bezogen auf die Höhe der zu Unrecht beantragten oder erlangten Subventionen angegeben, während die Höhe der insgesamt im Verwaltungsverfahren zurückgeforderten Beträge oftmals erheblich höher lagen.

Die Anzahl der Einzelfälle, die Gegenstand des Ermittlungsverfahren waren erstreckt sich zwischen einem Fall bis hin zu 220 Einzelfällen. In fünf der Verfahren war je ein Fall Gegenstand der Ermittlungen, in drei Verfahren ein bis fünf Einzelfälle. Sechs Verfahren betrafen zwischen fünf und zehn Einzelfälle, 9 Verfahren bezogen sich auf 10-50 Einzelfälle. 5 Verfahren hatten 50-100 Einzelfälle zum Gegenstand und drei Verfahrenskomplexe mit 38 Verdächtigen über 100 Einzelfälle. In sechs Fällen war eine Bezifferung der verschiedenen Einzelfälle nicht aus den Akten ersichtlich. Die vorstehende Einteilung ist verfahrensbezogen, allerdings wurde innerhalb der Ermittlungsverfahren gegen die einzelnen Tatverdächtigen oft wegen einer unterschiedlichen Zahl von Einzelfällen ermittelt.

---

[870] Leßner S. 77; Allerdings erfolgte in 80 % der untersuchten Fälle bei Wirtschaftsbetrügern keine Nennung, aaO S.75

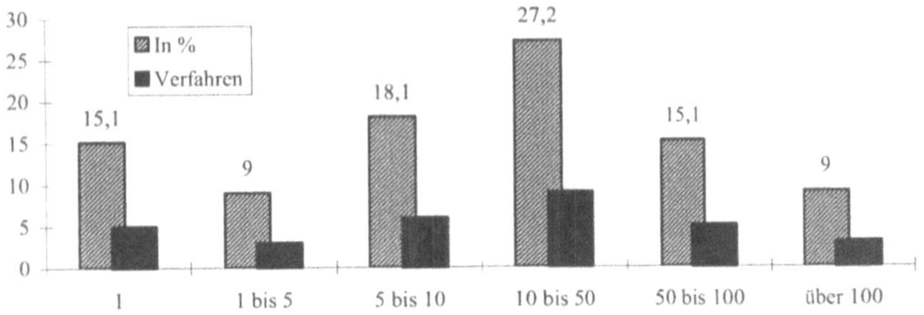

Im Gegensatz zur Stichprobe der Prämienfälle haben in der zweiten Stichprobe lediglich rund 15 % der Verfahren nur einen Einzelfall zum Gegenstand. Dieser Wert liegt unter dem für Wirtschaftsbetrügereien mit 23,3 %, erst recht unter dem bei sonstigem Betrug mit 56,8 % ermittelten Wert[871]. Dies gilt auch für die Anzahl von unter 10 Einzelfällen je Verfahren, die hier in 27 %, bei den Wirtschaftsbetrügereien in 37,7 % einschlägig ist.

4.3.2. Schadenshöhe

Die verfahrensbezogenen Schadensangaben beziehen sich auf den im Ermittlungsverfahren angegebenen, unberechtigt erhaltenen oder beantragten Subventionsbetrag. In zwei Verfahren mit drei Tatverdächtigen war der Schadensbetrag nicht angegeben oder noch näher beziffert.

Die Verteilung der Angaben zur Schadenshöhe zeigt folgendes Bild:

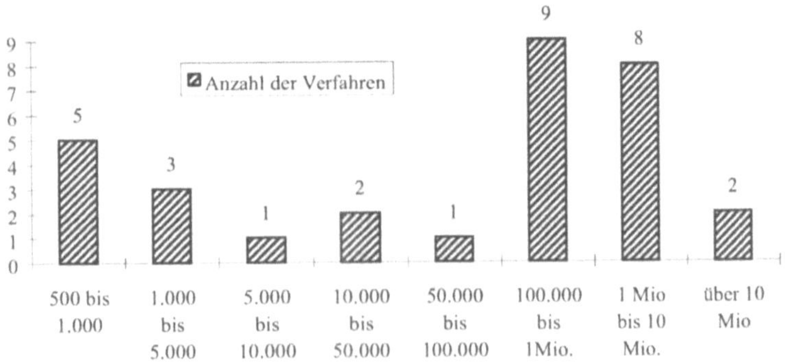

(Angaben in DM)

[871] Leßner S. 146

Die Tatschäden je Verfahren betragen hier in mehr als der Hälfte (57,5 %) der Ermittlungsverfahren über 100.000 DM. Demgegenüber hatten die in der BWE erfaßten Wirtschaftsstraftaten in rund 30 % einen vergleichbar hohen Schadensbetrag zum Gegenstand.

Die Schadenshöhe lag jeweils täterbezogen in einem Fall zwischen 500 und 1.000.- DM, in je drei Fällen zwischen 1.000 und 5.000 DM und zwischen 5 und 10 TDM. Zwei Verfahren bezogen sich auf einen Schaden von 10 bis 50 TDM, vier auf einen Schaden zwischen 50 und 100.000 DM. Gegen 18 Tatverdächtige wurde wegen Schäden zwischen 100 und 500 TDM ermittelt. In 5 Fällen wegen eines Schadens zwischen 500 TDM und 1 Mio DM. Schäden über 1 Mio DM bis 10 Mio DM waren Gegenstand von Ermittlungsverfahren gegen 27 Personen. 13 Personen waren Tatverdächtige in Ermittlungsverfahren die sich auf Schadenssummen von über 10 Mio DM bezogen.

Schadenshöhen / Tatverdächtige

von -bis DM	 bis 500	500- 1.000	1.000 5.000	5.000 10.000	10.000 50.000	50.000 100.000	100.000 500.000	0,5 1 Mio	1 Mio 10 Mio	 >10
Anzahl	-	5	3	4	2	4	18	5	27	13
in %	0	5,9	3,5	4,7	2,3	4,7	21,4	5,9	32,1	15,4

Der Unterschied der hier festgestellten Schäden zu den Schadensbeträgen, die für andere Wirtschaftsstraftaten ermittelt wurden ist erheblich und dürfte darin begründet sein, daß zwei Verfahren mit sehr hohen Schadensbeträgen von über 10 Mio DM von der Stichprobe erfaßt wurden. Gegen rund 63 % der Tatverdächtigen wurden Ermittlungen wegen eines Tatschadens von über 500.000 DM geführt. Als von der Staatsanwaltschaft überprüfter Tatbestandsschaden pro Beschuldigtem sind in der BWE Erhebung für 39,5 % der Beschuldigten die Schadensbeträge mit weniger als 50.000 DM ausgewiesen, allerdings wurden auch bei Wirtschaftsbetrügereien für knapp 1/5 der Beschuldigten Schadenshöhen unter 10.000 DM ausgewiesen (3,2 % unter 1.000 DM; 12,9 % von 1.000 DM bis 10.000 DM; 18,5 % von 10.000 DM bis 50.000 DM)[872]. Deutlich niedriger ist auch der in der PKS ausgewiesene Tatbestandsschaden der dort von 1977 bis 1997 erfaßten Verfahren, die in knapp 11 % Taten mit einem Schaden über 50.000 DM zum Gegenstand hatten. Allerdings ist darauf hinzuweisen, daß nach der Vertiefungsuntersuchung zur BWE die dort erfaßten Verfahren nach § 264 StGB für 37 % der Beschuldigten Schäden über 100.000 DM ausweisen. Das läßt darauf schließen, daß Subventionsbetrug als Wirtschaftsdelikt höhere Schäden als der Durchschnitt der Wirtschaftsstraftaten verursacht. Der verfahrensgegenständliche Durchschnittsschaden der Verfahren mit Schäden unter 10 Mio DM be-

[872] Leßner S. 149

trägt hier 1.707.000,- DM[873]. Dieser Betrag liegt über den Durchschnittswerten, die für Wirtschaftsstraftaten in der BWE Erhebung festgestellt wurden. Mit 99.600 DM ist der Durchschnittsschaden der in der PKS erfaßten Verfahren wegen Subventionsbetruges erheblich niedriger. Niedriger sind auch die Durchschnittswerte der wiedereinzuziehenden Beträge, die für Unregelmäßigkeiten im Garantiebereich des EAGFL gemeldet wurden. Hier liegt der Durchschnittswert je gemeldeten Fall zwischen 1990 und 1995 bei 197.400 Ecu, also ca. 403.000 DM[874]

Der Tatschaden bei Subventionsbetrug zum Nachteil der EG ist damit in den anderen, als den Prämienfällen im Durchschnitt hoch und liegt über dem früher allgemein für Wirtschaftskriminalität ermittelten Durchschnittswert. Einzelfälle von Subventionsbetrug zum Nachteil der EG verursachen in Deutschland sogar Schäden von jeweils über 10 Millionen DM.

4.3.3. Unternehmensform

In dieser Kategorie wurde bezüglich der Tatverdächtigen erhoben, welcher Rechtsform das Unternehmen angehörte, aus dem die verfahrensgegenständliche Tat begangen wurde. Die Erhebung nach Tatverdächtigen erfolgte, weil in einigen Fällen die Tatbeteiligten aus verschiedenen Firmen unterschiedlicher Rechtsform gemeinsam handelten. Die betroffenen Unternehmen waren in 7 Fällen Einzelunternehmen, drei Tatverdächtige waren im Rahmen von Kommanditgesellschaften tätig, sechs in GmbH u. Co KG´s, bei 44 Tatverdächtigen waren die fraglichen Taten aus Gesellschaften mit beschränkter Haftung heraus begangen worden und in drei Fällen aus Aktiengesellschaften. In elf Fällen handelte es sich um öffentliche Körperschaften bzw. Behörden oder um Verbände in Form des eingetragenen Vereins, um eingetragene Genossenschaften, um Kapitalgesellschaften nach ausländischem Recht oder um freiberuflich Tätige.

---

[873] Ohne die in zwei Verfahren festgestellten Schadenssummen von 48 Mio DM und 76,3 Mio DM, die die Gesamtbeträge zurückgeforderter Zahlungen betrafen

[874] Durchschnittswerte lt. Jahresberichte Betrugsbekämpfung zum Kurs 1992 = 1 Ecu / 2,044 DM

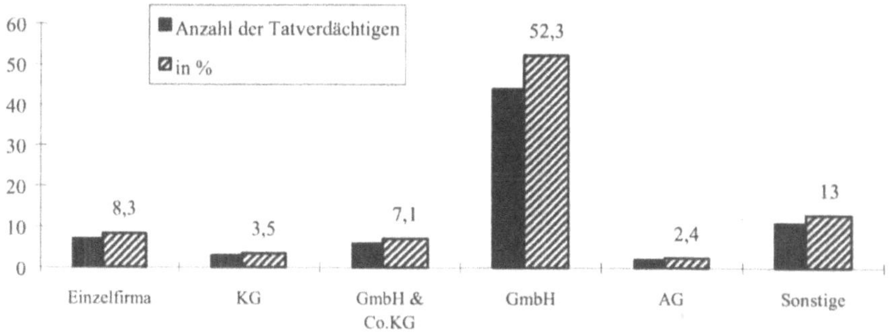

Die meisten Tatverdächtigen arbeiteten vorliegend in Unternehmen, die in Rechtsform der GmbH organisiert waren. Für die zwischen 1976 und 1980 für die BWE Erhebung gemeldeten Fälle von Wirtschaftsbetrug wurde ebenfalls zumeist die Rechtsform der GmbH (bei 37,1 % der Beschuldigten), nachfolgend jedoch die Einzelfirma (bei 32,7 % der Beschuldigten) festgestellt.

4.3.4. Betroffene Ausgabenbereiche

Die Aktenermittlung hatte bereits ergeben, daß der weitaus größte Teil der Ermittlungsverfahren wegen Subventionsbetruges zum Nachteil der Europäischen Gemeinschaft im Zusammenhang mit den Ausgaben des Garantiefonds für Landwirtschaft steht. Nur ein Verfahren wurde im Zusammenhang mit Ausgaben der Strukturfonds ermittelt.

Die Angaben zu den als betroffen überprüften Subventionen wurden täterbezogen ebenfalls erfaßt, da innerhalb umfangreicher Ermittlungsverfahren nicht alle Tatverdächtigen im Verdacht standen Beiträge zur Erlangung aller unter Umständen betroffenen Subventionen geleistet zu haben und bisweilen mehrere Subventionen angegeben waren. Währungsausgleichsbeihilfen wurden in den Akten erwähnt, jedoch stets nur im Zusammenhang mit Ausfuhrerstattungen als überprüfte Ausgabenbereiche aufgeführt. Gegen acht Tatverdächtige wurden Ermittlungen sowohl im Zusammenhang mit der Falschtarifierung bzw. Falschkennzeichnung von Rindfleisch bei der Erlangung von Ausfuhrerstattungen und der unberechtigten Beantragung von Beihilfen zur Lagerhaltung geführt.

Die betroffenen Ausgabenbereiche getrennt nach Ermittlungsverfahren und Tatverdächtigen, stellen sich wie folgt dar:

	Zahl	%	Tatverdächtige
Ausfuhrerstattung Rindfleisch	11	33,3	35
Intervention Lagerhaltung Rindfleisch	7	21,2	12
Ausfuhrerstattung Milch u. Käse	6	18,1	10
Beihilfe z. Verarbeitung Milchpulver	2	6,0	4
Ausfuhrerstattung Getreide	2	6,0	6
Beihilfe f. Rapssaat / Öl	1	3,0	3
Beihilfe Lagerhaltung Schweinefl.	1	3,0	3
Ausfuhrerstattung Zucker	1	3,0	1
Beihilfe Lagerhaltung Getreide	1	3,0	1
Ausfuhrerstattung Obst u. Gemüse	1	3,0	1
Investitionsbeihilfen Kleinunternehmen	1	3,0	1

Danach richteten sich die meisten Ermittlungsverfahren gegen Taten im Zusammenhang mit der Zahlung von Ausfuhrerstattungen für Rindfleisch und die Interventionskäufe von Rindfleisch, wobei dies ausländische Interventionsstellen betraf, sowie Ausfuhrerstattungen für Milch und Milchprodukte. Im Zusammenhang mit Ausfuhrerstattungen wurde somit gegen 65,5 % der Tatverdächtigen ermittelt. Dies Ergebnis stimmt auch mit den Feststellungen der Vertiefungsuntersuchung zur BWE insoweit überein, als dort 62 von 101 Beschuldigte[875] (61,3 %) Taten bei Ausfuhrerstattungen zuzuordnen waren. Ebenfalls wiederholt erfaßt wurde in der BWE Vertiefungsuntersuchung Subventionsbetrug bei Verarbeitungsprämien für Milchpulver zu Futterzwecken, während ansonsten verschiedene Beihilfen als Tatobjekt ermittelt wurden. Die Häufigkeit mit der die genannten Ausgaben von Subvbentionsbetrug betroffen sind, entspricht im wesentlichen auch dem Bild, das sich aus der Auswertung der von den Mitgliedstaaten an die Kommission gemeldeten Fälle von Unregelmäßigkeiten ergibt. Danach waren insgesamt die meisten Unregelmäßigkeiten bei Ausgaben für Milch und Milchprodukte zu verzeichnen, wobei dies auf die erhebliche Anzahl von Fällen bei den Nichtvermarktungsprämien zurückzuführen ist. Zudem sind die absoluten Zahlen gemeldeter Fälle in diesem Bereich seit Ende der achtziger Jahre leicht rückläufig. Die Häufigkeit von Taten im Zusammenhang von Ausfuhrerstattungen mit Rindfleisch entspricht ebenfalls dem Ergebnis der Auswertung der Mitteilungen deutscher Dienststellen über Unregelmäßigkeiten an die Kommission, wie auch die demgegenüber zahlenmäßig geringere Betroffenheit anderer Garantieausgaben. Keine Fälle wurden mit der Stichprobe im Marktbereich Olivenöl erfaßt, was ebenfalls den Mitteilungen zu Unregelmäßigkeiten aus Deutschland entspricht, denen zufolge dieser Marktbereich fast ausschließlich in anderen Mit-

[875] Nicht berücksichtigt sind dabei die in der BWE Anschlußuntersuchung erfaßten 35 Fälle im Zusammenhang mit der Nichtvermarktungsprämie Milch, da vorliegend die diesen vergleichbaren Prämienfälle gesondert erfaßt sind

gliedstaaten der Gemeinschaft, dort jedoch in erheblichem Umfang von Unregelmäßigkeiten betroffen ist. Auch nach dem Ergebnis der hier vorgenommenen Stichprobenerhebung ist Subventionsbetrug bei den Ausgaben der Strukturfonds in Deutschland vor 1995 so gut wie nicht festgestellt worden. Eine nähere zeitliche Zuordnung der an die Kommission gemeldeten Unregelmäßigkeiten nach dem Zeitpunkt in dem die jeweilige Unregelmäßigkeit eingetreten ist, kann mangels entsprechender Angaben in den Kommissionsberichten nicht vorgenommen werden, so daß auch ein Abgleich der Angaben zu Unregelmäßigkeiten und Straftaten gem. § 264 StGB in zeitlicher Hinsicht nicht möglich war.

Nachfolgend die Verteilung der Verfahren nach der Höhe des im Ermittlungsverfahren untersuchten Tatschadens und Ausgabenbereich:

bis DM	1.000	10.000	100.000	1 Mio	10 Mio	>10 Mio
Ausfuhrerstattung Rindfleisch			1	2	6	1
Intervention Rindfleisch	2	1	1			
Ausfuhrerstattung Milch u. Käse	1	2	1	1		1
Beihilfe Lagerhaltung Schweinefl.				1		
Beihilfe Verarbeitung Milchpulver			1	1		
Ausfuhrerstattung Getreide				1	1	
Beihilfe f. Rapssaat / Öl				1		
Beihilfe Lagerhaltung Getreide	1					
Ausfuhrerstattung Zucker	1					
Ausfuhrerstattung Obst u. Gemüse		1				
Investitionsbeihilfen Kleinunternehmen				1		

Die Verteilung der Schadensklassen zeigt, daß besonders hohe Schäden bei Subventionsbetrug im Zusammenhang mit Ausfuhrerstattungen für Rindfleisch auftreten. Kein Ermittlungsverfahren in diesem Bereich hatte in der Stichprobe einen Tatschaden von unter 100.000 DM zum Gegenstand. Demgegenüber waren die Beträge, die für die gleichzeitig überprüften Interventionsausgaben in diesen Verfahren als betroffen genannt waren vergleichsweise gering. Schäden über 1 Mio DM waren ausschließlich im Zusammenhang mit Ausfuhrerstattungen festzustellen. Dies entspricht auch den Angaben, die der Kommission zu Unregelmäßigkeiten vorliegen, wonach insbesondere im Zusammenhang mit den Erstattungsausgaben überdurchschnittlich hohe Schadensbeträge festzustellen sind.

4.3.5. Tatortverteilung

Bei der Tatortverteilung wurden jeweils die Nennungen zum Tatort gewertet die sich aus den Ermittlungsakten ergaben. Diese Angaben entsprachen in der Regel bei Unternehmen dem Betriebsort. Bei 7 Tatverdächtigen fehlten Angaben zum Tatort. Die Tatortverteilung stellt sich, wiederum jeweils bezogen auf die Tatverdächtigen, wie folgt dar :

Bei 24 Tatverdächtigen war als Tatort eine Kommune mit nicht mehr als 20.000 Einwohner (20,77 %) angegeben. In 16 Fällen hatte der Tatort zwischen 20.000 und 100.000 Einwohner (31,16 %), in 12 Fällen zwischen 100.000 und 500.000 Einwohner (15,58 %). In 22 Fällen lag der Tatschwerpunkt in Großstädten mit mehr als 500.000 Einwohnern (28,57 %). In drei Fällen waren mehrere Orte angegeben.

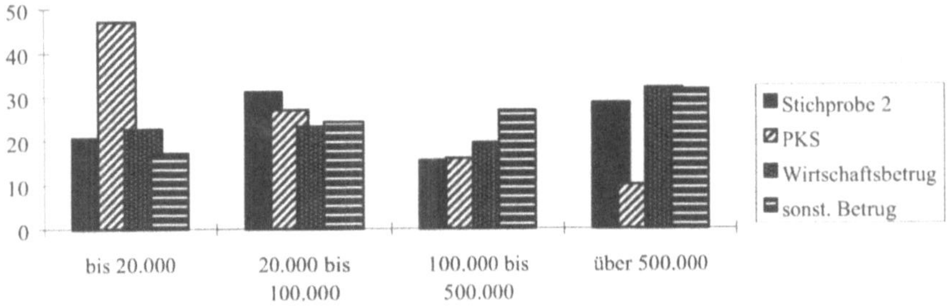

Die Verteilung der Tatorte zeigt gegenüber den Prämienfällen in der zweiten Stichprobe einen deutlich höheren Anteil an Taten, die in Städten begangen wurden. Auch gegenüber der Tatortverteilung bei Verfahren gem. § 264 StGB in der PKS ergibt sich vorliegend eine Verschiebung zu Gunsten von Städten und dabei besonders deutlich zu Gunsten der Großstädte. Der Vergleich mit den von Leßner gefundenen Verteilungen bei Wirtschaftsbetrügereien aus der BWE Erhebung zeigt eine tendenzielle Übereinstimmung der Tatortverteilung, ausgenommen den Anteil von Kleinstädten, der vorliegend größer ist, als in der dortigen Erhebung.

4.3.6. Auslandsberührung

Eine Auslandsberührung wurde in 26 Fällen festgestellt, 7 Fälle wiesen keine auf. In der Stichprobe enthalten waren zudem drei Anfragen ausländischer Behörden zu Ausfuhrverfahren im Zusammenhang mit dort geführten Ermittlungsverfahren gegen Marktteilnehmer. In 9 Fällen waren Länder in Afrika (Marokko, Tunesien, Ägypten, Togo, Dem. Rep. Kongo / Zaire, Elfenbeinküste) berührt, zumeist als angegebene Zielorte für Ausfuhren von Rindfleisch und Rindern. In sechs Fällen betraf die Auslandsberührung Länder des Nahen Ostens (Jordanien, Saudi Arabien) und die Türkei. In sechs Fällen waren andere Mitgliedstaaten der EU (Frankreich, Italien, Niederlande, Großbritannien, Griechenland, Portugal, Spanien) berührt. 5 Fälle betrafen die ehemalige UdSSR und osteuropäische Länder (Polen, Tschechische Republik, Bulgarien, Albanien) und ein Fall die Philippinen. Davon wiesen drei Fälle Auslandsberührung sowohl mit EU Mitgliedstaaten, als auch anderen Staaten auf.

In den Fällen der zweiten Stichprobe war damit in den meisten Fällen eine Auslandsberührung festzustellen.

4.4. Verfahrensangaben

4.4.1. Anlaß und Einleitung des Ermittlungsverfahrens

Soweit den Akten Angaben hierzu entnommen werden konnten, wurde ermittelt, ob die Aufdeckung der Tat durch eine Anzeige Dritter, etwa aus persönlicher Rache oder um dem Konkurrenten zu schaden, durch Hinweise anderer Dienststellen einschließlich der EU Kommission oder durch Kontrollen festgestellt wurden. Die Ermittlungen wurden in neun Fällen anläßlich von Betriebsprüfungen, in sechs Fällen durch physische Warenkontrollen, in drei Fällen durch Anzeigen oder Hinweise Dritter, in vier Fällen ausländischer Dienststellen, in weiteren sechs Fällen durch Mitteilungen der EU Kommission über Unregelmäßigkeiten veranlaßt. In drei Fällen stießen die Behörden auf Subventionsbetrügereien im Rahmen strafrechtlicher Ermittlungen wegen anderer Delikte, z.B. Verstößen gegen das Lebensmittelrecht oder Steuerstraftaten.

Der Anteil der Verfahren, in denen die nachträgliche Überprüfung von Geschäftsunterlagen zur Aufnahme der Ermittlungen führte lag hier bei rund einem Drittel. Auch in den Fällen, in denen zunächst allgemeine Hinweise der Kommission oder ausländischer Dienststellen zu häufig festgestellten Betrugstaten vorlagen, wurden anschließend die Ermittlungen aufgrund durchgeführter Betriebsprüfungen eingeleitet. Unter Berücksichtigung dieser Ermittlungsverfahren sind in über der Hälfte der Fälle die Ermittlungsverfahren auf die Überprüfung von Geschäftsunterlagen zurückzuführen. Dies deckt sich auch mit den von Kommission getroffenen Feststellungen, wonach rund zwei Drittel der von den Mitgliedstaaten mitgeteilten Fälle von Unregelmäßigkeiten anläßlich der nachträglichen Kontrolle von Geschäftsunterlagen entdeckt wurden. Dabei läßt sich aus den Mitteilungen jedoch nicht erkennen, ob diese Aufdeckungen auf zufällig durchgeführten Überprüfungen beruhten, oder ob diese bereits aufgrund eines konkreten Verdachts der Behörden hinsichtlich des Unternehmens, seiner Geschäfte oder nach Hinweisen anderer Dienststellen durchgeführt wurden. Allerdings wurden die Überprüfungen der Andienung von Rindfleisch in die Intervention aufgrund der Ergebnisse vorheriger Überprüfungen der italienischen

Lagerbestände eingeleitet. Die Kontrollen im Zusammenhang mit den Ausfuhrerstattungen für Zuchtrinder beim Export nach Polen und die CSSR wurden eingeleitet, nachdem den Behörden zunächst die Vervielfachung dieser Exporte aufgefallen und dann die Vorgehensweise der Täter bekannt geworden ist. Diese Kontrollen erfolgten also bereits aufgrund bestehender Verdachtsmomente.

Zwischen dem ermittelten Ende der Taten und der Einleitung des Ermittlungsverfahrens lagen bei 14 Verfahren weniger als ein Jahr, in sechs Fällen zwischen 12 und 18 Monaten, in acht Fällen zwischen anderthalb und zwei Jahren, in vier Fällen zwischen zwei und drei Jahren und in einem Fall drei Jahre.

Die Einleitung der Verfahren wurde in 23 Fällen von Zolldienststellen vorgenommen, in drei Fällen durch allgemeine Staatsanwaltschaften und in sieben Fällen durch Wirtschaftsstaatsanwaltschaften, davon in vier Fällen nach Mitteilung durch die Subventionsbehörde. Die Verfahrenseinleitung erfolgte damit bei Subventionsbetrug zum Nachteil der Europäischen Gemeinschaft in mehr als zwei Dritteln der Fälle in der Zweiten Stichprobe durch die Zolldienststellen. Demgegenüber wurde für Wirtschaftsbetrug eine Einschaltung in die Vorermittlungen der Wirtschaftsstaatsanwaltschaft in 53,4 % und der allgemeinen Staatsanwaltschaften in 34, 2% der Verfahren festgestellt[876].

4.4.2. Dauer der Ermittlungsverfahren

Bei den abgeschlossenen Ermittlungsverfahren lag die Verfahrensdauer bis zur Fertigung des Abschlußberichts der ermittelnden Dienststelle in zehn Fällen unter einem Jahr, in dreizehn Fällen zwischen einem und zwei Jahren, in 6 Fällen zwischen zwei und drei Jahren, in einem Fall zwischen drei und vier Jahren. Die anschließende Dauer der Bearbeitung bis zur Abschlußverfügung, d.h. Anklageerhebung bzw. Einstellungsverfügung, durch die Staatsanwaltschaft dauerte in neun Fällen bis sechs Monate, in sechs Fällen zwischen sechs Monaten und einem Jahr, in vier Fällen zwischen einem und 1 ½ Jahren, in jeweils zwei Fällen zwischen 1 1/2 und zwei Jahren und zwei bis drei Jahre und in drei Fällen länger als drei Jahre. In acht Fällen waren diese Daten nicht zu erheben, in zwei Fällen war zum Zeitpunkt der Auswertung eine Verfügung noch nicht ergangen.

Nachfolgend wird die gesamte Dauer der Ermittlungsverfahren von der Einleitung bis zum Abschluß des Verfahrens bei der Staatsanwaltschaft durch Einstellung, Anklageerhebung oder Strafbefehlsantrag dargestellt. Die erfaßten drei Ermittlungsverfahren mit einer Dauer von unter 6 Monaten wurden durch Einstellung gem. § 170 II

[876] Leßner S. 189

StPO beendet. In der Gesamtdauer enthalten sind die Ermittlungszeiten der Ermittlungsbehörden.

Die Gesamtdauer der Ermittlungsverfahren stellt sich wie folgt dar :

Dauer in Monaten	bis 6	-12	-18	-24	-30	-36	-48	-60
Anzahl Verfahren	3	3	3	7	8	3	4	1
in %	9	9	9	21,2	24,2	9	12,1	3,0

Die Durchschnittsdauer der Ermittlungsverfahren beträgt hier 24,0 Monate. Während für die Verfahren nach § 264 StGB im Rahmen der Anschluß- und Vertiefungsuntersuchung zur BWE keine Angaben zur Verfahrensdauer veröffentlicht sind, ist die Dauer der Ermittlungsverfahren für sämtliche in der BWE erfaßten Verfahren im Zeitraum 1982-1985 mit rund 16,5 Monaten ausgewiesen, jedoch waren umfangreiche Verfahren mit hohen Schäden und mehreren Beteiligten auch mit einer deutlich ansteigenden Dauer der Ermittlungsverfahren verbunden[877]. Der hier festgestellte Wert liegt über der ansonsten für Wirtschaftsbetrügereien ermittelten Ermittlungsdauer der Schwerpunktstaatsanwaltschaften, die mit 23,4 Monaten und 21,0 Monate für allgemeine Staatsanwaltschaften angegeben wurde[878].

Erheblich kürzer ist jedoch die Ermittlungsdauer bei sonstigen Betrugstaten, die für Verfahren der allgemeinen Staatsanwaltschaften mit lediglich 7,1 Monaten ermittelt wurde.

4.4.3. Einstellungen Ermittlungsverfahren

Nach Abschluß der Ermittlungen durch die ermittelnden Dienststellen war für 15 Tatverdächtige eine Entscheidung über die Anklageerhebung bzw. die Einstellung des Verfahrens aus der Akte noch nicht ersichtlich. Von der Staatsanwaltschaft eingestellt wurden hier die Ermittlungsverfahren gegen 28 Tatverdächtige, was einer Einstellungsquote von 33 % entspricht. Die Einstellungsquote bei Ermittlungsverfahren nach § 264 StGB wurde im Rahmen der Vertiefungsuntersuchung zur BWE je nach Herkunft der Fälle unterschiedlich ermittelt. Eine mit 37 % ähnlich hohe Einstellungsquote wiesen die Ermittlungsverfahren nach § 264 StGB auf, die aus der BWE Stichprobe stammten, während die Einstellungsquote bei den Fällen aus der PKS Stichprobe mit 57 % deutlich höher lag[879]. Höher lag die Einstellungsquote mit

[877] Liebl, in: Anschluß- und Vertiefungsuntersuchung zur BWE S. 3

[878] Leßner S. 192

[879] Liebl wistra 1988, S.83; allerdings ist hier zu beachten, daß rund 25 % der PKS Verfahren wegen des Verdachts von Taten im Zusammenhang mit Sozialleistungen eingeleitet wurden und folglich gem. § 170 II StPO einzustellen waren.

49 % auch bei den Fällen aus der Zoll-Stichprobe, wobei diese sowohl der vorliegenden zweiten Stichprobe vergleichbare Fälle, wie auch Ermittlungsverfahren bei Prämienfällen enthielt. Für Wirtschaftsbetrügereien wurde die Einstellungsquote mit insgesamt 49,1 % ermittelt[880]. Danach ist festzustellen, daß die Einstellungsquote bei den hier untersuchten Fällen unter der Einstellungsquote für Wirtschaftsstraftaten im allgemeinen und auch unter der Einstellungsquote der Verfahren wegen Subventionsbetruges liegt, die von den Polizeidienststellen bearbeitet wurden.

Vorliegend wurden von den Staatsanwaltschaften die Ermittlungsverfahren gegen 15 Tatverdächtige nach § 170 II StPO eingestellt. Gegen zwei Tatverdächtige erfolgte die Einstellung vorläufig gem. § 205 StPO, in einem Fall gem. § 153 StPO. Die Einstellung des Verfahrens nach § 153 a StPO wurde in 10 Fällen vorgenommen.

Nachfolgend in Prozent die Anteile der genannten Einstellungen[881] an allen Einstellungen, aufgeschlüsselt nach Einstellungsvorschrift.

	Stichprobe § 264	BWE 85	Vertiefungsuntersuchung BWE § 264		
			PKS	BWE	Zoll
§ 170 II	53,5	47,6	52	62	49
§ 153	3,5	10,8	12	12	9
§ 153a	35,7	22,3	16	24	25

Sowohl bei den hier erfaßten, wie den in der Vertiefungsuntersuchung zur BWE erfaßten Subventionsbetrugsfällen, mit Ausnahme der PKS-Fälle, lag der Anteil der Einstellungen nach § 153 a StPO über dem Vergleichswert bei Wirtschaftsstraftaten im Allgemeinen. Deutlich über diesen Werten lag mit 47,2 % der Anteil der Einstellungen nach § 153 a StPO in den Fällen der Vertiefungsuntersuchung, in denen wegen Subventionsbetruges zum Nachteil der Europäischen Gemeinschaft ermittelt wurde.

Soweit Verfahren gegen Zahlung von Geldbußen gem. § 153 a StPO eingestellt wurden, betrugen diese in je einem Fall DM 2.500,- und 10.000.- DM, in vier Fällen 10-50 TDM, in drei Fällen 50 TDM und in einem Fall zwischen 50 und 100 TDM. Zusammenfassend läßt sich hier sagen, daß Ermittlungsverfahren wegen Subventionsbetrugs zum Nachteil der EG seltener eingestellt werden als andere Wirtschaftsstraftaten und andere Verfahren wegen Subventionsbetruges. Wenn Einstellungen vorgenommen werden, dann geschieht dies häufiger als in den vorgenannten Vergleichsgruppen nach § 153 a StPO gegen Geldbuße und seltener nach § 170 II StPO.

4.4.4. Strafbefehle / Anklageerhebung

---

[880] Leßner S. 214

[881] Die Einstellungen beziehen sich auf die hier vorliegende zweite Stichprobe zu Ermittlungsverfahren gem. § 264 StGB wegen Subventionsbetruges zum Nachteil der europäischen Gemeinschaft, die Angaben der BWE Erhebung für das Jahr 1985 und die Anschluß- und Vertiefungsuntersuchung zur BWE mit den verschiedenen Herkunftsgruppen der Fälle.

Gegen 41 Tatverdächtige sollten nach den Verfügungen der Staatsanwaltschaften Kriminalstrafen verhängt werden, dies entspricht einem Anteil von 48,8 % der Beschuldigten. Auch nach der Anschluß- und Vertiefungsuntersuchung zur BWE wird gegen 53 % der Beschuldigten gem. § 264 StGB Anklage erhoben[882].
Gegen drei Beschuldigte wurden Strafbefehle erlassen, die rechtskräftig sind. In allen drei Fällen betrug die Anzahl der Tagessätze 90, die Höhe der Tagessätze in einem Fall 50,- DM in zwei Fällen 200,- DM. In allen drei Fällen waren die Tatverdächtigen bezüglich der Tatvorwürfe geständig gewesen. Gegen 38 Tatverdächtige wurde Anklage erhoben, wobei diese in je einem Fall zum Einzelrichter und Schöffengericht, in 7 Fällen zur Strafkammer und in 29 Fällen zur Wirtschaftsstrafkammer gelangte. In allen Fällen wurde das Hauptverfahren eröffnet. Die erhobenen Werte und Vergleichswerte anderer Untersuchungen ergeben das nachfolgende Bild bezüglich der Anklagehäufigkeit und dem Spruchkörper zu dem Anklage erhoben wurde.

Anklagehäufigkeit in % der Tatverdächtigen

	Einstellung	Anklage	Strafbefehl
Stichprobe	33,0	54,0	3,6
BWE § 264	37,7	54,0	9,0
Wirtsch.Betrug	49,1	45,9	2,4
Sonst. Betrug	44,8	41,1	8,7

Die Anklagehäufigkeit in den hier untersuchten Fällen ist damit so hoch, wie in den Fällen der Anschluß- und Vertiefungsuntersuchung die aus den BWE Fällen ermittelt wurden und zudem Taten gem. § 264 StGB betrafen. Die Anklagehäufigkeit liegt in diesen Fällen deutlich über den Quoten für Wirtschaftsbetrügereien und sonstigen Betrugstaten. Die Verteilung zwischen Anklageerhebung (95%) und Strafbefehlsantrag (5%) entspricht etwa derjenigen, die in der BWE Vertiefungsuntersuchung mit 98 % Anklagewahrscheinlichkeit und 2 % Strafbefehlsanträgen ermittelt wurde, wobei diese Gesamtgruppe nur die Verfahren enthält in denen keine Einstellung erfolgte[883]. Wenn keine Einstellung erfolgt, wird bei Subventionsbetrug zum Nachteil der Europäischen Gemeinschaften in der Regel Anklage erhoben und kein Strafbefehlsantrag gestellt.

Die Anklageerhebung erfolgte in je einem Fall zum Einzelrichter und zum Schöffengericht, in 33 Fällen jedoch zur Wirtschaftsstrafkammer in drei Fällen zur Strafkammer. In den Fällen, in denen zur Strafkammer Anklage erhoben wurde, geschah dies wegen Urkundenfälschung, bzw. mittelbarer Falschbeurkundung und der Beteiligung

[882] Scherer aaO, S. 102, wobei diese Quote für die Verfahren nach § 264 StGB ohne die von den Finanzbehörden ermittelten Fälle nach dem InvZulG gilt.
[883] Scherer aaO, S. 97

an Subventionsbetrug. Die Aufgliederung der Spruchkörper zu denen Anklage erhoben wurde, ergibt sich aus der nachfolgenden Darstellung:

	Einzelrichter		Schöffengericht		Strafkammer		Wi.-Strafkammer	
	abs.	%						
Stichprobe	1	2,6	1	2,6	3	3,6	33	86,8
BWE § 264[884]		2,0		43,0		2,0		53,0
Betrug BWE[885]		2,7		54,2		25,5		17,6
Sonst. Betrug		53,8		34,6		10,2		1,4

Die Anklageerhebung zum Einzelrichter und Schöffengericht war danach in der zweiten Stichprobe relativ selten. Der weitaus größte Teil der Anklagen erfolgte vorliegend zur Wirtschaftsstrafkammer. Zu beachten ist allerdings, daß die Fälle der Prämienkriminalität in dieser Stichprobe nicht enthalten sind. Werden die in der ersten Stichprobe erfaßten Prämienfälle mit den hier erfaßten Fällen gemeinsam gewertet, erfolgt nur gegen 17 % der Tatverdächtigen eine Anklage zur Wirtschaftsstrafkammer. Dieser Wert bewegt sich in einer vergleichbaren Größenordnung wie die in der Anschluß- und Vertiefungsuntersuchung zur BWE für Taten nach § 264 StGB festgestellte Quote von 11 % der Tatverdächtigen aus den Fällen der Zoll-Stichprobe, gegen die Anklage zur Wirtschaftsstrafkammer erhoben wurde.

Die hier erfaßten Fälle lassen den Schluß zu, daß die Mehrzahl der Anklagen, die wegen Subventionsbetrug zum Nachteil der Europäischen Gemeinschaft erhoben werden, zur Wirtschaftsstrafkammer erhoben werden, sofern es sich nicht um Fälle im Zusammenhang mit Prämien handelt, während die Anklageerhebung zum Einzelrichter oder zum Schöffengericht relativ selten ist.

4.4.5. Hauptverfahren

In allen Verfahren der Stichprobe wurde das Hauptverfahren eröffnet. Daten über die Hauptverhandlung waren nachfolgend in fünf Fällen noch nicht feststellbar, weil die Akten noch bei Gericht waren. In zwei Fällen war zum Auswertungszeitpunkt erst Anklage erhoben worden und gegen drei Tatverdächtige waren die Ermittlungen zwar abgeschlossen, die Verfahren aber noch nicht erledigt, da die Beschuldigten flüchtig waren. Eine teilweise Einstellung gem. § 154 a II StPO wurde bei vier Tatverdächtigen vorgenommen. Die Dauer der Hauptverhandlung lag nur für drei Angeklagte bei einem oder zwei Tagen, während die Hauptverhandlung für 7 Angeklagte über zwanzig bis zu dreißig Verhandlungstage und gegen vier Angeklagte bei 31 Tagen lag. Die Hauptverhandlungsdauer nach Angeklagten stellt sich wie folgt dar:

---

[884] Angaben bezgl. Anschluß- und Vertiefungsuntersuchung zu § 264 / Stichprobe BWE-Fälle
[885] Angaben bezügl. Betrugstaten nach Leßner BWE-Stichprobe und sonstige Betrugstaten

Dauer in Tagen	1	2	3	4	5-10	10-20	20-30	über 30
Angeklagte	1	2	5	2	2	7	6	4

Die durchschnittliche Dauer betrug vorliegend 16,35 Tage, ohne die drei längsten Verfahren bei 8,8 Tagen, und liegt damit erheblich über dem für Wirtschaftsbetrügereien von Leßner ermittelten Wert von 4,3 Tagen[886], der wiederum deutlich über der durchschnittlichen Hauptverhandlungsdauer sonstiger Betrugstaten von 1,6 Tagen liegt.

Teileinstellungen nach § 154 a II StPO erfolgten gegen vier Angeklagte. Totaleinstellungen gem. § 153 a II StPO erfolgten in fünf Fällen. Hierbei beliefen sich die Zahlungen jeweils auf ganz beträchtliche Summen, in einem Fall auf DM 10.000,- in zwei Fällen auf DM 50.000,- und in zwei Fällen auf je 100.000,- DM. Der Anteil der Totaleinstellungen in der Hauptverhandlung nach § 153 a StPO liegt damit hier bei 5,9 % aller Tatverdächtigen und 13 % der Angeklagten. Für Wirtschaftsbetrug ist dieser Wert mit 20,4 % etwas höher ermittelt worden[887].

4.4.6. Verurteilungen

Von den Angeklagten wurden sechs freigesprochen, wobei in einem Fall vier Freisprüche erfolgten da ein ausreichender Nachweis subjektiver Tatbestandsmerkmale nicht möglich war. In zwei Fällen wurde eine Strafbarkeit aus objektiven Gründen verneint. Die Verurteilungsquote an den Aburteilungen betrug hier 61,1 % und entspricht in etwa dem insgesamt für Strafverfahren nach § 264 StGB in der Strafverfolgungsstatistik von 1987-1997 ausgewiesenen Wert von 62,5 %. Die Art der Strafe war vorliegend in neun Fällen Geldstrafe und in 13 Fällen Haftstrafe. Die Ergebnisse der Hauptverhandlung stellen sich wie folgt dar :

Ergebnis :	Freispruch	Einstellung § 153 a	Geldstrafe	Haftstrafe
Angekl.	6	5	9	13
In % der Angekl. (33)	18,1	15,1	27,2	39,3

Vorliegend sind Geldstrafe oder Haftstrafe gegen 66,5 % der Angeklagten verhängt worden, was den Verurteilungsquoten für Wirtschaftstraftäter und Betrügern von 62,6 % und 69,9 % entspricht. Der Anteil der Freisprüche liegt hier über dem für Wirtschaftsbetrüger in der BWE Fallgruppe von Leßner festgestellten Wert von 8,2 %, die Einstellungsquote nach § 153 a StPO liegt unter dem für die genannte Gruppe ermittelten Anteil von 20,4 %.

---

[886] Leßner, S. 231
[887] Leßner, S. 241

4.4.7. Geldstrafen / Freiheitsstrafen

In neun Fällen wurden Geldstrafen verhängt. Diese beliefen sich in vier Fällen auf 30 bis 60 Tagessätze, in zwei Fällen bis 90 Tagessätze und in drei Fällen von 90 bis 120 Tagessätze. Die Höhe des Tagessatzes betrug bei drei Angeklagten bis einschließlich 50 DM, bei vier Angeklagten 50 - 100 DM und zwei Angeklagten über 100 DM.

Tagesätze	<30	30-90	90-120	>120
Angeklagte	0	4	3	0

Sofern Geldstrafen hier verhängt wurden, lagen sie zwischen dreißig und 120 Tagessätzen. Bei einem Drittel der Angeklagten lag die Tagessatzhöhe unter 50 DM, ansonsten darüber. Die Tagessatzhöhe laut Strafverfolgungsstatistik liegt bei Verurteilungen nach § 264 StGB auch in den Jahren 1996/1997 bei 56 % der Verurteilungen unter 50 DM[888].

Freiheitsstrafen wurden in einem Fall in Höhe von einem Jahr und sechs Monaten, in drei Fällen in Höhe von einem Jahr und neun Monaten und in sechs Fällen in Höhe von zwei Jahren verhängt, wobei die Verbüßung jeweils auf Bewährung ausgesetzt wurde. Neben der Freiheitsstrafe wurden in fünf Fällen Geldauflagen ausgesprochen. Je eine Haftstrafe wurde über 3 Jahre und drei Monate sowie über 3 Jahre und sechs Monate, sowie 3 Jahre und zehn Monate verhängt. Eine Freiheitsstrafe war erstinstanzlich mit 5 Jahren festgesetzt worden und wurde nach der Revision des Angeklagten und Aufhebung des Strafausspruches in der erneuten Verhandlung auf drei Jahre und sechs Monate festgelegt, wobei hier diese Verurteilung einbezogen wurde.

Die Verurteilungsquote für Freiheitsstrafen liegt hier bei 39,3 % der Angeklagten bzw. 59 % der Verurteilten und damit deutlich über derjenigen Quote die für Verurteilte in der Strafverfolgungsstatistik zwischen 1987 und 1997 mit 14,3 % ausgewiesen ist. Die Wahrscheinlichkeit, daß eine Freiheitsstrafe verhängt wird ist daher im Fall einer Verurteilung wegen Subventionsbetruges zum Nachteil der Europäischen Gemeinschaft hoch. Die Verbüßung der Freiheitsstrafe wurde vorliegend jedoch häufig zur Bewährung ausgesetzt. Nachfolgend sollen die Anteile der verschiedenen Sanktionen bei Verurteilungen in Prozent dargestellt werden:

	Geldstrafe	Haftstrafe mit	Haftstrafe ohne Bewährg.
Stichprobe	40,9	45,4	13,6
BWE-Betrug	24,6	44,7	30,0
Sonst. Betrug[889]	44,3	25,0	21,3

---

[888] Strafverfolgungsstatistik - Arbeitsunterlage 1996; 1997

[889] Angaben nach Leßner S. 242 für Betrugsstraftaten aus der BWE Erhebung und sonstige Betrugsstraftaten

Zwar ist die Wahrscheinlichkeit, daß eine Freiheitsstrafe bei einer Verurteilung wegen Subventionsbetruges zum Nachteil der Europäischen Gemeinschaft verhängt wird, relativ hoch. Gleichzeitig ist aber gegenüber anderen Betrugstaten, wie auch Wirtschaftsbetrügereien auch die Wahrscheinlichkeit recht groß, daß in diesem Fall die Verbüßung einer Freiheitsstrafe zur Bewährung ausgesetzt wird.

4.5. Zwischenergebnis

Die in der zweiten Stichprobe erfaßten und ausgewerteten 33 Ermittlungsverfahren gegen 84 Tatverdächtige betrafen in der Mehrzahl Subventionsbetrug im Zusammenhang mit Ausfuhrerstattungen und dort wiederum Erstattungen für die Ausfuhr von Rindfleisch und nachfolgend von Milch und Milchprodukten, sowie verschiedenen anderen Leistungen aus Mitteln des EAGFL Garantie. Ein Verfahren betraf Leistungen der Strukturfonds in Portugal zur Regionalförderung bzw. zur Förderung kleiner und mittelständischer Unternehmen. Die Taten waren in der Regel komplex und wurden aus Unternehmen heraus begangen, die zumeist in Rechtsform der GmbH organisiert waren. In über zwei Drittel der Verfahren war eine Auslandsberührung festzustellen, die zumeist Bestimmungsländer bei der Ausfuhr von Marktordnungswaren betraf. Die Taten wurden meistens von mehreren Beteiligten in Städten begangen und betrafen in rund einem Viertel der Fälle über 50 Einzelfälle. Die Schadenssummen sind beträchtlich und lagen hier bei durchschnittlich 1,7 Mio. DM, also deutlich über dem Durchschnittsschaden bei den in der BWE vor 1984 erfaßten Wirtschaftsstraftaten und den in der PKS genannten Schäden. Das Täterprofil weist in der großen Mehrheit (91%) männliche Tatverdächtige deutscher Staatsangehörigkeit mit einem Durchschnittsalter von 42 Jahren aus, die zum großen Teil (62 %) verheiratet sind. Die Täter verfügen in der Regel mindestens über den Hauptschulabschluß, häufig über eine Mittelschulausbildung und eine abgeschlossene Lehre mit weiteren zusätzlichen berufsbezogenen Ausbildungen, wie Fachschulabschluß. Die Berufstätigkeit ist in der Mehrzahl dem verwaltend-kaufmännischen Bereich zuzuordnen, die Täter haben innerhalb von Unternehmen zumeist die Stellung von Inhabern, Geschäftsführern oder von leitenden Angestellten. Das Einkommen der Subventionsbetrüger liegt in der zweiten Stichprobe über dem Durchschnitt. Die Ermittlungsverfahren werden in rund 20 % der Fälle aufgrund tatsächlicher Kontrollen, häufiger jedoch aufgrund von Betriebsprüfungen eingeleitet. Die Dauer der Ermittlungsverfahren betrug vorliegend mit 24,0 Monaten etwas länger als die durchschnittliche Verfahrensdauer bei den in der BWE erfaßten Betrugstaten. Ermittlungsverfahren wegen Subventionsbetruges zum Nachteil der Europäischen Gemeinschaften, ohne Prämienfälle, werden seltener eingestellt, als bei Wirtschaftsstraftaten oder anderen Subventionsbetrügereien. Wenn Einstellungen erfolgen, geschieht dies häufiger gegen Zahlung einer Geldbuße gem. § 153 a StPO als gem. § 170 II StPO. Vorliegend wurde nur in wenigen Fällen ein Strafbefehl beantragt. Die Anklagehäufigkeit ist höher als bei Betrug oder Wirtschaftsbetrug, die Anklage erfolgte hier vorwiegend zur Wirtschaftsstrafkammer. Die Verhandlungsdauer war in den hier erfaßten Fällen mit 8,8 Tagen[890] überdurchschnittlich lang. Die Verurteilungswahrscheinlichkeit betrug 61 % und entspricht insgesamt derjenigen für Wirtschaftsbetrüger oder den Werten der Strafverfolgungsstatistik. Geldstrafen wurden häufiger als bei Wirtschaftsbetrügern verhängt, wobei die Tagessatzhöhe über der bei Taten nach §264 StGB noch 1996 und 1997 verhängten durchschnittlichen Tagessatzhöhe lag. Die Verurteilung zu Freiheitsstrafen erfolgte häufiger als bei Wirtschaftsbetrügereien, wobei die Verbüßung der Strafe für rund drei Viertel der Verurteilten, also häufiger als bei den Vergleichsdelikten zu Bewährung ausgesetzt worden ist.

5. Subventionsbetrug als Form von Wirtschaftskriminalität

Der Vergleich der Daten aus den beiden Aktenstichproben mit den Taten anderer Betrugstaten und dort insbesondere solcher Vergehen, die als Wirtschaftsstraftaten oder Wirtschaftsbetrügereien erfaßt sind, wirft die Frage auf, welche Kriterien verwendet werden, um Delikte als Wirtschaftsstraftaten im Allgemeinen oder Wirtschaftsbetrug im Besonderen zu bestimmen. Diese Frage stellt sich angesichts der Befunde der ersten Stichprobe zu Prämienfällen besonders deshalb, weil Subventionsbetrug allgemein als typische Deliktsform der Wirtschaftskriminalität bezeichnet[891] oder der Gruppe sogenannter Weißer-Kragen-Kriminalität zugeordnet wird[892]. Die Einordnung des Subventionsbetruges in diese Deliktsgruppe entspricht einhelliger Meinung, wird doch auf Subventionsbetrug sogar als Musterbeispiel für Wirtschaftskriminalität hingewiesen[893].

Daher soll hier kurz auf die verschiedenen Definitionsansätze im Laufe der Entwicklung des Begriffs der Wirtschaftskriminalität hingewiesen werden. Da Wirtschaftskriminalität als eigenständiges Forschungsobjekt zuerst im Rahmen soziologischer Forschungen betrachtet wurde[894], wurde diese Deliktsgruppe zunächst aufgrund einer täterbezogenen Klassifizierung eingegrenzt, wobei eine höhere soziale Stellung der Täter als maßgebliches Kriterium herangezogen wurde. Als White-Col-

[890] Ohne drei aufwendige Verfahren gegen mehr als sechs Angeklagte mit einer Dauer über 15 Tage

[891] Tiedemann, Wirtschaftskriminalität als Problem der Gesetzgebung, In: ders., Die Verbrechen in der Wirtschaft S. 17 f; ders. Wirtschaftstrafrecht und Wirtschaftskriminalität Bd. 1 allg. Teil, S. 56; Schneider, Kriminologie, S. 95; RegE BT Drs. 7/3441 Einleitung II S. 14, BT Ausschußbericht BT DrS. 7/5291; Müller / Wabnitz S. 9; Kaiser, Kriminologie, 3.Aufl., § 73 Rz 10 S. 854 f; § 74 Rz 7; Hey / Reck , ZAP 1998 S. 221;

[892] Kaiser, Kriminologie, S. 849; Zur Schwierigkeit ihrer statistischen Erfassung s. Reiss S. 467

[893] s. insbesondere Tiedemann, NJW 1972, S. 657, 659; Der Subventionsbetrug, ZStW 86 (1974), 897 ff; Ders. Wirtschaftstrafrecht und Wirtschaftskriminalität, Bd. 1, 1976, S. 148 f

[894] Sutherland, Edwin, White Collar Criminality; in: American Sociological Review, Vol. 5, 1940; ders. White Collar Crime, New York, 1949, (Reprint 1961), S. 9

lar-Crime wurde danach die Verletzung des Strafrechts durch eine Person der oberen sozialen und ökonomischen Schicht im Rahmen ihrer Berufstätigkeit betrachtet. Diese Definition wurde insbesondere im Hinblick auf das Merkmal der Schichtzugehörigkeit kritisiert[895] und um das, als Schlüsselkriterium bezeichnete[896] Merkmal des Vertrauensmißbrauchs[897] erweitert. Gegen diese Merkmal läßt sich allerdings anführen, daß Vertrauensmißbrauch nicht auf Wirtschaftsdelikte beschränkt ist und insofern keine Trennschärfe aufweist. Zu den täterbezogenen Merkmalen zählt weiter die Begehung der Tat im Rahmen der Berufstätigkeit[898] "occupational crime" bzw. die Begehung mit Hilfe von Unternehmen "corporate crime"[899]. Unterschiedliche Auffassungen werden hier jedoch hinsichtlich der Frage vertreten, ob die Einordnung dieser Straftaten in den Bereich der Wirtschaftskriminalität bedingt, daß der Täter über einen hohen, herausgehobenen sozialen Status bzw. eine hervorgehobene oder leitende Stellung verfügt[900]. Demgegenüber wird darauf verwiesen, daß Wirtschaftsstraftaten i.S. des White Collar Crime auch von kleinen und mittleren Angestellten begangen werden und der soziale Status des Täters kein konstituierendes Merkmal für Wirtschaftskriminalität sei[901]. Hieraus folge, daß bei der Beurteilung der Besonderheiten von Wirtschaftsstraftaten eher auf die Vorgehensweise der Täter, die Tatobjekte[902] und eine besondere Sozialschädlichkeit der Taten[903] abgestellt werden sollte. Eine täterbezogene Abgrenzung verkenne zudem, daß nicht bestimmte Täter, sondern bestimmte Taten kriminalisiert werden müßten[904]. So sei der wirtschaftliche Schaden, der durch wirtschaftsdelinquentes Verhalten angerichtet wird, größer als der sämtlicher anderer Delikte[905]. Wirtschaftsdelinquenz ist geeignet die Wirtschaftsabläufe in ganzen Branchen oder Volkswirtschaften zu beeinflussen oder weitere Delikte als Ergebnis seiner sogenannten Sog- und Spiralwirkung zu verursachen, indem die Wettbewerber dazu gebracht werden sich ebenfalls dieser Verhaltensweisen zu bedienen. Die Schädigung der Finanzwirtschaft des Staates führt mittelbar auch zu einer Schädigung der politischen Entscheidungsfreiheit im Hinblick auf staatliche Finanzplanung oder wirtschaftspolitische Zielsetzungen. Solche Schädigungen der wirtschaftlichen Belange der Allgemeinheit, ihrer Wirtschaft und deren Ordnung, stellen danach das übergreifende Merkmal für Wirtschaftskriminalität dar[906]. Die

---

[895] Zirpins, Wirtschaftskriminalität, S. 34; Otto ZstW 96(1984) S. 340; Kaiser, Kriminologie 3. Aufl., § 72 Rz 20

[896] Kaiser, Kriminologie 3. Aufl., § 72 Rz 6

[897] krit. hiergegen Baumann, JZ 1983, S. 937; krit. auch Otto ZStW 96 (1984) S. 345, der als Besonderheit von Wirtschaftskriminalität nicht die Verletzung von Vertrauen, sondern den Gegenstand des erwähnten Vertrauens -die geltende Wirtschaftsordnung- sieht.

[898] Kaiser, Kriminologie 3.Aufl., § 72 Rz 15; Hey / Reck aaO, S. 218

[899] Kaiser, aaO

[900] Gottfredson / Hirschi, S. 191; wohl auch Hey / Reck aaO S. 218

[901] Mergen, S. 58

[902] Edelhertz, S.12; Tiedemann, Wirtschaftskriminalität als Problem der Gesetzgebung, S. 15

[903] Göppinger, 5. Aufl. 1997, S. 542

[904] Tiedemann, Wirtschaftskriminalität als Problem der Gesetzgebung, aaO

[905] Mergen, S. 61; Heinz, ZStW 96 (1984), S. 417-451, 435

[906] Tiedemann, GA 1969, S. 71-90, 78 f.

Rechtsgüter, die insoweit betroffen sind, können nicht mehr einem personifizierbaren Träger sondern der Gesellschaft als Ganzem, dem Staat oder der Wirtschaft insgesamt zugeordnet werden. In der jüngeren Literatur wird daher davon ausgegangen, ein weiteres gemeinsames Kennzeichen der Wirtschaftsdelikte sei die Verletzung überindividueller Rechtsgüter des Wirtschaftslebens[907]. Eine der verschiedenen Definitionen von Wirtschaftskriminalität bezeichnet sie folglich als Straftaten, die als Profitkriminalität von Personen die im Wirtschaftsleben tätig sind, unter Beeinträchtigung überindividueller Rechtsgüter und/oder durch Mißbrauch von Instrumenten des Wirtschaftslebens begangen wird[908]. Eine allgemein anerkannte, gültige Definition des Begriffs der Wirtschaftskriminalität hat sich bisher jedoch weder in der Strafrechtswissenschaft, noch in der Kriminologie herausgebildet[909].

So, wie die Eingrenzung dessen, was unter Wirtschaftskriminalität zu verstehen sein soll bisher nicht hinreichend präzise vorgenommen werden konnte, besteht auch keine einheitliche Auffassung dazu, welche strafrechtlichen Tatbestände diesem Begriff zuzuordnen sind[910]. Man kann sich jedoch aus Praktikabilitätsgründen zu einer Eingrenzung der in § 74 Abs. 1 Nr. 1-6 GVG genannten Tatbestände bedienen. Auch das im Rahmen der BWE erhobene Aktenmaterial wurde anhand dieser Regelung erhoben. Von den im Rahmen der BWE erfaßten Straftaten war Betrug das häufigste aller Delikte mit einem Anteil von 47,3 % [911]. Soweit Wirtschaftsdelikte auf Betrugsstraftaten entfallen[912], als auch hinsichtlich allgemeiner Betrugsstraftaten, sind in der Bundesrepublik Einzelunteruntersuchungen angestellt worden[913]. Subventionsbetrug gem. § 264 StGB ist gegenüber dem allgemeinen Betrug gem. § 263 StGB nach herrschender Ansicht als Spezialtatbestand anzusehen[914], so daß auch die strafrechtliche Einordnung des Tatbestandes den Vergleich zwischen diesen Delikten nahelegt. Die hierzu wünschenswerte Einschränkung auf Wirtschaftsbetrügereien als Vergleichsgruppe zu Subventionsbetrügereien gestaltet sich jedoch wiederum schwierig, als auch eine allgemein gültige Begriffsbestimmung des Wirtschaftsbetruges nicht existiert[915]. Zunächst wurde zur Abgrenzung des Wirtschaftsbetruges auf seine Begehung als kaufmännischem Betrug, oder im Rahmen einer privatwirtschaftlichen Tätigkeit oder seine Eignung, das Wirtschaftsleben zu stören, also auf tatbezo

---

[907] Tiedemann Wirtschaftsbetrug S. 6; Kaiser, Kriminologie, 3. Aufl. § 74 Rz 5 m..w.N.

[908] Kaiser / Kerner / Sack / Schellhoss 3. Aufl. S. 589;

[909] Otto, Jura 1989 S. 24, 25; Bottke, wistra 1991 S. 2; Leßner, J. S. 6 ; Mergen, Verunsicherte Kriminologie, S. 67; Bottke, wistra 1997, S. 241, 242

[910] Hey / Reck, ZAP 1998, 216 f.; Heinz, ZStW 96 (1984) S. 417, 423

[911] Liebl, in: Anschluß - u. Vertiefungsuntersuchungen zur BWE S. 33

[912] Kaiser, Kriminologie, 3.Aufl. § 74 Rz 24; Mergen, Die Kriminologie, S. 300

[913] Leßner S. 5 ff; Liebl, Die bundesweite Erfassung von Wirtschaftsstraftaten 1984, Einf. S. 32; Berckhauer, Wirtschaftskriminalität und Staatsanwaltschaft,

[914] BT Drs. 7/5291 S. 5; LK-Tiedemann § 264 Rz. 161; SK Samson/Günther 5. Aufl. § 264 Rz. 101; Schö-Schr. Lenckner Rz 86 f; Tröndle Rz. 39; Lackner Rz. 30; a.A. Müller-Emmert / Maier NJW 1976, 1661

[915] Tiedemann Wirtschaftsbetrug S. 2; Leßner S. 2;

gene Merkmale abgestellt. Entsprechende Kriterien finden sich daher auch in den ersten Rundverfügungen für Staatsanwaltschaften zur Behandlung von Wirtschaftsbetrügereien[916]. Neben der Abgrenzung von Wirtschaftsbetrugstaten nach tatbezogenen Merkmalen wurden nachfolgend auch persönliche Tätermerkmale, insbesondere die herausgehobene Stellung des Täters in einem Unternehmen zur Abgrenzung verwendet. Ein anderer Ansatz zur Abgrenzung von Wirtschaftsbetrug und einfachem Betrug bezieht sich vor allem auf die Tatausführung und die dabei verwendeten Mittel und Methoden[917]. Danach bedient sich der Wirtschaftsbetrüger kaufmännischer Handlungsformen mit denen er seine Handlungen tarnt, der zu ermittelnde Sachverhalt stellt sich als unübersichtlich, komplex und umfangreich, der angerichtete Schaden als groß dar. Demgegenüber steht die einfache Betrugstat, der „Schwindel“, eine einfache, plumpe Täuschung durch einen nicht besonders gebildeten oder sozial hoch gestellten Täter, die sich auch ermittlungstechnisch einfach darstellt[918]. Diese Abgrenzung hat den Vorteil, daß sie ohne eine umfangreiche Sammlung einer Vielzahl unbestimmter Begriffe, solche einfachen Sachverhalte auszugrenzen vermag, die nach überwiegender Meinung für eine Einstufung als Wirtschaftsdelikt bzw. als Wirtschaftsbetrug nicht in Frage kommen. Natürlich kann nicht übersehen werden, daß eine solche Bestimmung in erheblichem Maße unscharf ist.

Aus den oben dargestellten Gründen werden die Ergebnisse der hier vorgenommenen Aktenauswertung trotz der Schwächen dieser Begriffe mit den Ergebnissen anderer Untersuchungen zu Wirtschaftsstraftaten und Wirtschaftsbetrügereien verglichen.

6. Vergleich der Stichprobendaten

6. 1. Angaben zur Tat

Die Auswertung der Aktenstichprobe ergab zunächst, daß der größte Teil der Subventionskriminalität zum Nachteil der Europäischen Gemeinschaften in der Bundesrepublik Deutschland zwischen 1989 und 1993 im Zusammenhang mit sogenannten Prämienzahlungen aus Mitteln des EAGFL-Garantie an Erzeuger landwirtschaftlicher Produkte festzustellen ist. Unter Einbeziehung der von der BLE, der Zollverwaltung und den Staatsanwaltschaften genannten Fälle entfielen 76 %, innerhalb der bei der Zollverwaltung erfaßten Fälle 82 % der Verfahren auf diese Deliktsgruppe. Auch die weiteren Verfahren betrafen fast ausschließlich Leistungen des EAGFL-Garantie, lediglich ein Ermittlungsverfahren betraf Ausgaben der Strukturfonds. Am häufigsten betroffen waren von den Garantieausgaben, soweit es sich nicht um Erzeugerprämien

[916] Franzheim, in Tiedemann, Die Verbrechen in der Wirtschaft, S. 111-126, 111
[917] Zirpins / Terstegen, Wirtschaftskriminalität, S. 378
[918] Zu weiteren Definitionsansätzen und Merkmalen s. Leßner S. 12 ff m.w.N.

handelte, die Ausfuhrerstattungen, zunächst für Rindfleisch und dann für Milch und Milcherzeugnisse, sowie Interventionsausgaben für Rindfleisch. Diese Verteilung stimmt mit den aus den Mitteilungen an die EG Kommission zu Unregelmäßigkeiten entnommenen Werten überein, wonach die größte Zahl gemeldeter Unregelmäßigkeiten die Erzeugerprämien betreffen, während die anderen Fälle von Unregelmäßigkeiten sich vor allem auf die Marktordnungen für Milch, Getreide und Rindfleisch beziehen. Mit den Angaben der EG Kommission deckt sich zudem die Feststellung anhand der ausgewerteten Fälle, wonach Subventionsbetrug im Bereich der Prämien im Durchschnitt wesentlich geringere Schäden verursacht, als bei den übrigen Ausgaben aus Gemeinschaftsmitteln.

Subventionsbetrug bei Erzeugerprämien kann kriminalphänomenologisch als einfach eingestuft werden. Die Verfahren hierzu betrafen fast ausschließlich Einzelfälle in ländlichen Tatorten die von einzelnen Tätern begangen wurden und keinen Bezug zu anderen als den landwirtschaftlichen Unternehmen hatten, deren Inhaber der Täter war. Bei den Fällen der anderen Stichprobe waren auch sehr komplizierte Vorgehensweisen der Täter unter Verwendung unrichtiger oder gefälschter Belege, der Beteiligung mehrerer inländischer wie auch ausländischer Unternehmen in Deutschland festzustellen, wobei die Täter zumeist nicht allein, sondern mit mehr als zwei Beteiligten handelten. Die Taten werden hier in Städten begangen, in rund 28 % der Fälle in Großstädten, und weisen einen hohen Anteil an Auslandsberührungen auf. Die Taten standen im Zusammenhang mit Unternehmen, die in über der Hälfte der Fälle als GmbH geführt wurden. Der durchschnittliche Schadensbetrag bei den Prämienfällen lag mit DM 1.725,52 noch unter dem Schwellenwert von 4.000 ECU für Meldungen von Unregelmäßigkeiten an die EG Kommission und weit unter dem für Subventionsbetrug in der PKS ausgewiesenen Durchschnittswert von fast 100.000 DM. Demgegenüber wurde in der anderen Stichprobe für die übrigen Subventionen ein durchschnittlicher Tatschaden von DM 1.707.365,- festgestellt, der auch über den durchschnittlichen Schäden bei den der Kommission von 1990 - 1997 gemeldeten Unregelmäßigkeiten von rund 400.000 DM liegt.

6. 2. Täterstruktur

Das Durchschnittsalter der Tatverdächtigen der Stichprobe Prämienfälle liegt bei 44,68 Jahren, bei der Stichprobe übrige Subventionen bei 42,41 Jahren. Die am häufigsten angetroffene Altersgruppen sind innerhalb der Prämienstichprobe die 50 - 60-jährigen und in der anderen Stichprobe Tatverdächtige zwischen 30 und 40 Jahren. Während das in der Stichprobe der übrigen Subventionen festgestellte Durchschnittsalter mit 42,41 Jahren dem bereits von Leßner ermittelten Durchschnittswert für Wirtschaftsbetrüger nahe kommt, ist das Durchschnittsalter bei den Tatverdächtigen der Prämienfälle deutlich höher, was auf den auffällig hohen Anteil der Altersgruppe von 50 - 60 Jahre zurück zu führen ist. Gleichzeitig ist darauf zu verweisen, daß sich auch aus den Daten der Strafverfolgungsstatistik im langjährigen Vergleich von 1977 bis 1997 ein steigendes Alter der Täter ergibt. Während die Tatverdächtigen der zweiten Stichprobe in ihrer Altersstruktur im wesentlichen mit anderen Wirtschaftsstraftätern übereinstimmen, sind die Täter der Prämienkriminalität deutlich älter. Sowohl nach der PKS (10,8%), wie der Strafverfolgungsstatistik bezüglich § 264 StGB (7,97%) und der Aktenerhebung der zweiten Stichprobe bezüglich EG Subventionen außer Prämien ist der Anteil weiblicher Täter mit 8,3 % gegenüber Wirtschaftsbetrügereien gering. Bei der Prämienerschleichung ist sogar nur ein Anteil von 4,5 % weiblicher Tatverdächtiger in der Aktenstichprobe festzustellen. Die überwiegende Mehrzahl der Tatverdächtigen war verheiratet. Ausländer spielen im Zusammenhang mit den hier untersuchten Fällen eine geringe Rolle, ihr Anteil belief sich an den Tatverdächtigen der zweiten Stichprobe auf 4,76 % und nur 0,9 % bei den Prämienfällen, während die in der PKS erfaßten Fälle von 1980-1995 einen Ausländeranteil von unter 2 % der Tatverdächtigen aufweisen.

Unterschiede zwischen den Stichprobengruppen Prämien- und sonstige Subventionskriminalität sind bezüglich der Schul- und Ausbildung der Täter festzustellen. Der Anteil der Tatverdächtigen mit Abitur und Studium (16 %) und mit mittlerer Reife (54 %) ist in der zweiten Stichprobe zu den sonstigen Subventionen höher, als der von Leßner ermittelte Anteil an Wirtschaftsbetrügern mit hochqualifizierter Ausbildung oder mittlerem Bildungsabschluß. Demgegenüber lassen die erhobenen Angaben im Bereich der Prämienzahlungen auf ein eher durchschnittliches Ausbildungsniveau der Tatverdächtigen schließen. Unterschiede gibt es auch hinsichtlich der Berufstätigkeit der Tatverdächigen. Tatverdächtige im Prämienbereich üben landwirtschaftliche Tätigkeiten aus, die dem handwerklich-technischen Bereich zuzuordnen sind. Demgegenüber sind 77 % der Tatverdächtigen in der zweiten Stichprobe im kaufmännischen Bereich bzw. verwaltend und nahezu die Hälfte (45,5 %) als Geschäftsführer von Firmen, zumeist in Form der GmbH, Inhaber von Einzelfirmen oder vergleichbarer Stellung tätig. Die Fallakten, insbesondere die Abschlußberichte der Ermittlungsbehörden im Prämienbereich enthalten zumeist keine Angaben zu den Einkommensverhältnissen der Tatverdächtigen. In der Tätergruppe bei den sonstigen Subventionen ergibt sich, sofern Angaben verfügbar waren, ein über dem Durchschnitt liegendes Einkommen.

6.3. Verfahrensangaben

Was die Aufdeckung der ausgewerteten Fälle anbelangt, sind unter Einbeziehung beider Stichprobengruppen, physische Kontrollen mit einem Anteil von 80 % die häufigste Entdeckungsmethode. Anzumerken ist jedoch, daß es sich bei den Kontrollen im Prämienbereich nicht um nach dem Zufallsprinzip erhobene Stichproben, sondern um Kontrollen aufgrund der bereits bestehenden Vermutung erheblicher Unregelmäßigkeiten in diesem Bereich handelte. Aus diesem Grund entspricht der

Anteil von Tatfeststellungen durch tatsächliche Kontrollen nicht dem sonst anzutreffenden Anteil an der Aufdeckung von Subventionsbetrug. Bezogen auf die Stichprobe der übrigen Subventionen wurden dort allerdings 19,3 %, also nahezu jeder fünfte Fall eines Subventionsbetruges durch tatsächliche Kontrollen aufgedeckt. In wieweit diese Kontrollen aufgrund bereits bestehender konkreter oder bloß ausgabenspezifischer Verdachtsmomente vorgenommen wurde, ließ sich nicht ermitteln. Die Dauer der Verfahren ist zwischen den Stichprobengruppen unterschiedlich. Während die mehr als 64 % der Prämienfälle innerhalb von eineinhalb Jahren nach Einleitung des Ermittlungsverfahrens abgeschlossen waren, dauerten die anderen Verfahren, betreffend die übrigen Subventionen im Durchschnitt 24,0 Monate von Eröffnung des Ermittlungsverfahrens bis zur Abschlußverfügung der Staatsanwaltschaft. Dieser Wert liegt über der von Leßner für Wirtschaftsbetrug ermittelten Durchschnittsdauer der Ermittlungsverfahren von 23,4 Monaten bei Wirtschaftsstaatsanwaltschaften.

Die Erledigung der Ermittlungsverfahren ohne die Pämienfälle erfolgte in 17,85 % durch Einstellung gemäß § 170 II StPO, bei den Prämienfällen in nur 3 %, wobei hier bereits eine Vorermittlung der Vergabestellen vor der Verfahrensabgabe an die Zollbehörden stattgefunden hatte. Einstellungen nach § 170 II StPO wurden nach Leßner demgegenüber bei 40,2 % der Tatverdächtigen bei Wirtschaftsbetrug vorgenommen. Ermittlungsverfahren wegen Subventionsbetrug zum Nachteil der Europäischen Gemeinschaften werden daher seltener als andere Ermittlungsverfahren nach § 170 II StPO eingestellt.

Die Prämienfälle wurden zu 85,4 % gegen Zahlung einer Geldauflage, zumeist in Höhe der unberechtigt beantragten Prämienzahlung, nach § 153 a StPO eingestellt. Demgegenüber waren Einstellungen gem. § 153 a StPO in nur 12 % der Fälle der zweiten Stichprobe zu ermitteln.

Eine Anklageerhebung erfolgte in 54 % der Fälle der sonstigen Subventionskriminalität, dieser Wert entspricht in etwa dem für Subventionsbetrug in der Anschluß- und Vertiefungsuntersuchung zur BWE ermittelten Wert. Zur Anklageinstanz ist anzumerken, daß bei 86 % der Anklagen, diese zur Wirtschaftsstrafkammer erhoben wurde. In den Fällen der Verurteilung bei Erzeugerprämien, wurden keine Freiheitsstrafen, sondern Geldstrafen bis zu 30 Tagessätzen verhängt. Bei den Tätern der anderen Stichprobe erfolgten demgegenüber häufiger als bei anderen Wirtschaftstraftaten Verurteilungen zu Freiheitsstrafe, deren Verbüßung jedoch ebenfalls häufiger als bei anderen Betrügern zur Bewährung ausgesetzt wurde. Auch bei diesen Verfahrensmerkmalen bestehen erhebliche Unterschiede zwischen den beiden Stichproben.

7. Zur Einschätzung des Dunkelfeldes bei Subventionsbetrug zum Nachteil der Gemeinschaftsausgaben

Wie oben dargestellt, bewegt sich der Anteil an den Gemeinschaftsausgaben, der aufgrund von Unregelmäßigkeiten unrechtmäßig erfolgt ist, nach Angabe der Mitgliedstaaten auf weniger als ein Prozent. Für den Garantiebereich des EAGFL bewegt sich der Anteil der von Unregelmäßigkeiten betroffenen Ausgaben zwischen 0,03 % (1978) und 0,77 % (1994)[919]. Dabei handelt es sich um die Gesamtbeträge, die von den Mitgliedstaaten als infolge von Unregelmäßigkeiten wieder einzuziehend gemeldet wurden und nicht etwa allein um die Schäden, die aufgrund krimineller Handlungen entstehen. Nach einhelliger Auffassung der in diesem Bereich tätigen Praktiker erfaßt dieser Wert kaum die tatsächlich bekannt gewordenen Fälle unrechtmäßiger Ausgaben, mit Sicherheit aber nicht den tatsächlichen Umfang der mit kriminellen Mitteln erlangten Ausgaben[920]. Die Feststellung dieses Sachverhaltes führt zur Frage nach dem anzunehmenden Dunkelfeld im Bereich der Subventionskriminalität zum Nachteil des Gemeinschaftshaushaltes. Die statistische Kriminalitätserfassung in Deutschland durch die polizeiliche Kriminalstatistik und die Strafverfolgungsstatistik ist bereits hinsichtlich der Erfassung bekannter Straftaten insofern mangelhaft, als zum einen eine Differenzierung nach der Herkunft der betroffenen Subventionen nicht vorgenommen wird und zudem ein erheblicher Teil von rund 30 % der Ermittlungsverfahren in der polizeilichen Kriminalstatistik überhaupt nicht erfaßt wird, da diese Fälle von anderen Ermittlungsbehörden bearbeitet werden. Gleichwohl dürften die in der PKS ausgewiesenen Fallzahlen insofern überhöht sein, als aufgrund unzutreffender Subsumtion unter den Subventionsbegriff auch Verfahren im Zusammenhang mit der Gewährung von Sozialleistungen in die Erfassung einbezogen werden. Systematische Untersuchungen zum hier interessierenden Dunkelfeld[921] bei Subventionsbetrügereien zum Nachteil der Europäischen Gemeinschaften fehlen.

Soweit bisher Schätzungen zum Dunkelfeld der Kriminalität zu Lasten der Gemeinschaftsausgaben genannt wurden, beziehen sich diese ohne nähere Differenzierung auf sämtliche Ausgaben oder den Gesamthaushalt der Europäischen Gemeinschaften. Im Bereich der Gemeinschaftsausgaben wird der Umfang von Unregelmäßigkeiten und Straftaten auf 1 % bis 20 % geschätzt. In den von der Kommission herausgegebenen Jahresberichten Betrugsbekämpfung wird allenfalls die Quote der gemeldeten Unregelmäßigkeiten wiedergegeben, die in den neunziger Jahren einschließlich der

---

[919] Finanzberichte EAGFL Garantie und Jahresberichte Betrugsbekämpfung 1977-1997

[920] Mennens, In: Sieber Europäische Einigung S. 86; Sieber SchwZStr Bd. 114, S. 373; Tiedemann, FS-Pfeiffer S. 102

[921] zum Begriff: Kaiser, Kriminologie 3. Aufl. § 37 RN 80; Göppinger Kriminologie 5. Aufl. S. 489 m.w.N.; zu den unterschiedlichen Methoden der Dunkelfeldabschätzung Tiedemann FS-Pfeiffer S. 103 ff.

rechtswidrig verkürzten Eigenmitteleinnahmen rund 1,0 % des Haushalts beträgt[922]. Von Praktikern und Wissenschaftlern, die sich seit langem intensiv mit der Materie befaßt haben, werden dagegen allein bei den Ausgaben der Europäischen Gemeinschaften wesentlich höhere Werte von 5%[923] oder 10 % als unterem Wert bis zu 10 %[924], 15%[925] oder 20 %[926] als naheliegend angegeben.

Die Annäherung an das Dunkelfeld im Zusammenhang mit Straftaten zum Nachteil der Gemeinschaftsausgaben wird alleine wegen der unterschiedlichen Ausgabenarten, den Ausgabenzwecken, den unterschiedlichen Vergabestellen in den Mitgliedstaaten und kontrollierenden Behörden oder Unternehmen, in einer verallgemeinernden Weise nicht möglich sein. Auch die Verlagerung von Haushaltsmitteln zwischen den verschiedenen Haushaltsbereichen verändert das fragliche Dunkelfeld. So gelangt ein internationales Wirtschaftsberatungsunternehmen in einer auf die Niederlande bezogenen Studie zu der Erwartung, Betrugstaten zum Nachteil der Gemeinschaften würden voraussichtlich wegen der Ausweitung der Strukturförderungen um 25 % zunehmen können[927]. Die Abschätzung eines Dunkelfeldes dürfte mit einer zunehmenden Eingrenzung der möglichen Angriffsobjekte und damit auch der für die Beurteilung maßgeblichen Faktoren auch an Aussagekraft gewinnen.

Wie vorstehend gezeigt wurde, bestehen auch innerhalb der Subventionskriminalität ganz erhebliche Unterschiede in Bezug auf die betroffenen Subventionen, die Erscheinungsformen der Taten und die Täterstruktur. Darüber hinaus ist das Auftreten von Subventionskriminalität auch von weiteren nicht vorhersehbaren Umständen beeinflußt, wie das Beispiel des plötzlich auftretenden stoßweisen Exportes von falsch deklarierten Schlachtrindern aus der ehemaligen DDR in die Nachbarstaaten im Jahre 1991 beweist. Die Abschätzung eines Dunkelfeldes kann daher allenfalls zeitlich, möglicherweise auch räumlich, begrenzt und für einzelne Ausgabenarten sinnvoll sein. Bezüglich der in der ersten Stichprobe erfaßten Fälle von Subventionskriminalität im Zusammenhang mit Erzeugerprämien waren rund 40 % der eingegangenen Anträge überprüft und nach Angaben von Mitarbeitern der Zollfahndungsämter strafrechtliche Ermittlungsverfahren eingeleitet worden. Bei den im Rahmen der Stichprobe ausgewerteten Ermittlungsverfahren waren für 80 % der insgesamt zur Bezuschussung angemeldeten Tiere die maßgeblichen Förderungsvoraussetzungen nicht erfüllt. Bezogen alleine auf die kontrollierten Anträge ergibt sich ein Anteil von 42 % unberechtigt beantragter Fördermittel. Geht man von der theoretischen Annahme aus, die nicht kontrollierten Anträge wiesen keine unzutreffenden Angaben auf, beträgt der ermittelte Anteil unberechtigter Anträge immer noch 16,6 % von al-

---

[922] Für 1996 0,85 % und 1997 0,79 % gem. Jahresbericht Betrugsbekämpfung 1997 S.72
[923] Kaiser, Kriminologie 3. Aufl. § 74 RN 29
[924] Pache EuR 1993, S. 176; Sieber in ders.: Europäische Einigung S. 11
[925] Schrömbges, ZfZ 1995, S. 130 - 10 % bis 15 %; Martyn, S. 43
[926] Tiedemann FS Pfeiffer S.106; Europäisches Parlament Antrag PE 80/370 S. 12
[927] de Groot In: Dannecker, Die Bekämpfung des Subventionsbetrugs S.64

len. Im Zusammenhang mit der Ausfuhr unzutreffend als Zuchtvieh deklarierten Rinder aus den Neuen Bundesländern nach Polen und in die damalige CSSR 1991 gaben auf Befragen mit den Ermittlungen befaßte Mitarbeiter der Zollfahndungsämter an, von den zur Ausfuhr angemeldeten 40.000 Tieren hätten nach ihrer Einschätzung aufgrund der bisherigen Erfahrungen in diesem Zusammenhang wohl nur rund 4.000 Tiere den Erstattungsvoraussetzungen entsprochen, was einem Anteil zu Unrecht beantragter Ausfuhrerstattungen von 90 % entspräche[928]. Erheblich gefährdet dürfte insbesondere der Bereich der Ausfuhrerstattungen und dort wiederum aufgrund der hohen Erstattungsbeträge der Bereich der Rindfleischausfuhren sein. Die der Kommission gemeldeten Unregelmäßigkeiten in diesem Bereich haben in den letzten Jahren nicht abgenommen, obwohl die Erstattungsausgaben in dieser Zeit verringert wurden. In diesem Bereich, der der Wirtschaftskriminalität zuzuordnen ist, muß aufgrund der häufig grenzübergreifenden Vorgehensweise der Täter und der Höhe der in Frage stehenden Zahlungen am ehesten auch mit dem Auftreten von Fällen organisierter Kriminalität[929] im Bereich der Ausgaben des EAGFL gerechnet werden, wobei es für das tatsächliche Auftreten organisierter Kriminalität zumindest in Italien bereits erste Hinweise gibt, die sich zum einen auf die Interventionsausgaben und zum anderen auf die Ausgaben des Regionalentwicklungsfonds beziehen[930].

Anhand der hier gewonnen Ergebnisse läßt sich eine nähere Bezifferung eines allgemeinen Dunkelfeldes bei Subventionsbetrug zum Nachteil der Gemeinschaftsausgaben nicht vornehmen. Allerdings kann angenommen werden, daß die Schwankungsbreite des Anteils unrechtmäßig erlangter Subventionen in ihrem oberen Wert derart zu korrigieren ist, daß der Oberwert des Anteils von kriminellen Subventionserschleichungen bezüglich einzelner Ausgaben aus Mitteln der Europäischen Gemeinschaften regional und zeitlich begrenzt auch über 30 % liegen kann.

---

[928] Rump, in: Sieber, Europäische Einigung, S. 89, führt dazu aus, daß der gesamte Lebendvieh-Handel mit Osteuropa, vornehmlich Polen als „potentiell hoch-kriminell verseucht angesehen werden“ muß.

[929] Rieger S. 59; De Groot S. 64 beide In: Dannecker, Die Bekämpfung des Subventionsbetrugs

[930] Jahresberichte Betrugsbekämpfung 1994, 48; 1995, 54; 1996, 23; 1997; 17; Lettieri Franco, S. 99

Zusammenfassung und Ergebnisse

Die Gemeinschaftsausgaben insgesamt, wie auch die hiervon in Form von Subventionen zur Verfügung gestellten Mittel sind bisher stetig gestiegen. Dies betraf zunächst die Garantieausgaben des EAGFL, der nach wie vor den größten Teil der Gemeinschaftsausgaben beansprucht. Der Hauptanteil der in der Bundesrepublik zur Verfügung gestellten Mittel wurde in den Haushaltsbereichen für Milch, Rindfleisch und Getreide verwendet. Seit 1989 ist in den Haushalten der Gemeinschaften eine Verringerung der relativen Anteile der Ausgaben für die Landwirtschaft festzustellen, zugleich sind die Ausgaben der Gemeinschaft für die Strukturfonds und die direkten Förderungen der Gemeinschaft erheblich gestiegen. Dies betrifft in Deutschland ab 1991 insbesondere die in den neuen Ländern bereitgestellten Fördermittel, die nicht mehr für allein wirtschaftsfördernde Maßnahmen, sondern zunehmend mit sozialer Zwecksetzung vergeben werden. Demgegenüber sind die Ausgaben des EAGFL-Garantie nicht im selben Umfang wie die Strukturausgaben gewachsen und in einigen Bereichen, insbesondere bei den Ausgaben für Interventionsankäufe und Ausfuhrerstattungen rückläufig. Zunehmend werden aber verlorene Zuschüsse direkt an die Erzeuger landwirtschaftlicher Produkte ausgezahlt. Durch die Einführung neuer Förderprogramme kommt es zu einer Vervielfachung der möglichen Fördermittelempfänger und der zu kontrollierenden Vergabevoraussetzungen, die zudem bisher auch nicht den Kontrolldiensten bekannte Sachverhalte betreffen.

Der materielle Subventionsbegriff in § 264 Abs. 6 StGB a.F. wies zunächst keine Besonderheiten bezüglich der Subventionen nach Rechtsvorschriften oder aus Mitteln der Europäischen Gemeinschaften gegenüber Subventionen nach Bundes- oder Landesrecht auf. Erweitert wurde der Subventionsbegriff in § 264 Abs. 7 Nr. 2 StGB durch das EG-Finanzschutzgesetz mit dem das völkerrechtliche Übereinkommen zum Schutz der finanziellen Interessen der Europäischen Gemeinschaften umgesetzt wurde. Mit der Ausdehnung des Strafschutzes auch auf nicht wirtschaftsfördernde Leistungen, soweit diese aus Gemeinschaftsmitteln stammen, wurde eine vom bisherigen Begriff abweichende Definition eingeführt, deren Merkmale sich auf das, auch teilweise, Nicht-Vorhandensein einer Gegenleistung und deren fehlende Marktmäßigkeit beschränken. Anhand der verbliebenen und insoweit unveränderten Merkmale lassen sich unzweifelhaft die ohne Gegenleistung als verlorene Zuschüsse gewährten Beihilfen, Prämien und die Ausfuhrerstattungen des EAGFL oder Zuschüsse, Stipendien und Förderungen des Sozialfonds und des Regionalfonds unter den strafrechtlichen Subventionsbegriff subsumieren. Daneben kann aber auch für Interventionsankäufe und Beihilfen zur privaten Lagerung in der Regel deren Subventionseigenschaft bejaht werden, da diesen Leistungen zumeist keine Gegenleistung gegenübersteht, die als marktmäßig gewertet werden könnte. Zur Ermittlung des hier fraglichen Tatbestandsmerkmals der Marktmäßigkeit kann zulässigerweise auch auf Preise außergemeinschaftlicher Parallelmärkte oder Grundsätze eines hypothetischen Wettbewerbspreises zurückgegriffen werden. Auch unter den Subventionsbegriff fallen die direkt aus Gemeinschaftsmitteln gewährten Subventionen, wobei zur Ermittlung der subventionserheblichen Tatsachen i.S. § 264 Abs. 8 Nr. 2 StGB die zur Begründung der Haushaltsansätze gegebenen Erläuterungen und im Rahmen der haushaltsrechtlichen Regelungen gefaßte Kommissionsbeschlüsse die wesentlichen Merkmale nennen müssen, auf denen die Entscheidung der Vergabe von Fördermitteln beruht. Die Abwicklung der Fördermittelgewährung im Rahmen von Verträgen hat dagegen auf die Subventionseigenschaft dieser direkten Förderungen keinen Einfluß. Da ohne Gegenleistung erbrachte Zahlungen aus Gemeinschaftsmitteln mit sozialer Zwecksetzung gem. § 264 Abs. 7 Nr. 2 jetzt anders als gleichartige Zahlungen aus Bundes- oder Landesmitteln dem Strafschutz des § 264 StGB unterfallen, ist die Unterrichtung des Leistungsempfängers über die Mittelherkunft, insbesondere angesichts der Vorfinanzierung von Förderprogrammen aus Bundes-, Landes- und Gemeinschaftsmitteln unbedingt erforderlich.

Die gerade im Zusammenhang mit den Leistungen des EAGFL beschriebenen Umgehungshandlungen zur mißbräuchlichen Erlangung von Subventionen aus Gemeinschaftsmitteln waren über die Regelung in § 4 Abs. 2 SubvG nicht ausreichend zu erfassen, da dem deutschen Gesetzgeber die materielle Befugnis nicht zukam, gemeinschaftsrechtlich geregelte subventionserhebliche Tatsachen zu normieren. Diese Fälle können jetzt über die Regelung in Art. 4 VO/EWG 2899/95 erfaßt werden, der eine materielle, anspruchsausschließende Regelung bezüglich Umgehungshandlungen gemeinschaftrechtlich bestimmt.

Straftaten nach § 264 StGB bei Subventionen aus Gemeinschaftsmitteln sind sowohl als Betrügereien, wie auch als Unregelmäßigkeiten im Sinne des Gemeinschaftsrechts anzusehen. Der im Gemeinschaftsprimärrecht verwendete Begriff der Betrügerei stellt ebenso wie der Unregelmäßigkeitsbegriff des Sekundärrechts keinen strafrechtlichen Tatbestandsbegriff dar. Der Begriff der Betrügerei umschreibt vielmehr als weit gefaßter Zielbegriff die mit strafrechtlichen Mitteln zu bekämpfenden Handlungen zum Nachteil des Gemeinschaftshaushalts. Der Unregelmäßigkeitsbegriff erfaßt, wesentlich weiter als ein strafrechtlicher Begriff, auch bloß formal verwaltungsrechtlich rechtswidrige Sachverhalte. Der nicht an strafrechtlichen Bestimmtheitserfordernissen ausgelegte Begriff von Unregelmäßigkeiten wurde 1972 in den Ausführungsregelungen zur Rahmenverordnung über das Finanzsystem des EAGFL, mithin im Rahmen einer verwaltungstechnischen Ausgabenkontrolle im Gemeinschaftsrecht verankert und gemeinschaftsrechtlich erst mit Art. 1 Abs. 2 der Verordnung VO/EWG 2899/95 definiert. Er erfaßt nun ausdrücklich auch Fälle in denen es zum Eintritt eines Schadens noch nicht gekommen ist. Die zunächst nur für die Agrarausgaben eingeführte Regelung über die Mitteilungspflichten der Mitgliedsstaaten bei Unregelmäßigkeiten wurde nachfolgend zum Vorbild für vergleichbare Regelungen in anderen Ausgabenbereichen, insbesondere den Strukturfonds, wobei dort eine Verordnung über die Mitteilung von Unregelmäßigkeiten erst 1994 in Kraft treten konnte. Gleichwohl ist eine generelle Verpflichtung der Mitgliedstaaten zur

Mitteilung von Unregelmäßigkeiten an die Kommission bislang nicht eingeführt worden.

Die Mitgliedsstaaten haben die Aufdeckung und Verfolgung von Unregelmäßigkeiten zum Nachteil der Gemeinschaftsausgaben in der Vergangenheit nicht durchweg mit Nachdruck betrieben. Zudem besteht die Vermutung, aufgedeckte Unregelmäßigkeiten könnten von den Mitgliedstaaten nicht immer den Kommissionsdienststellen mitgeteilt werden. Nachdem bereits zuvor kaum Mitteilungen der Mitgliedstaaten innerhalb des in Art. 4 VO/EWG 595/91 vorgesehenen Unterrichtungssystems zur schnellen Unterrichtung über Unregelmäßigkeiten übermittelt wurden, sind seit 1994 keine Meldungen mehr erfolgt, so daß eine Unterrichtung der Kommission nach dieser Regelung überhaupt nicht mehr statt findet. Die Auswertung der Mitteilungen der Mitgliedstaaten über Unregelmäßigkeiten nach Art. 3 der 1972 eingeführten und 1991 mit einigen Veränderungen versehenen Melderegelung im Bereich der Garantieausgaben zeigt, daß einige Mitgliedstaaten über erhebliche Zeiträume keine oder nur auffallend wenige Unregelmäßigkeiten mitgeteilt haben und der Gesamtbetrag sämtlicher Unregelmäßigkeiten insbesondere im Zeitraum zwischen 1977 und 1987 als sehr gering anzusehen ist. Besonders auffallend war insofern das fast völlige Fehlen von Mitteilungen über Unregelmäßigkeiten aus Italien, Portugal und Griechenland. Die größte Anzahl der Mitteilungen stammte aus Deutschland, während die Anzahl der Mitteilungen aus Frankreich, wo im Verhältnis zu Deutschland ein wesentlich größerer Anteil der Haushaltsausgaben des EAGFL-Garantie getätigt wird, wesentlich niedriger sind und im Durchschnitt noch unter den Meldezahlen aus Dänemark liegen. Die Gründe dieser offensichtlich zu geringen Mitteilungszahlen sind nach Einschätzung von Praktikern, Wissenschaftlern und den Ergebnissen interner Prüfungen der Kommission neben einer grundsätzlichen Zurückhaltung der Mitgliedstaaten Mitteilungen über Unregelmäßigkeiten zu machen, die aus der Mitteilung möglicherweise für die Mitgliedstaaten resultierenden Rückzahlungsverpflichtungen im Falle einer Anlastung im Rahmen des Haushaltsabschlußverfahrens. In zeitlicher Folge des EuGH-Urteils im sogenannten Griechischen-Mais-Skandal ist ein deutliches Ansteigen der Mitteilungszahlen der Mitgliedstaaten, insbesondere der bis 1990 kaum meldenden Mitgliedsländer zu verzeichnen. Dies gilt insbesondere für Griechenland (von 1981 - 1989 6 Fälle, 1993 211 Fälle), Portugal, Italien und Spanien. Im Zeitraum von 1977 - 1997 ist die Zahl gemeldeter Unregelmäßigkeiten im Bereich des EAGFL, bzw. ab 1991 alleine des EAGFL-Garantie von 169 auf über 2.000 Fälle angestiegen. Bezüglich der betroffenen Marktordnungen sind von den absoluten Fallzahlen zunächst die Marktordnung für Milch, sodann für Getreide und nachfolgend für Rindfleisch am häufigsten von Unregelmäßigkeiten betroffen, wobei jedoch die Auswertung der jeweils ermittelten Fälle stark schwankende Fallanteile an den Marktordnungen ergibt. Zurückgegangen sind im Zeitraum 1977 bis 1997 die Fallzahlen im Bereich der Marktordnungen Milch und Getreide, während der Anteil der Fälle in der Marktordnung für Rindfleisch leicht gestiegen ist. Ganz erheblich gestiegen sind die Fallzahlen und relativen Anteile an den Mitteilungen über Unregelmäßigkeiten im Zusammenhang mit Beihilfen für Olivenölerzeuger und Olivenöl verarbeitende Betriebe. Hohe prozentuale Anteile von Fallmeldungen ergeben sich insbesondere aus der Meldung von Unregelmäßigkeiten im Anschluß an umfassende sektorbezogene Überprüfungen zumeist einer Fördermaßnahme. Ob diese Häufung von Fallzahlen Zufallsergebnisse von Prüfungen in Ausgabenbereichen sind, die besonders für Unregelmäßigkeiten anfällig sind, oder aber eine generelle erhebliche Belastung der Garantieausgaben mit Unregelmäßigkeiten belegt, kann im Wege einer Analyse der Mitteilungen aus den Mitgliedsstaaten nicht festgestellt werden. Als innerhalb des Gesamtzeitraums besonders mit Unregelmäßigkeiten belastet, haben sich insbesondere die Verwendungsbeihilfen von Magermilch und Magermilchpulver, Produktionsbeihilfen und Erzeugerbeihilfen bei Getreide und Rindfleisch, wie auch Ausfuhrerstattungen und dort insbesondere diejenigen für Rindfleisch erwiesen. Eine deutliche Zunahme gab es nach 1990 bei Mitteilungen über Unregelmäßigkeiten im Zusammenhang mit Erzeugerprämien, wobei jedoch auch die Ausgaben des EAGFL-Garantie in diesem Bereich in den letzten Jahren wesentlich zugenommen haben.

Zur Höhe des nach den Mitteilungen der Mitgliedsstaaten wieder einzuziehenden Betrages ist anzumerken, daß sich dieser im Zeitraum von 1977 bis 1997 auf über 2,35 Milliarden Ecu beläuft, was jedoch lediglich einem Anteil von 0,42 % der in diesem Zeitraum getätigten Gesamtausgaben des EAGFL-Garantie entspräche. Die relativen Anteile der im Zusammenhang mit Unregelmäßigkeiten zum Nachteil des EAGFL gemeldeten Ausgaben schwankt zwischen 0,03 % und 0,77 %, wobei der Durchschnittswert im Zeitraum 1990 bis 1997 gestiegen ist und 0,47 % der Garantieausgaben beträgt. Der Schadensbetrag je Fall betrug im Durchschnitt von 1977 bis 1988 ca. 50.000 Ecu, er stieg auf über 150.000 Ecu Anfang der neunziger Jahre und sank in den nächsten Jahren auf rund 105.000 Ecu. Bei Betrachtung der Schadenshöhen in den unterschiedlichen Marktordnungen ergibt sich, daß der durchschnittliche Schadensbetrag unter Einbeziehung der Prämien im Milchsektor deutlich niedriger ist, als der durchschnittliche Schadensbetrag im Bereich der Prämien und Verarbeitungsbeihilfen für Getreide oder Magermilchpulver. Wesentliche Unterschiede bestehen auch bei den Schadensbeträgen im Bereich der Erzeugerprämien für Rindfleisch und den Ausfuhrerstattungen für Rindfleisch je gemeldeten Fall. Unregelmäßigkeiten im Bereich der Verarbeitungsbeihilfen und Ausfuhrerstattungen verursachen im Mittel einen deutlich höheren Schaden, als Fälle im Bereich der anderen Interventionsmaßnahmen. Bei der Schadensverteilung ist zudem zu erkennen, daß mit zunehmender Tendenz ein geringer Anteil der Unregelmäßigkeiten einen Großteil der Schäden verursacht.

Neben der Mitteilungspflicht im Garantiebereich des EAGFL bestehen für die Mitgliedstaaten seit 1994 auch vergleichbare Pflichten bezüglich der Strukturausgaben, wobei die Einführung dieser Mitteilungspflichten nur gegen den Widerstand einiger Mitgliedstaaten möglich war. Nachdem 1993 nur 3 Fälle von Unregelmäßigkeiten gemeldet wurden, waren dies 1997 über 300 Fälle, die Ausgaben des Sozialfonds und zunehmend auch Ausgaben des Regionalfonds betrafen. Die Schadensbeträge in diesen Ausgabenbereichen sind mit durchschnittlich über 400.000 DM seit 1994 höher als im Landwirtschaftsbereich. In Deutschland sind seit Mitte der neunziger Jahre einige Fälle, vornehmlich im Zusammenhang mit Berufsausbildungs- und Qualifizierungsmaßnahmen des ESF in den Neuen Bundesländern gemeldet worden. Auch bei den direkt von den Kommissionsdienststellen verwalteten Förderausgaben, vornehmlich im Bereich der Forschungsförderung, sind seit 1994 von der Kommission Fälle von Unregelmäßigkeiten berichtet worden, wobei es sich 1997 um 42 Fälle mit einem Schadensvolumen von rund 11 Mio. Ecu handelte.

Die Kenntnisse der Kommission über Unregelmäßigkeiten und Straftaten zum Nachteil des Gemeinschaftshaushalts beruhen im wesentlichen auf den diesbezüglichen Mitteilungen der Mitgliedstaaten an die Kommission. Die Unterrichtung der Kommission durch die Mitgliedstaaten ist zwar in einigen Ausgabenbereichen durch Verordnungen geregelt, gleichwohl sind Sanktionen gegenüber den Mitgliedstaaten zur Einhaltung dieser Mitteilungspflichten nicht vorgesehen. Die Kontrolle der Subventionsempfänger ist Aufgabe der Mitgliedstaaten, wobei lediglich in einigen Ausgabenbereichen gemeinschaftsrechtliche Regelungen einen Mindestumfang durchzuführender Kontrollen vorsehen, ohne daß die Einhaltung dieser Kontrollpflichten sanktioniert wäre. Eigene Möglichkeiten, die rechtswidrige Beantragung, Auszahlung und Verwendung von Fördermitteln aus dem Gemeinschaftshaushalt durch Kontrollen selbst zu ermitteln, hatte die Kommission bis zur Einführung der Kontrollverordnung VO/EG 2185/96 nicht.

Die statistischen Sammlungen über Straftaten in Deutschland sind für die Betrachtung von Taten gem. § 264 StGB bei Subventionen aus Gemeinschaftsmitteln nur sehr bedingt geeignet, da die Polizeiliche Kriminalstatistik und die Strafverfolgungsstatistik eine Unterscheidung nach der Herkunft der betroffenen Ausgaben nicht vornehmen. Die PKS enthält zudem nur Angaben über Ermittlungsverfahren, die von den Polizeidienststellen bearbeitet wurden, ohne die von den Staatsanwaltschaften unmittelbar oder von den Zollfahndungsämtern bearbeiteten Fälle. Angaben zu Subventionsbetrug zum Nachteil der Europäischen Gemeinschaften lassen sich lediglich aus dem 1984 erstellten Bericht über eine Anschluß- und Vertiefungsuntersuchung zur Bundesweiten Erfassung von Wirtschaftsstraftaten nach einheitlichen Gesichtspunkten entnehmen, die bezüglich der von den Polizeidienststellen geführten Ermittlungsverfahren nach § 264 StGB zum Ergebnis kam, daß rund 25 % dieser Verfahren im Zusammenhang mit Sozialleistungen geführt worden waren.

Nach der PKS liegt der Anteil der nach § 264 StGB erfaßten an allen Straftaten zwischen 1977 und 1997, außer 1979, stets unter 0,1 %. Während 1997 670.845 Fälle von Betrugsdelikten gem. §§ 263 bis 265 b StGB in der PKS erfaßt waren, belief sich die Zahl der Fälle von Subventionsbetrug auf 800. Die Zahl der in der PKS zwischen 1990 und 1997 erfaßten Tatverdächtigen beläuft sich durchschnittlich auf 801. Die in der PKS erfaßten Taten verursachen in 78 % der Fälle einen Schaden von weniger als 10.000,00 DM, während ein Tatschaden von 100.000 DM nur in 7,3 % der Fälle ausgewiesen ist. Bezüglich der Tatverdächtigen ist anzumerken, daß diese zumeist zwischen 40 und 50 Jahre alt und zu 89,2 % männlichen Geschlechts sind. Auch nach der Strafverfolgungsstatistik sind die meisten wegen Taten nach § 264 StGB Verurteilten männlich und im Alter zwischen 40 und 50 Jahren, wobei der Anteil der unter 40-jährigen Verurteilten im langjährigen Vergleich zwischen 1977 und 1997 abgenommen hat. Die Zahl der Verurteilungen nach § 264 StGB bewegt sich im Jahresdurchschnitt zwischen 1977 und 1997 auf 250 Verurteilungen jährlich. Nur bei 12,7 % der Verurteilungen wurden im Erfassungszeitraum Freiheitsstrafen ausgesprochen, die zudem in 91,8 % der Fälle zur Bewährung ausgesetzt wurden.

Um nähere Vergleichsangaben für Straftaten nach § 264 StGB zum Nachteil der Europäischen Gemeinschaften zu erhalten, wurde vorliegend eine Auswertung von Fallakten vorgenommen. Zur Ermittlung einschlägiger Verfahren wurden zum einen die im EDV-System der Bundesfinanzverwaltung, hier wiederum der Zollverwaltung erfaßten Akten überprüft. Die erste Überprüfung ergab, daß rund 82 % der erfaßten Verfahren nach § 264 StGB zwischen 1989 und 1993 im Bereich der Marktordnungen im Zusammenhang mit Prämienzahlungen an Rindfleischerzeuger standen. Aus der Gruppe dieser Verfahren wurde dann eine erste Aktenstichprobe, betreffend Prämienfälle mit 103 Ermittlungsverfahren und 110 Tatverdächtigen zur Auswertung ermittelt. In einer zweiten Stichprobe bezüglich sonstiger Subventionen aus Gemeinschaftsmitteln wurden 33 Ermittlungsverfahren der Zollverwaltung, der Landwirtschaftsverwaltung und ein bei Schwerpunktstaatsanwaltschaften ermitteltes Verfahren ausgewertet, die insgesamt 84 Tatverdächtige betrafen. In Übereinstimmung mit den, der Kommission vorliegenden Mitteilungen über Unregelmäßigkeiten bei Garantieausgaben ist festzustellen, daß die Mehrzahl der Fälle von Unregelmäßigkeiten, wie Straftaten nach § 264 StGB im Zusammenhang mit Prämienzahlungen steht. Der in der zweiten Aktenstichprobe betroffene Ausgabenbereich war, mit Ausnahme eines Falls im Bereich der Strukturfonds, der EAGFL-Garantie, die dort ermittelten Verfahren betrafen im wesentlichen Ausfuhrerstattungen für Rindfleisch und dort wiederum sowohl Ausfuhren von lebenden Tieren, wie von Schlachtkörpern, Interventionsausgaben für Rindfleisch und Ausfuhrerstattungen für Milch und Milcherzeugnisse. Während die Tatschäden im Zusammenhang mit Prämienzahlungen DM 1.725 betrugen, belief sich die Schadenssumme bei dem Verfahren der zweiten Stichprobe auf DM 1,707 Millionen. Die Schadensbeträge der zweiten Stichprobe lagen damit erheblich über den, für andere Straftaten nach § 264 StGB ausgewiesenen Schadensbeträgen der PKS, während die Prämienfälle erheblich darunter lagen. Die Vorgehensweise der Täter im Zusammenhang mit Erzeugerprämien kann als einfach eingestuft werden, wobei hier fast ausschließlich Einzeltäter und Einzelfälle je Verfahren festzustellen waren. Demgegenüber sind die in der zweiten Stichprobe erfaßten Verfahren als umfangreich und kompliziert zu werten. Die Täter handelten in diesen Fällen zumeist nicht allein, sondern mehr als zwei, in einem Fall bis zu 13

Beteiligten. Die in dieser Gruppe ermittelten Fälle wiesen zu rund 70 % Auslandsberührungen auf und standen im Zusammenhang mit Unternehmen, die in mehr als der Hälfte der Fälle in Rechtsform einer GmbH geführt wurden. Das in den Stichproben ermittelte Täterprofil weicht ebenfalls erheblich voneinander ab. Das Durchschnittsalter der Tatverdächtigen bei den Prämienfällen lag bei 44,6 Jahren, in der zweiten Stichprobe bei 42,41 Jahren, wobei innerhalb der Prämiengruppe die meisten Tatverdächtigen zwischen 50 und 60 Jahre, in der zweiten Stichprobengruppe zwischen 30 und 40 Jahre alt waren. In beiden Stichproben war der Anteil weiblicher Tatverdächtiger mit 8,3 % in der zweiten Stichprobe und nur 4,5 % bei den Prämienfällen gering. Während etwa ¾ der Tatverdächtigen der zweiten Stichprobe in kaufmännischen Berufen bzw. in verwaltender Funktion tätig waren, sind die Tätigkeiten der Tatverdächtigen in der Prämienstichprobe vorwiegend manuell-handwerklichen Tätigkeiten zuzuordnen. Das Ausbildungsniveau der Tatverdächtigen der zweiten Stichprobe ist gegenüber anderen Wirtschaftsstraftätern als überdurchschnittlich anzusehen. Unterschiedlich ist auch die Dauer der Ermittlungsverfahren in den Stichprobengruppen. Während die Ermittlungsverfahren der Prämienfälle zumeist innerhalb von 18 Monaten erledigt wurden, betrug die durchschnittliche Verfahrensdauer in der zweiten Stichprobe 24 Monate. Die Erledigung der Ermittlungsverfahren erfolgte bei den Prämienfällen in 85,4 % der Fälle gegen Zahlung einer Geldauflage bei Einstellung des Verfahrens nach § 153 a StPO, während gegen die Tatverdächtigen der zweiten Stichprobe in 54 % der Fälle Anklage, in diesem Fall zumeist zur Wirtschaftsstrafkammer erhoben wurde. Bei Verurteilungen von Tätern der Prämiengruppe, die durch Einzelrichter erfolgten, wurden ausschließlich Geldstrafen von bis zu 30 Tagessätzen verhängt. Bei den Verurteilungen in der zweiten Stichprobengruppe wurden häufiger Geldstrafen und Freiheitsstrafen auf Bewährung, als Freiheitsstrafen ohne Bewährung, verhängt. Zusammenfassend läßt sich hierzu aussagen, daß es sich bei den festgestellten Fällen im Zusammenhang mit Erzeugerprämien um einfache Betrugstaten handelt, die im Gegensatz zu den Fällen der zweiten Stichprobengruppe nicht als Wirtschaftskriminalität eingeordnet werden können. Sofern Subventionsbetrug zum Nachteil der Europäischen Gemeinschaften grundsätzlich als Wirtschaftsstraftat bezeichnet wird, ist dies insofern zu korrigieren. Subventionskriminalität zum Nachteil der Gemeinschaftsausgaben ist nicht zwangsläufig zugleich Wirtschaftskriminalität.

Was die Frage nach dem Dunkelfeld bei Straftaten zum Nachteil des Gemeinschaftshaushalts, oder der hieraus getätigten Subventionsausgaben anbelangt, kann eine verallgemeinernde Bestimmung nicht getroffen werden, da die Belastung der verschiedenen Förderausgaben mit Subventionskriminalität erhebliche Unterschiede aufweisen dürfte. Aufgrund der hier vorliegenden Ergebnisse im Zusammenhang mit den Prämienfällen, muß jedoch davon ausgegangen werden, daß der Anteil zu Unrecht beantragter Leistungen aus Gemeinschaftsmitteln bezüglich einiger Maßnahmen bisweilen auch mehr als 30 % betragen kann.

Aus den hier dargestellten Ergebnissen ergeben sich auch Vorschläge im Hinblick auf die gemeinschaftsrechtlichen Regelungen im Zusammenhang mit Unregelmäßigkeiten und Straftaten zum Nachteil der Ausgaben aus Gemeinschaftsmitteln. Der Begriff der Unregelmäßigkeit im Sinne der Melderegelungen beinhaltet zwar auch Straftaten, die Einzelregelungen benennen jedoch nicht die von den Mitgliedstaaten zur Unterrichtung über Strafverfahren zu übermittelnden Angaben. Hier scheint es für die Beurteilung des Umfangs von Straftaten zweckmäßig, in den jeweiligen Regelungen über die Mitteilungspflichten der Mitgliedstaaten zu Unregelmäßigkeiten auch die Verpflichtung der Mitgliedstaaten aufzunehmen, Angaben über Strafverfahren im Zusammenhang mit Unregelmäßigkeiten zu übermitteln.

Unmittelbare Sanktionen hinsichtlich der Einhaltung der Mitteilungsverpflichtungen durch die Mitgliedstaaten gegenüber der Kommission sind bisher nicht gemeinschaftsrechtlich verankert. Dies gilt auch in Bezug auf die Verpflichtungen der Mitgliedstaaten bestimmte Kontrollen in einigen Ausgabenbereichen vorzunehmen. Bezüglich der Verpflichtungen, Kontrollen bei Empfängern von Leistungen des EAGFL-Garantie vorzunehmen, wäre zu überlegen, die in Art. 7 der VO/EWG 595/91 vorgesehene Einbehaltsmöglichkeit bei wieder eingezogenen Beträgen erst dann in Anwendung zu bringen, wenn der jeweilige Mitgliedstaat nachweist, seinen Kontrollpflichten hinsichtlich der Ausgaben des EAGFL-Garantie nachgekommen zu sein.

Zur weiteren Entwicklung des strafrechtlichen Schutzes der Gemeinschaftsausgaben, wurde mit dem Übereinkommen zum Schutz der finanziellen Interessen der Europäischen Gemeinschaften ein wichtiger Schritt unternommen. Die bisher für einen Strafschutz der Gemeinschaftsfinanzen ergriffenen Maßnahmen benötigen jedoch angesichts der weiter ausgeweiteten Aufgaben und der Diversifizierung gemeinschaftlicher Fördermittelausgaben zu viel Zeit. Hier könnte sich langfristig der Vorschlag eines auf allgemein anerkannten Prinzipien aufbauenden materiellen Strafrechts und Strafprozeßrechts, wie er mit dem Entwurf eines Corpus Juris zum Schutz der finanziellen Interessen der Europäischen Union vorgelegt wurde, als überlegen erweisen. Die gemeinschaftsrechtlichen Voraussetzungen für seine Umsetzung, zumindest für Teile des materiellen Strafrechts sind bereits jetzt schon vorhanden.

Abkürzungsverzeichnis

a. A.	anderer Ansicht
a.a.O.	am angegebenen Ort
ABl.	Amtsblatt der Europäischen Union
a.F.	alte Fassung
AG	Aktiengesellschaft
AgrarR	Zeitschrift für das gesamte Recht der Landwirtschaft, der Agrarmärkte und des ländlichen Raumes
Anm	Anmerkung
AO	Abgabenordnung
Art.	Artikel
BALM	Bundesanstalt für landwirtschaftliche Marktordnung
BayObLG	Bayerisches Oberstes Landesgericht
BEF	Bundesanstalt für Ernährung und Forstwirtschaft
BGBl	Bundesgesetzblatt
BGH	Bundesgerichtshof
BGHSt	Entscheidungen des Bundesgerichtshofs in Strafsachen
BLE	Bundesanstalt für Landwirtschaft und Ernährung
BMF	Bundesministerium der Finanzen
BMWi	Bundesministerium für Wirtschaft
BSE	Bovine Spongiforme Enzephalopathie
BT Drs.	Drucksache des Deutschen Bundestages
Bull.	Bulletin der Europäischen Gemeinschaft / Union
BWE	Bundesweite Erfassung von Wirtschaftsstrafsachen nach einheitlichen Gesichtspunkten
BZBl.	Bundeszollblatt
bzw.	beziehungsweise
ca	circa
CAP	Common Agricultural Policy
CDE	Cahiers de droit europèen
DB	Der Betrieb
DDR	Deutsche Demokratische Republik
ders./dies.	derselbe/dieselbe
d. h.	das heißt
DJT	Deutscher Juristentag
DOK/KOM	Dokument der Europäischen Kommission
EAGFL (EAGGF)	Europäischer Ausrichtungs- und Garantiefonds für die Landwirtschaft
EBWE	Europäische Bank für Wiederaufbau und Entwicklung
Ecu	European currency Unit
EDV	Elektronische Datenverarbeitung
EEF	Europäischer Entwicklungsfonds

EFRE	Europäischer Fond für regionale Entwicklung
EG	Europäische Gemeinschaft
EGFinSchG	EG-Finanzschutzgesetz
EGKS	Europäische Gemeinschaft für Kohle und Stahl
EGKSV	Vertrag über die Gründung der Europäischen Gemeinschaft für Kohle und Stahl
EGV	Vertrag zur Gründung der Europäischen Gemeinschaft
EIB	Europäische Investitionsbank
EIF	Europäische Investitionsfonds
Einf.	Einführung
EMRK	Europäische Menschenrechtskonvention
endg.	endgültig
EP	Europäisches Parlament
ERE	Europäische Rechnungseinheit
ESF	Europäischer Sozialfond
EU	Europäische Union
EUBestG	EU-Bestechungsgesetz
EUGenStA	Europäischer Generalstaatsanwalt
EURATOM	Europäische Atomgemeinschaft
EUV	Vertrag über die Europäische Union
EuGH	Europäischer Gerichtshof
EuZW	Europäische Zeitschrift für Wirtschaftsrecht
EWG	Europäische Wirtschaftsgemeinschaft
EWGV	Vertrag zur Gründung der Europäischen Wirtschaftsgemeinschaft
f.	folgende Seite
ff.	folgende Seiten
FIAF	Finanzinstrument zur Ausrichtung der Fischerei
Fn.	Fußnote
FS	Festschrift
GA	Goltdammer`s Archiv für Strafrecht
GASP	Gemeinsame Außen- und Sicherheitspolitik
gem.	gemäß
GFK	Gemeinschaftliches Förderkonzept (Strukturfond)
GG	Grundgesetz
GmbH	Gesellschaft mit beschränkter Haftung
GMO	Gemeinsame Marktorganisation
GUS	Gemeinschaft unabhängiger Staaten
GVBl.	Gesetz und Verordnungsblatt
GVG	Gerichtsverfassungsgesetz
GV/ha	Großvieheinheit pro Hektar
GWB	Gesetz gegen Wettbewerbsbeschränkungen
GZT	Gemeinsamer Zolltarif
Hrsg.	Herausgeber

IBAP	Intervention Board of Agricultural Produce
idF	in der Fassung
incl.	inclusive
InVZulG	Investitionszulagengesetz
i.S.	im Sinne
i.V.m.	in Verbindung mit
JA	Juristische Arbeitsblätter
Jura	Juristische Ausbildung
JZ	Juristenzeitung
KG	Kommanditgesellschaft
KK	Karlsruher Kommentar
KMU	kleine und mittlere Unternehmen
KOM	Kommission
krit.	kritisch
LK	Leipziger Kommentar
MAFF	Ministry of Agricultur Fisheries and Food
MinBlWF	Ministerialblatt des Bundesministers für Wirtschaft und Finanzen
Mio	Millionen
MOG	Gesetz zur Durchführung der Gemeinsamen Marktorganisation
Mrd	Milliarden
m.w.N.	mit weiteren Nachweisen
NJW	Neue Juristische Wochenschrift
NStZ	Neue Zeitschrift für Strafrecht
NVwZ	Neue Zeitschrift für Verwaltungsrecht
OFD	Oberfinanzdirektion
OHG	Offene Handelsgesellschaft
OLG	Oberlandesgericht
PBefG	Personenbeförderungsgesetz
PKS	Polizeiliche Kriminalstatistik
RBerG	Rechtsberatungsgesetz
RG	Reichsgericht
RegE	Regierungsentwurf
Rn	Randnummer

RTDE	Revue trimestrielle de droit européen
Rz.	Randziffer
s.a.	siehe auch
Sächs.ABl.	Sächsiches Amtsblatt
SäHO	Sächsische Haushaltsordnung
Schö-Schr.	Schönke-Schröder
SchwZStR	Schweizerische Zeitschrift für Strafrecht
SK	Systematischer Kommentar
Slg.	Amtliche Sammlung
StGB	Strafgesetzbuch
StPO	Strafprozeßordnung
StrRG	Strafrechtsreformgesetz
s. (u./o.)	siehe (unten/oben)
SubvG	Subventionsgesetz
u. a.	unter anderem
UCLAF	Dienststelle zur Koordinierung der Betrugsbekämpfungsmaßnahmen
vgl.	vergleiche
VO	Verordnung
WIKG	Gesetz zur Bekämpfung der Wirtschaftskriminalität
wistra	Zeitschrift für Wirtschaft, Steuern und Strafrecht
z. B.	zum Beispiel
ZfZ	Zeitschrift für Zölle und Verbrauchssteuern
ZFA	Zollfahndungsamt
ZFÄ	Zollfahndungsämter
Ziff.	Ziffer
zit.n.	zitiert nach
ZKi	Zollkriminalinstitut
ZKA	Zollkriminalamt
ZRP	Zeitschrift für Rechtspolitik
ZStW	Zeitschrift für die gesamte Strafrechtswissenschaft
z. T.	zum Teil

Literaturverzeichnis

Bacigalupo Zapater, Enrique, Möglichkeiten einer Rechtsangleichung im Strafrecht zum Schutz der Finanzinteressen der Europäischen Gemeinschaft. In: Dannecker, Gerhard (Hrsg.) Die Bekämpfung des Subventionsbetruges im EG-Bereich, Köln 1993 S.146

Bangard, Annette, Aktuelle Probleme der Sanktionierung von Kartellabsprachen, wistra 1997 S. 161-172

Baumann, Jürgen, Strafrecht und Wirtschaftskriminalität, JZ 1983 S. 935-939

Baumann, Jürgen, Endlich strafrechtliche Bekämpfung des Submissionsbetruges. NJW 1992, S. 1661

Bawly, Dan, The Subterranean Economy in Britain and the Common Market S. 139, 156, in ders. The Subterranean Economy, New York, 1982

Berckhauer, Friedrich Helmut, Wirtschaftskriminalität und Staatsanwaltschaft, Eine Untersuchung materiellrechtlicher und organisationsspezifischer Bedingungen für die Strafverfolgung von Wirtschaftsdelikten, jur. Diss., Freiburg/Br. 1977

Berckhauer, Friedrich Helmut, Die Strafverfolgung bei schweren Wirtschaftsdelikten, Bericht über eine Aktenuntersuchung. Kriminologische Forschungsberichte aus dem Max-Planck-Institut für ausländisches und internationales Strafrecht, Bd. 4, Freiburg 1981

Bleckmann, Albert, Subventionsrecht, München 1978

Bleckmann, Albert, Die Überlagerung des nationalen Strafrechts durch das europäische Gemeinschaftsrecht. In: Beiträge zur Rechtswissenschaft, Festschrift für Walter Stree und Johannes Wessels, Heidelberg 1993 S. 107 bis 114 zit.: Bleckmann FS-Stree

Bleckmann, Albert, Europarecht Das Recht der Europäischen Union und der Europäischen Gemeinschaften, 6.Aufl., Köln 1997

Blei, R., Das Erste Gesetz zur Bekämpfung der Wirtschaftskriminalität vom 20. Juli 1979 (BGBl. I 2034) JA 1976 S. 741 - 44

Blumann, Claude, La réforme de la PAC, RTDE 1993 S. 247

Bobe. B. / Viala H., Une décennie d' évaluation de la R&D à la Commission des Communeautés européennes (1980-1990) Brüssel 1991

Bottke, Wilfried, Das Wirtschaftsstrafrecht in der Bundesrepublik Deutschland - Lösungen und Defizite, wistra 1991 S. 1

Bottke, Wilfried, Standortvorteil Wirtschaftskriminalrecht, müssen Unternehmen „strafmündig" werden ? wistra 1997 S. 241 ff.

Bruns, Wilhelm, Der strafrechtliche Schutz der europäischen Marktordnung für die Landwirtschaft, Berlin 1980

Bundesministerium der Justiz, Anschluß- und Vertiefungsuntersuchungen zur Bundesweiten Erfassung von Wirtschaftsstraftaten nach einheitlichen Gesichtspunkten, Hrsg. Bundesministerium der Justiz, Freiburg, 1984 (zit.: Verfasser, in Anschluß- und Vertiefungsuntersuchungen zur BWE)

Bundesministerium für Wirtschaft (Hrsg.), Wirtschaftliche Förderung in den neuen Bundesländern, Bonn 1992

van Camp, Roger, Problèmes de la coopération européenne en matière de droit pénal. In Sieber, Ulrich, (Hrsg.) Europäische Einigung und Europäisches Strafrecht, Köln, 1993 S.93 f.

Carlsen, Claus, Subventionsbetrug und Subventionsgesetze, AgrarR 1978 S. 267

Coing, Helmut, Europäisierung der Rechtswissenschaft, NJW 1990 S. 937

Commission of the European Communities, Community Support Frameworks 1989-1991 for Converting the regions affected by industrial decline - Federal republic of Germany, Brussels, 1990

Cramer, Peter, Zur Strafbarkeit von Preisabsprachen in der Bauwirtschaft, Wistra Schriftenreihe, Heidelberg 1995

Cubero, Pascual, Le Controle juridictionnel exercé par la Cour de Justice. In: Francoise Tulkens / Christine Van den Wngaert / Ivan Verougstraete (Hrsg.), La protection juridique des intérêts financiers des communautées européennes, Antwerpen / Brüssel, 1992 S. 93

Cuerda Riezu, Antonio, Besitzt die Europäische Gemeinschaft ein ius puniendi ? in: Bausteine des europäischen Strafrechts, hrsg. v. Bernd Schünemann und Carlos Suáres Gonzáles, Köln 1994 S. 367 bis 377 zit.: Cuerda in: Bausteine.

Damm, Gerhard, Zur Problematik von Statistiken über Wirtschaftsdelikte, wistra, 1988 S. 43

Dannecker, Gerhard, Strafrecht in der Europäischen Gemeinschaft, JZ 1996 S. 869-880

Dannecker, Gerhard, Erfahrungen im Bereich der Subventionskriminalität. In: Dannecker, Gerhard (Hrsg.) Die Bekämpfung des Subventionsbetruges im EG-Bereich, Köln 1993 S. 29

Dannecker, Gerhard, Strafrechtlicher Schutz der Finanzinteressen der Europäischen Gemeinschaft gegen Täuschung. ZStW 108 (1996) S. 577-608

Dannecker, Gerhard, Die Entwicklung des Strafrechts unter dem Einfluß des Gemeinschaftsrechts, Jura 1998 S. 79-87

De Angelis, Francesco, Nouvelles initiatives de la communeauté dans le domaine de la prévision de la criminalité au détriment du budget communautaire. In: Sieber, Ulrich, (Hrsg.) Europäische Einigung und Europäisches Strafrecht, Köln 1993 S.95-98

De Groot, Rolf, Erfahrungsbericht aus den Niederlanden unter Berücksichtigung der organisierten Kriminalität. In: Dannecker, Gerhard (Hrsg.) Bekämpfung des Subventionsbetruges im EG-Bereich, Köln, 1993 S. 61-69

De Moor, Lucien, Commission initiatives on the legal protection of the financial interests of the Community. In: Dannecker, Gerhard (Hrsg.) Die Bekämpfung des Subventionsbetrugs im EG-Bereich, Köln 1993 S. 18-22

Delmas-Marty, Mireille (Hrsg.) Corpus Juris der strafrechtlichen Regelungen zum Schutz der finanziellen Interessen der Europäischen Union, Köln 1998

Delmas-Marty, Mireille; Vervaele J.A.E. (Hrsg.) The Implementation of the Corpus Juris in the Member States, Antwerpen, 2000 (zit.: Verfasser in: Implementation)

Dieblich, Franz, Der strafrechtliche Schutz der Rechtsgüter der Europäischen Gemeinschaften, Köln 1985

Diemer-Nicolaus, Emmy, Der Subventionsbetrug. In: Festschrift für Erich Schmitt-Leichner, München 1977

Dumont, Jaques, Contrôle des Etats membres par l' UCLAF et examen des Communications des cas d'irrégularités communiqué par les Etats membres. In: Dannecker, Gerhard (Hrsg.) Bekämpfung des Subventionsbetruges im EG-Bereich, Köln 1993 S.112

Eberle, Lutz, Subventionsbetrug nach § 264 StGB - Ausgewählte Probleme einer verfehlten Reform, Göttingen 1983

Edelhertz, Herbert, The Nature, Impact and Prosecution of White-Collar-Crime, National Institute of Law Enforcement and Criminal Justice, Washington D.C. 1970

Eisenberg, Ulrich, Kriminologie, 4. Aufl., Köln 1996

Europäische Gemeinschaften, Finanzbericht der Europäischen Gemeinschaften 1994, hrsg, Amt für amtliche Veröffentlichungen Luxemburg 1995

Europäische Kommission, Forschung und Technologie, das vierte Rahmenprogramm 1994-1999, Brüssel 1995

Europäische Kommission; Gesamtbericht über die Tätigkeit der Europäischen Union 1996, Brüssel, Luxemburg 1997

Europäische Kommission; Gesamtbericht über die Tätigkeit der Europäischen Union 1997, Brüssel, Luxemburg 1998

Europäische Kommission, Generaldirektion V Beschäftigung, Arbeitsbeziehungen und soziale Angelegenheiten, Der Europäische Sozialfonds, Amt für amtliche Veröffentlichungen der Europäischen Gemeinschaften, Brüssel, Luxemburg 1995, S. 4
Europäische Kommission, Strukturfonds und Kohäsionsfonds 1994 - 1999, Brüssel 1996
Europäische Kommission, Die Europäische Union in Zahlen, Brüssel, 1997
Europäische Kommission, Noel, Émile, Die Organe der Europäischen Gemeinschaft, Brüssel 1993
Europäische Kommission, Beihilfen und Darlehen der EU, Brüssel 1996
Europäische Kommission, Strukturfonds und Kohäsionsfonds 1994 - 1999, Brüssel 1996
Europäische Kommission, Siebter Jahresbericht über die Strukturfonds (1995), Brüssel 1996
Europäische Kommission, Gemeinschaftliches Förderkonzept 1991-1993 für die Gebiete Ost-Berlin, Mecklenburg Vorpommern, Brandenburg, Sachsen-Anhalt, Thüringen und Sachsen, Bundesrepublik Deutschland, Amt für amtliche Veröffentlichungen der Europäischen Gemeinschaften, Luxemburg, 1992
Europäische Kommission, EG-geförderte Forschung und technologische Entwicklung: Einblick in die Handhabung von Projektvorschlägen, Einführung in die Vertragsverhandlungen, Brüssel/Luxemburg 1995
Europäische Kommission, Leitfaden der Gemeinschaftsinitiativen 1994-1999, 1. Aufl., Luxemburg, 1994

Fischer, Hans Georg, Europarecht, 2. Aufl., München 1997
Flaesch-Mougin, C., La CEE et la lutte contre les fraudes au détriment du budget communautaire CDE 1983 S. 393-436
Flaesch-Mougin, C., La CEE et la Lutte contre les Fraudes au Détriment du Budget Communautaire, Revue de Droit pénal et de criminologie, 1984 S. 422
Flaesch-Mougin, C., White Collar Crime and the EEC. In: Leigh, (Hrsg.) Economic Crime in Europe, London 1980
Förster, Hans Jürgen, Der Täterschwund zwischen Polizeilicher Kriminalstatistik und der Strafverfolgungsstatistik, Karlsruhe 1986
Franzheim, Horst, Probleme der Wirtschaftskriminalität aus der Sicht des Staatsanwalts. In: Tiedemann, Klaus, (Hrsg.) Die Verbrechen in der Wirtschaft, Karlsuhe, 1972 S. 111-126
Fuhr, Werner, Subventionsbetrug und Subventionsgesetz. In: Poerting, Peter (Hrsg.) Wirtschaftskriminalität, Teil 1, BKA Schriftenreihe Bd. 52, Wiesbaden 1983, S. 305-315
Fuhrhop, Andreas, Die Abgrenzung der Steuervorteilserschleichung von Betrug und Subventionsbetrug, NJW 1980 S. 1261-1264

Göhler, Erich / Wilts, Walter, Das Erste Gesetz zur Bekämpfung der Wirtschaftskriminalität I, DB 1976, S. 1609-1615
Göhler, Erich / Wilts, Walter, Das Erste Gesetz zur Bekämpfung der Wirtschaftskriminalität II, DB 1976, S. 1657-1662
Göppinger, Hans, Kriminologie. Bearbeitet von Michael Bock u. Alexander Böhm, 5. Aufl. München 1997
Gössel, Karl Heinz, Probleme notwendiger Teilnahme bei Betrug, Steuerhinterziehung und Subventionsbetrug, wistra 85 S. 125-137
Götz, Volkmar, Die Bekämpfung der Subventionserschleichung, Köln 1974
Götz, Volkmar in Börner/Bullinger (Hrsg.) Subventionen im Gemeinsamen Markt, 1978, S. 371
Gündisch, Jürgen, Die Entwicklung des Subventionsrechts 1980 bis 1983,NVwZ 1984, S. 489-494
Grabitz, Eberhard, Europäisches Verwaltungsrecht - gemeinschaftsrechtliche Grundsätze des Verwaltungsverfahrens, NJW 1989 S.1776
Grasso, Giovanni, Nouvelles experériences en matière de sanctions administrative communautaires. In: Dannecker, Gerhard (Hrsg.) Die Bekämpfung des Subventionsbetruges im EG-Bereich. Köln, 1993 S. 127

Groeben, Hans von der / Thiesing, Jochen / Ehlermann, Claus-Dieter, (Hrsg.) Kommentar zum EU-/EG Vertrag, 5. Aufl., Baden-Baden 1997
Gröblinghoff, Stefan, Die Verpflichtung des deutschen Strafgesetzgebers zum Schutz der Interessen der Europäischen Gemeinschaften, Diss., Heidelberg 1996
Grützner, Heinrich / Pötz, Paul-Günter, Internationaler Rechtshilfeverkehr in Strafsachen Bd. 3, 2. Aufl. Heidelberg 1992
Gurski, Hans, Außenhandelskriminalität insbesondere Subventionserschleichung. in Tiedemann, K. (Hrsg.) Die Verbrechen in der Wirtschaft, 1972, S. 39

Hack, Christoph, Probleme des Tatbestands Subventionsbetrug, § 264 StGB, Diss., Berlin 1982
Harding, C.S.P., The European Communties and Control of Criminal Business Avtivities, International and Comparative Law Quarterly, Vol. 31, April 1982 S. 247-262
Hauf, Claus-Jürgen, Kriminalitätserfassung und Kriminalitätsnachweis auf polizeilicher Ebene, Bonn 1992
Heine, Joachim-Friedrich, Kontroll- und Sanktionssysteme des Gemeinschaftsrechts zur Bekämpfung von Betrug und anderen Unregelmäßigkeiten zu Lasten des EG-Haushalts. WiVerw 1996, S. 149-170
Heinz, Wolfgang, Die Bekämpfung der Wirtschaftskriminalität mit strafrechtlichen Mitteln - unter besonderer Berücksichtigung des 1. WiKG, GA 1977, S. 193-221
Heinz, Wolfgang, Konzeption und Grundsätze des Wirtschaftsstrafrechts (einschließlich Verbraucherschutz) Kriminologischer Teil. ZStW 96 (1984), S. 417-451
Heitzer, Anne, Punitive Sanktionen im Europäischen Gemeinschaftsrecht. Heidelberg, 1997
Hey, Andreas / Reck, Reinhard, Wirtschaftsstraftaten und Wirtschaftsstraftäter in den Neuen Bundesländern. ZAP - Ost, 1998, S. 215 ff
von Hippel, Eike, EG-Agrarpolitik Reform oder Elend, ZRP 1986, 277

Jacquemart C., L' entraide douanière entre etats membres. Revue du Marché commun, 1977, S. 300
Johannes, Hartmut, De nouvelles tendances dans le droit pénal des Communautés européennes, Revue Internationale de Droit Pénal, 1971, S. 89-95

Kaiser, Günther; Kerner, Hans-Jürgen; Sack, Fritz; Schellhoss, Hartmut, (Hrsg.) Kleines Kriminologisches Wörterbuch, 3.Aufl. Heidelberg 1993
Kaiser, Günther, Kriminologie - Ein Lehrbuch. 3. Aufl. Heidelberg 1996
Kaiser, Günther, Kriminologie - Eine Einführung in die Grundlagen. 10. Aufl., Heidelberg 1997
Karpenstein, Peter, Die Finanzierung der Agrarpolitik der Europäischen Gemeinschaften, Grundzüge und Rechtsprobleme, Saarbrücken 1985
Keller, Horst / Maier, Gerhard, Skandal im Kühlhaus - Dubiose Geschäfte in der EG, Bonn 1987
Kießner, Ferdinand, Kreditbetrug - § 265 b StGB: eine Untersuchung zur Einführung und Anwendung des Sondertatbestandes zur Bekämpfung der betrügerischen Erschleichung von Krediten, Freiburg 1985
Kommission der Europäischen Gemeinschaften, 11. Gesamtbericht über die Tätigkeit der Europäischen Gemeinschaften 1977, Brüssel 1978

Kommission der Europäischen Gemeinschaften, L' EUROPE VERTE, Lutte Contre Les Fraudes au Détriment du fonds agricole, Brüssel 1982
Kommission der Europäischen Gemeinschaften, 15. Gesamtbericht über die Tätigkeit der Europäischen Gemeinschaften 1981, Brüssel 1982
Kommission der Europäischen Gemeinschaften, Beihilfen und Darlehen der Europäischen Gemeinschaft, 3. Ausgabe, Amt für amtliche Veröffentlichungen der Europäischen Gemeinschaften, Luxemburg 1985

Kommission der Europäischen Gemeinschaften, Der EAGFL Das Instrument zur Finanzierung der Gemeinsamen Agrarpolitik, Reihe Grünes Europa, Sonderausgabe, Brüssel 1986

Kommission der Europäischen Gemeinschaften; 20. Gesamtbericht über die Tätigkeit der Europäischen Gemeinschaften 1986, Brüssel 1987

Kommission der Europäischen Gemeinschaften, Gemeinschaftliche Förderkonzepte 1989-1993 zur Entwicklung des ländlichen Raums (Ziel Nr. 5b) Bundesrepublik Deutschland, Amt für amtliche Veröffentlichungen der Europäischen Gemeinschaften, Luxemburg 1992

Kommission der Europäischen Gemeinschaften, Soziales Europa, Die Europäische Gemeinschaft für Kohle und Stahl, Beiheft 2/94, Amt für amtliche Veröffentlichungen der Europäischen Gemeinschaften, Luxemburg, 1994

Korte, Matthias, Der Schutz der finanziellen Interessen der Europäischen Gemeinschaften mit den Mitteln des Strafrechts - Das „Zweite Protokoll", NJW 1998, S. 1464-1466

Kühl, Kristian, Europäisierung der Strafrechtswissenschaft. ZStW 109 (1997) S. 777-807

Kühn, Rolf, Abgabenordnung : Finanzgerichtsordnung / Nebengesetze, 17. Aufl. Stuttgart 1995

Lackner, Strafgesetzbuch, 21. Aufl., München 1995

Le Docte, Edgar, Rechtswörterbuch in 4 Sprachen, Baden-Baden, 2. Aufl. 1995

Leigh, Leonard H., Subvention frauds: the British experience, in: Dannecker, Gerhard (Hrsg.) Bekämpfung des Subventionsbetruges im EG-Bereich, Köln 1993, S. 70

Leipziger Kommentar, Strafgesetzbuch Großkommentar, 11. Aufl., hrsg. v. Burkhard Jähnke/Heinrich / Wilhelm Laufhütte / Walter Odersky, Berlin /New York, 1996 zit.: LK-Bearbeiter

Lettieri, Franco, Organisierte Kriminalität zum Nachteil der Europäischen Union, in Sieber, Ulrich (Hrsg.) Internationale Organisierte Kriminalität, Köln 1997

Leßner, Johanna, Betrug als Wirtschaftsdelikt - eine dogmatisch-empirische Untersuchung anhand einer Aktenanalyse von 1696 Betrugsverfahren in der Bundesrepublik Deutschland aus den Jahren 1974-1979, Pfaffenweiler, 1984

Liebl, Karlhans, Die Bundesweite Erfassung von Wirtschaftsstraftaten nach einheitlichen Gesichtspunkten, Ergebnisse und Analysen für die Jahre 1974 bis 1984. Freiburg 1984

Liebl, Karlhans, Problemstellung und Forschungsauftrag. In: Bundesministerium der Justiz (Hrsg.), Anschluß- und Vertiefungsuntersuchungen zu Bundesweiten Erfassung von Wirtschaftsstraftaten nach einheitlichen Gesichtspunkten. Freiburg, 1984 zit.: Liebl, in Anschluß- und Vertiefungsuntersuchungen zur BWE

Liebl, Karlhans, Statistik als Rechtstatsachenforschung - Ein Abschlußbericht zur bundesweiten Erhebung von Wirtschaftsstraftaten nach einheitlichen Gesichtspunkten, wistra 1988 S. 83 - 87

Liebl, Karlhans, Schwerpunktstaatsanwaltschaften zur Bekämpfung der Wirtschaftskriminalität, wistra 1987 S. 13 - 18

Löwer, Wolfgang, Rechtspolitische und verfassungsrechtliche Bedenken gegenüber dem Ersten Wirtschaftskriminalitätsgesetz, JZ 79, S. 621

Martyn, Nicholas, Community Fraud - an Analysis of the Phenomenon. In: Francoise Tulkens / Christine Van den Wngaert / Ivan Verougstraete (Hrsg.), La protection juridique des intérêts financiers des communautées européennes, Antwerpen / Brüssel, 1992 S. 37-44

Meine, Hans-Gerd, Der Vorteilsausgleich beim Subventionsbetrug, wistra 1988 S. 1316

Mennens, Emile, Fraudebestrijding in de E.E.G (La lutte contre la fraude dans la Communauté européenne), Sociaal - Economische Wetgeving Tijdschrift voor Europees en Economisch Recht, vol. 34 n° 9/10 1986, S. 624-640

Mennens, Emile, Der Betrug zu Lasten des gemeinschaftlichen Haushalts und seine Bekämpfung durch die Europäische Kommission. In: Sieber, Ulrich, (Hrsg.) Europäische Einigung und Europäisches Strafrecht, Köln 1993, S. 85-89

Mergen, Armand, Verunsicherte Kriminologie, Heidelberg 1975
Mergen, Armand, Die Kriminologie, München 1978
Möhrenschlager, Manfred, Einbeziehung ausländischer Rechtsgüter in den Schutzbereich nationaler Straftatbestände. In: Dannecker, Gerhard (Hrsg.) Die Bekämpfung des Subventionsbetruges im EG-Bereich, Köln 1993 S.162
Müller-Emmert, Adolf / Maier, Bernhard, Das Erste Gesetz zur Bekämpfung der Wirtschaftskriminalität NJW 1976 S. 1657
Müller, Rudolf / Wabnitz, Heinz-Bernd, Wirtschaftskriminalität, 3. Aufl., München 1993
Münchner Kommentar zum Bürgerlichen Gesetzbuch hrsg. von Kurt Rebmann; Franz-Jürgen Säcker, Bd. 1, 3. Aufl. München 1993; zit.: MüKo - Bearbeiter

Nicolaysen, Gert, Europarecht, 2. Das Wirtschaftsrecht im Binnenmarkt, 1. Aufl., Baden-Baden 1996
Nippoldt, Rolf, Die Strafbarkeit von Umgehungshandlungen, dargestellt am Beispiel der Erschleichung von Agrarsubventionen, Diss., Gießen 1974

Odersky, Walter, Die Probleme der Rechtsprechung bei der Verfolgung des europäischen Subventionsbetruges und der grenzüberschreitenden Kriminalität. In: Sieber, Ulrich, (Hrsg.) Europäische Einigung und Europäisches Strafrecht, Köln 1993 S. 91
Otto, Harro, Die Tatbestände gegen Wirtschaftskriminalität im Strafgesetzbuch, Jura 1989, S. 24-29
Otto, Harro, Konzeption und Grundsätze des Wirtschaftstrafrechts, Dogmatischer Teil I. In: ZStW 96 (1984) S. 339-375
Otto, Harro, Die Haftung für kriminelle Handlungen in Unternehmen, Jura 1998 S. 409-418

Pache, Eckhard, Der Schutz der finanziellen Interessen der Europäischen Gemeinschaften, Diss., Berlin 1994
Pache, Eckhard, Zur Sanktionskompetenz der Europäischen Wirtschaftsgemeinschaft. EuR 1993, S. 173-182
Palandt, Bürgerliches Gesetzbuch, bearb. von Peter Bassenge u.a., 58. Aufl. München, 1999; zit.: Palandt-Bearbeiter
Pfeiffer, Gerd (Hrsg.) Karlsruher Kommentar zur Strafprozeßordnung, 4. Aufl., München, 1999, zit: KK-Bearbeiter
Pieth, Mark, Internationale Harmonisierung von Strafrecht als Antwort auf transnationale Wirtschaftskriminalität. ZStW 109 (1997),S. 757-776
Prieß, Hans-Joachim / Spitzer, Harald, Die Betrugsbekämpfung in der Europäischen Gemeinschaft, EuZW 1994 S. 297

Ransiek, Andreas, Unternehmensstrafrecht, Strafrecht, Verfassungsrecht, Regelungsalternativen, Diss. Heidelberg 1996
Reinke, Siegfried, Wirtschaftskriminalität und Europäische Gemeinschaft, in: Wirtschaftskriminalität, BKA Vortragsreihe Bd. 29 Hrsg. Bundeskriminalamt, Wiesbaden, 1984, S. 34
Reisner, Sigrun, Die Strafbarkeit von Schein- und Umgehungshandlungen in der EG, Diss., Freiburg, 1995
Reiss, Albert J. jr., Statistische Probleme bei der Messung der Wirtschaftskriminalität. In: Liebl, Karlhans (Hrsg.) Internationale Forschungsergebnisse auf dem Gebiet der Wirtschaftskriminalität, Pfaffenweiler, 1987 S. 466 - 495
Rieger, Gerhard, Erfahrungsbericht aus der Bundesrepublik Deutschland unter Berücksichtigung der organisierten Kriminalität, in: Dannecker, Gerhard (Hrsg.) Bekämpfung des Subventionsbetruges im EG-Bereich, Köln, 1993, S. 52
Roche - Pire, E. / Delmas - Marty, M., Criminalité des Affaires et Marché Commun, Paris, 1982
Rump, Jürgen, Vortragsmanuskript, Seminar der Europäischen Gemeinschaften über den rechtlichen Schutz der Finanzinteressen der Gemeinschaft 25./26. 11.1993

Rump, Jürgen, Die Bedeutung von Verwaltungsentscheidungen und -tätigkeiten für die Verfolgung und Ahndung von Zuwiderhandlungen gegen EG-Richtlinien, in: Dannecker, Gerhard (Hrsg.) Die Bekämpfung des Subventionsbetrugs im EG-Bereich, Köln, 1993, S. 35

Rump, Jürgen, Organisierte Kriminalität im Bereich der Agrarmarktordnungen und Strafverfolgung durch die Zollverwaltung. In: Sieber, Ulrich, (Hrsg.) Europäische Einigung und Europäisches Strafrecht, Köln 1993 S. 89-91

Sabathil, Gerhard; Hörstmann-Jungemann, Monika; Förderprogramme der EU, 6.Aufl., Bonn 1997

Sachs, Michael (Hrsg.) Grundgesetz Kommentar, München 1996; zit.: Bearbeiter in Sachs GG

Sannwald, Detlef, Rechtsgut und Subventionsbegriff § 264 StGB, Diss., Berlin 1982

Satzger, Helmut, Der Submissionsbetrug - eine Untersuchung zur Strafbarkeit von Manipulationen bei Ausschreibungsverfahren als Betrug, Diss., Berlin 1994

Satzger, Helmut, Die Bedeutung des Zivilrechts für die strafrechtliche Bekämpfung von Submissionskartellen, ZStW 109 (1997), S. 357-380

Sächsisches Staatsministerium für Wirtschaft und Arbeit, Programm KMU im Rahmen einer Gemeinschaftsinitiative für die Anpassung kleiner und mittlerer Unternehmen an den Binnenmarkt im Freistaat Sachsen, 2. Aufl., Dresden 1996

Sächsisches Staatsministerium für Wirtschaft und Arbeit, EFRE-dominiertes Operationelles Programm Sachsen einschließlich EFRE-bezogener ESF-Maßnahmen 1994-1999, Dresden 1994

Scherer, Bernd, Subventionsbetrug. In: Bundesministerium der Justiz (Hrsg.), Anschluß- und Vertiefungsuntersuchungen zu Bundesweiten Erfassung von Wirtschaftsstraftaten nach einheitlichen Gesichtspunkten. Freiburg, 1984 S. 33-108, zit.: Scherer, in Anschluß- und Vertiefungsuntersuchungen zur BWE

Schmidt, Gerold, Zum neuen strafrechtlichen Begriff der „Subvention" in § 264 StGB, GA 1979 S. 121-142

Schmidt - Hieber, Werner, Verfolgung von Subventionserschleichungen nach Einführung des § 264 StGB, NJW 1980, 322-326

Schneider, Hans-Joachim, Kriminologie, 2. Aufl., München 1992

Schomburg, Wolfgang, Strafsachen in der Europäischen Union, NJW 1999 S. 540

Schönke / Schröder, Strafgesetzbuch, 25. Auflage, München 1997 zit.: Schö.-Schr. - Bearbeiter

Schrömbges, Ulrich, Betrugsbekämpfung im europäischen Agrarbereich, ZfZ 1995, S. 130

Schübel, Eva, Wie gut funktioniert die Strafverfolgung innerhalb Europas ? NStZ 1997 S. 108-110

Schweitzer, Michael / Hummer, Waldemar, Europarecht, 5. Aufl. Neuwied, 1996

Sickenberger, Markus, Wucher als Wirtschaftsstraftat: eine dogmatisch - empirische Untersuchung, Freiburg 1985

Sieber, Ulrich, Entwicklungsstand und Perspektiven des europäischen Wirtschaftsstrafrechts. In: Schünemann, Bernd; Suáres Gonzáles, Carlos (Hrsg.), Bausteine des europäischen Wirtschaftsstrafrechts. Köln 1994, S. 349 ff

Sieber, Ulrich, Das strafrechtliche Sanktionensystem zum Schutz der europäischen Gemeinschaftsinteressen. In: van Gerven/Zuleeg, Sanktionen als Mittel zur Durchsetzung des Gemeinschaftsrechts, Schriftenreihe der Europäischen Rechtsakademie Trier, Bd. 12, Köln 1996 S. 77 ff.

Sieber, Ulrich, Subventionsbetrug und Steuerhinterziehung zum Nachteil der Europäischen Gemeinschaft. Schweizerische Zeitschrift für Strafrecht, Bd. 114, Jg. 1996 S. 357

Sieber, Ulrich, Entwicklung und Ziele der Vereinigung für Europäisches Strafrecht e.V. In: Sieber, Ulrich, (Hrsg.) Europäische Einigung und Europäisches Strafrecht, Köln 1993, S. 11

Sieber, Ulrich, Auf dem Weg zu einem europäischen Strafrecht. in: Delmas-Marty, Mireille, Corpus Juris der strafrechtlichen Regelungen zum Schutz der finanziellen Interessen der EU, Köln 1998

Smeets, Louis, Combatting fraud and irregularities within the scope of the European Agricultural Guidance and Guarantee Fund, in: Dannecker, Gerhard (Hrsg.) Die Bekämpfung des Subventionsbetrugs im EG-Bereich, Köln 1993, S. 196
Spannowsky, Willy, Schutz der Finanzinteressen der EG zur Steigerung der Effizienz des Mitteleinsatzes, JZ 1992, S. 1160
Statistisches Bundesamt Wiesbaden, Rechtspflege Fachserie 10 Reihe 3: Strafverfolgung mit Jahresangabe; zit.: Statistisches Bundesamt, Strafverfolgung - Jahrgang
Statistisches Bundesamt Wiesbaden, Rechtspflege Fachserie 10 Reihe 3: Strafverfolgung mit Jahresangabe, Vollständiger Nachweis der einzelnen Straftaten Arbeitsunterlage, zit.: Strafverfolgungsstatistik Arbeitsunterlage - Jahrgang
Statistisches Bundesamt Wiesbaden, Arbeitnehmereinkommen, Fachserie 16 Reihe 2.3. Arbeitnehmerverdienste Bruttoangaben - Jahrgang
Stoffers, Kristian F., Anmerkung zum Urteil des EuGH vom 27.10.1992, JA 1994 S. 131 f.
Streinz, Rudolf, Europarecht 3. Aufl. Heidelberg 1996
Sutherland, Edwin,White Collar Crime, New York, 1949 (Reprint 1961)
Sutherland,Edwin, Crime and Business, The Annals of the American Academy of Political and Social Science 217 (1941) S.112
Systematischer Kommentar zum Strafgesetzbuch, herausgegeben von Hans-Joachim Rudolphi, Eckhard Horn und Erich Samson, Bd. 1 6. Aufl. / Bd. 2 5. Aufl., Neuwied u.a., 39. Liefg. 1996. zit.: SK - Bearbeiter

Thietz-Bertram, Joachim, Ausfuhrbeschränkungen und ihre Strafsanktionen im Lichte des Gemeinschaftsrechts, wistra 1993, S. 201 bis 213
Thomas, Sven, Die Anwendung europäischen materiellen Rechts im Strafverfahren, NJW 1991, S. 2233-2238
Tiedemann, Klaus, Entwicklung und Begriff des Wirtschaftsstrafrechts, GA 1969 S. 71-90
Tiedemann, Klaus, Wirtschaftsgesetzgebung und Wirtschaftskriminalität, NJW 1972 S. 657-665
Tiedemann, Klaus, Wirtschaftskriminalität als Problem der Gesetzgebung, In: ders., Die Verbrechen in der Wirtschaft, 2. Aufl. Karlsruhe 1972 S. 17 f
Tiedemann, Klaus, Welche Strafrechtlichen Mittel empfehlen sich für eine wirksame Bekämpfung der Wirtschaftskriminalität, Gutachten zum 49. DJT, München 1972
Tiedemann, Klaus, Der Subventionsbetrug, ZStW 86 (1974) S. 897 ff.
Tiedemann, Klaus, Subventionskriminalität in der Bundesrepublik, Berlin 1974
Tiedemann, Klaus, Der Entwurf eines ersten Gesetzes zur Bekämpfung der Wirtschaftskriminalität, ZStW 87 (1975) 253 ff.
Tiedemann, Klaus, Wirtschaftstrafrecht und Wirtschaftskriminalität Bd. 1 Allgemeiner Teil, Reinbeck b. Hamburg 1976
Tiedemann, Klaus, Wirtschaftstrafrecht und Wirtschaftskriminalität Bd. 2 Besonderer Teil, Reinbeck b. Hamburg 1976
Tiedemann, Klaus, Der allgemeine Teil des europäischen supranationalen Strafrechts. In: Festschrift für H.H. Jeschek zum 70. Geburtstag Berlin 1985, Bd. 2, S. 1411-1440; zit.: Tiedemann-FS Jeschek
Tiedemann, Klaus / Vogel, Joachim; Parfum im Supermarkt; JuS 1988 S. 295
Tiedemann, Klaus, Die „Bebußung" von Unternehmen nach dem 2. Gesetz zur Bekämpfung der Wirtschaftskriminalität, NJW 1988 S. 1169-1174
Tiedemann, Klaus, Reform des Sanktionswesens auf dem Gebiete des Agrarmarktes der Europäischen Wirtschaftsgemeinschaft. In: Strafrecht, Unternehmensrecht, Anwaltsrecht. Festschrift für G. Pfeiffer, Köln 1988, S. 101-117, zit.: Tiedemann - FS Pfeiffer
Tiedemann, Klaus, Anmerkung zum Urteil des EuGH vom 21.9.1989 (Rs. 68/88), EuZW 1990, S. 100
Tiedemann, Klaus, Der Strafrechtsschutz der Finanzinteressen der Europäischen Gemeinschaft, NJW 1990 S. 2226-2233

Tiedemann, Klaus, Zur Geschichte des Straftatbestandes des ungenehmigten Rüstungsexportes. In: Festschrift für Günter Spendel, Berlin 1992 S. 591 - 609, zit.: Tiedemann - FS Spendel

Tiedemann, Klaus, Lecciones de Derecho Penal Económico (communitario, español, alemán,) Barcelona 1993 zit.: Tiedemann - Lecciones

Tiedemann, Klaus, Europäisches Gemeinschaftsrecht und Strafrecht, NJW 1993, S. 23-31

Tiedemann, Klaus, Die Regelung von Täterschaft und Teilnahme im europäischen Strafrecht - Stand, Harmonisierungstendenzen und Modellvorschläge im europäischen Strafrecht. In: Eser, Albin (Hrsg.) Festschrift für Haruo Nisihara zum 70. Geburtstag, Baden Baden 1998, S. 496, zit.: Tiedemann - FS Nisihara

Tiedemann, Klaus, Wirtschaftsbetrug im Kapitalanlage- und Kreditwesen, in der Versicherungswirtschaft, Subventionierung, EDV und Telekommunikation. Sonderausgabe der Kommentierung der §§ 263 a-265 aus: Strafgesetzbuch, Leipziger Kommentar, 11. Aufl., Berlin/New York 1998

Tröndle, Herbert, Strafgesetzbuch und Nebengesetze, 48. Aufl., München 1997

Tsolka, Olga, der allgemeine Teil des supranationalen Strafrechts im weiteren Sinn, Diss., Frankfurt 1995

Tulkens, Francoise, Questions de droit pénal spécial : les infractions du livre II du Code pénal. In: Francoise Tulkens / Christine Van den Wyngaert / Ivan Verougstraete (Hrsg.), La protection juridique des intérêts financiers des communautées européennes, Antwerpen / Brüssel 1992 S. 139 f.

Van den Wyngaert, Christine; De internationale strafrechtelijke Samenwerking bij de Bestrijding van de E.E.G.-Fraude. In: Francoise Tulkens / Christine Van den Wngaert / Ivan Verougstraete (Hrsg.), La protection juridique des intérêts financiers des communautées européennes, Antwerpen / Brüssel 1992 S. 73-92

Vervaele, John, Les competences de contrôle et de sanction de la Communneauté dans la lutte contre la fraude communautaire. In: Francoise Tulkens / Christine Van den Wyngaert / Ivan Verougstraete (Hrsg.), La protection juridique des intérêts financiers des communautées européennes, Antwerpen / Brüssel 1992 S. 47-72

Vogel, Joachim, Die Kompetenz der EG zur Einführung supranationaler Sanktionen, in: Dannecker, Gerhard (Hrsg.) Bekämpfung des Subventionsbetruges im EG-Bereich, Köln 1993 S. 170

Vogel, Joachim, Frode ai danni degli interessi finanziari delle Comunità Europee, RTDPE 1995 S. 631-652

Vogel, Joachim, Betrug zum Nachteil der europäischen Gemeinschaften. Votrag auf dem 30. Kolloqium der Südwestdeutschen Kriminologischen Institute und Lehrstühle am 3.7.1994, Freiburg (Manuskript)

Vogel, Joachim, Schein- und Umgehungshandlungen im Strafrecht, insbesondere im europäischen Recht. In: Schünemann, Bernd; Suáres Gonzáles, Carlos (Hrsg.), Bausteine des europäischen Wirtschaftsstrafrechts, Köln 1994 S. 151-181, zit.: Vogel, in: Bausteine

Vogel, Joachim, Geldwäsche - ein europaweit harmonisierter Tatbestand, ZStW 109 (1997) S. 335-356

Volk, Klaus, Der Subventionsbetrug. In: Belke, Rolf / Oehmichen, Joachim (Hrsg.) Wirtschaftskriminalität: aktuelle Fragen des Wirtschaftstrafrechts in Theorie und Praxis, Bamberg, 1983 S. 77-96

Wassmann, Hans-Jörg, Strafrechtliche Risiken bei Subventionen: Kommentar zu § 264 StGB, Stuttgart 1995

Zieschang, Frank, Das EU- Bestechungsgesetz und das Gesetz zur Bekämpfung internationaler Bestechung, NJW 1999 S. 105-107

Zieschang, Frank, Diskussionsbericht über die Arbeitssitzung der Fachgruppe Strafrechtsvergleichung bei der Tagung der Gesellschaft für Rechtsvergleichung am 21.3.1996 in Jena. ZStW 108 (1996) S. 610-629

Zirpins, Walter / Terstegen, Otto, Wirtschaftskriminalität, Lübeck 1963

Zuleeg, Manfred; der Beitrag des Strafrechts zur Europäischen Integration, in : Sieber, U. (Hrsg.) Europäische Einigung und Europäisches Strafrecht, Köln, 1993, S. 41-60

Materialien:

Bundestag, Bericht und Antrag des Sonderausschusses für die Strafrechtsreform zu dem von der Bundesregierung eingebrachten Entwurf eines Ersten Gesetzes zur Bekämpfung der Wirtschaftskriminalität; BT Drs. 7/5291, zit.: BT- Drucks. 7/5291

Bundestag, Gesetzentwurf der Bundesregierung, Entwurf eines Ersten Gesetzes zur Bekämpfung der Wirtschaftskriminalität (1. WiKG), BT Drs. 7/3441, zit.: RegE

Bundestag, Bericht der Bundesregierung über die Entwicklung der Finanzhilfen des Bundes und der Steuervergünstigungen gemäß § 12 des Gesetzes zur Förderung der Stabilität und des Wachstums (StWG) vom 8.6.1967 für die Jahre 1995 bis 1998 (16. Subventionsbericht), BT Drs. 13/8420, zit: 16. Subventionsbericht.

Bundestag, Gesetzentwurf der Bundesregierung vom 20.04.1998 eines Gesetzes zu dem Übereinkommen vom 26. Juli 1995 über den Schutz der finanziellen Interessen der Europäischen Gemeinschaften (EG-Finanzschutzgesetz / EGFinSchG) mit Anlage Übereinkommen, Denkschrift und erläuterndem Bericht, BT Drs. 13/10425, zit.: RegE-EGFinschG

Bundestag, Protokolle der Sitzungen des Sonderausschusses für die Strafrechtsreform, Deutscher Bundestag, Stenographischer Dienst, 79.-90. Sitzung; zit.: Sonderausschuß Prot. 7/ Seite

House of Commons, External Trade Measures for Agricultural Produce, National Audit Office, Report by the Comptroller and Auditor General v. 22.01.1988

Commission of the European Communities, DG VI G 3, Working Paper on applying to common measures the provisions of Regulation (EEC) No. 283/72 concerning irregularities and the recovery of sums wrongly paid in connection with the financing of the common agricultural policy and the organisation of an information system in this field 12.03.1980,VI/5516/80E

Kommission der Europäischen Gemeinschaften, Vorschlag für eine Verordnung des Rates zur Änderung der Verordnung (EWG) Nr. 283/72 betreffend die Unregelmäßigkeiten und die Wiedereinziehung zu Unrecht gezahlter Beträge im Rahmen der Finanzierung der Gemeinsamen Agrarpolitik sowie die Einrichtung eines einschlägigen Informationssystems (VI/3390/89-DE)

Kommission der Europäischen Gemeinschaften, 7. Finanzbericht über den Europäischen Ausrichtungs- und Garantiefonds für die Landwirtschaft für das Jahr 1977, Abteilung Garantie, KOM (78) 633; zit.: Finanzbericht EAGFL Garantie 1977

Kommission der Europäischen Gemeinschaften, 8. Finanzbericht über den Europäischen Ausrichtungs- und Garantiefonds für die Landwirtschaft für das Jahr 1978, Abteilung Garantie, KOM (79) 569; zit.: Finanzbericht EAGFL Garantie 1978

Kommission der Europäischen Gemeinschaften, 9. Finanzbericht über den Europäischen Ausrichtungs- und Garantiefonds für die Landwirtschaft Jahr 1979, Abteilung Garantie, KOM (80) 685; zit.: Finanzbericht EAGFL Garantie 1979

Kommission der Europäischen Gemeinschaften, 10. Finanzbericht über den Europäischen Ausrichtungs- und Garantiefonds für die Landwirtschaft Jahr 1980, Abteilung Garantie, KOM (81) 506; zit.: Finanzbericht EAGFL Garantie 1980

Kommission der Europäischen Gemeinschaften, 11. Finanzbericht über den Europäischen Ausrichtungs- und Garantiefonds für die Landwirtschaft Jahr 1981, Abteilung Garantie, KOM (82) 439; zit.: Finanzbericht EAGFL Garantie 1981

Kommission der Europäischen Gemeinschaften, 12. Finanzbericht über den Europäischen Ausrichtungs- und Garantiefonds für die Landwirtschaft Jahr 1982, Abteilung Garantie, KOM (83) 531, zit.: Finanzbericht EAGFL Garantie 1982

Kommission der Europäischen Gemeinschaften, 13. Finanzbericht über den Europäischen Ausrichtungs- und Garantiefonds für die Landwirtschaft Jahr 1983, Abteilung Garantie, KOM (84) 485; zit.: Finanzbericht EAGFL Garantie 1983

Kommission der Europäischen Gemeinschaften, 14. Finanzbericht über den Europäischen Ausrichtungs- und Garantiefonds für die Landwirtschaft für das Jahr 1984, Abteilung Garantie, KOM (85) 492; zit.: Finanzbericht EAGFL Garantie1984

Kommission der Europäischen Gemeinschaften, 15. Finanzbericht über den Europäischen Ausrichtungs- und Garantiefonds für die Landwirtschaft - Jahr 1985, Abteilung Garantie, KOM (86) 631; zit.: Finanzbericht EAGFL Garantie 1985

Kommission der Europäischen Gemeinschaften, 16. Finanzbericht über den Europäischen Ausrichtungs- und Garantiefonds für die Landwirtschaft Jahr 1986, Abteilung Garantie, KOM (87) 533; zit.: Finanzbericht EAGFL Garantie 1986

Kommission der Europäischen Gemeinschaften, 17. Finanzbericht über den Europäischen Ausrichtungs- und Garantiefonds für die Landwirtschaft (EAGFL) Haushaltsjahr 1987 Abteilung Garantie KOM (88) 563; zit.: Finanzbericht EAGFL Garantie 1987

Kommission der Europäischen Gemeinschaften, 18. Finanzbericht über den Europäischen Ausrichtungs- und Garantiefonds für die Landwirtschaft (EAGFL) Haushaltsjahr 1988 Abteilung Garantie KOM (89) 1343; zit.: Finanzbericht EAGFL Garantie 1988

Kommission der Europäischen Gemeinschaften, 19. Finanzbericht über den Europäischen Ausrichtungs- und Garantiefonds für die Landwirtschaft (E.A.G.F.L.) Haushaltsjahr 1989 Abteilung Garantie KOM (90) 397; zit.: Finanzbericht EAGFL Garantie 1989

Kommission der Europäischen Gemeinschaften, 20. Finanzbericht über den Europäischen Ausrichtungs- und Garantiefonds für die Landwirtschaft (EAGFL) Haushaltsjahr 1990 Abteilung Garantie KOM (91) 317; zit.: Finanzbericht EAGFL Garantie 1990

Kommission der Europäischen Gemeinschaften, 22. Finanzbericht über den Europäischen Ausrichtungs- und Garantiefonds für die Landwirtschaft (EAGFL) Haushaltsjahr 1992 Abteilung Garantie KOM (93) 517; zit.: Finanzbericht EAGFL Garantie 1992

Kommission der Europäischen Gemeinschaften, 25. Finanzbericht über den Europäischen Ausrichtungs- und Garantiefonds für die Landwirtschaft (EAGFL) Haushaltsjahr 1995 Abteilung Garantie KOM (96) 504; zit.: Finanzbericht EAGFL Garantie 1995

Kommission der Europäischen Gemeinschaften, 26. Finanzbericht über den Europäischen Ausrichtungs- und Garantiefonds für die Landwirtschaft (EAGFL) Haushaltsjahr 1996 Abteilung Garantie KOM (97) 589; zit.: Finanzbericht EAGFL Garantie 1996

Kommission der Europäischen Gemeinschaften, 27. Finanzbericht über den Europäischen Ausrichtungs- und Garantiefonds für die Landwirtschaft (EAGFL) Haushaltsjahr 1997 Abteilung Garantie KOM (1998) 552; zit.: Finanzbericht EAGFL Garantie 1997

Kommission der Europäischen Gemeinschaften, 28. Finanzbericht über den Europäischen Ausrichtungs- und Garantiefonds für die Landwirtschaft (EAGFL) Haushaltsjahr 1998 Abteilung Ausrichtung; zit.: Finanzbericht EAGFL-Ausrichtung 1998

Kommission der Europäischen Gemeinschaften, 18. Finanzbericht über den Europäischen Ausrichtungs- und Garantiefonds für die Landwirtschaft (EAGFL) Haushaltsjahr 1988 Abteilung Ausrichtung ; zit.: Finanzbericht EAGFL-Ausrichtung 1988

Kommission der Europäischen Gemeinschaften, Finanzbericht über den Europäischen Ausrichtungs- und Garantiefonds für die Landwirtschaft (EAGFL) Haushaltsjahr 1991 Abteilung Ausrichtung, v. 13.07.1992, SEK(92) 1336; zit.: Finanzbericht EAGFL-Ausrichtung 1991

Kommission der Europäischen Gemeinschaften, Europäische Union, Förderfähige Ausgaben unter den Strukturfonds, Arbeitsblätter, Europäische Kommission 1997, Arbeitsblatt Nr. 22

Kommission der Europäischen Gemeinschaften, Europäische Wirtschaftsgemeinschaft, Arbeiten des Seminars über die Vorbereitung der Anwendung der Richtlinie Nr. 77/435 aus dem Jahre 1977 bezüglich des EAGFL, Abteilung Garantie, Brüssel 13.-15.12.1978; VI/396/79 DE, zit.: Kommission, Seminarbericht zu RL 435/77

Kommission der Europäischen Gemeinschaften, Vorschlag für eine Verordnung (EG,EURATOM) des Rates über den Schutz der finanziellen Interessen der Gemeinschaften und Vorschlag für einen Akt des Rates der Europäischen Union betreffend ein Übereinkommen über den Schutz der finanziellen Interessen der Gemeinschaften, KOM (94) 214 endg. v. 15.06.1994

Kommission der Europäischen Gemeinschaften, GD VI G 4, Arbeitsdokument / Anwendungsbereich der Richtlinie des Rates vom 27. Juni 1977 Nr. 77/435 EWG zur Prüfung der Geschäftsunterlagen der Marktbeteiligten im Rahmen des Finanzierungssystems des EAGFL, Abteilung Garantie (VI/449/79-DE)

Kommission der Europäischen Gemeinschaften, Betrugsbekämpfung - Bericht über die Arbeiten und die im Jahr 1989 erreichten Fortschritte, SEK (90) 156 endg. ; zit.: Jahresbericht Betrugsbekämpfung 1989

Kommission der Europäischen Gemeinschaften, Betrugsbekämpfung - Bericht über die Arbeiten und die im Jahr 1990 erreichten Fortschritte, SEK (91) 456 endg. ; zit.: Jahresbericht Betrugsbekämpfung 1990

Kommission der Europäischen Gemeinschaften, Betrugsbekämpfung - Bericht über die Arbeiten und die im Jahr 1991 erreichten Fortschritte, SEK (92) 943 endg. ; zit.: Jahresbericht Betrugsbekämpfung 1991

Kommission der Europäischen Gemeinschaften, Jahresbericht über die Betrugsbekämpfung - Bilanz der Tätigkeiten 1992 und Aktionsprogramm 1993 KOM (93) 141 endg.; zit.: Jahresbericht Betrugsbekämpfung 1992

Kommission der Europäischen Gemeinschaften, Schutz der finanziellen Interessen der Gemeinschaft - Betrugsbekämpfung, Jahresbericht 1994 KOM (95) 98 endg. ; zit.: Jahresbericht Betrugsbekämpfung 1994

Kommission der Europäischen Gemeinschaften, Schutz der finanziellen Interessen der Gemeinschaft - Betrugsbekämpfung, Jahresbericht 1995 v. 8.5.96;
zit.: Jahresbericht Betrugsbekämpfung 1995

Kommission der Europäischen Gemeinschaften, Schutz der finanziellen Interessen der Gemeinschaft - Betrugsbekämpfung, Jahresbericht 1996; zit.: Jahresbericht Betrugsbekämpfung 1996

Kommission der Europäischen Gemeinschaften, Schutz der finanziellen Interessen der Gemeinschaft - Betrugsbekämpfung, Jahresbericht 1997; zit.: Jahresbericht Betrugsbekämpfung 1997

Kommission der Europäischen Gemeinschaften, Schutz der finanziellen Interessen der Gemeinschaft - Betrugsbekämpfung, Jahresbericht 1998; KOM (99) 590 endg.;
zit.: Jahresbericht Betrugsbekämpfung 1998

Kommission der Europäischen Gemeinschaften, Schutz der finanziellen Interessen der Gemeinschaft - Betrugsbekämpfung, Arbeitsprogramm 1998 / 1999

Kommission der Europäischen Gemeinschaften, Schutz der finanziellen Interessen der Gemeinschaft - Betrugsbekämpfung, Konzept für eine Gesamtstrategie, KOM (2000) 358

Kommission der Europäischen Gemeinschaften, Zusammenfassender Bericht über die Untersuchung der Rechts- und Verwaltungsvorschriften der Mitgliedstaaten und Analyse der Kernelemente des gemeinschaftlichen Ahndungssystems; (SEK (93) 1172) v. 16.07.1993;
- Band 1 Berichte / Mitgliedstaaten
- Band 2 zusammenfassender Bericht;
zit.: Kommission, Zusammenfassender Bericht über die Untersuchung des Ahndungssystems Bd. / Nr.

Parlement Europeen, Commission du Controle budgetaire, Compte Rendu Reunion 22.4.-24.4.1986, Annexe, Interventions des Experts (PE/XIV/PV/86-8 Ann.); zit.: Verfasser in: Parlement Europeen, Commission du Controle budgetaire 22.4.-24.4.1986

➲ *Cobet, Hans*
Fehlerhafte Rechnungslegung. Eine strafrechtliche Untersuchung zum neuen Bilanzrecht am Beispiel von § 331, Abs. 1, Nr. 1 des HGB
Band 1, 1991, 140 S., br., ISBN 978-3-89085-544-8, 19,43 €

➲ *Hamann, Hartmut*
Das Unternehmen als Täter im europäischen Wettbewerbsrecht
Band 2, 1992, 260 S., br., ISBN 978-3-89085-619-3, 32,72 €

➲ *Stöckel, Joachim*
Der strafrechtliche Schutz der Arbeitskraft
Band 3, 1993, 230 S., br., ISBN 978-3-89085-778-7, 24,54 €

➲ *Weerth, Jan de*
Die Bilanzordnungswidrigkeiten nach § 334 HGB unter besonderer Berücksichtigung der europäischen Bezüge
Band 4, 1993, 236 S., br., ISBN 978-3-89085-881-4, 39,88 €

➲ *Grub, Maximilian*
Die insolvenzstrafrechtliche Verantwortlichkeit der Gesellschafter von Personenhandelsgesellschaften
Band 5, 1995, 204 S., br., ISBN 978-3-8255-0006-1, 39,88 €

➲ *Schwinge, Christina*
Strafrechtliche Sanktionen gegenüber Unternehmen im Bereich des Umweltstrafrechts
Band 6, 1996, 300 S., br., ISBN 978-3-8255-0059-7, 50,11 €

➲ *Schünemann, Bernd (Hg.)*
Strafrechtssystem und Betrug
Band 7, 2002, 250 S., br., ISBN 978-3-8255-0153-2, 27,90 €

➲ *Moosmayer, Klaus*
Einfluß der Insolvenzordnung 1999 auf das Insolvenzstrafrecht
Band 8, 1997, 246 S., br., ISBN 978-3-8255-0176-1, 30,88 €

➲ *Luipold, Ann*
Die Bedeutung von Anfechtungs-, Widerrufs-, Rücktritts- und Gewährleistungsrechten für das Schadensmerkmal des Betrugstatbestandes
Band 9, 1998, 220 S., br., ISBN 978-3-8255-0211-9, 40,80 €

➲ *Protzen, Peer Daniel G.*
Der Vermögensschaden beim sog. Anstellungsbetrug – unter besonderer Berücksichtigung des Verschweigens ehemaliger Tätigkeit für das MfS – Zugleich ein Beitrag zur Lehre vom Vermögensschaden beim Betrug
Band 10, 2000, 384 + IV S., br., ISBN 978-3-8255-0278-2, 40,80 €

➲ *Penzlin, Dietmar*
Strafrechtliche Auswirkungen der Insolvenzordnung
Band 11, 2000, 270 S., br., ISBN 978-3-8255-0292-8, 40,80 €

➲ *Berger, Sebastian*
Der Schutz öffentlichen Vermögens durch § 263 StGB. Zur Anwendbarkeit des § 263 StGB und zum Vorliegen eines Vermögensschadens bei Angriffen auf inländisches öffentliches Vermögen sowie auf Vermögen der Europäischen Gemeinschaften
Band 12, 2000, 334 S., br., ISBN 978-3-8255-0307-9, 40,39 €

➲ *Stein, Henrike*
Die Regelung von Täterschaft und Teilnahme im europäischen Strafrecht am Beispiel Deutschlands, Frankreichs, Spaniens, Österreichs und Englands
Zugleich eine Untersuchung zur strafrechtlichen Verantwortung des Unternehmensleiters für deliktisches Verhalten seiner Untergebenen
Band 14, 2002, 450 S., ISBN 978-3-8255-0327-7, 39,80 €

➲ *Papakiriakou, Theodoros*
Das griechische Verwaltungsrecht in Kartellsachen.
Zugleich ein Beitrag zur Lehre vom Verwaltungs- und Uternehmensstrafrecht
Band 15, 2002, 380 S., br., ISBN 978-3-8255-0339-0, 38,80 €

➲ *Ludwig, Martin*
Betrug und betrugsähnliche Delike im spanischen und deutschen Strafrecht
Band 16, 2002, 500 S., br., ISBN 978-3-8255-0352-9, 45,90 €

➲ *Papakiriakou, Theodoros*
Das europäischen Unternehmensstrafrecht in Kartellsachen. Beitrag zur materiellrechtlichen Ausgestaltung eines rechtsstaatlichen und effektiven Verwaltungs- bzw. Unternehmensstrafrechts am Beispiel ausgewählter Grundprobleme des europäischen Kartellbußgeldrechts
Band 17, 2002, 380 S., br., ISBN 978-3-8255-0359-8, 38,20 €

➲ *Peter M. Röhm*
Zur Abhängigkeit des Insolvenzstrafrechts von der Insolvenzordnung
Band 18, 2002, 388 Seiten, br., ISBN 978-3-8255-0373-4, € 31,70

➲ *Klein, Kerstin*
Das Verhältnis von Eingehungs- und Erfüllungsbetrug
Band 19, 2003, 288 S., br., ISBN 978-3-8255-0390-1, 31,90 €

➲ *Maiazza, Robert*
Das Opportunitätsprinzip im Bußgeldverfahren unter besonderer Berücksichtigung des Kartellordnungswidrigkeitesrechts
Band 20, 2003, 318 S., br., ISBN 978-3-8255-0394-9, 33,90 €

➲ *Niewerth, Carsten*
Die strafrechtliche Verantwortlichkeit des Wirtschaftsprüfers
Band 21, 2004, 322 S., br., ISBN 978-3-8255-0452-6, 29,50 €

➲ *Christian Wagemann*
Die Geschichte des Betrugsstrafrechts in England und den amerikanischen Bundesstaaten
Band 22, 2005, 582 S., br., ISBN 978-3-8255-0517-2, 34,50 €

➲ *Knaut, Silke*
Die Europäisierung des Umweltstrafrechts. Von uneinheitlichen nationalen Regelungen über einheitliche nationale Mindeststandards hin zur Optimierung der Umweltstrafrechtsordnungen
Band 23, 2005, 464 S., br., ISBN 978-3-8255-0532-5, 33,90 €

➲ *Bender, Johannes*
Sonderstraftatbestände gegen Submissionsabsprachen. Eine Untersuchung deutscher, französischer, italienischer Vorschriften und deutscher Initiativen
Band 24, 2005, 376 S., br., ISBN 978-3-8255-0533-2, 30,90 €

➲ *Alexander, Thorsten*
Die strafrechtliche Verantwortlichkeit für die Wahrung der Verkehrssicherungspflichten in Unternehmen
Band 25, 2005, 382 S., br., ISBN 978-3-8255-0541-7, 28,50 €